Outlook 2019

Sehen und Können

Philip Kiefer

Markt+Technik

111 Outlook-Vorlagen zum Download

Auf der Webseite zu diesem Buch finden Sie 111 Outlook-Vorlagen mit unterschiedlichen Hintergründen und Texten zu verschiedenen Themen: Geburtstage, Hochzeiten, Geschäftsbriefe, Anfragen, Mahnungen, Einladungen, Bestellungen.

Gehen Sie einfach auf *www.mut.de/2167*

ISBN 978-3-95982-167-4

Produktmanagement Christian Braun, Burkhardt Lühr
Herstellung Jutta Brunemann
Covergestaltung David Haberkamp
Coverfoto © Yuriy Shevtsov – Fotolia.com, Tanja Binder
Satz inpunkt[w]o, Haiger (www.inpunktwo.de)
Druck mediaprint solutions GmbH, Paderborn
Printed in Germany

Foto: Tanja Binder

Liebe Leserin, lieber Leser,

sowohl im Berufsleben als auch im privaten Bereich spielen Kommunikation und Selbstorganisation entscheidende Rollen für Ihren Erfolg! Outlook 2019 ist ein Computerprogramm, das Sie hierbei clever unterstützt. Nutzen Sie es, um effizient zu kommunizieren, um Ihre Termine und Aufgaben ideal zu organisieren und um Ihre Kontakte stets griffbereit zu haben und aktuell zu halten.

Outlook 2019 ist ein Bestandteil verschiedener Versionen von Microsoft Office 2019 bzw. der Abo-Variante Office 365. Das Programm ist ein sogenannter Personal Information Manager (kurz: PIM), gewissermaßen ein elektronischer Sekretär, der Ihre E-Mails bestellt, Sie an ein anstehendes Meeting erinnert oder Ihnen die gerade benötigte Telefonnummer reicht. In diesem Buch lernen Sie alle wichtigen Funktionen des Programms Schritt für Schritt in leicht verständlicher Sprache und aufschlussreichen Abbildungen kennen.

Egal, ob Sie Outlook 2019 in der Firma oder auf dem eigenen Computer nutzen – ziehen Sie aus der Lektüre den größtmöglichen Nutzen, indem Sie die Schrittanleitungen, sofern für Sie relevant, direkt umsetzen.

Viel Freude beim Lesen & Anwenden wünscht Ihnen

Ihr Autor Philip Kiefer

1 Outlook-Grundlagen einfach erklärt 9

2 E-Mails erstellen und versenden 53

5 Ihre Kontakte im Griff 165

6 Terminverwaltung leicht gemacht 191

7 Aufgabenplanung mit Outlook 217

8 Mit Outlook Notizen machen 229

9 Datenaustausch und Co. 239

10 Webmail mit Outlook.com 261

Anhang 289

Outlook-Grundlagen einfach erklärt

1

Outlook ist ein englisches Wort, das so viel wie Ausblick bedeutet. Nachdem Sie Microsoft Office auf Ihrem Computer installiert haben (bzw. es in der Firma vom Systemadministrator installiert wurde), steht Ihnen das Programm in wenigen Augenblicken zur Verfügung, um E-Mails zu senden und zu empfangen, Kontakte zu verwalten sowie einen Ausblick auf anstehende Termine und Aufgaben zu erhalten.

Im ersten Kapitel dieses Buches lernen Sie zunächst die Outlook-Grundlagen kennen, sprich: das Einrichten des Programms und den Aufbau der Bedienoberfläche. Ich setze voraus, dass Sie bereits über eine E-Mail-Adresse verfügen.

Start

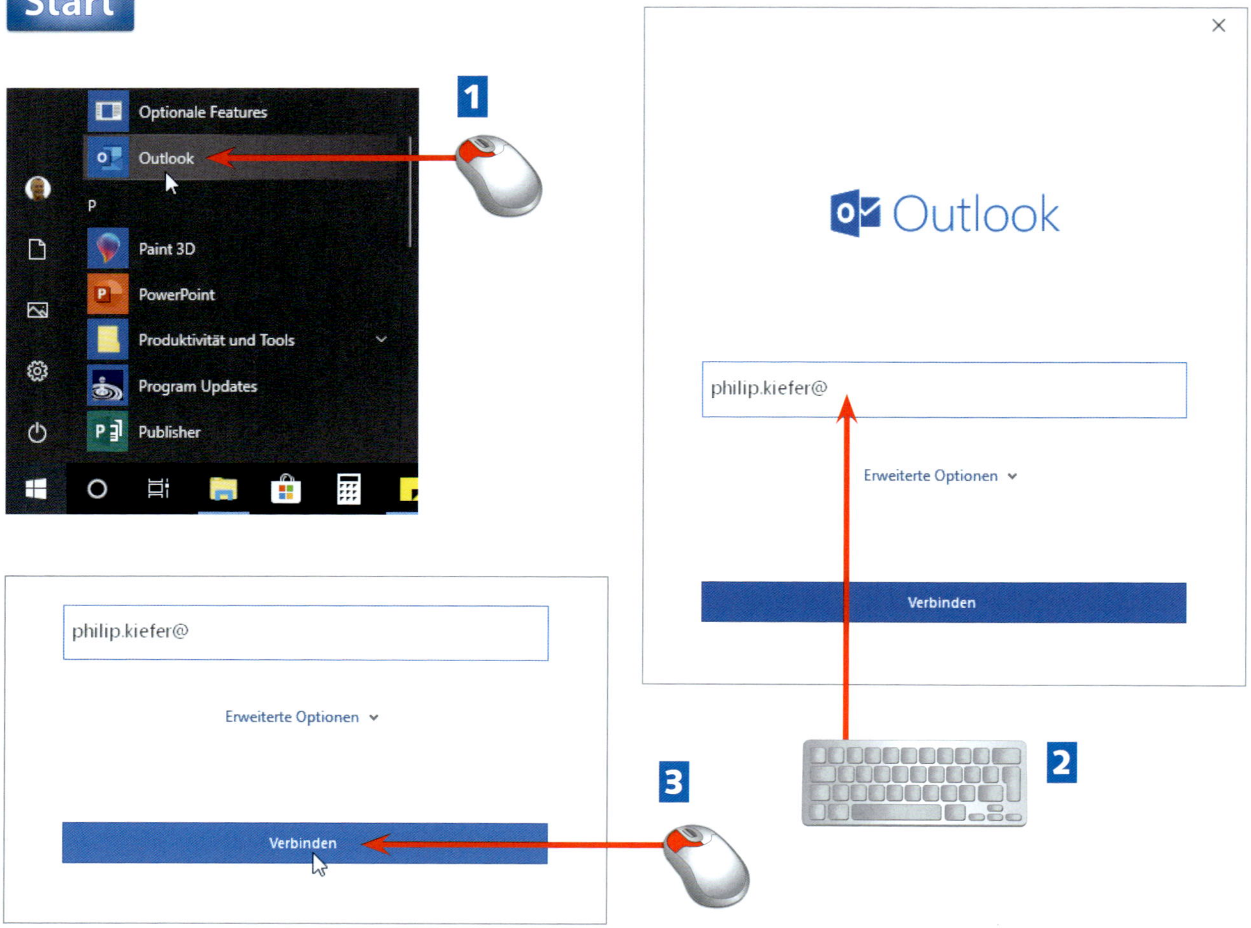

1 Rufen Sie Outlook nach der Installation von Office 2019 im Startmenü auf.

2 Geben Sie Ihre E-Mail-Adresse in das Eingabefeld ein.

3 Bestätigen Sie mit *Verbinden*.

Wenn Sie bereits eine ältere Outlook-Version auf Ihrem Computer installiert hatten, werden die Daten von dort automatisch in Outlook 2019 übernommen. Dennoch sollten Sie die Daten vor einer Neuinstallation sichern (vgl. Kapitel 9). Sollten Sie noch nicht über ein E-Mail-Konto verfügen, lesen Sie in Kapitel 10, wie Sie ein kostenloses Outlook.com-Konto anlegen.

WISSEN

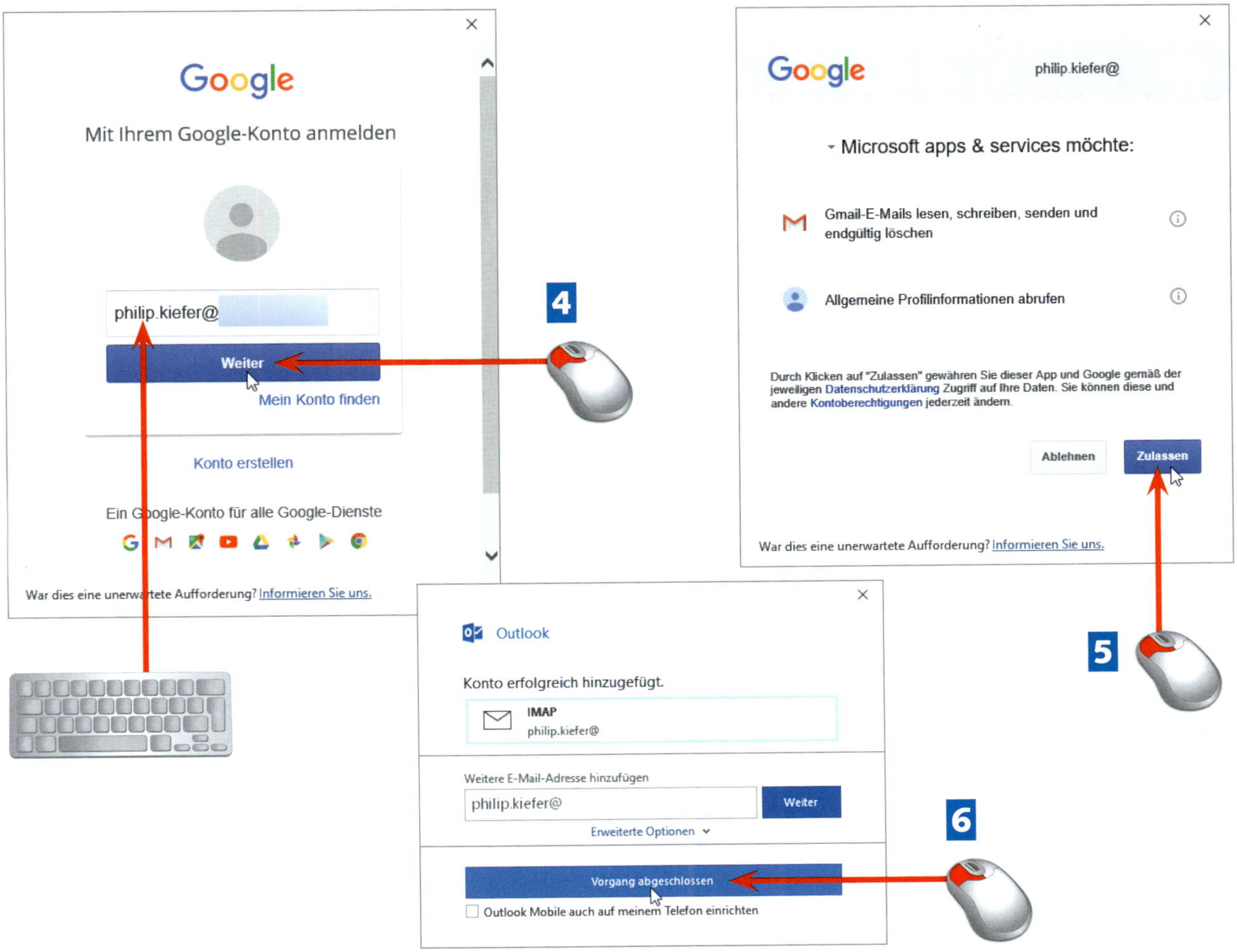

4 Die folgenden Anmeldeschritte richten sich nach dem jeweiligen E-Mail-Anbieter. Hier gebe ich meine Google-Zugangsdaten ein und bestätige mit *Weiter*.

5 Outlook kann in vielen Fällen die erforderlichen Serverdaten automatisch abrufen. Hier muss nur noch mit *Zulassen* der Zugriff auf bestimmte Daten erlaubt werden.

6 Fügen Sie gegebenenfalls gleich noch eine weitere E-Mail-Adresse hinzu oder bestätigen Sie mit der Schaltfläche *Vorgang abgeschlossen*.

Ende

Der E-Mail-Server ist ein Computer, über den Sie E-Mails senden und von dem Sie empfangene E-Mails abrufen.

FACHWORT

In Unternehmen wird häufig ein Microsoft Exchange Server verwendet, mit dem Outlook dann kommuniziert. Die Verwaltung der E-Mail-Konten erfolgt in diesem Fall durch einen Systemadministrator.

HINWEIS

Wenn Sie Outlook zu Hause nutzen, kommt in der Regel ein E-Mail-Server zum Einsatz, der auf der IMAP-Technologie basiert. Diese Abkürzung steht für Internet Message Access Protocol.

HINWEIS

Start

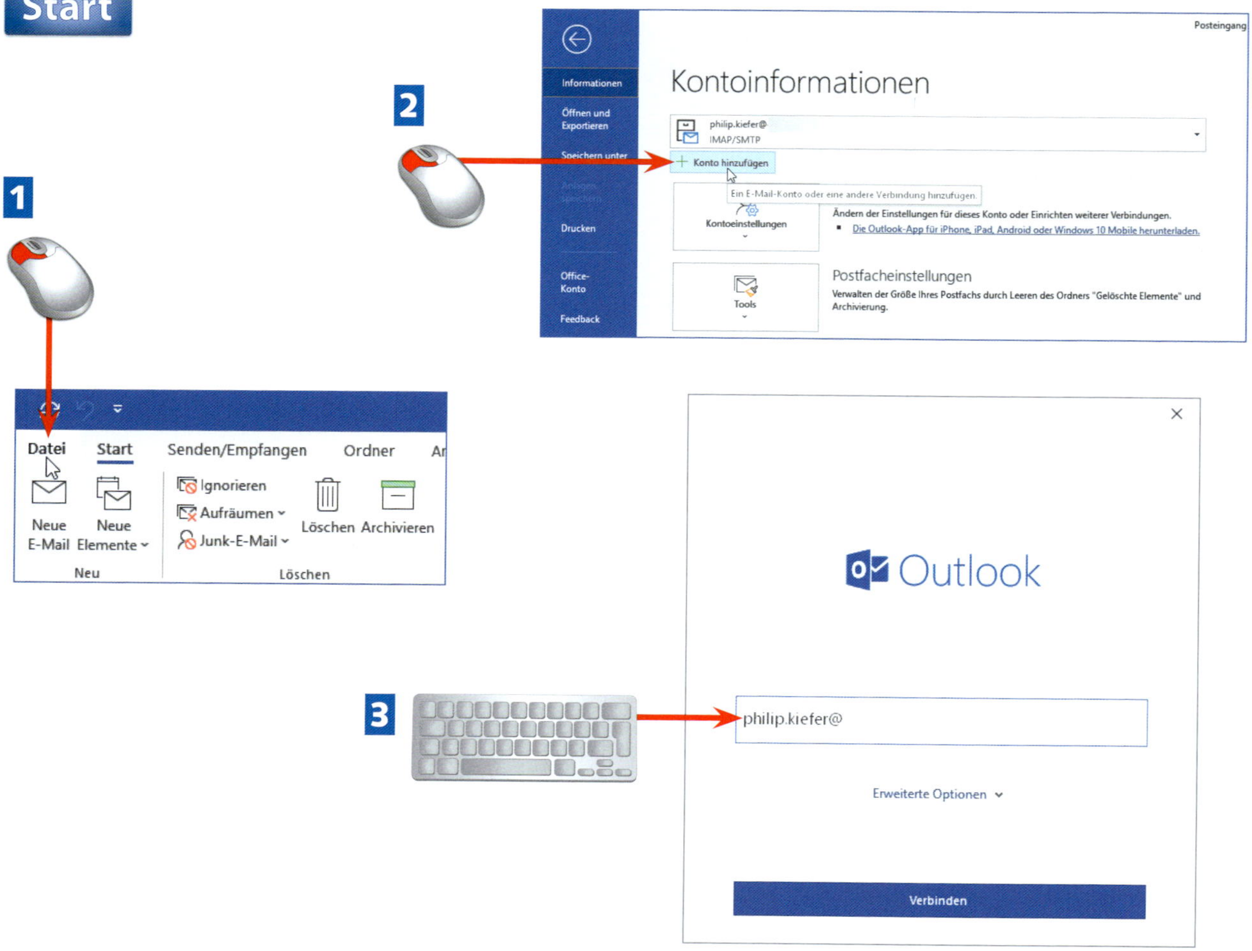

1 Um weitere E-Mail-Konten hinzuzufügen, klicken Sie links oben in Outlook auf den Reiter *Datei*.

2 Unter *Informationen* klicken Sie anschließend auf die Schaltfläche *Konto hinzufügen*.

3 Wieder wird Ihnen das bekannte Fenster zum Eingeben einer E-Mail-Adresse angezeigt. Tippen Sie diese ein.

Nun zeige ich Ihnen, wie sich auch nachträglich noch weitere E-Mail-Konten hinzufügen lassen. Statt mehrere E-Mail-Konten einzurichten, können Sie bei Ihren E-Mail-Anbietern auch Weiterleitungen auf Ihre Haupt-E-Mail-Adresse konfigurieren – Sie sparen sich so das Verwalten mehrerer E-Mail-Konten.

WISSEN

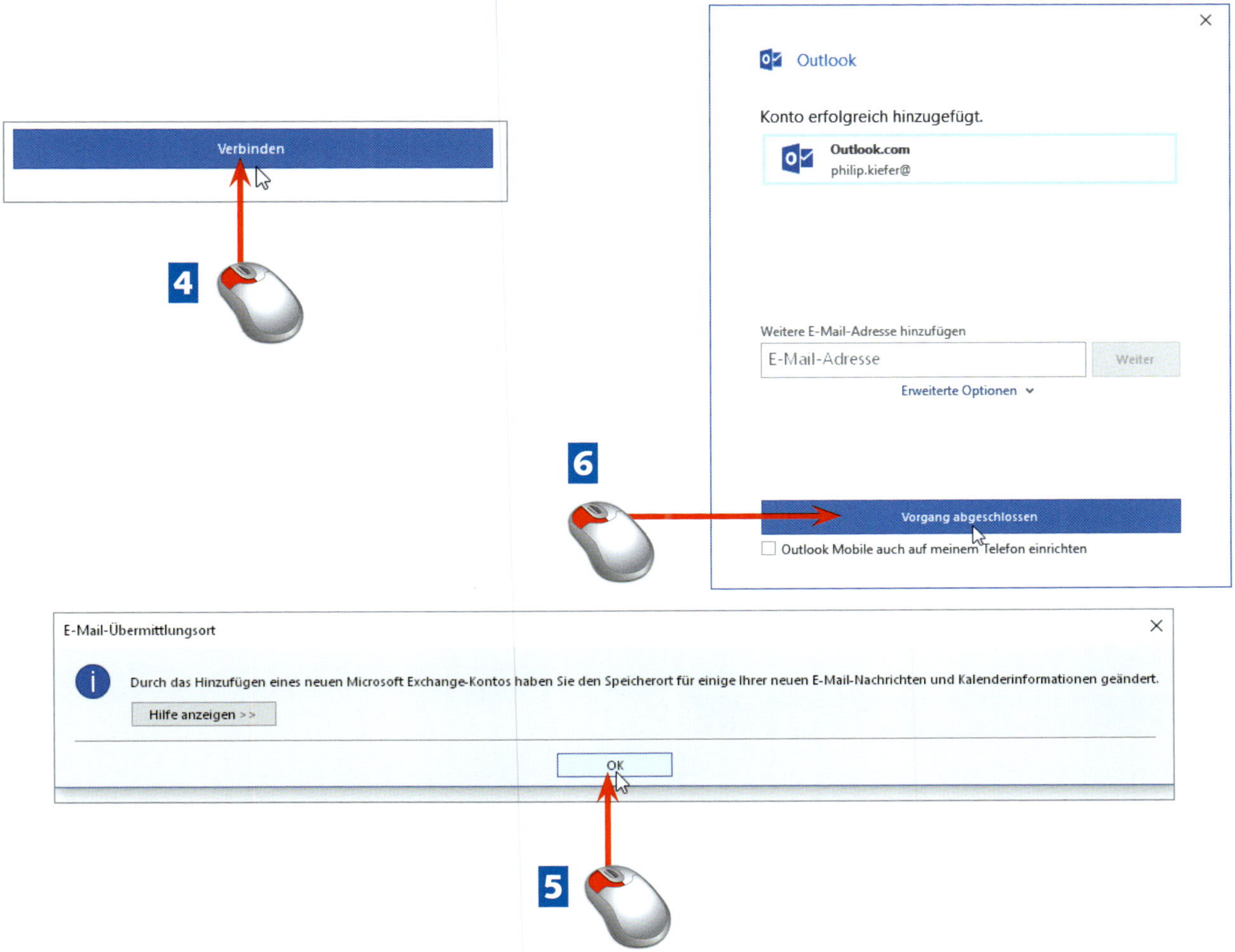

4 Bestätigen Sie auch in diesem Fall mit der Schaltfläche *Verbinden*.

5 Folgen Sie den weiteren Hinweisen auf dem Bildschirm. Hier wird beim Hinzufügen eines Outlook.com-Mailkontos ein Hinweisfenster mit *OK* bestätigt.

6 Fügen Sie, wenn gewünscht, noch weitere E-Mail-Adressen hinzu oder bestätigen Sie mit der Schaltfläche *Vorgang abgeschlossen*.

Ende

HINWEIS

Outlook ist ein sogenannter Client (Kunde). So nennt man Programme, die die Kommunikation mit einem Server, in diesem Fall einem E-Mail-Server, übernehmen.

HINWEIS

Übrigens können mit Outlook nicht nur E-Mails, sondern gegebenenfalls auch Kontakte und Termine abgeglichen werden.

TIPP

Sollte es mit dem Hinzufügen eines E-Mail-Kontos trotz korrekter Daten nicht klappen, prüfen Sie bei Ihrem E-Mail-Anbieter, ob der Zugriff per IMAP oder POP aktiviert ist.

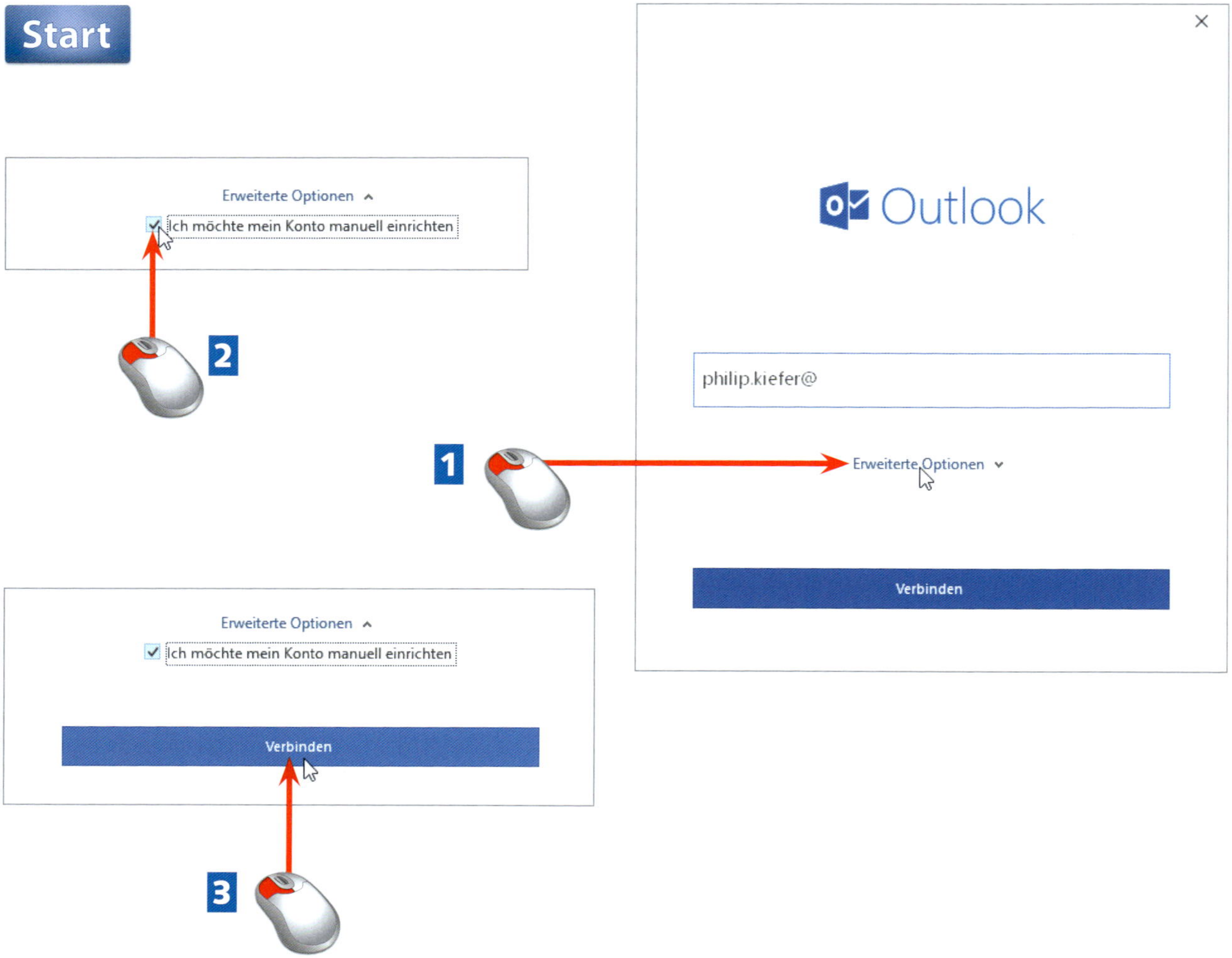

1 Zur manuellen Konfiguration des E-Mail-Kontos klicken Sie im bereits kennengelernten Dialogfenster, nachdem Sie Ihre Mailadresse eingetippt haben, auf *Erweiterte Optionen*.

2 Aktivieren Sie im nächsten Schritt die Option *Ich möchte mein Konto manuell einrichten*.

3 Bestätigen Sie mit der Schaltfläche *Verbinden*.

Die manuelle Konfiguration des E-Mail-Kontos ist in der Regel nur dann notwendig, wenn Outlook die erforderlichen Serverdaten nicht automatisch ermitteln kann bzw. wenn Sie ein bestimmtes Protokoll verwenden möchten. POP (**P**ost **O**ffice **P**rotocol) ist eine Technologie zur E-Mail-Übertragung. Während E-Mails bei IMAP auf dem E-Mail-Server verwaltet werden, geschieht dies bei POP auf dem eigenen PC.

WISSEN

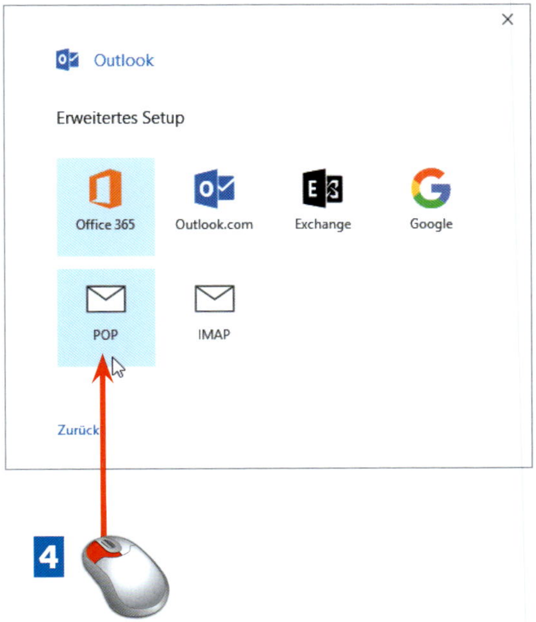

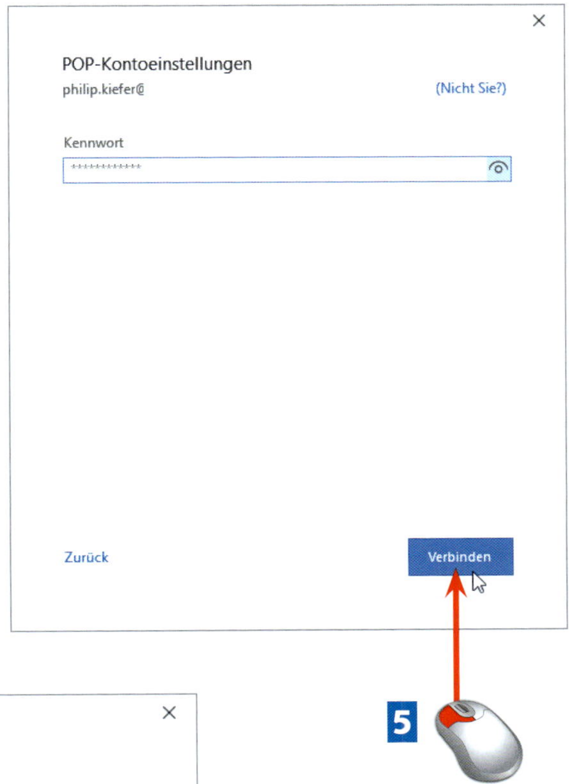

4 Entscheiden Sie sich für den gewünschten E-Mail-Zugang. Hier entscheide ich mich beispielsweise für das Protokoll *POP*.

5 Melden Sie sich bei Ihrem E-Mail-Anbieter an.

6 Das E-Mail-Konto wird nun in Outlook 2019 hinzugefügt.

Ende

Falls die manuelle Eingabe von Serverdaten erforderlich sein sollte, können Sie diese meist schnell mit Google herausfinden, indem Sie einfach nach dem Anbieternamen zusammen mit dem verwendeten Protokoll suchen.

TIPP

Für die verschlüsselte Datenübertragung kommt ein Protokoll namens **T**ransport **L**ayer **S**ecurity (TLS) zum Einsatz. Bekannter ist es unter seiner früheren Bezeichnung **S**ecure **S**ockets **L**ayer (SSL).

FACHWORT

1 Zum Verwalten Ihrer E-Mail-Konten klicken Sie links oben in Outlook auf *Datei*.

2 Entscheiden Sie sich unter *Informationen* für die Schaltfläche *Kontoeinstellungen*.

3 Im sich öffnenden Menü wählen Sie erneut *Kontoeinstellungen*.

Die »Registerkarte«, die Sie mit einem Klick auf den Reiter *Datei* öffnen, wird auch als Backstage-Ansicht bezeichnet. Hier greifen Sie auf Informationen und Funktionen zu, die der Verwaltung Ihrer Daten und Dateien dienen.

WISSEN

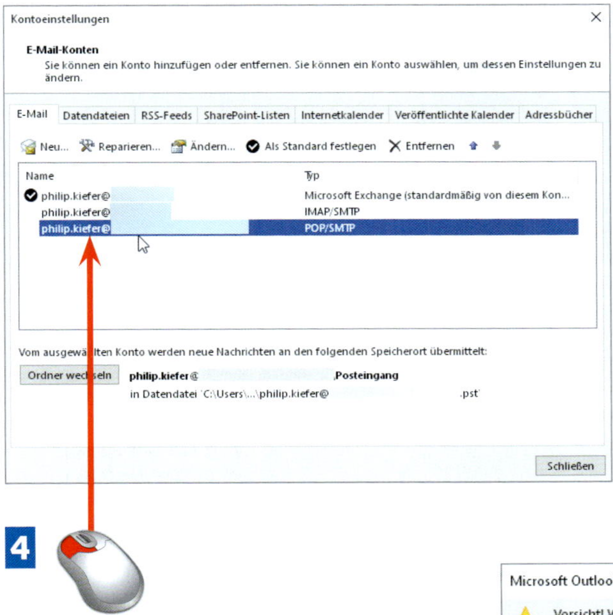

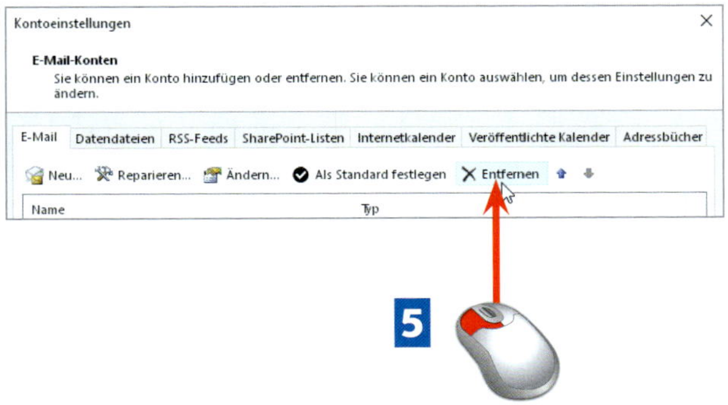

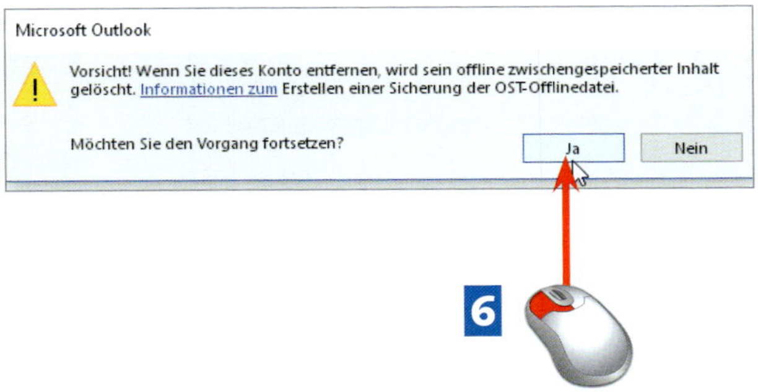

4 Wählen Sie per Mausklick ein E-Mail-Konto aus, das Sie verwalten möchten.

5 In der Leiste darüber wählen Sie eine Verwaltungsoption aus, z. B. das Verwenden als Standardkonto (Option *Als Standard festlegen*) oder – wie hier – das Löschen eines nicht mehr benötigten E-Mail-Kontos per Mausklick auf *Entfernen*.

6 Das Löschen des E-Mail-Kontos muss im Folgenden noch mit *Ja* bestätigt werden.

Ende

HINWEIS

Im Dialogfenster *Kontoeinstellungen* finden Sie Reiter für noch weitere Konten und Dateien. Diese lassen Sie bitte zunächst unbeachtet.

HINWEIS

Vielleicht wurden die Serverdaten vom E-Mail-Anbieter geändert und es klappt nicht mehr mit der Verbindung? Klicken Sie unter *E-Mail* auf *Reparieren*, um die Serverdaten für das ausgewählte E-Mail-Konto erneut abzurufen.

TIPP

Auch im Dialogfenster *Kontoeinstellungen* können Sie weitere E-Mail-Konten hinzufügen, indem Sie sich dort unter *E-Mail* für die Schaltfläche *Neu* entscheiden.

Start

1

2
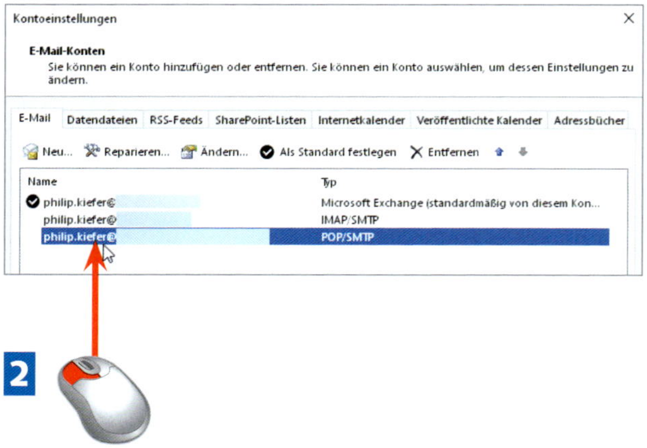

3
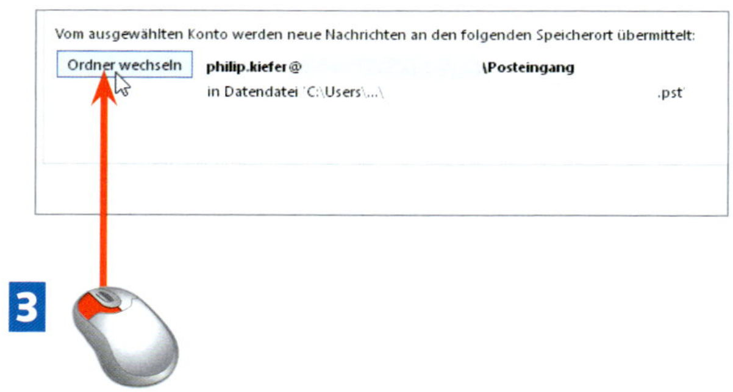

1 Entscheiden Sie sich in Outlook unter *Datei/Informationen* erneut für das Aufrufen der *Kontoeinstellungen*.

2 Wählen Sie das POP-E-Mail-Konto aus, bei dem Sie auf einen anderen Posteingang verweisen möchten.

3 Klicken Sie nun links unten im Dialogfenster *Kontoeinstellungen* auf die Schaltfläche *Ordner wechseln*.

Posteingang wird das E-Mail-Postfach genannt, an das eingehende E-Mails geliefert werden. Wenn Sie mehrere E-Mail-Konten anlegen, erhält jedes Konto einen eigenen Posteingang. Bei E-Mail-Konten, die auf der POP-Technologie basieren, kann auf einen anderen Posteingang verwiesen werden. Wie das geht, lesen Sie auf dieser Doppelseite.

WISSEN

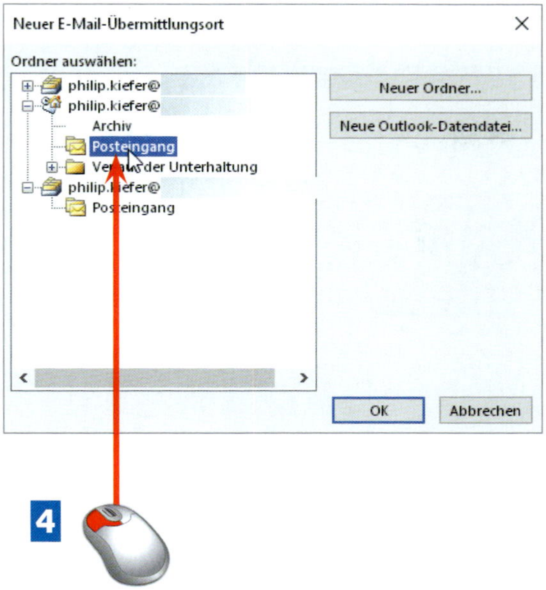

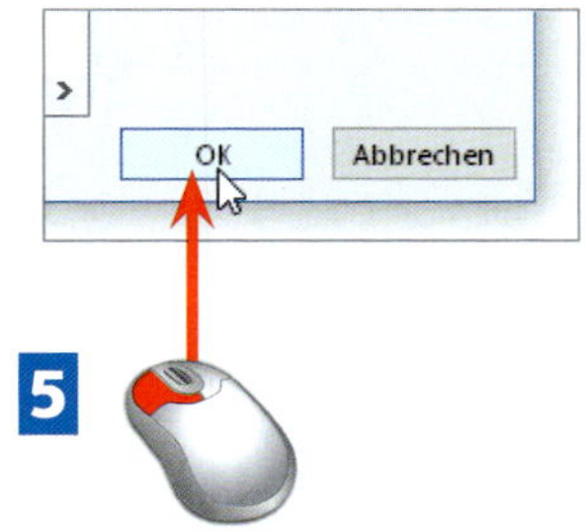

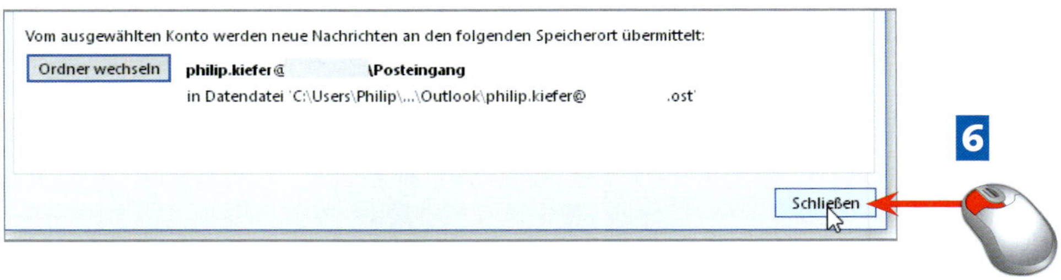

4 Erweitern Sie per Plussymbol ⊞ das gewünschte POP-E-Mail-Konto und klicken Sie den Posteingang an.

5 Bestätigen Sie Ihre Auswahl mit *OK*.

6 Sie stellen fest, dass die Angabe des Posteingangs angepasst wird. Nehmen Sie weitere Verwaltungsoperationen vor oder bestätigen Sie mit *Schließen*.

Ende

Sie müssen übrigens nicht zwingend auf einen anderen Posteingang verweisen, eingehende E-Mails können auch in einem beliebigen anderen Ordner empfangen werden.

HINWEIS

Warum das Anpassen des Posteingangs nur mit POP-E-Mail-Konten funktioniert? Weil die E-Mail-Verwaltung bei dieser Technologie auf dem Computer erfolgt, nicht auf dem E-Mail-Server.

HINWEIS

Start

1

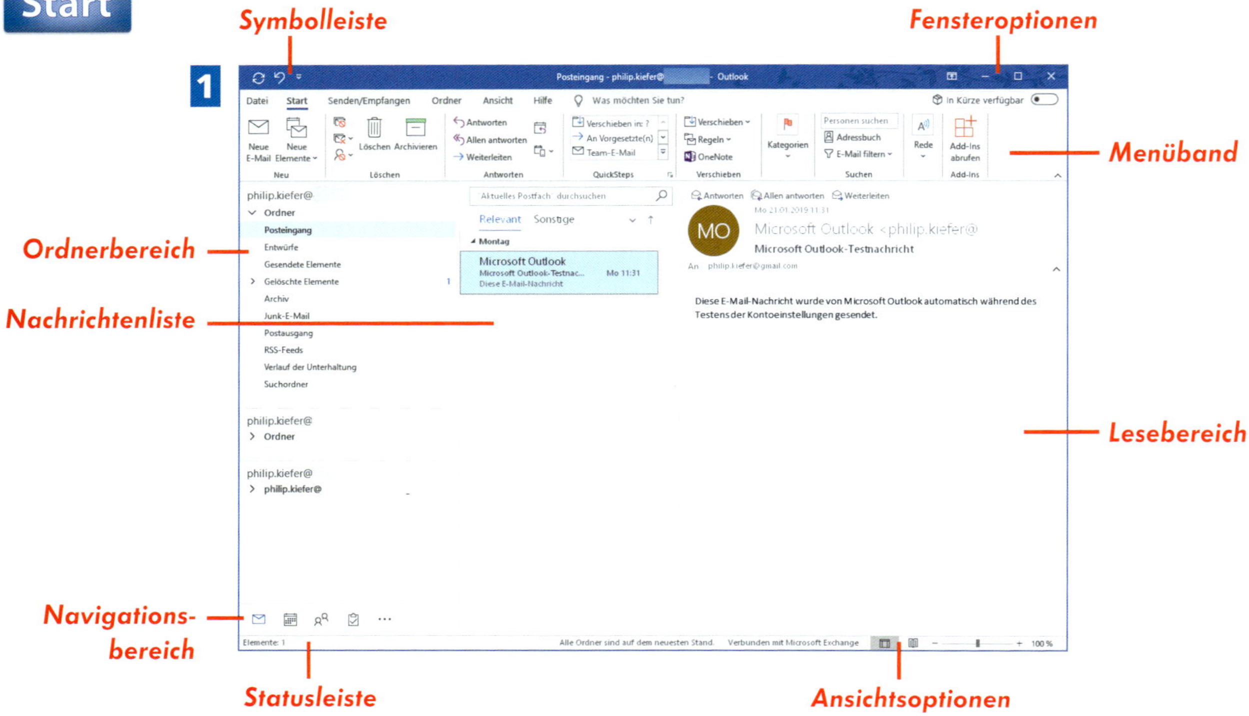

1 Wenn Sie Outlook nach dem Einrichten eines E-Mail-Kontos das erste Mal starten, wird Ihnen der Posteingang angezeigt. Sie entdecken verschiedene Bereiche der Bedienoberfläche: links oben im Fenster eine Symbolleiste für den Schnellzugriff auf wichtige Funktionen, rechts oben im Fenster verschiedene Fensteroptionen für den Umgang mit dem Programmfenster, darunter das Menüband, in dem Sie Zugriff auf alle Programmfunktionen erhalten. Diese drei Bereiche finden Sie auch in anderen Programmen von Microsoft Office.

Spezifische Outlook-Bereiche sind der Ordnerbereich, in dem Sie einen Ordner auswählen, die Nachrichtenliste, in der Sie eine E-Mail innerhalb eines Ordners auswählen, und der Lesebereich, in dem die ausgewählte E-Mail angezeigt wird.

Im Navigationsbereich bestimmen Sie, auf welche Outlook-Funktion Sie zugreifen möchten, also auf E-Mails, Termine, Kontakte etc. In der Statusleiste ganz unten in der Bedienoberfläche werden verschiedene Statusinformationen angezeigt, rechts unten schließlich bieten sich Ihnen verschiedene Ansichtsoptionen.

Beachten Sie, dass sich die Bedienoberfläche von Outlook der Größe bzw. Auflösung Ihres Bildschirms anpasst. Besonders im Menüband kann es dadurch zu kleineren Abweichungen in der Menüführung kommen.

WISSEN

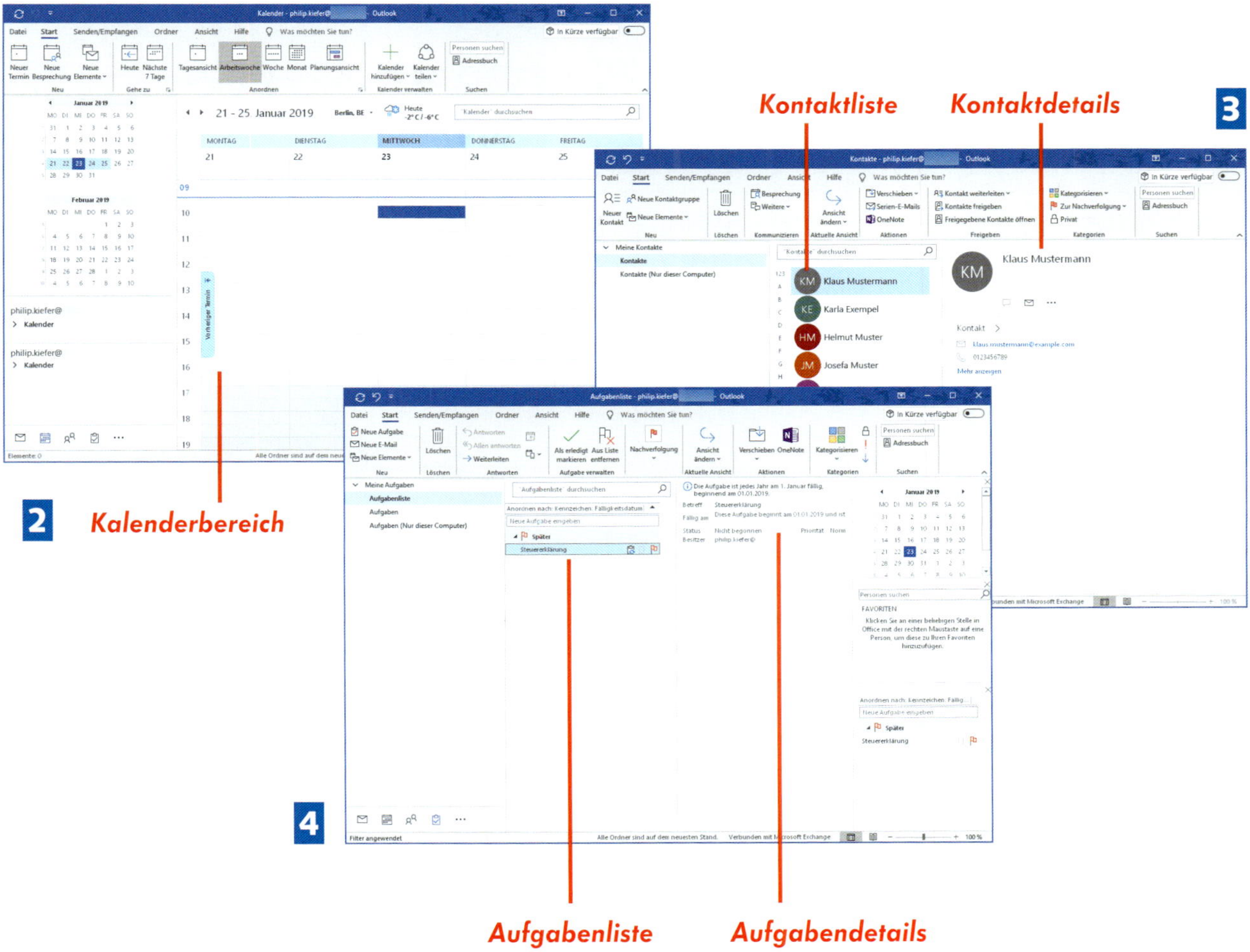

2 Die Bedienoberfläche verändert sich je nach gewählter Outlook-Funktion. Wählen Sie im Navigationsbereich den Kalender aus, so wird ein Kalenderbereich angezeigt.

3 Wählen Sie im Navigationsbereich die Personen aus, so werden eine Kontaktliste und Details zum gerade ausgewählten Kontakt angezeigt.

4 Wählen Sie im Navigationsbereich die Aufgaben aus, so werden eine Aufgabenliste und Details zur gerade ausgewählten Aufgabe angezeigt.

Ende

Die Outlook-Funktionen lassen sich auch per Tastenkombination wechseln: Strg+1 zeigt die E-Mails an, Strg+2 den Kalender, Strg+3 die Personen, Strg+4 die Aufgaben etc.

TIPP

Hier nicht abgebildet: Wenn Sie im Navigationsbereich die Notizen auswählen, wird Ihnen eine Übersicht der von Ihnen angelegten Notizzettel angezeigt.

HINWEIS

Start

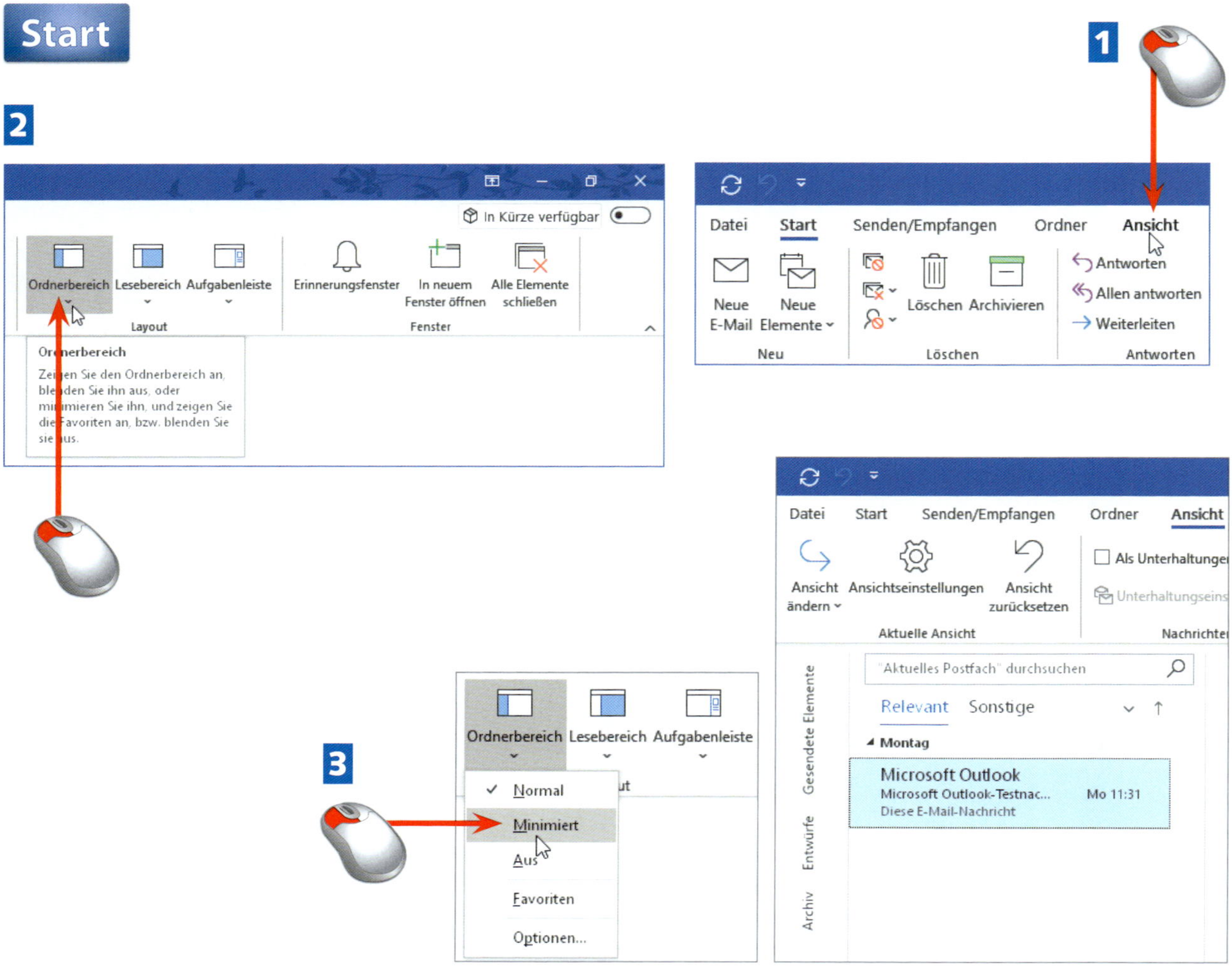

1 Der Ordnerbereich links wird ab einer bestimmten Fenstergröße automatisch minimiert. Sie können ihn aber auch manuell minimieren. Dazu wählen Sie im Menüband *Ansicht*.

2 Entscheiden Sie sich in der Gruppe *Layout* für die Schaltfläche *Ordnerbereich*.

3 Wählen Sie im Menü den Eintrag *Minimiert*. Der Ordnerbereich wird daraufhin prompt minimiert dargestellt.

Einzelne Bereiche der Outlook-Bedienoberfläche lassen sich minimieren (= verkleinern) bzw. maximieren (= vergrößern). Das Minimieren schafft mehr Platz für die Darstellung der gerade verwendeten Funktionen, das Maximieren hingegen ermöglicht – je nach maximiertem Bereich – einen schnelleren Zugriff auf Ordner, Funktionen etc. Minimieren oder maximieren Sie die Bereiche je nach eigenem Bedarf.

WISSEN

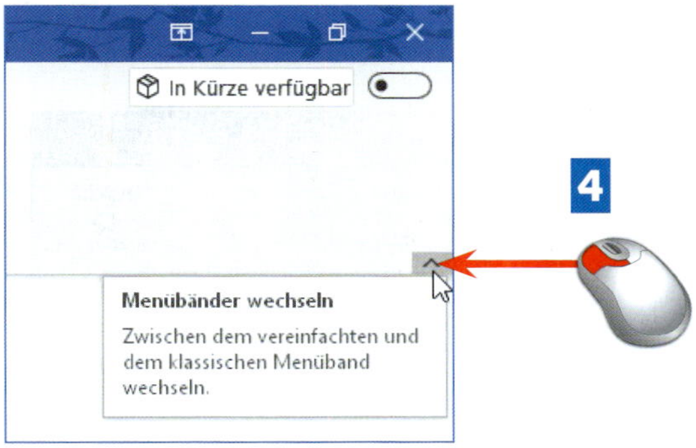

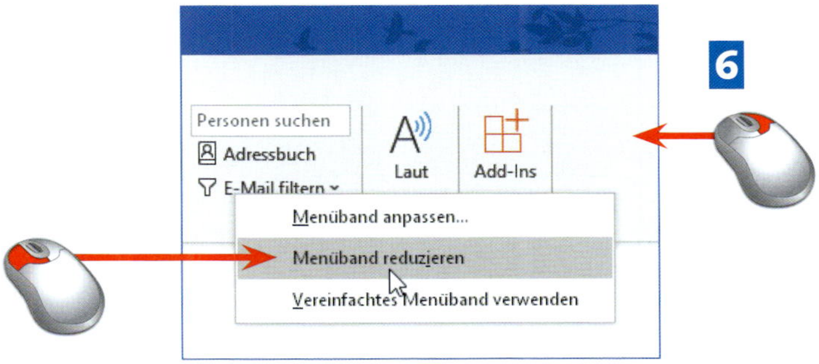

4 Das Menüband ist standardmäßig maximiert. Um es bei Platzbedarf zu minimieren, klicken Sie rechts unten im Menüband auf den kleinen nach oben weisenden Pfeil (^).

5 Um das Menüband wieder zu maximieren, klicken Sie rechts unten im minimierten Menüband auf das nach unten weisende Pfeilsymbol (˅).

6 Um das Menüband komplett auszublenden, klicken Sie mit der rechten Maustaste in das Menüband und wählen im Kontextmenü die Option *Menüband reduzieren*.

Ende

Zum Minimieren oder Maximieren des Menübands finden Sie die verschiedenen Optionen auch unter dem Symbol rechts oben im Programmfenster. Um das Menüband zu maximieren, wählen Sie hier *Registerkarten und Befehle anzeigen*.

HINWEIS

Start

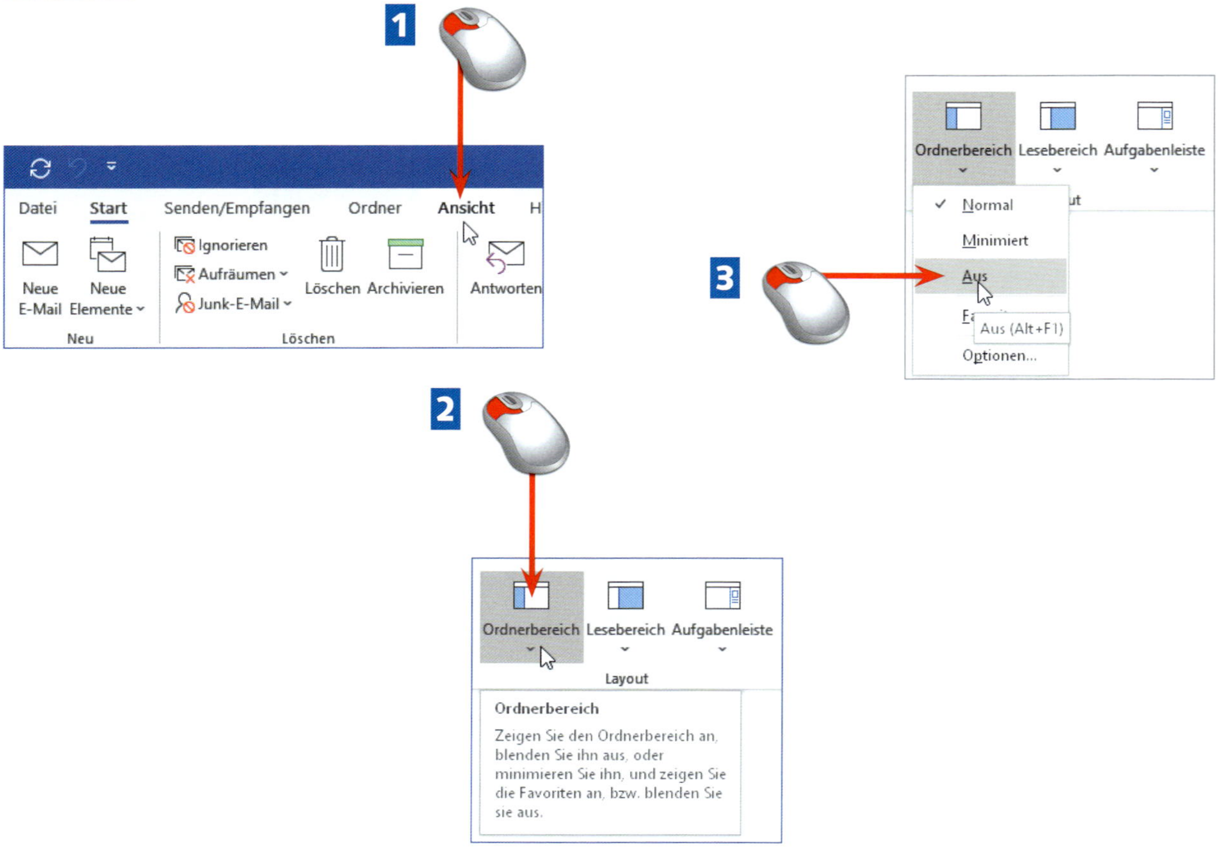

1 Sie benötigen den Ordnerbereich gar nicht und wollen ihn ganz ausblenden, z. B. weil Sie nur mit Tastenkombinationen und der Suchfunktion arbeiten? Klicken Sie dazu auf den Reiter *Ansicht*.

2 Entscheiden Sie sich anschließend für die Schaltfläche *Ordnerbereich*.

3 Im sich öffnenden Menü wählen Sie nun die Option *Aus*, um den Ordnerbereich zu deaktivieren.

Sie können einzelne Bereiche in Outlook manuell vergrößern oder verkleinern. Bewegen Sie dazu den Mauszeiger auf die Begrenzungslinie eines Bereichs. Wenn ein Doppelpfeil (bzw.) erscheint, lässt sich der Bereich bei gedrückter linker Maustaste größer bzw. kleiner ziehen.

WISSEN

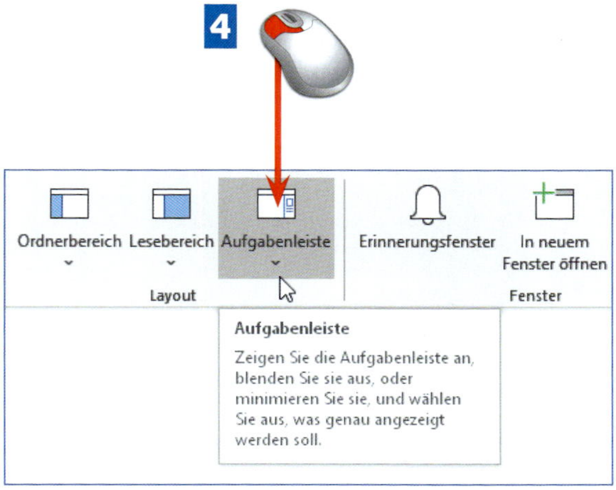

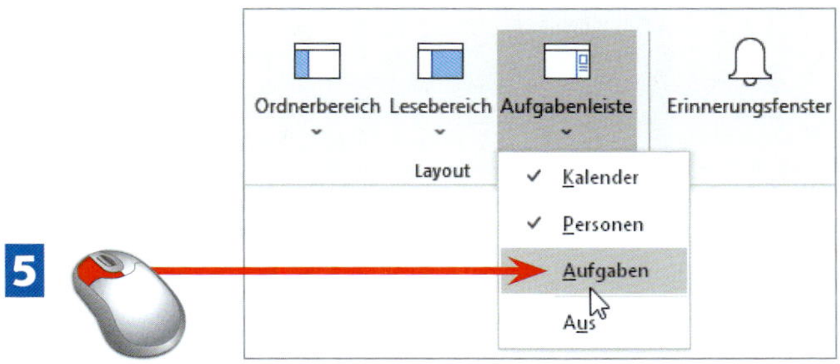

4 Sie möchten rechts in der Outlook-Bedienoberfläche noch eine Aufgabenleiste einblenden? Dann entscheiden Sie sich unter dem Reiter *Ansicht* für die Schaltfläche *Aufgabenleiste*.

5 Nun setzen Sie per Mausklick Häkchen bei den Informationen, die in der Aufgabenleiste angezeigt werden sollen.

6 Die Aufgabeleiste wird rechts in Outlook eingeblendet, und die ausgewählten Informationen werden Ihnen angezeigt.

Ende

Den Ordnerbereich mit einer Tastenkombination maximieren, minimieren oder ausblenden: Drücken Sie dazu, gegebenenfalls mehrmals, die Tastenkombination Alt+F1.

TIPP

Praktisch: Wenn Sie in der Aufgabenleiste den Kalender einblenden und auf einen Tag doppelklicken, wird dieser Tag in der Kalenderansicht geöffnet.

HINWEIS

Start

1

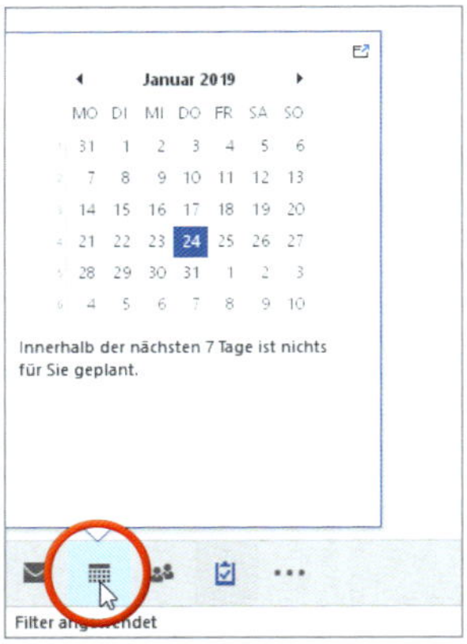

2

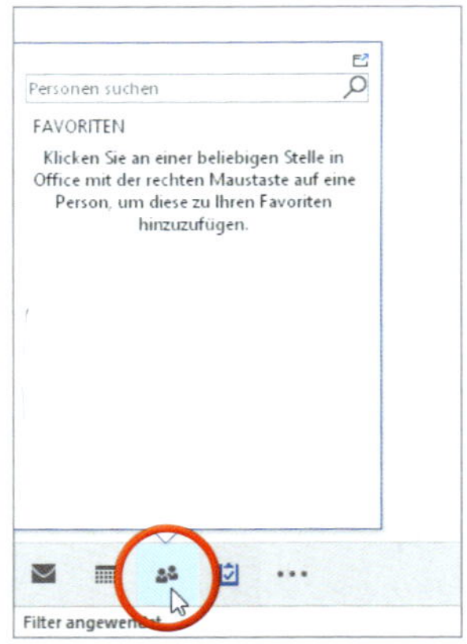

3

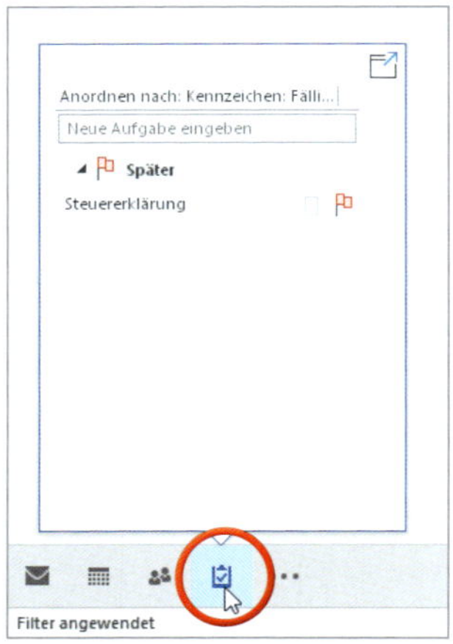

1 Zum Einblenden des Kalender-Pop-ups bewegen Sie den Mauszeiger im Navigationsbereich auf das Kalendersymbol, ohne darauf zu klicken. Ihnen werden im Pop-up ein Minikalender sowie anstehende Termine angezeigt.

2 Um das Personen-Pop-up einzublenden, bewegen Sie den Mauszeiger im Navigationsbereich auf das Personensymbol, ohne darauf zu klicken. Im Personen-Pop-up greifen Sie auf Ihre favorisierten Kontakte zu bzw. suchen per Suchfeld gezielt nach einem bestimmten Kontakt.

3 Wenn Sie das Aufgaben-Pop-up einblenden möchten, bewegen Sie den Mauszeiger im Navigationsbereich auf das Aufgabensymbol, ohne darauf zu klicken. Im Aufgaben-Pop-up erhalten Sie einen Überblick über anstehende Aufgaben; Sie können außerdem bequem neue Aufgaben erstellen.

Als Pop-ups bezeichnet man Fenster, die innerhalb der Bedienoberfläche eines Programms aufspringen. In Outlook bieten die Pop-ups eine gute Alternative zur dauerhaft eingeblendeten Aufgabenleiste. Greifen Sie, wie auf dieser Doppelseite beschrieben, auf Kalender, Personen oder Aufgaben per Pop-up zu.

WISSEN

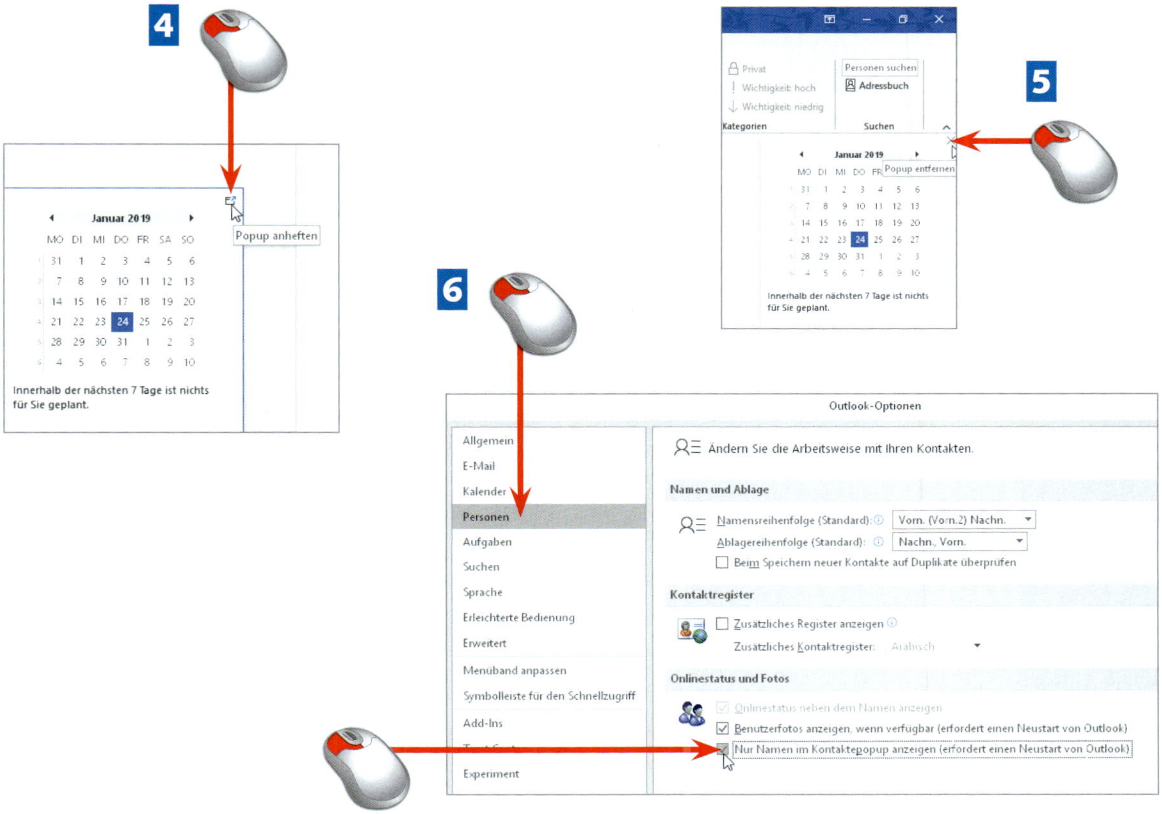

4 Ein Pop-up lässt sich an die Aufgabenleiste anheften bzw. in der Aufgabenleiste einblenden. Klicken Sie dazu rechts oben im Pop-up auf das Symbol .

5 Auch das Ausblenden in der Aufgabenleiste kann ohne Menüband erfolgen. Klicken Sie dazu rechts oben in einem in der Aufgabenleiste dargestellten Pop-up auf das Kreuzsymbol (✕).

6 Speziell für das Kontakte-Pop-up können Sie einrichten, dass für die favorisierten Kontakte nicht Bilder und Namen, sondern nur Namen angezeigt werden. Aktivieren Sie dazu in den Outlook-Optionen unter *Personen* das Kontrollkästchen *Nur Namen im Kontaktepopup anzeigen* und starten Sie Outlook neu.

Ende

HINWEIS

Die Aufgabenleiste wird jeweils nur für die gewählte Outlook-Funktion eingeblendet, also z. B. E-Mail, Kalender etc.

HINWEIS

Die Aufgabenleiste wird automatisch ausgeblendet, wenn keine Inhalte mehr darin vorhanden sind.

Start

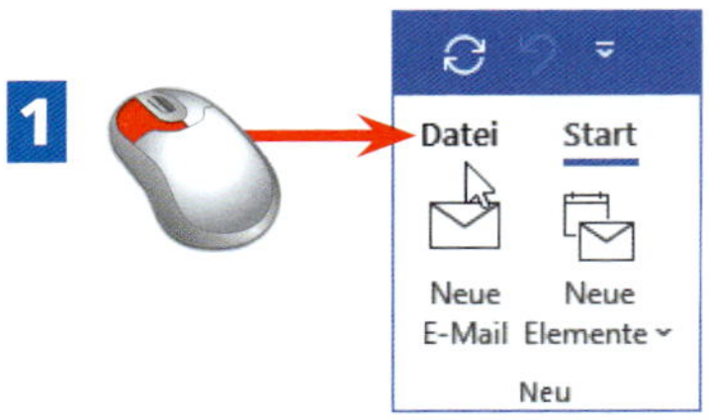

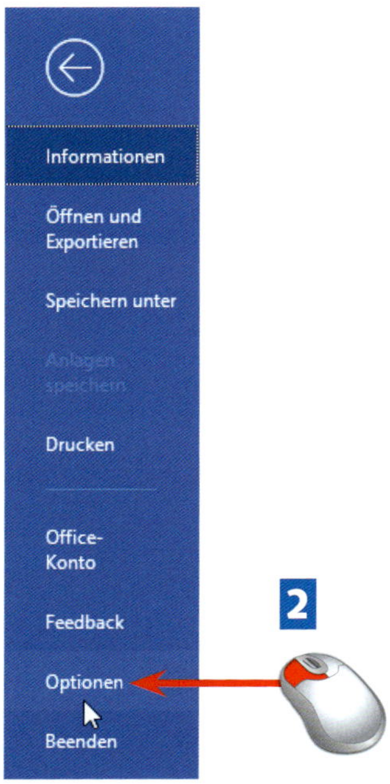

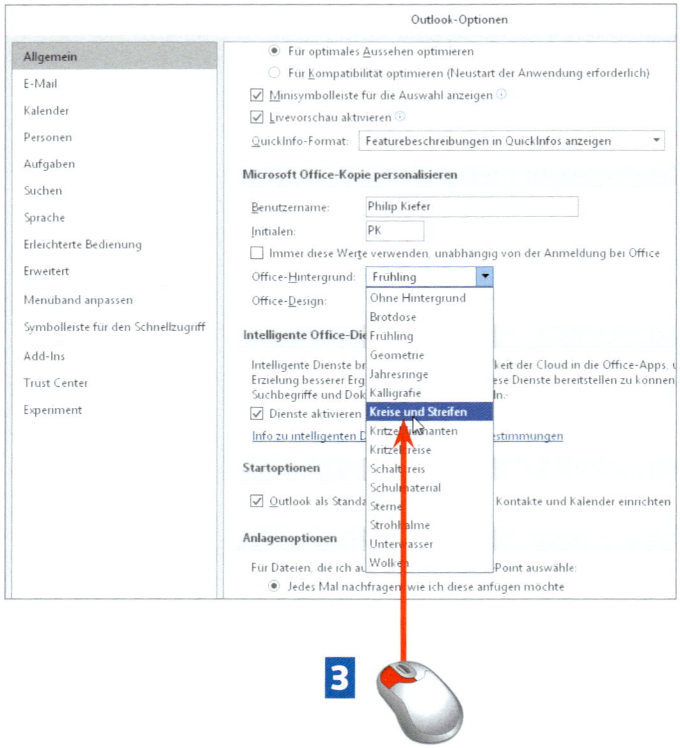

1 Entscheiden Sie sich im Menüband für den Reiter *Datei*.

2 Klicken Sie in der Backstage-Ansicht auf den Eintrag *Optionen*.

3 Im Dialogfenster *Outlook-Optionen* wählen Sie nun unter *Allgemein* im Menü *Office-Hintergrund* einen Hintergrund aus, der Sie anspricht.

Die Auswahl von Hintergrund und Design, die Sie in den Outlook-Optionen treffen, wird auch von den anderen Office-Programmen übernommen. Die Auswahl betrifft in erster Linie den oberen Bereich der Bedienoberfläche, aber immerhin!

WISSEN

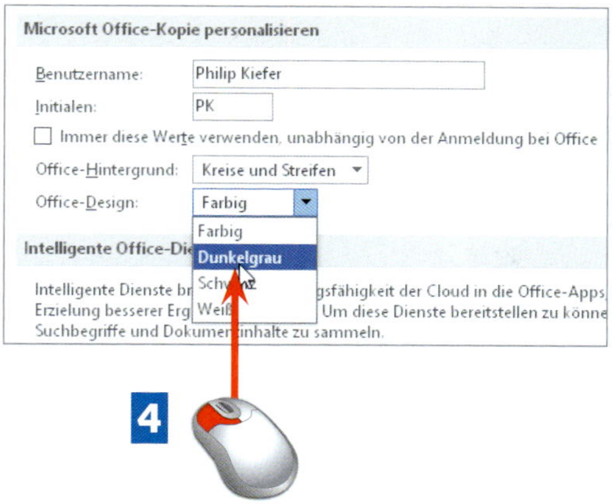

4

5

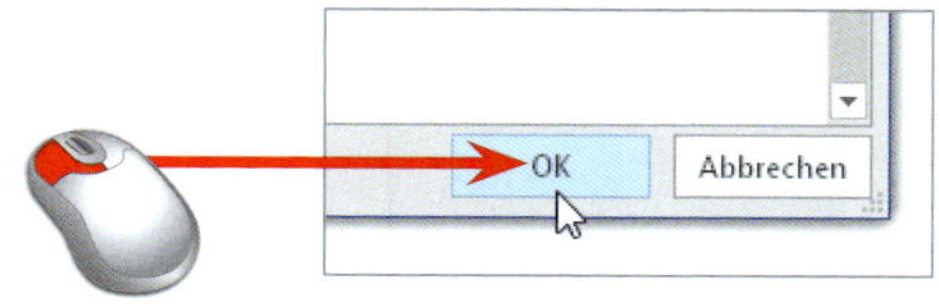

6

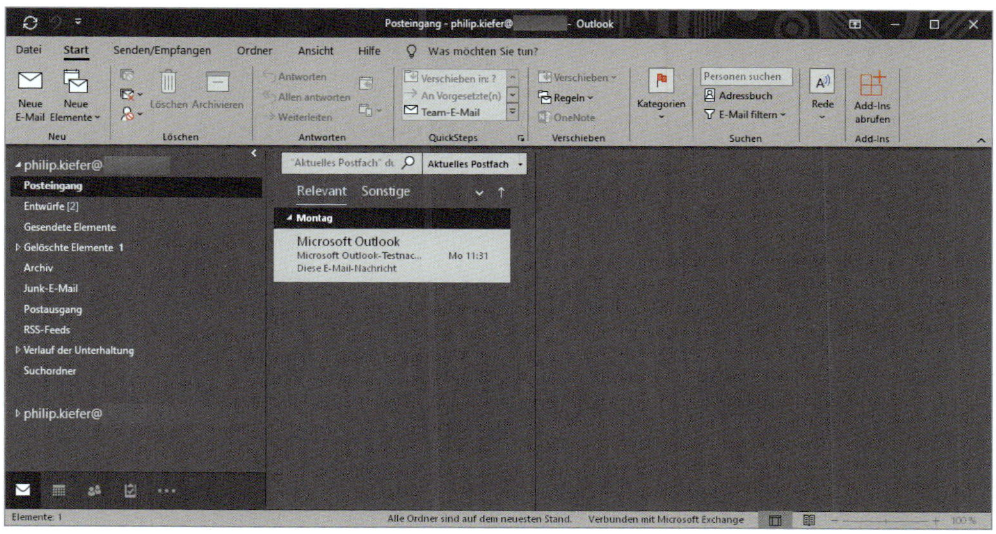

4 Bestimmen Sie als Nächstes im Menü *Office-Design* die gewünschte Hintergrundfarbe.

5 Bestätigen Sie die Einstellungen in den Outlook-Optionen mit einem Klick auf *OK*.

6 Die Änderungen werden prompt übernommen, in diesem Fall sind es Kreise und Streifen auf dunkelgrauem Hintergrund.

Ende

HINWEIS

Die Einstellungen zu Office-Hintergrund und Office-Design lassen sich alternativ auch unter *Datei/Office-Konto* vornehmen.

HINWEIS

Die Hintergründe stehen lediglich zur Verfügung, wenn Sie sich mit einem Microsoft-Konto anmelden, andernfalls können Sie lediglich die Hintergrundfarbe ändern.

FACHWORT

Das Wort Option stammt übrigens vom lateinischen *optio*, das »freier Wille« bedeutet. Im Zusammenhang mit Computerprogrammen werden mit dem Begriff die verschiedenen Einstellungen bzw. Auswahlmöglichkeiten in einem Menü bezeichnet.

Start

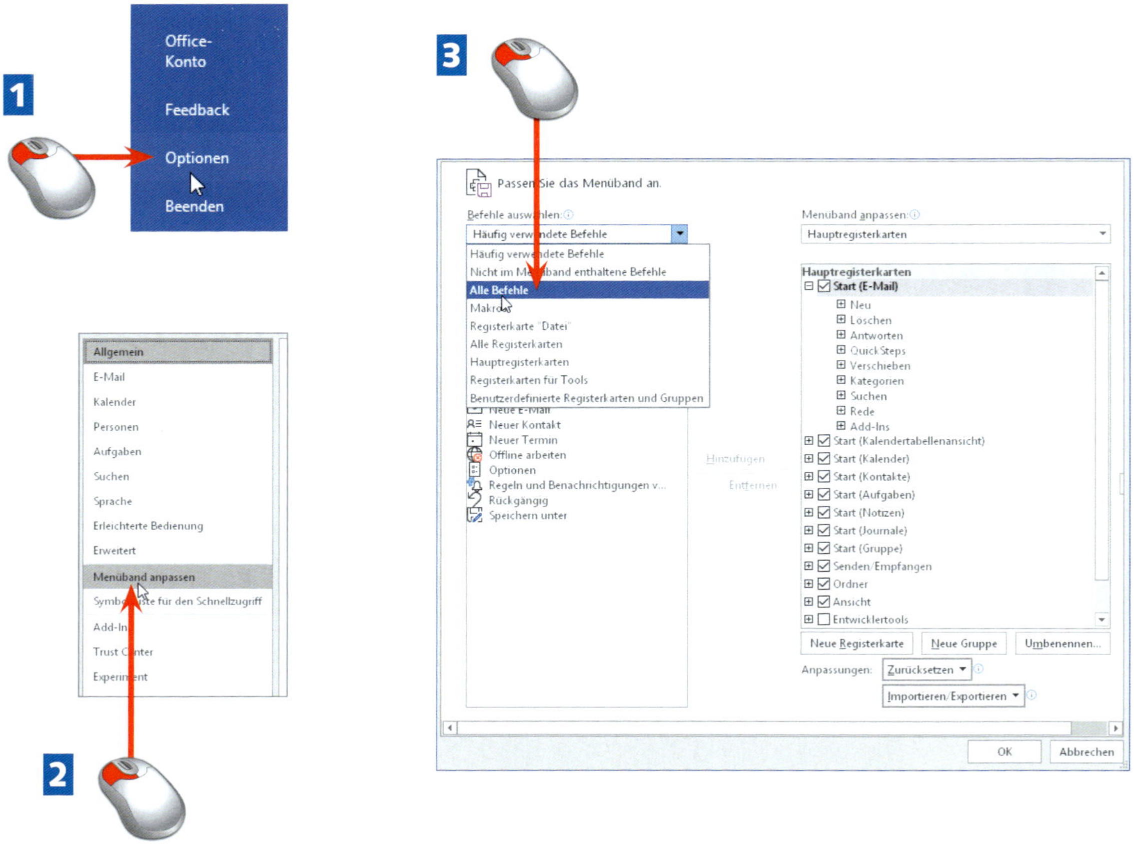

1 Entscheiden Sie sich in Outlook erneut unter *Datei* für den Eintrag *Optionen*.

2 In den Outlook-Optionen wählen Sie im nächsten Schritt den Eintrag *Menüband anpassen*.

3 Öffnen Sie in der linken Spalte das Menü *Befehle auswählen* und entscheiden Sie sich für den Eintrag *Alle Befehle*. Es werden daraufhin in der linken Spalte alle verfügbaren Outlook-Befehle angezeigt.

Das Menüband ist kein starres Gebilde, sondern es lässt sich beliebig an Ihre individuellen Bedürfnisse anpassen. Gut zu wissen: Sie können dabei nichts falsch machen, Ihre Einstellungen lassen sich – per *Zurücksetzen*-Schaltfläche im Fenster aus Schritt 3 – jederzeit wieder rückgängig machen.

WISSEN

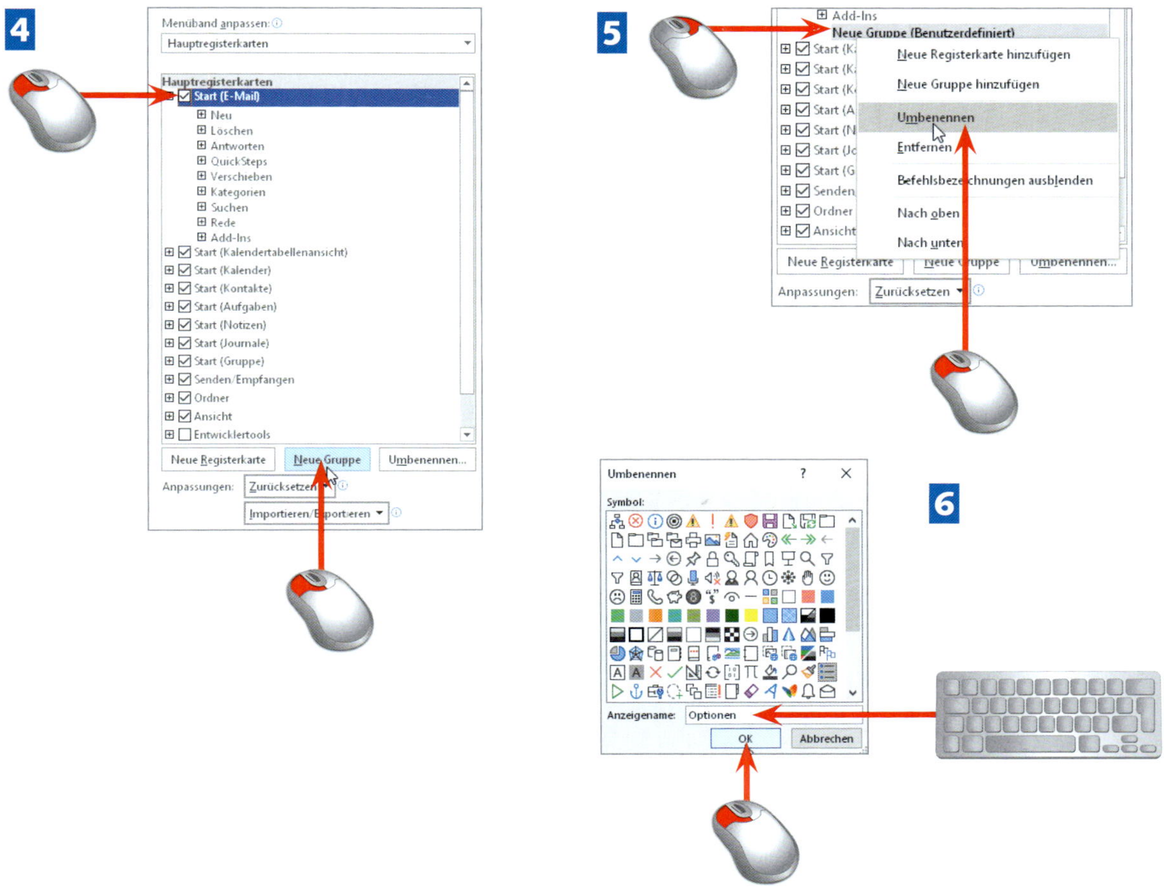

4 Um einen Befehl einer bereits bestehenden Registerkarte hinzuzufügen, wählen Sie die Registerkarte in der rechten Spalte aus und klicken dann unten auf die Schaltfläche *Neue Gruppe*.

5 Sie wollen die Gruppe benennen: Klicken Sie die neu erstellte Gruppe dazu mit der rechten Maustaste an und wählen Sie im Kontextmenü *Umbenennen*.

6 Tippen Sie einen Namen für die Gruppe ein. Wählen Sie, falls gewünscht, ein passendes Symbol für die Gruppe aus. Bestätigen Sie mit *OK*.

Sie vermissen eine Registerkarte in der rechten Spalte? Dann wählen Sie im Menü *Menüband anpassen* ganz oben in der rechten Spalte den Eintrag *Alle Registerkarten* aus.

HINWEIS

Ähnlich wie bereits in anderem Zusammenhang kennengelernt: Das Erweitern einer Registerkarte bzw. einer Gruppe innerhalb einer Registerkarte erfolgt per ⊞-Symbol.

HINWEIS

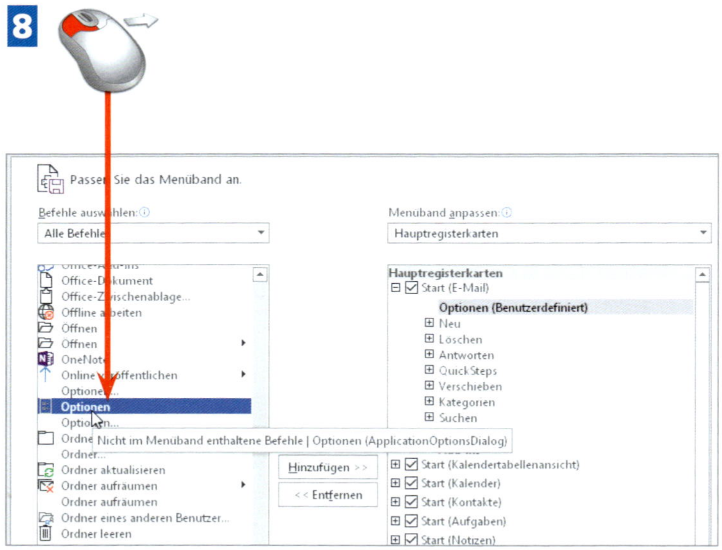

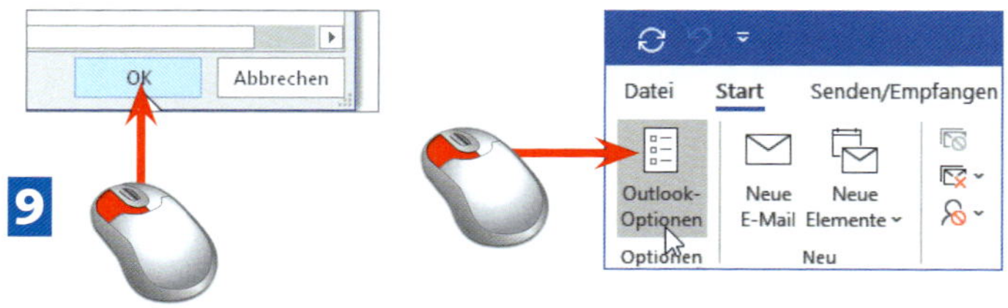

7 Bringen Sie die Gruppe jetzt noch in Position, indem Sie diese bei gedrückter linker Maustaste nach oben oder unten ziehen.

8 Ziehen Sie nun den gewünschten Befehl aus der linken Spalte auf die rechts angezeigte Gruppe. Wiederholen Sie den Vorgang gegebenenfalls mit weiteren Befehlen.

9 Bestätigen Sie Ihre Einstellungen mit *OK*. In diesem Fall habe ich die Outlook-Optionen der Registerkarte *Start* hinzufügt, um die Optionen schneller aufrufen zu können.

Als Gruppen bezeichnet man die Abschnitte innerhalb einer Registerkarte des Menübands. Sie können bei der Anpassung des Menübands eine Gruppe auch von einer Registerkarte in eine andere verschieben – wiederum bei gedrückter linker Maustaste.

WISSEN

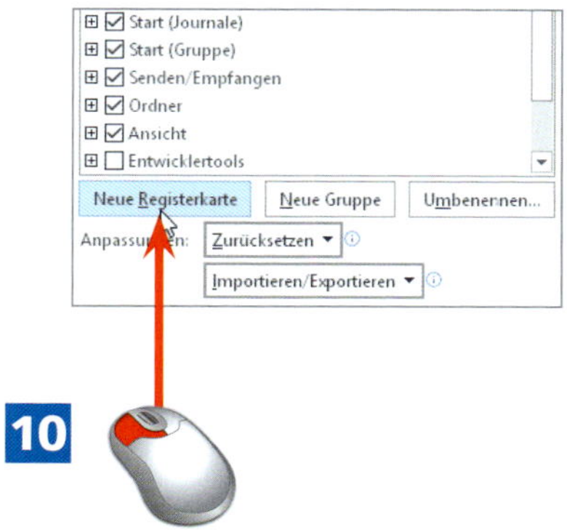

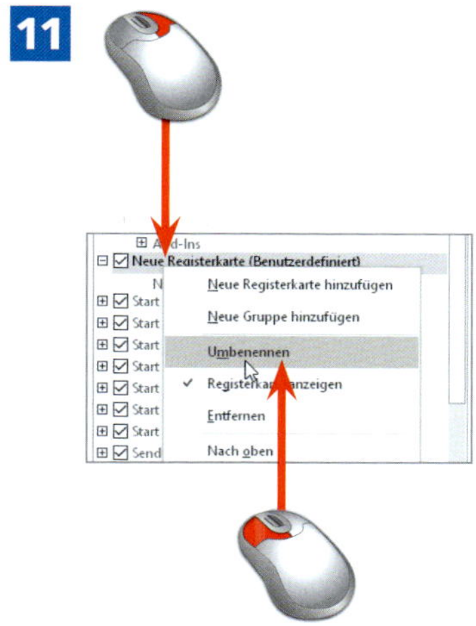

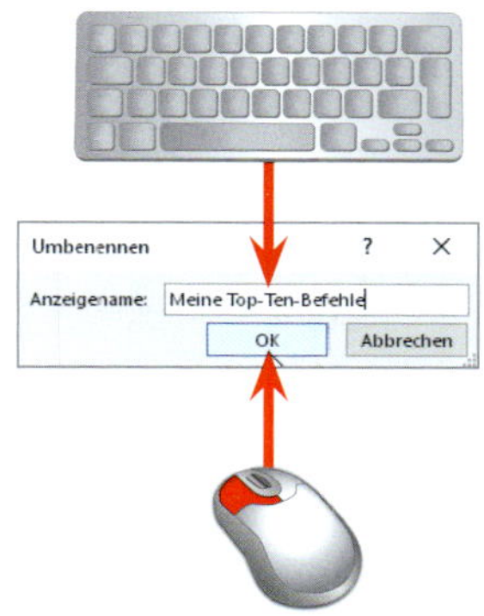

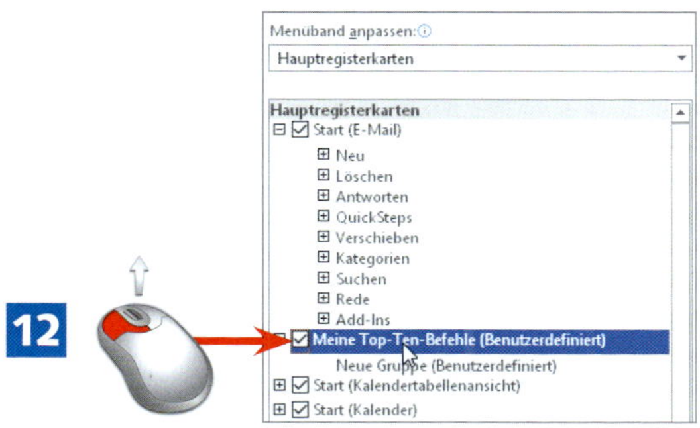

10 Sie können im Menüband auch komplett neue Registerkarten anlegen. Hierzu klicken Sie im Anpassungsfenster in der Spalte rechts auf die Schaltfläche *Neue Registerkarte*.

11 Klicken Sie die neu erstellte Registerkarte mit der rechten Maustaste an, wählen Sie *Umbenennen* und geben Sie der Registerkarte eine schlüssige Bezeichnung. Bestätigen Sie mit *OK*.

12 Bringen Sie die Registerkarte durch Ziehen bei gedrückter linker Maustaste in die gewünschte Position. Erstellen Sie schließlich, wie bereits kennengelernt, neue Gruppen und füllen Sie diese mit den benötigten Befehlen.

Ende

TIPP

Klicken Sie im Anpassungsfenster auf die Schaltfläche *Importieren/Exportieren*, um Ihre Einstellungen in einer Datei zu sichern bzw. um eine gesicherte Datei zu importieren.

HINWEIS

Eine bestehende Gruppe aus einer Registerkarte entfernen: Klicken Sie die Gruppe dazu mit der rechten Maustaste an und wählen Sie im Kontextmenü den Eintrag *Entfernen*.

HINWEIS

Sie möchten eine bestehende Registerkarte im Menüband ausblenden? Deaktivieren Sie dazu in der rechten Spalte per Mausklick das Kontrollkästchen der entsprechenden Registerkarte.

Start

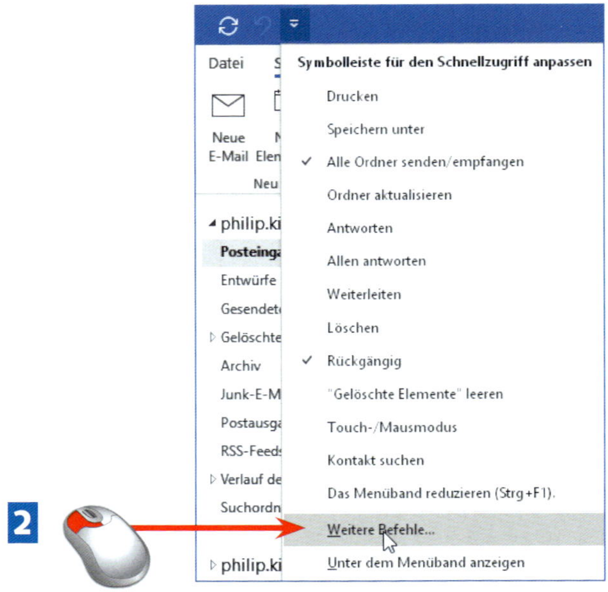

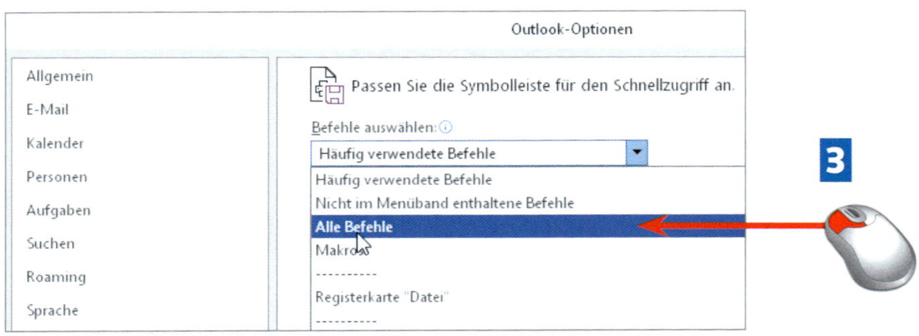

1 Klicken Sie in der Symbolleiste für den Schnellzugriff rechts neben den bereits vorhandenen Symbolen auf das kleine nach unten weisende Pfeilsymbol .

2 Setzen Sie per Mausklick ein Häkchen bei einem Befehl, der angezeigt werden soll. Wird der gewünschte Befehl nicht im Menü aufgeführt, klicken Sie auf *Weitere Befehle*.

3 Sie befinden sich daraufhin wieder in den Outlook-Optionen. Entscheiden Sie sich dort in der linken Spalte im Menü *Befehle auswählen* für den Eintrag *Alle Befehle*.

Die Symbolleiste für den Schnellzugriff kann nicht nur in den Outlook-Optionen, sondern auch direkt in der Symbolleiste bzw. im Menüband angepasst werden. Klicken Sie einen Eintrag mit der rechten Maustaste an, um im Kontextmenü eine Option zum Hinzufügen zur Symbolleiste (bzw. zum Entfernen aus derselben) zu erhalten.

WISSEN

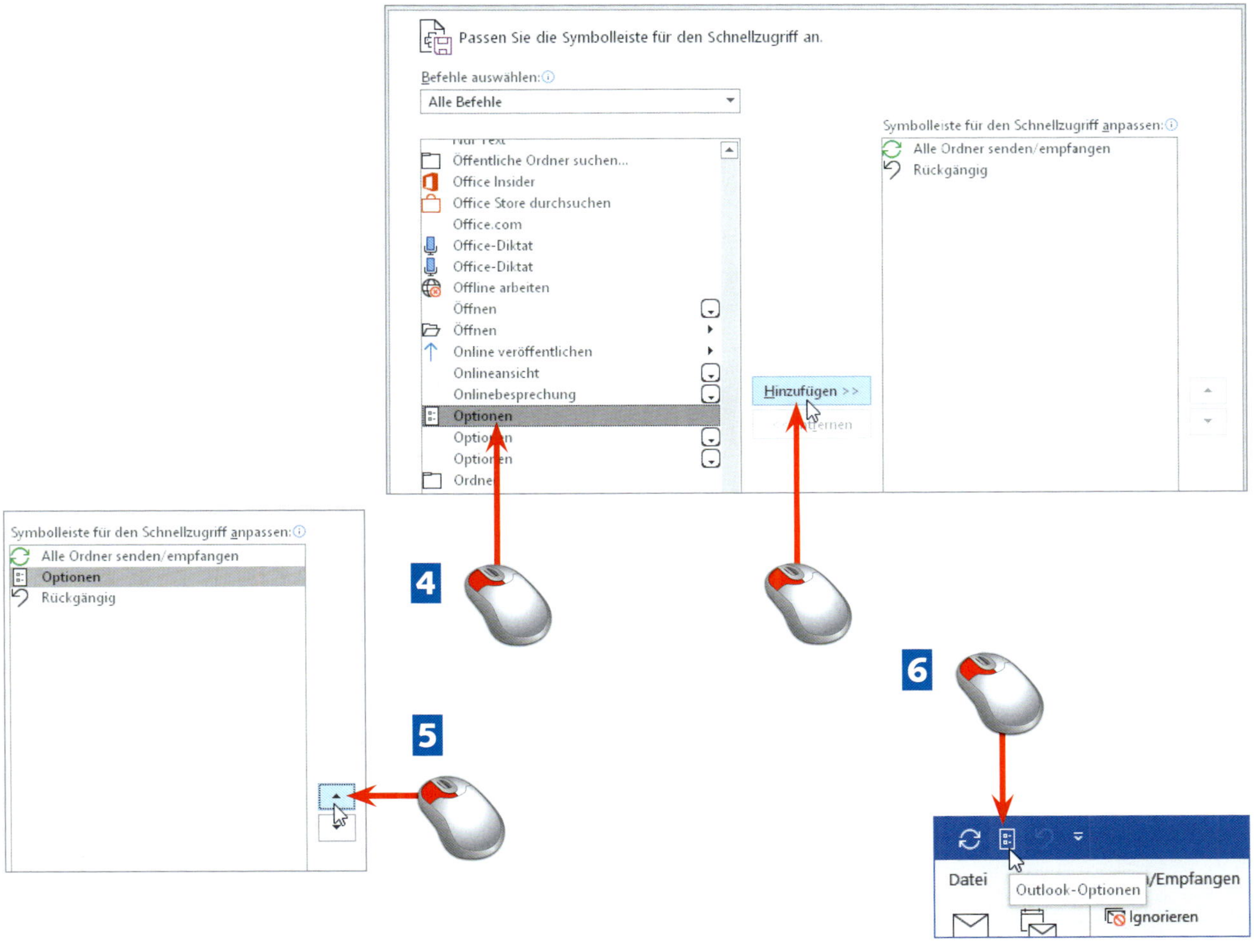

4 Wählen Sie nun in der linken Spalte einen Befehl aus und klicken Sie anschließend auf die Schaltfläche *Hinzufügen*, um ihn in die Symbolleiste (= rechte Spalte) aufzunehmen.

5 Um die Position des ausgewählten Befehls in der rechten Spalte und damit auch in der Symbolleiste zu verändern, verwenden Sie die Pfeilsymbole ▲ bzw. ▼.

6 Bestätigen Sie in den Outlook-Optionen mit *OK*. Die Symbolleiste für den Schnellzugriff wird prompt entsprechend den neuen Einstellungen angepasst.

Ende

Sie wollen die Symbolleiste lieber unterhalb des Menübands einblenden? Klicken Sie dazu unter dem Symbol auf den Eintrag *Unter dem Menüband anzeigen.*

TIPP

Wenn Sie der Symbolleiste sehr viele Befehle hinzufügen und für die Symbole kein Platz mehr zur Verfügung steht, werden diese ausgeblendet und lassen sich unter einem Pfeilsymbol » aufrufen.

HINWEIS

Start

1

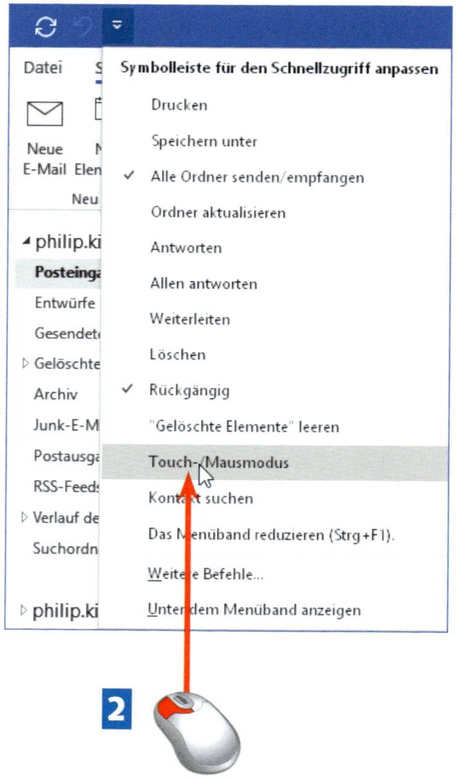

2

3

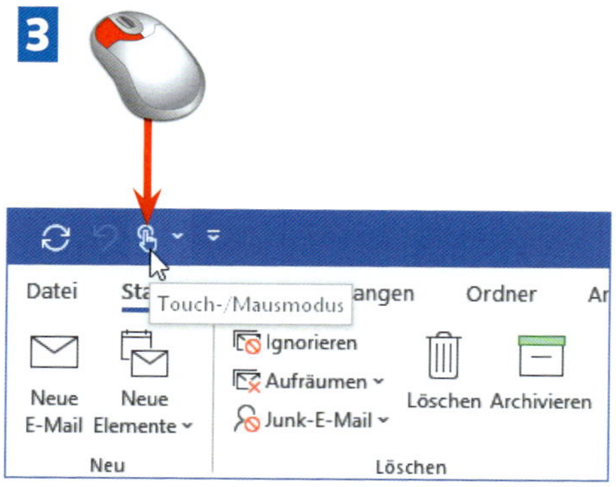

1 Die Abstände der Befehle im Menüband und in anderen Bereichen der Bedienoberfläche lassen sich mit wenigen Handgriffen vergrößern, um die Befehlseingabe auf dem Touchscreen zu erleichtern. Klicken Sie dazu zunächst in der Symbolleiste für den Schnellzugriff auf das Symbol .

2 Setzen Sie per Mausklick ein Häkchen beim Menüeintrag *Touch-/Mausmodus*.

3 Das entsprechende Symbol wird in der Symbolleiste eingeblendet. Klicken Sie es an.

Das Wort Touchscreen bedeutet übersetzt so viel wie »berührungsempfindlicher Bildschirm«. Die Befehlseingabe erfolgt auf einem Touchscreen in der Regel nicht per Maus oder Tastatur, sondern durch direktes Antippen einer Option mit dem Finger. Touchscreens kommen vor allem bei Tablet-Computern zum Einsatz. Der auf dieser Doppelseite dargestellte Fingereingabemodus kann auch die Mauseingabe erleichtern.

WISSEN

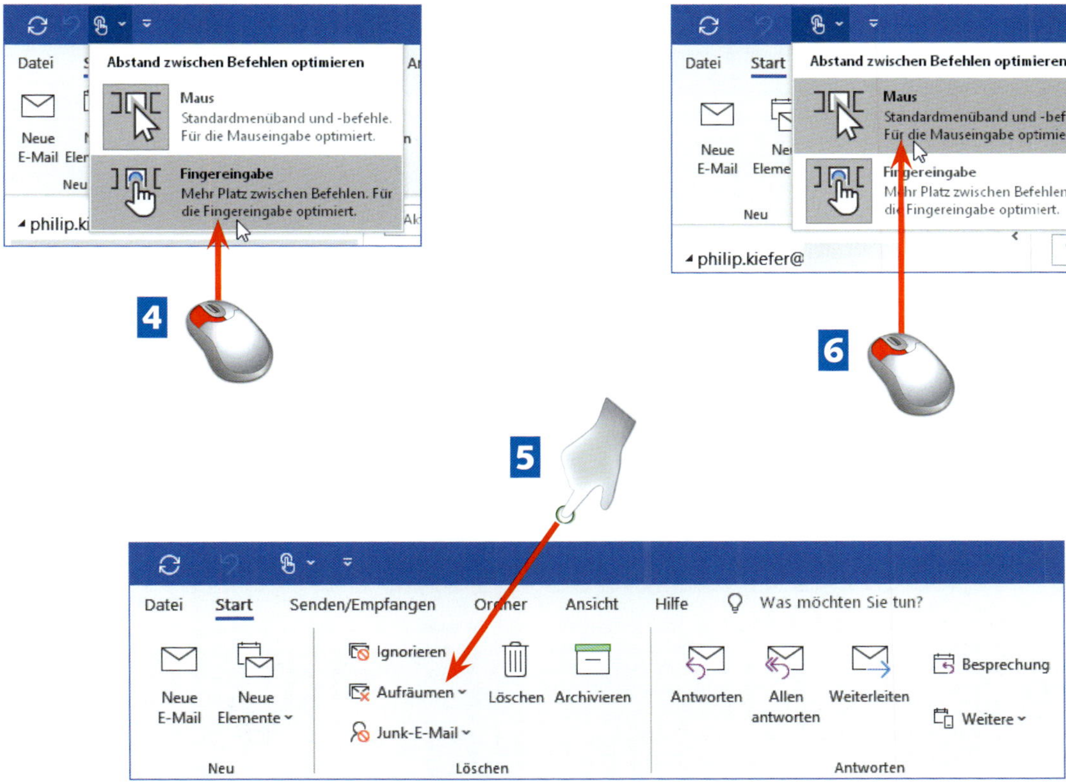

4 Klicken Sie im sich öffnenden Menü auf den Eintrag *Fingereingabe*, um den Fingereingabemodus zu aktivieren.

5 Sie stellen fest, dass die Abstände zwischen den Befehlen im Menüband sowie in anderen Bereichen der Bedienoberfläche vergrößert werden. Ein Befehl lässt sich dadurch mit dem Finger einfacher auswählen.

6 Um den Fingereingabemodus wieder zu beenden, entscheiden Sie sich unter dem Symbol [Symbol] für den Eintrag *Maus*.

Ende

Wenn Sie den Fingereingabemodus in Outlook aktivieren, wird diese Einstellung auch in anderen Office-Programmen übernommen.

HINWEIS

Befehle im Menüband lassen sich alternativ auch per Tastatur auswählen. Drücken Sie die Alt-Taste, um im Menüband die entsprechenden Zeichen einzublenden.

TIPP

Start

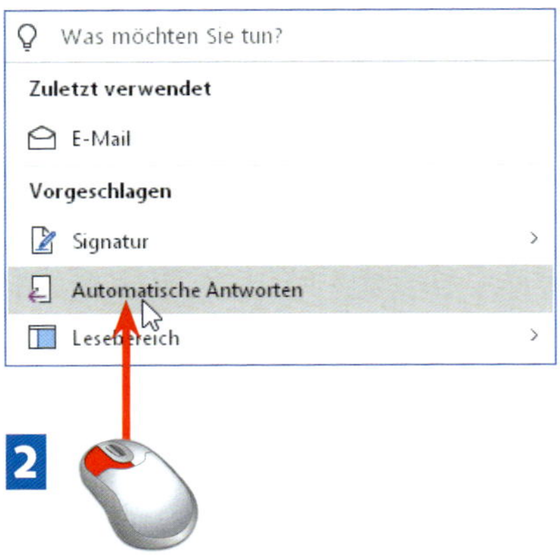

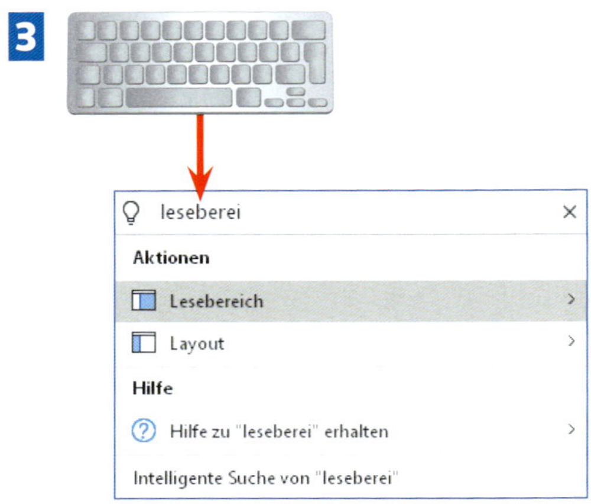

1 Klicken Sie im Menüband auf das Suchfeld, in das die Worte *Was möchten Sie tun?* eingetragen sind.

2 Ihnen werden einige Funktionen vorgeschlagen, später die zuletzt verwendeten Aktionen. Sie können hier einen Eintrag durch Anklicken auswählen.

3 Oder Sie geben einen neuen Begriff in das Suchfeld ein – bereits während der Eingabe wird die Suche gestartet.

In Outlook 2019 ist ein nützliches Suchfeld eingebaut, mit dessen Hilfe Sie auf die Schnelle Programmfunktionen, aber auch die Programmhilfe aufrufen. Wie einfach Sie das neue Suchfeld verwenden, erklärt Ihnen Schritt für Schritt und Bild für Bild diese Doppelseite.

WISSEN

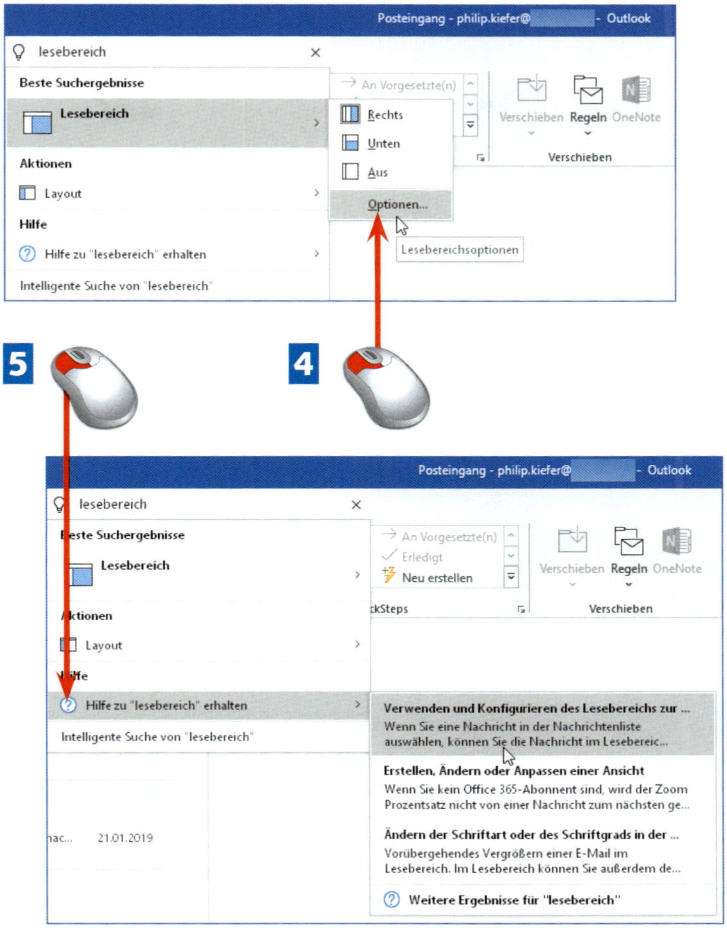

4 Klicken Sie eine gefundene Funktion an, um diese aufzurufen.

5 Das Aufrufen der Hilfefunktion erfolgt auf ähnliche Weise: Geben Sie einen Suchbegriff ein und klicken Sie einen gefundenen Hilfe-Eintrag an (erkennbar am Symbol ⓘ).

6 Die Outlook-Hilfe wird aufgerufen, und es werden passende Hilfen angeboten.

Ende

Onlinelexika nach einem Begriff durchforsten: Dazu klicken Sie auf den Eintrag *Intelligente Suche*.

TIPP

Die Outlook-Hilfe lässt sich auch jederzeit per F1-Taste aufrufen.

HINWEIS

Start

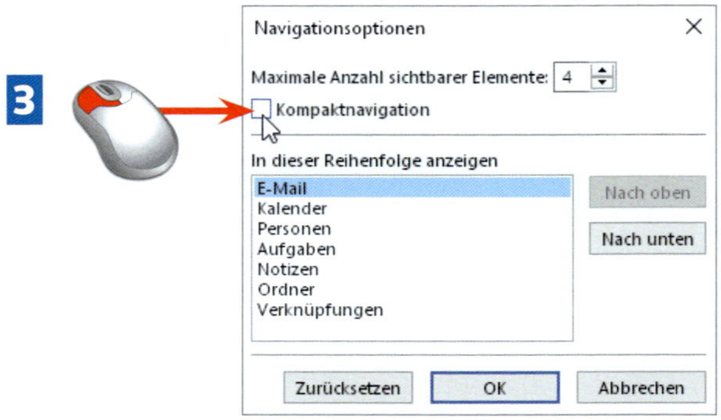

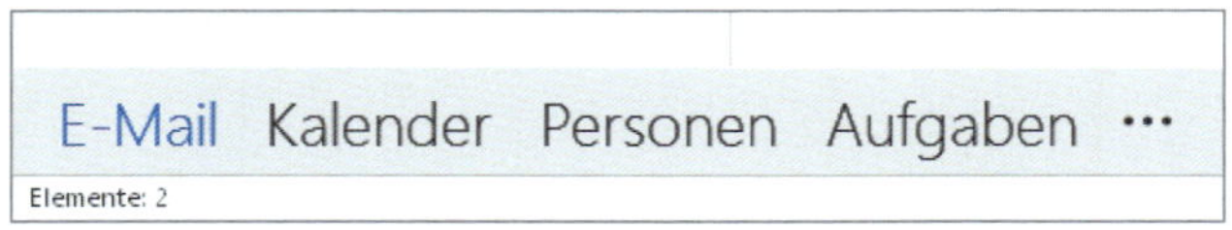

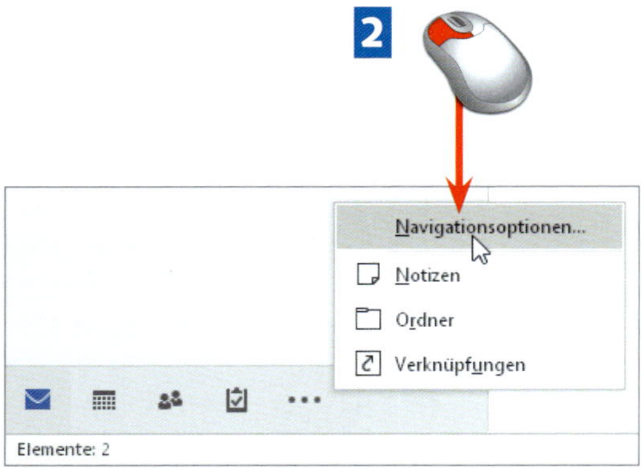

1 Klicken Sie unten im Navigationsbereich auf das Symbol •••.

2 Entscheiden Sie sich im sich öffnenden Menü für den Eintrag *Navigationsoptionen*.

3 Bestimmen Sie per Kontrollkästchen zunächst, ob Sie die Kompaktnavigation (Darstellung des Navigationsbereichs durch Symbole) wünschen oder nicht (Darstellung des Navigationsbereichs durch Text, vgl. Abbildung).

Im Navigationsbereich wechseln Sie zwischen den verschiedenen Outlook-Funktionen (E-Mail, Kalender und Co.). Richten Sie diesen Bereich so ein, dass der Wechsel zwischen den einzelnen Funktionen für Sie möglichst komfortabel erfolgt. Die Möglichkeiten, die Sie in diesem Zusammenhang haben, werden Ihnen auf dieser Doppelseite vorgestellt.

WISSEN

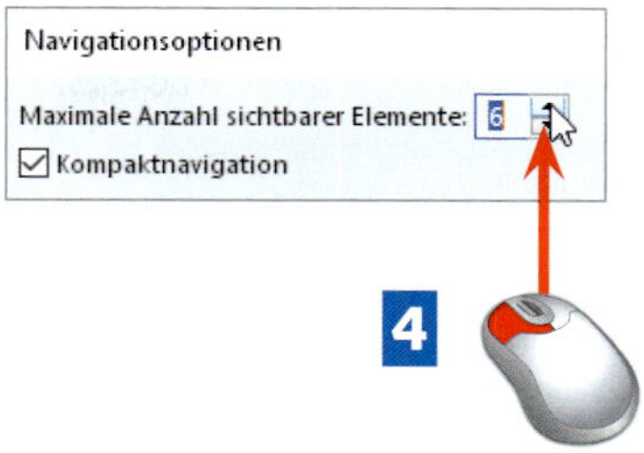

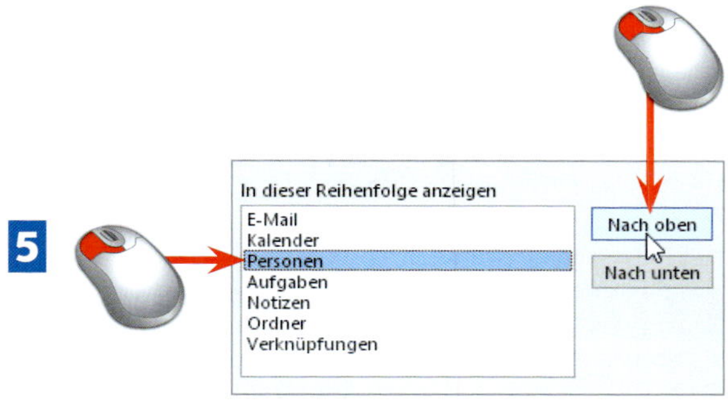

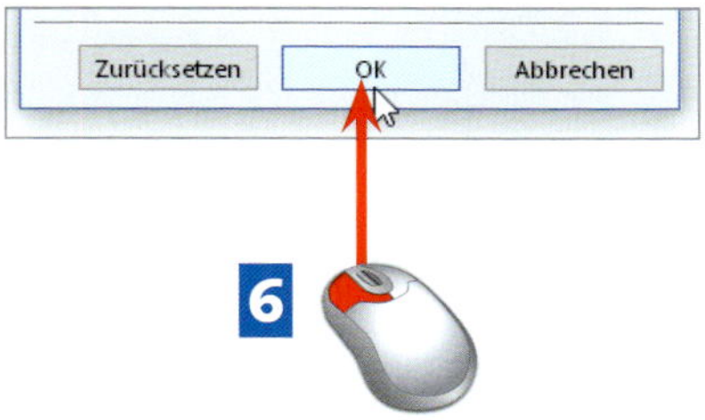

4 Über das Menü *Maximale Anzahl sichtbarer Elemente* legen Sie fest, wie viele Navigationsoptionen angezeigt werden sollen.

5 Um die Reihenfolge einzelner Elemente im Navigationsbereich zu verändern, wählen Sie ein Element in der Liste aus und klicken anschließend auf die Schaltfläche *Nach oben* bzw. *Nach unten*.

6 Bestätigen Sie Ihre Einstellungen mit *OK*, um diese in die Outlook-Bedienoberfläche zu übernehmen.

Ende

Sie möchten den Standardzustand des Navigationsbereichs wiederherstellen? Klicken Sie dazu in den Navigationsoptionen auf die Schaltfläche *Zurücksetzen*.

HINWEIS

Sie finden die Einstellungen für den Navigationsbereich übrigens auch in den Outlook-Optionen, indem Sie dort unter *Erweitert* auf die Schaltfläche *Navigation* klicken.

HINWEIS

Start

1

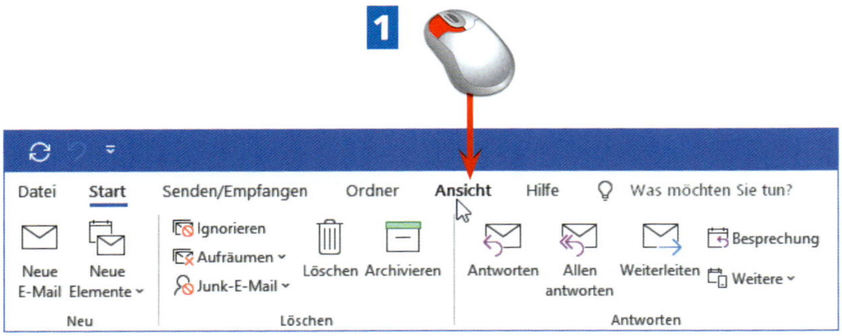

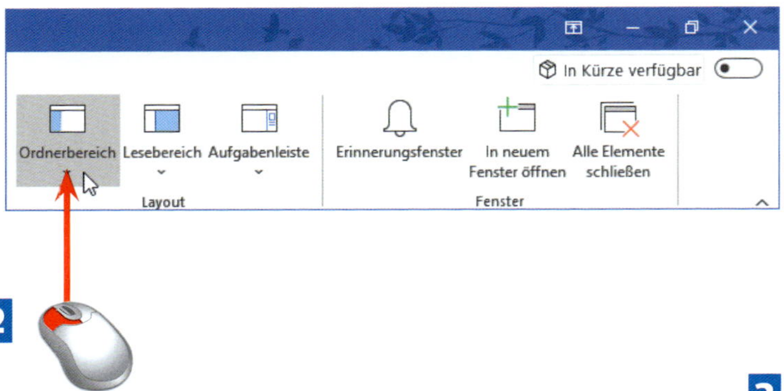

2

3

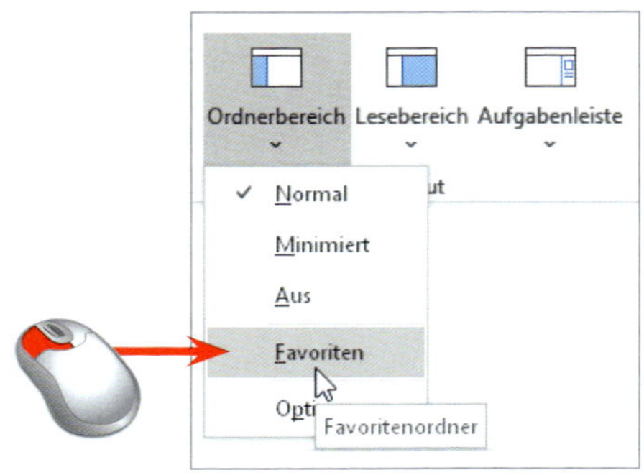

1 Zum Einrichten des Ordnerbereichs entscheiden Sie sich im Menüband für den Reiter *Ansicht*.

2 Klicken Sie anschließend in der Gruppe *Layout* auf die Schaltfläche *Ordnerbereich*.

3 Wählen Sie im folgenden Menü z. B. per Mausklick aus, ob die Favoriten im Ordnerbereich angezeigt werden sollen oder nicht.

Der Ordnerbereich zeigt die Ordner der jeweils gewählten Outlook-Funktion an bzw. alle verfügbaren Ordner, wenn Sie sich im Navigationsbereich für *Ordner* entscheiden. Der Ordnerbereich lässt sich auf unterschiedliche Weise einrichten. Auf dieser Doppelseite wird das Einrichten im Menüband vorgestellt.

WISSEN

4

5

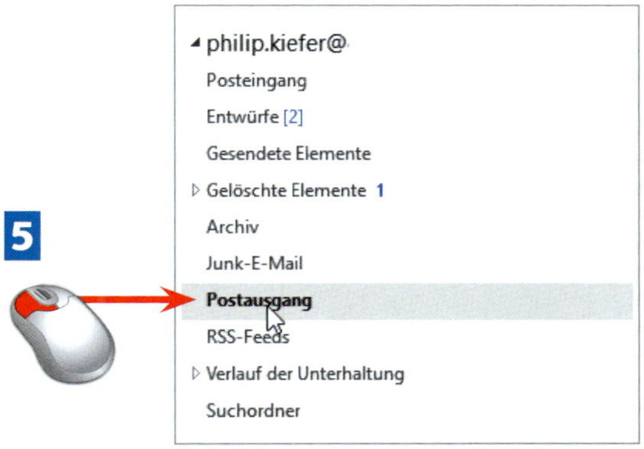

6

4 Um einen Favoriten hinzuzufügen, entscheiden Sie sich im Ordnerbereich gegebenenfalls zunächst für die E-Mail-Funktion (Symbol).

5 Wählen Sie per Mausklick einen E-Mail-Ordner aus.

6 Ziehen Sie den E-Mail-Ordner nun bei gedrückter linker Maustaste in den Favoritenbereich ganz oben im Ordnerbereich.

Ende

Die Favoriten im Ordnerbereich sind E-Mail-Ordner, auf die Sie besonders häufig zugreifen. Diese Funktion ist vor allem bei mehreren verwalteten E-Mail-Konten nützlich.

HINWEIS

Oder so: Klicken Sie einen E-Mail-Ordner mit der rechten Maustaste an und wählen Sie im Kontextmenü den Eintrag *Zu Favoriten hinzufügen*.

HINWEIS

Start

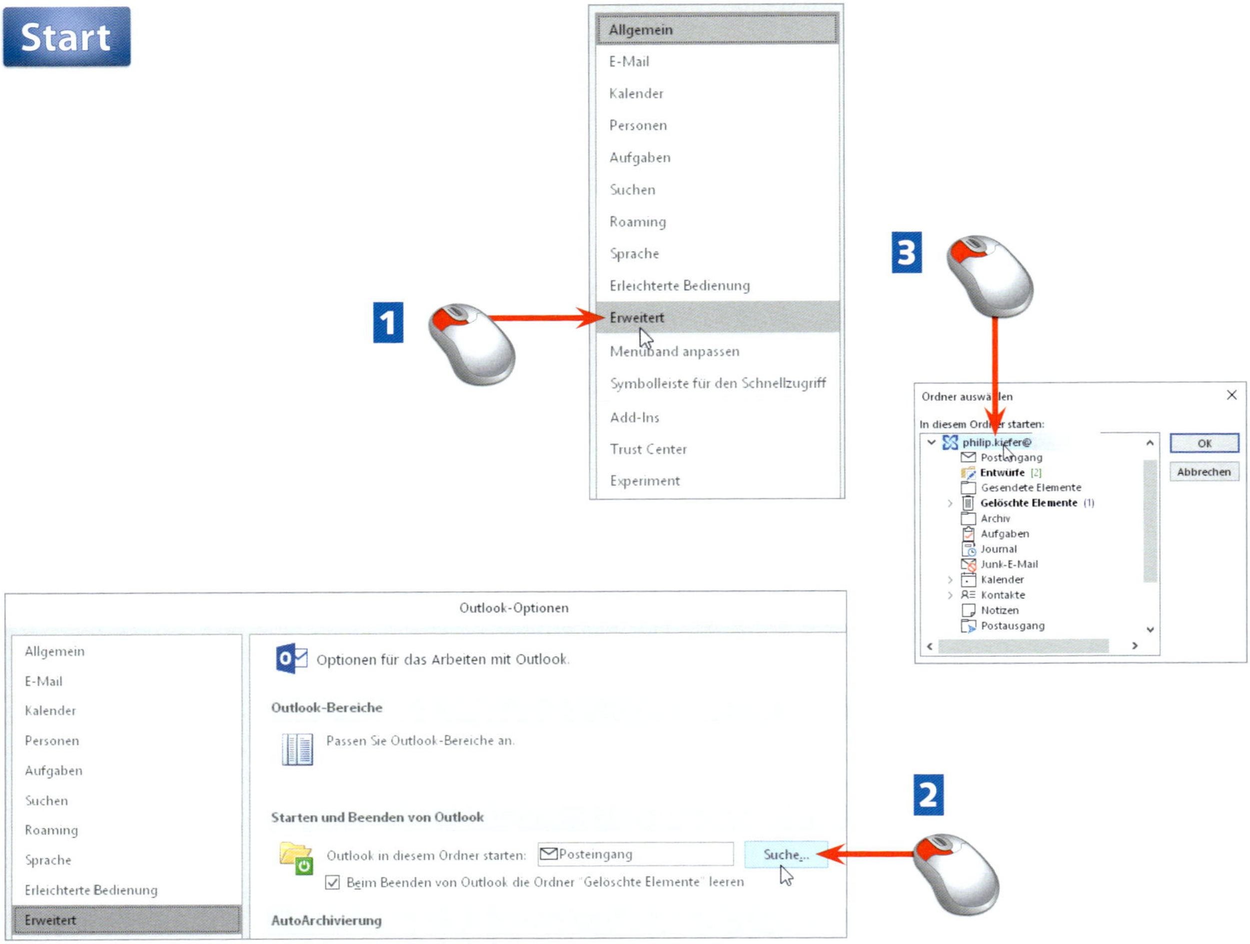

1 Sie möchten nach dem Outlook-Start statt des Posteingangs einen Kontenüberblick sehen? Dann entscheiden Sie sich in den Outlook-Optionen für den Eintrag *Erweitert*.

2 Im Abschnitt *Starten und Beenden von Outlook* klicken Sie auf die Schaltfläche *Suche*.

3 Wählen Sie per Mausklick den Ordner aus, der beim Outlook-Start angezeigt werden soll. Um gegebenenfalls einen Kontenüberblick zu erhalten, wählen Sie entsprechend ein Konto aus.

Standardmäßig wird Outlook mit einer Ansicht des Posteingangs gestartet, damit Sie sofort Ihre neuen E-Mails sehen. Alternativ können Sie gegebenenfalls einen Kontenüberblick erhalten, der neben Infos zu neuen E-Mails auch eine Übersicht über anstehende Termine und Aufgaben enthält. Auf dieser Doppelseite erfahren Sie, wie Sie den Startordner ändern.

WISSEN

4

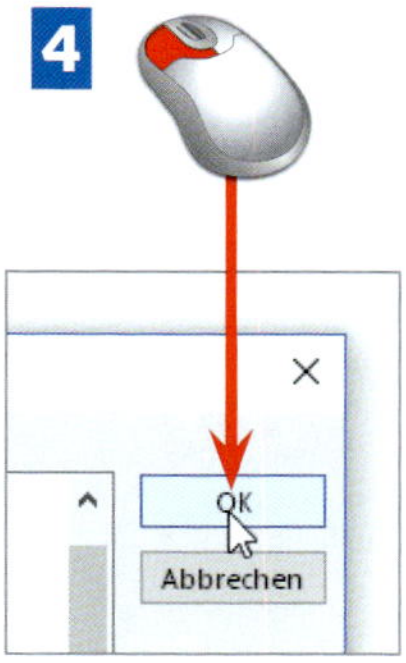

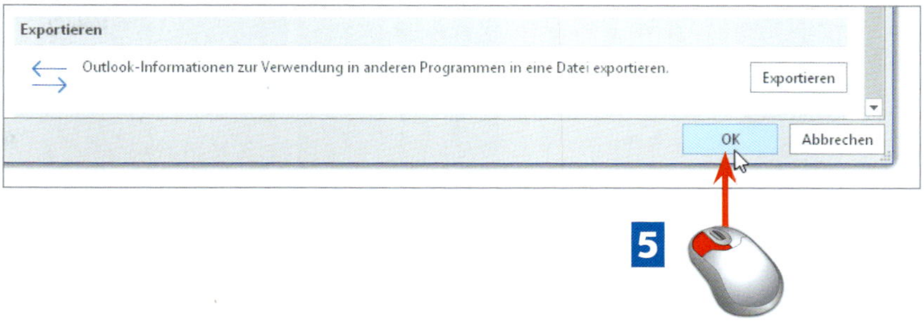

5

6

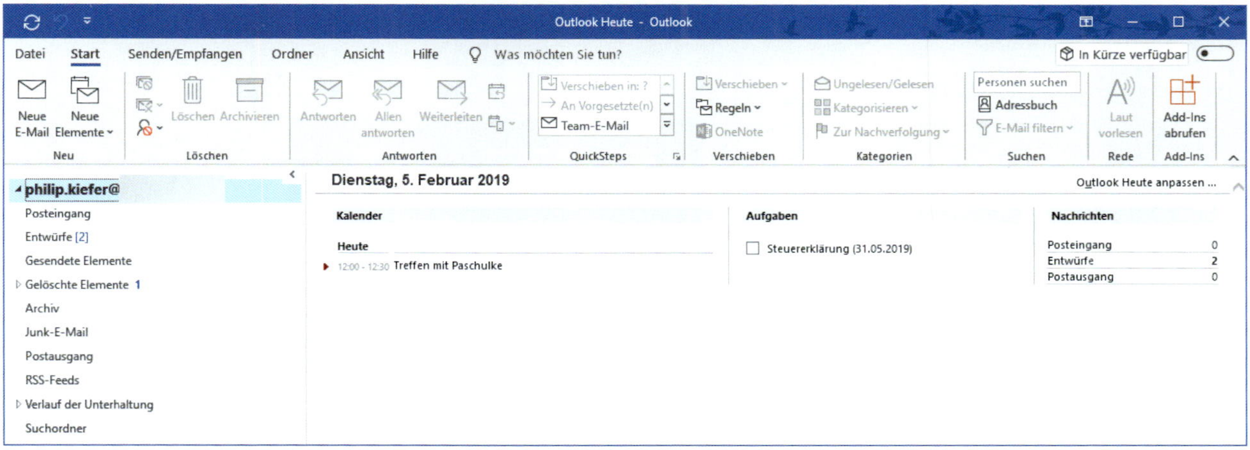

4 Bestätigen Sie Ihre Änderungen im Dialogfenster *Ordner auswählen* mit *OK*.

5 Schließen Sie die Outlook-Optionen mit einem Mausklick auf *OK*.

6 In diesem Fall wird nach einem Neustart von Outlook der Kontenüberblick angezeigt.

Ende

Der Kontenüberblick wird auch *Outlook Heute* genannt. Nach dem Einblenden finden Sie rechts oben im Kontenüberblick die Schaltfläche *Outlook Heute anpassen*, um Infos und Darstellung einzurichten.

HINWEIS

Auch der Befehl *Outlook Heute* lässt sich als Symbol der Symbolleiste für den Schnellzugriff hinzufügen. Praktisch für den schnellen Überblick!

TIPP

Start

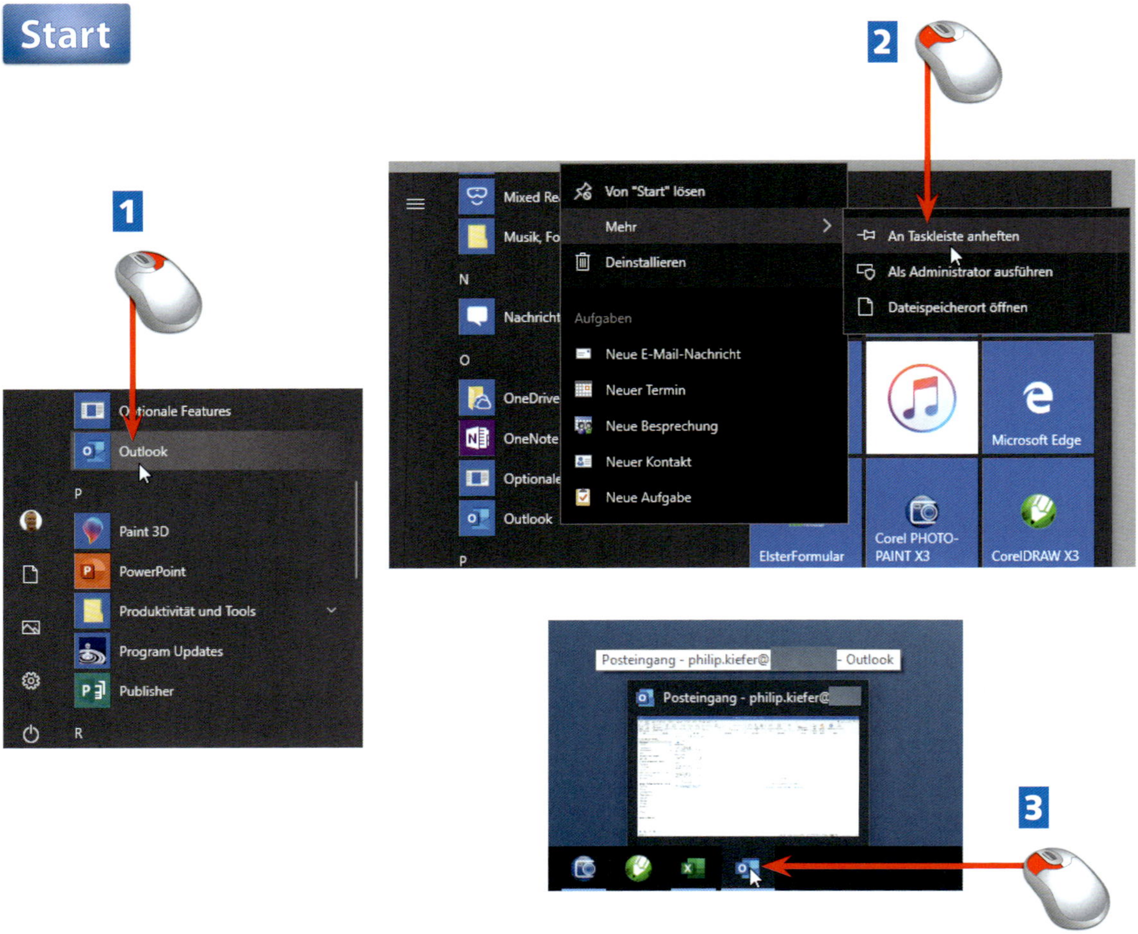

1 Für den Schnellzugriff auf Outlook und wichtige Outlook-Funktionen fügen Sie der Taskleiste ein Programmsymbol hinzu. Klicken Sie dazu die Programmverknüpfung zu Outlook im Startmenü oder direkt im Programmordner mit der rechten Maustaste an.

2 Im sich öffnenden Kontextmenü entscheiden Sie sich für den Eintrag *Mehr/An Taskleiste anheften*.

3 Das Outlook-Symbol wird in der Taskleiste auf dem Desktop angezeigt. Klicken Sie es mit der linken Maustaste an, um Outlook zu starten bzw. um ein bereits geöffnetes Outlook-Fenster erneut aufzurufen – in letzterem Fall erscheint beim Daraufbewegen des Mauszeigers eine Minivorschau.

Die Taskleiste enthält eine Übersicht der gerade geöffneten Programme und erlaubt es, zwischen den Programmen zu wechseln. Programmsymbole lassen sich auch an die Taskleiste anheften, um jederzeit schnell auf das Programm und – wie im Fall von Outlook – auch auf einzelne Programmfunktionen zugreifen zu können. Diese Doppelseite zeigt Ihnen, wie es geht.

WISSEN

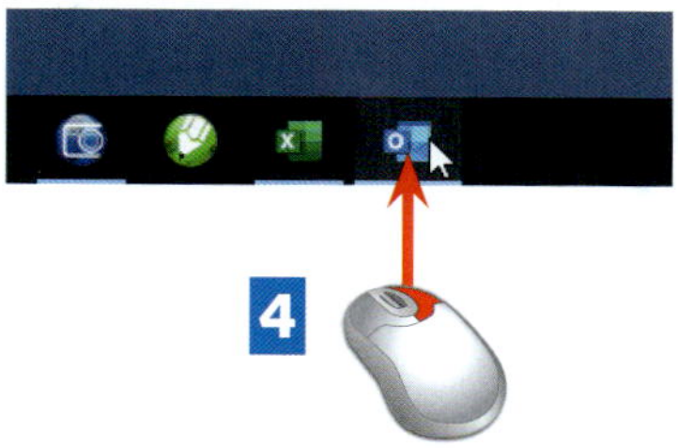

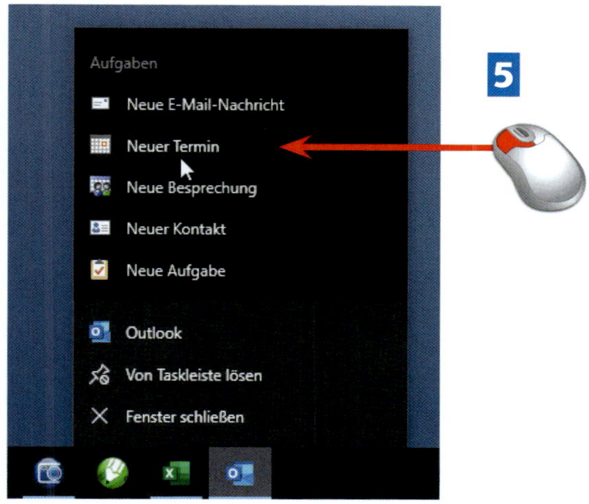

4 Für weitere Optionen klicken Sie das Outlook-Symbol in der Taskleiste mit der rechten Maustaste an.

5 Es öffnet sich ein Menü, eine sogenannte Sprungliste, in der Sie auf einige Outlook-Funktionen direkt zugreifen, etwa auf das Erstellen eines neuen Termins.

6 Das Programmsymbol lässt sich innerhalb der Taskleiste bei gedrückter Maustaste an eine andere Position verschieben.

Ende

HINWEIS

Klicken Sie das Outlook-Symbol in der Taskleiste bei gedrückter ⇧-Taste an, um ein weiteres Programmfenster zu öffnen.

TIPP

So gelingt das Anheften des Outlook-Symbols ebenfalls: Öffnen Sie Outlook, klicken Sie mit der rechten Maustaste auf das Symbol, das in der Taskleiste eingeblendet wird, und wählen Sie im Kontextmenü *An Taskleiste anheften.*

Start

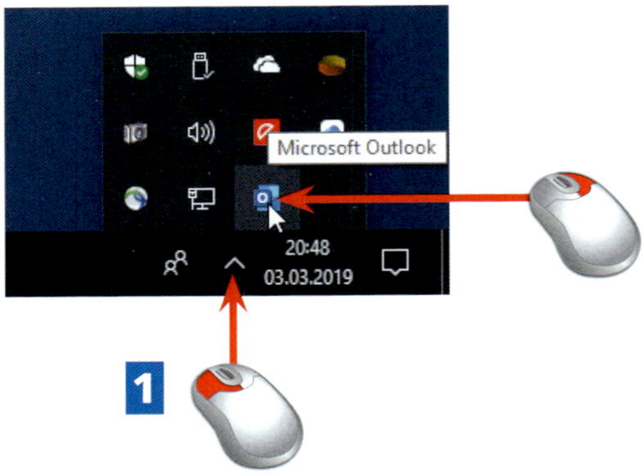

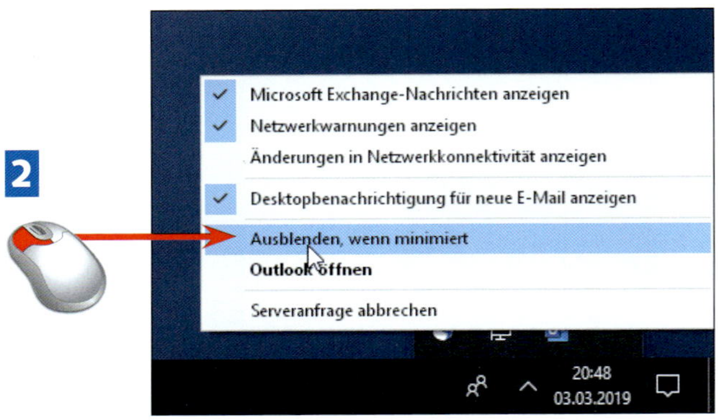

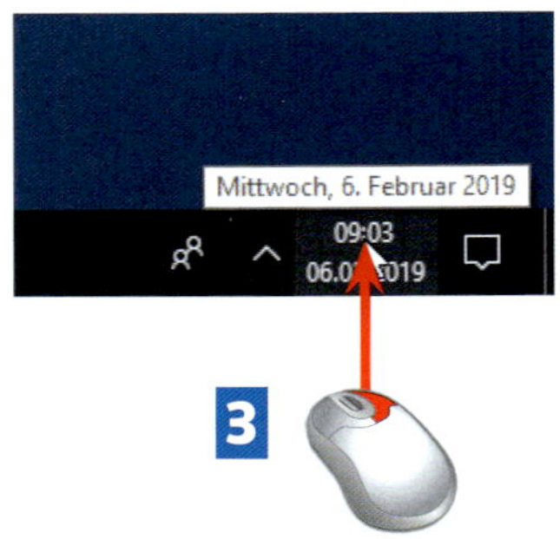

1 Klicken Sie bei geöffnetem Outlook rechts unten im Infobereich auf das nach oben weisende Pfeilsymbol und klicken Sie anschließend mit der rechten Maustaste auf das Outlook-Symbol.

2 Im sich öffnenden Kontextmenü setzen Sie nun per Mausklick ein Häkchen vor dem Eintrag *Ausblenden, wenn minimiert*.

3 Sorgen Sie gegebenenfalls noch dafür, dass das Outlook-Symbol ständig eingeblendet wird. Klicken Sie dazu mit der rechten Maustaste auf Datum und Uhrzeit rechts im Infobereich.

Outlook ist ein Programm, das Sie auch im Hintergrund weiterlaufen lassen. Statt es zu beenden, minimieren Sie es also z. B. mit dem Tastenkürzel ⊞+M. Das Minimieren erfolgt normalerweise in die Taskleiste, kann jedoch auch in den Infobereich erfolgen – wie es Ihnen die Anleitung auf dieser Doppelseite zeigt.

WISSEN

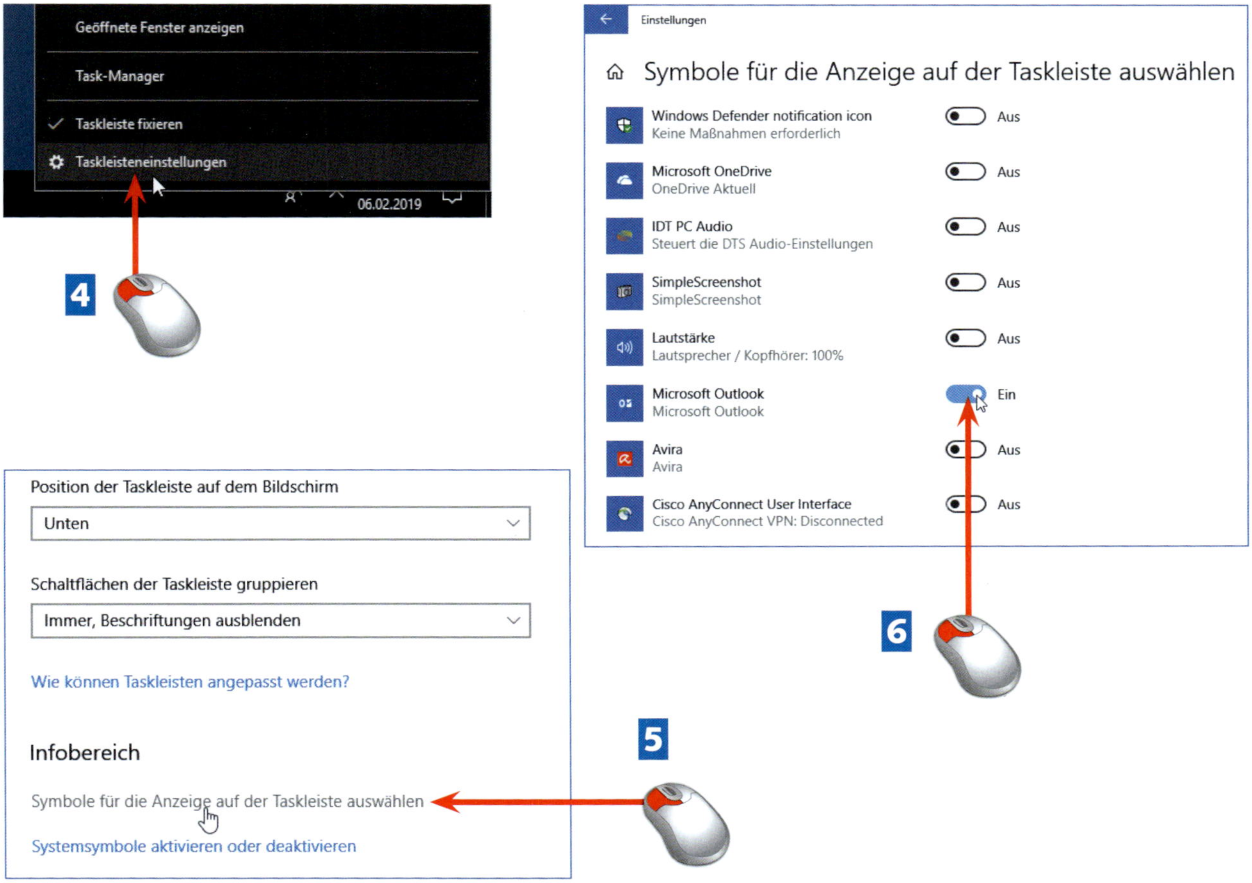

4 Wählen Sie im Kontextmenü den Eintrag *Taskleisteneinstellungen*.

5 Klicken Sie im folgenden Fenster auf *Symbole für die Anzeige auf der Taskleiste auswählen*.

6 Aktivieren Sie nun per Mausklick den Schalter *Microsoft Outlook*.

Ende

Auch über neue E-Mails werden Sie im Infobereich informiert. Wenn Sie dies nicht wünschen, entfernen Sie im Kontextmenü aus Schritt 2 das Häkchen bei *Desktopbenachrichtigung für neue E-Mail anzeigen.*

HINWEIS

So geht's noch einfacher: Ziehen Sie das Outlook-Symbol aus dem Symbolmenü (vgl. Schritt 1) in den Infobereich, um die Option in Schritt 6 zu aktivieren.

TIPP

Start

1

2

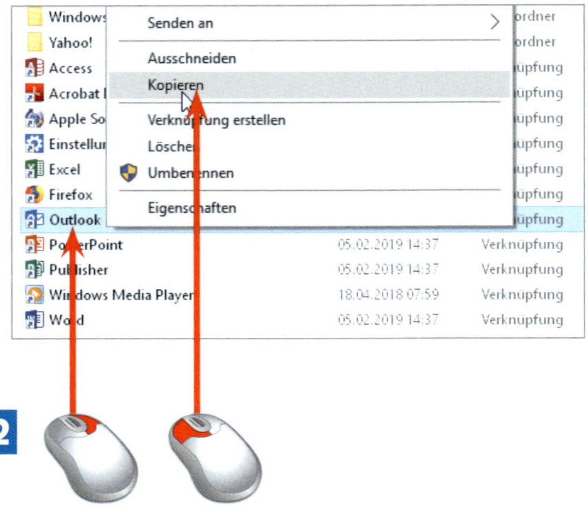

3

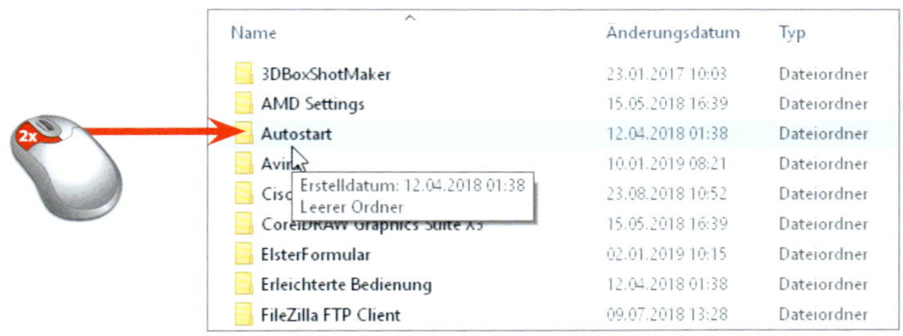

1 Klicken Sie den Outlook-Eintrag im Startmenü mit der rechten Maustaste an und wählen Sie *Mehr/Dateispeicherort öffnen.*

2 Outlook wird im Explorer angezeigt. Klicken Sie den Eintrag wiederum mit der rechten Maustaste an und entscheiden Sie sich im Kontextmenü für *Kopieren.*

3 Doppelklicken Sie auf den Ordner *Autostart*, um diesen zu öffnen.

Der Autostart ist ein ganz besonderer Ordner. Dateien, die Sie dort hineinlegen, werden nach dem Windows-Start automatisch mit geöffnet. Achtung: Der Startvorgang wird dadurch etwas verlangsamt. Legen Sie deshalb nicht zu viele Programme in den Autostart. Bei Outlook lohnt es sich aber insofern, als Sie dieses Programm doch ständig benötigen.

WISSEN

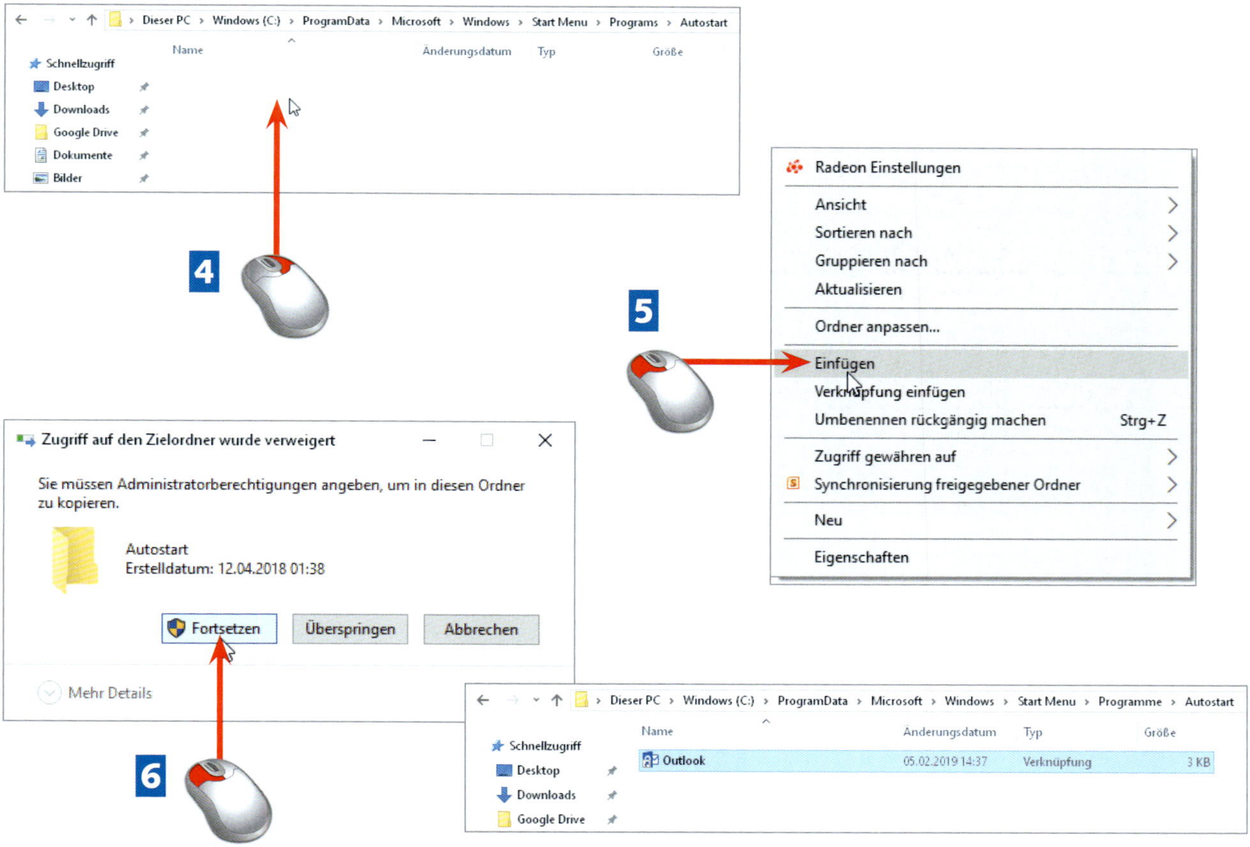

4 Klicken Sie mit der rechten Maustaste in den Ordner.

5 Wählen Sie im Kontextmenü den Eintrag *Einfügen*.

6 Bestätigen Sie im folgenden Fenster noch mit *Fortsetzen*, um die Outlook-Verknüpfung in den Autostart zu legen und das Programm fortan automatisch zu starten.

Ende

Zum Verwalten Ihrer Autostarts verwenden Sie den Task-Manager, den Sie mit Strg+⇧+Esc aufrufen. Wählen Sie im Task-Manager den Reiter *Autostart*.

HINWEIS

In älteren Windows-Versionen erfolgt das Verwalten des Autostarts in der Systemkonfiguration. Drücken Sie ⊞+R und öffnen Sie *msconfig*, um diese zu starten. Wählen Sie in der Systemkonfiguration den Reiter *Systemstart*.

HINWEIS

A

E-Mails erstellen und versenden

2

Eine der wichtigsten Funktionen von Outlook ist das Senden von E-Mails. In Kapitel 1 haben Sie bereits erfahren, wie Sie eines oder mehrere E-Mail-Konten anlegen, und Sie haben die Outlook-Bedienoberfläche ganz nach Ihren individuellen Bedürfnissen angepasst.

In diesem Kapitel erlernen Sie nun Schritt für Schritt und Bild für Bild, wie Sie höchst attraktive E-Mails erstellen und Rechtschreibfehler korrigieren, wie Sie unterschiedliche Objekte wie Bilder, Textfelder oder Tabellen in eine E-Mail einbinden, wie Sie die E-Mail an einen oder mehrere Empfänger versenden, wie Sie Dateien anhängen und noch vieles mehr!

Start

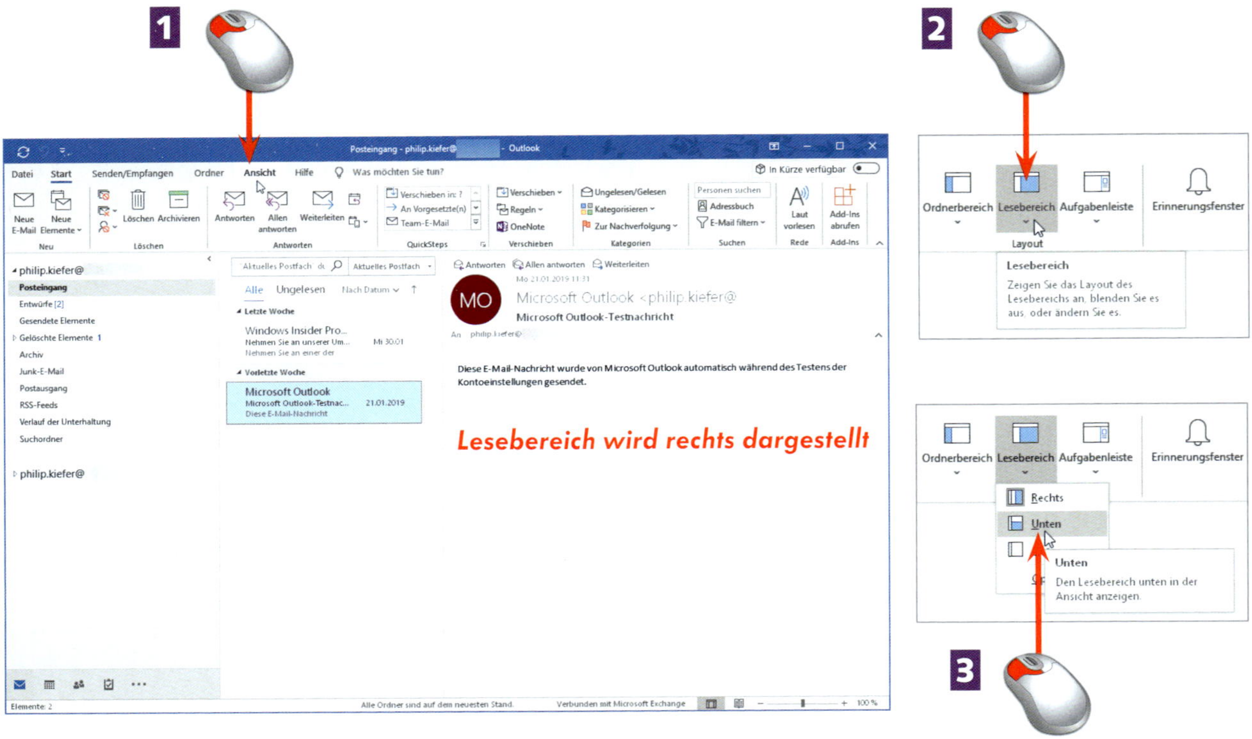

1 Standardmäßig wird der E-Mail-Lesebereich rechts neben der Nachrichtenliste angezeigt. Sie wünschen eine Darstellung darunter? Dann klicken Sie im Menüband auf den Reiter *Ansicht*.

2 Wählen Sie in der Gruppe *Layout* die Schaltfläche *Lesebereich*.

3 Im sich öffnenden Menü entscheiden Sie sich für den Eintrag *Unten*.

A

Ist Outlook als Standardprogramm für E-Mails eingerichtet? Dies ist wichtig, wenn Sie Ihre E-Mail-Links und E-Mail-Dateien mit Outlook öffnen möchten. Prüfen Sie die Einstellungen in den Outlook-Optionen unter *Allgemein*. Dort sollte das Kontrollkästchen *Outlook als Standardprogramm für E-Mail, Kontakte und Kalender einrichten* aktiviert sein.

WISSEN

4

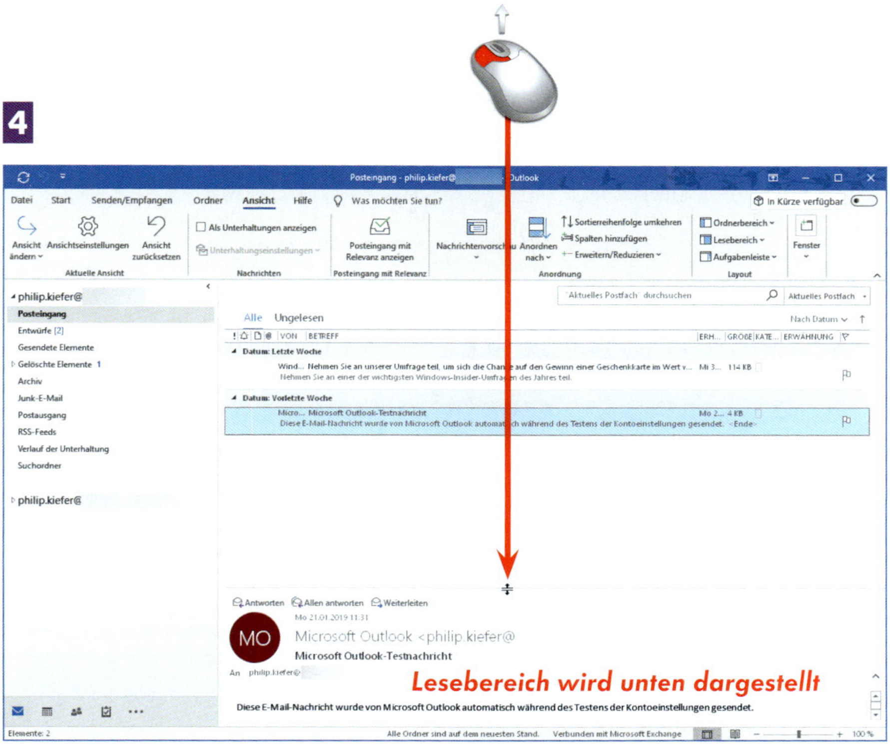

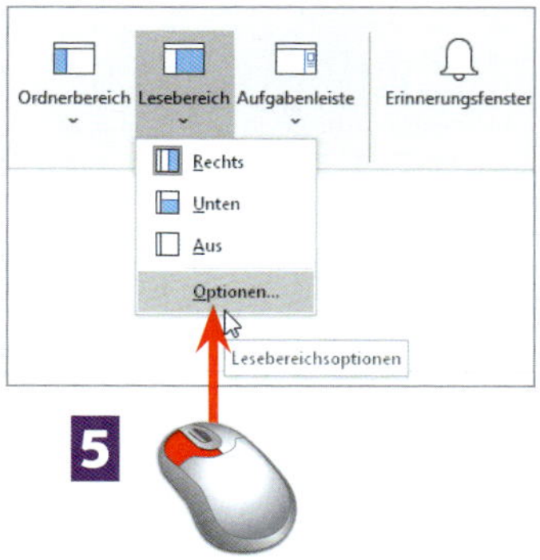

5

6

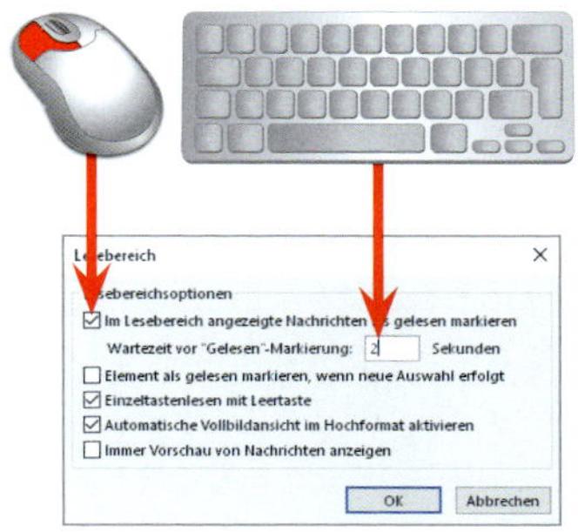

4 Der Lesebereich wird jetzt unterhalb der Nachrichtenliste dargestellt, was insbesondere bei geringeren Bildschirmauflösungen vorteilhaft ist. Der Bereich kann nun noch bei gedrückter Maustaste größer gezogen werden.

5 Im Lesebereich angezeigte E-Mails sollen automatisch als gelesen markiert werden? Dann wählen Sie im Menü aus Schritt 3 den Eintrag *Optionen*.

6 Aktivieren Sie gegebenenfalls zunächst das Kontrollkästchen *Im Lesebereich angezeigte Nachrichten als gelesen markieren* und bestimmen Sie anschließend den Zeitraum, nachdem die Markierung erfolgen soll.

Ende

Eine praktische Funktion, um alle E-Mails im Posteingang zu lesen, ist das Einzeltastenlesen. Scrollen Sie durch Drücken der Leer-Taste durch die erste Mail und wechseln Sie automatisch zu den weiteren E-Mails im Ordner.

TIPP

Der Lesebereich kann durch Auswahl des Eintrags *Aus* im Menü aus Schritt 3 komplett ausgeblendet werden. Doppelklicken Sie dann auf eine E-Mail, um diese zu lesen.

HINWEIS

Start

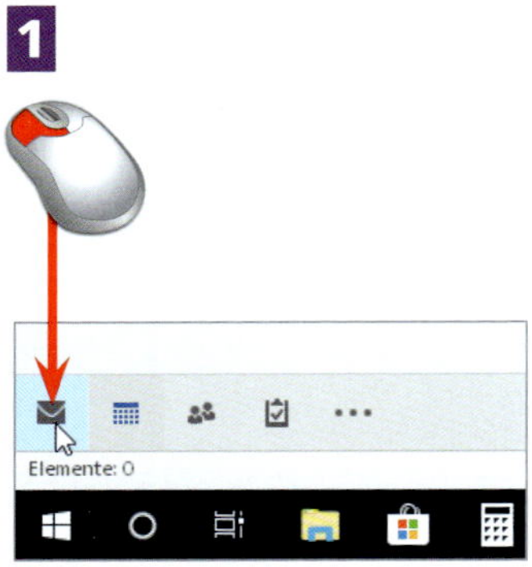

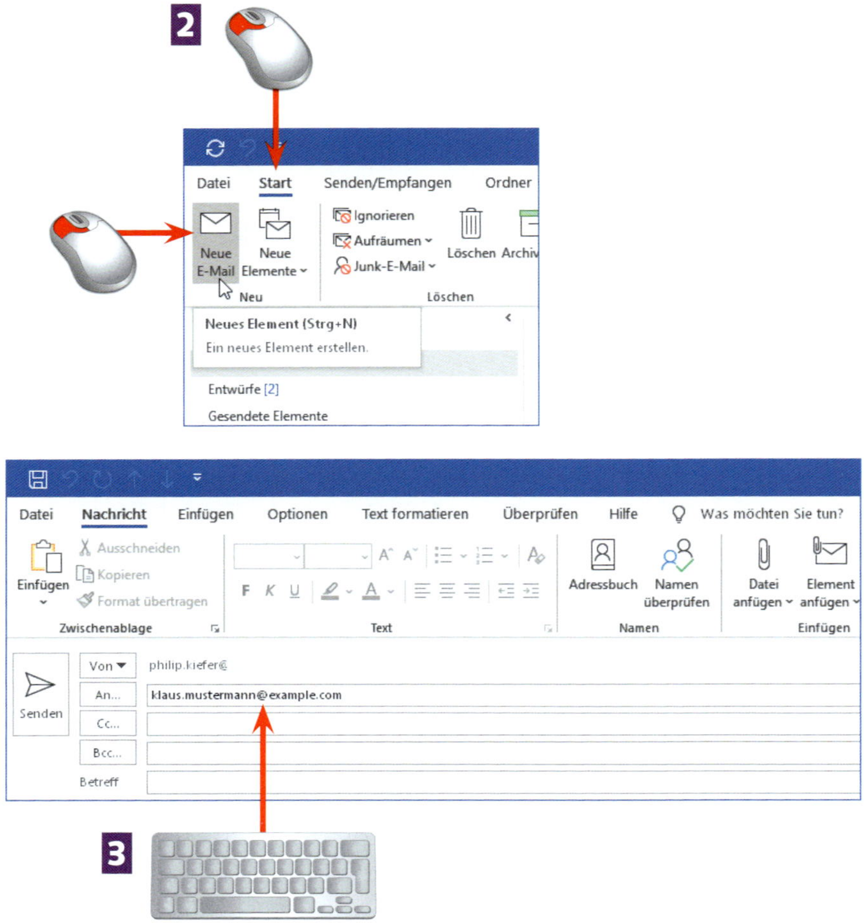

1 Entscheiden Sie sich, sofern noch nicht geöffnet, im Navigationsbereich für die E-Mail-Funktion (Symbol ✉).

2 Klicken Sie im Menüband unter *Start* auf die Schaltfläche *Neue E-Mail*.

3 Es öffnet sich ein E-Mail-Fenster. Geben Sie die E-Mail-Adresse des Empfängers in das Feld *An* ein.

A

Um eine E-Mail zu erstellen, benötigen Sie in jedem Fall die E-Mail-Adresse des Empfängers, also z. B. *klaus.mustermann@example.com*. Das @-Zeichen, das in einer E-Mail den Namensteil vom Domainteil trennt, wird auf einer Windows-Tastatur mit der Tastenkombination [AltGr]+[Q] aufgerufen. Erhellende Erklärungen zur E-Mail-Adresse und weiteren im Zusammenhang mit Outlook relevanten Begriffen finden Sie im Outlook-Wörterbuch im Anhang dieses Buches.

WISSEN

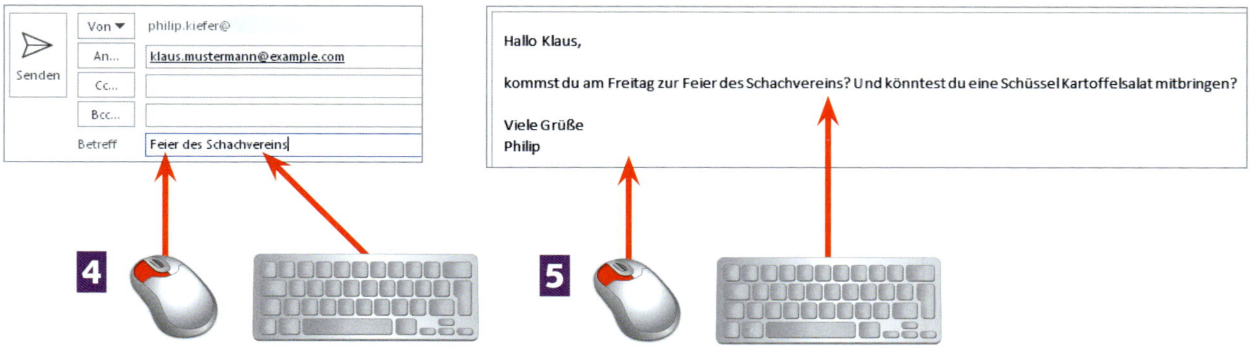

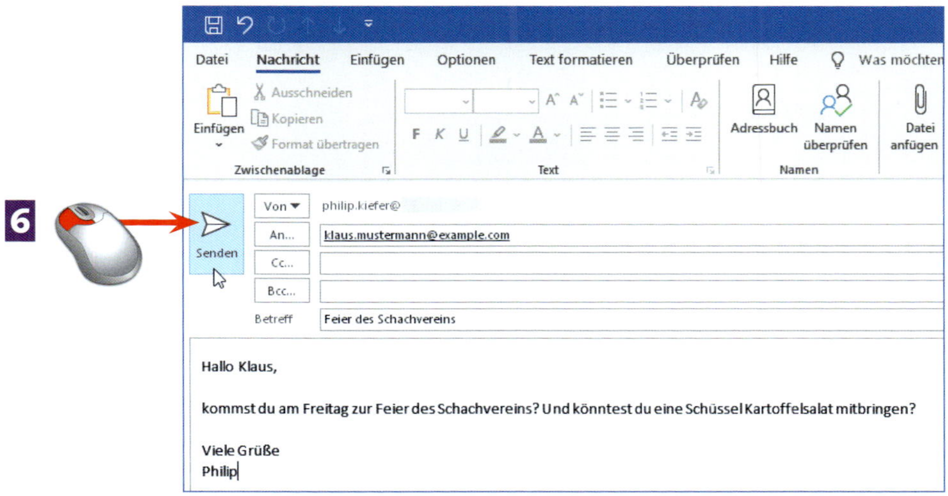

4 Im nächsten Schritt klicken Sie in das Feld *Betreff*. Geben Sie dort in aller Kürze an, welchen Inhalt der Empfänger beim Öffnen der E-Mail erwarten kann.

5 Klicken Sie in das große Textfeld im E-Mail-Fenster und geben Sie Ihren E-Mail-Text ein. Um einen Absatz zu erzeugen, verwenden Sie die [↵]-Taste. Um die Zeile zu wechseln, drücken Sie die Tastenkombination [⇧]+[↵].

6 Um Ihre E-Mail ohne weitere Bearbeitungsschritte auf den Weg zu bringen, klicken Sie im E-Mail-Fenster auf die Schaltfläche *Senden*.

Ende

TIPP

Zum Erstellen einer E-Mail können Sie bei geöffnetem E-Mail-Bereich die Tastenkombination [Strg]+[N] drücken. Um eine E-Mail unabhängig vom gerade geöffneten Bereich zu erstellen, z. B. auch im Kalender-Bereich, verwenden Sie [Strg]+[⇧]+[M].

HINWEIS

E-Mails werden mit Outlook standardmäßig im HTML-Format versandt. HTML steht für **H**yper**t**ext **M**arkup **L**anguage und kommt auch zum Erstellen von Webseiten zum Einsatz. Das Ändern des Formates erfolgt bei Bedarf in den Outlook-Optionen unter *E-Mail* im Abschnitt *Nachrichten verfassen*.

Start

1

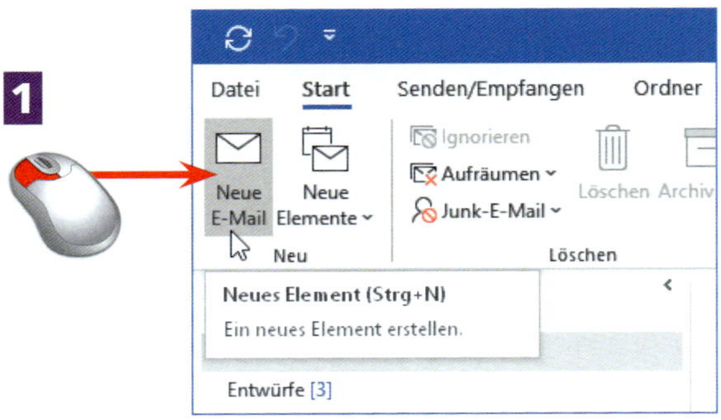

2

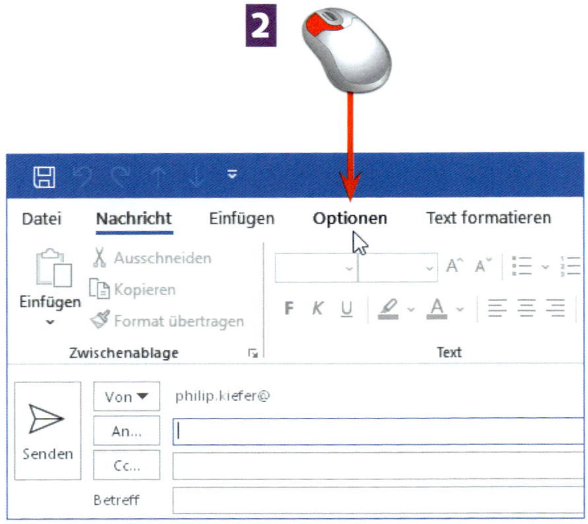

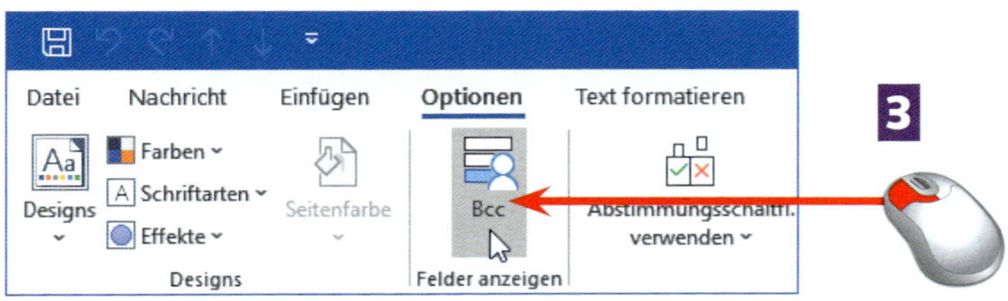

3

1 Erstellen Sie über die Schaltfläche *Neue E-Mail* eine neue Mail.

2 Um das gegebenenfalls ausgeblendete Feld für die Blindkopie zunächst einzublenden, klicken Sie im Menüband des E-Mail-Fensters auf den Reiter *Optionen*.

3 Klicken Sie in der Gruppe *Felder anzeigen* auf die Schaltfläche *Bcc*, um das Feld für die Blindkopie im E-Mail-Fenster einzublenden.

A

Die Blindkopie (Bcc) ist eine Kopie einer E-Mail, die versandt wird, ohne dass der in der *An*-Zeile genannte Empfänger dies erfährt. Sie können z. B. eine Blindkopie wichtiger E-Mails an sich selbst senden, um zu sehen, ob mit dem E-Mail-Versand alles geklappt hat. Bestimmen Sie im Menüband unter *Nachricht* die *Wichtigkeit* einer E-Mail. Dann sieht der Empfänger, ob er eine E-Mail schnell beantworten muss.

WISSEN

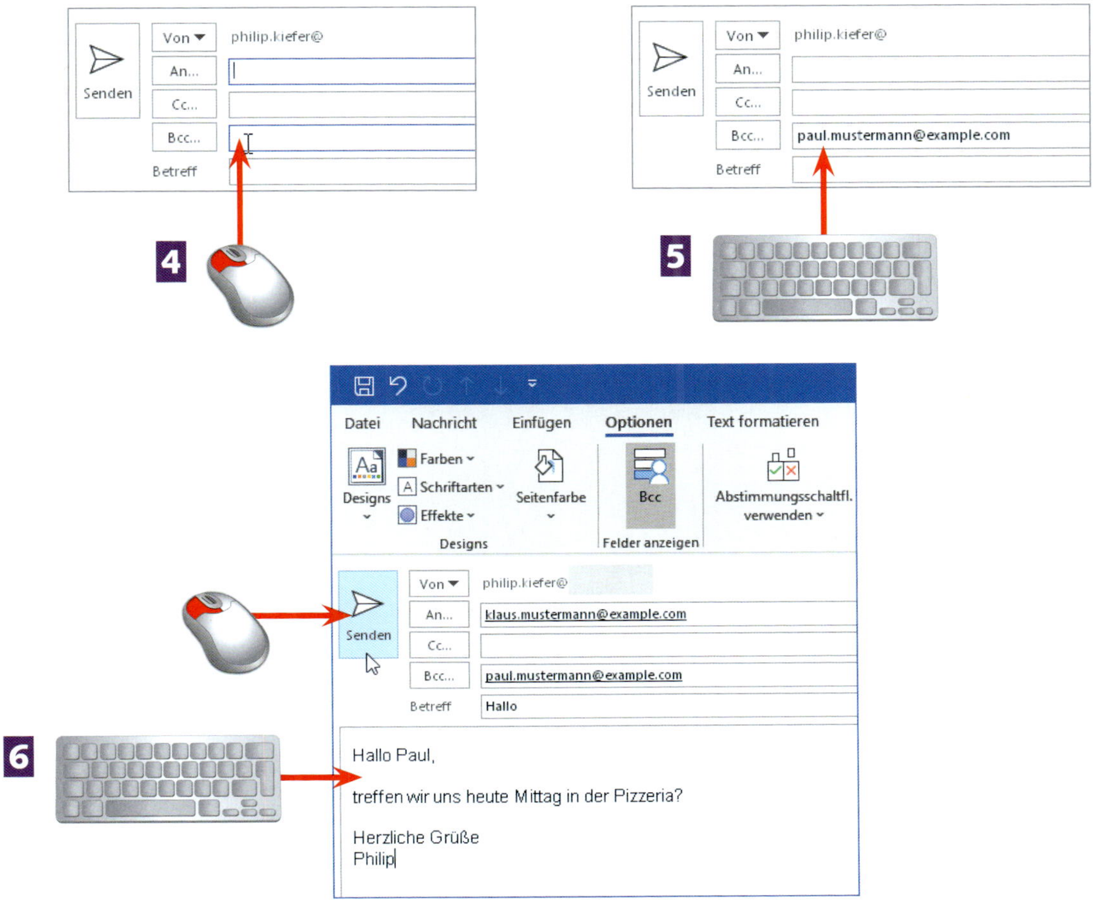

4 Klicken Sie in das eingeblendete *Bcc*-Feld.

5 Tippen Sie die E-Mail-Adresse des Blindkopie-Empfängers ein.

6 Füllen Sie auch die Felder *An*, *Betreff* sowie das Textfeld aus und versenden Sie Ihre E-Mail wie gehabt.

Ende

Sie haben es sicher bereits gemerkt: Wenn Sie den Mauszeiger auf einen Menüpunkt bewegen, werden Ihnen kleine Infofenster angezeigt. Wenn Sie diese QuickInfos nicht wünschen, finden Sie zum Deaktivieren ein Menü in den Outlook-Optionen unter *Allgemein* im Abschnitt *Benutzerflächenoptionen*.

HINWEIS

Das Feld *Cc* ist bereits standardmäßig eingeblendet. Man setzt jemand »in Cc«, um ihm eine Kopie der E-Mail zu senden. In diesem Fall weiß der Empfänger aus der *An*-Zeile, dass eine Kopie versandt wurde.

HINWEIS

Start

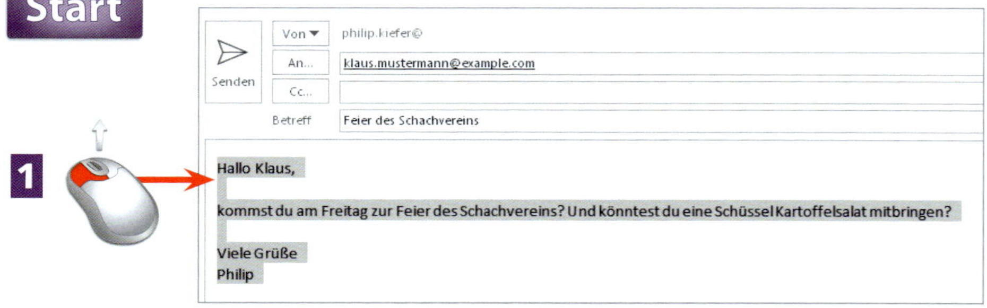

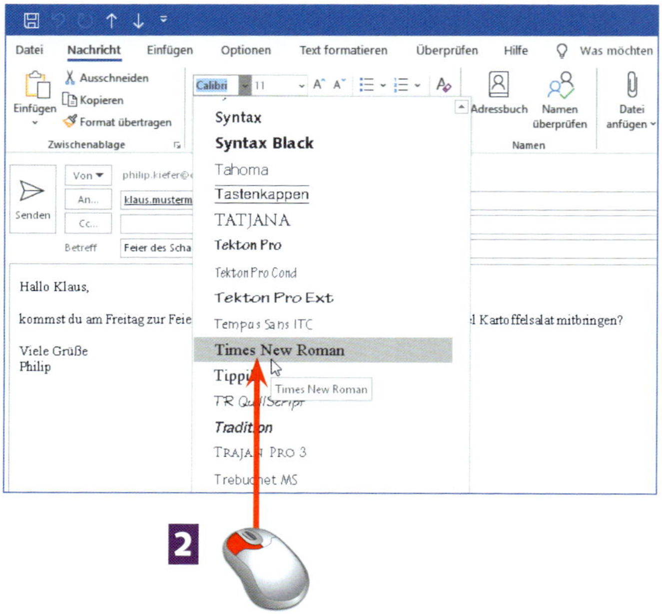

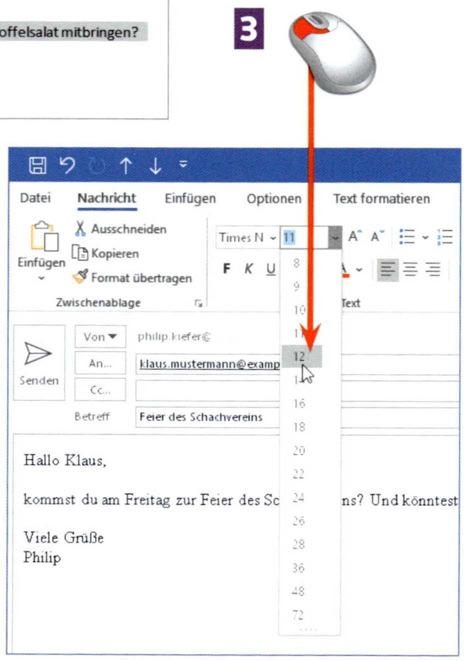

1 Markieren Sie zunächst den Text, den Sie formatieren möchten, indem Sie den Mauszeiger bei gedrückter linker Maustaste darüber bewegen.

2 Im Menüband unter *Nachricht* finden Sie das Schriftartenmenü. Klicken Sie es an und wählen Sie eine Ihnen zusagende Schriftart aus, hier z. B. *Times New Roman*.

3 Welche Größe soll die Schrift haben? Dies bestimmen Sie im Menü rechts neben dem Schriftartenmenü. Klicken Sie es an und wählen Sie eine Schriftgröße aus, hier z. B. *12*. Sie können alternativ auch die Symbole A^ bzw. Aˇ zum Vergrößern bzw. Verkleinern der Schrift einsetzen.

A

Selbstverständlich müssen Sie in Ihrer E-Mail-Nachricht nicht die Standardschriftart verwenden. Auf dieser Doppelseite wird Ihnen gezeigt, wie Sie die Schrift individuell anpassen.

WISSEN

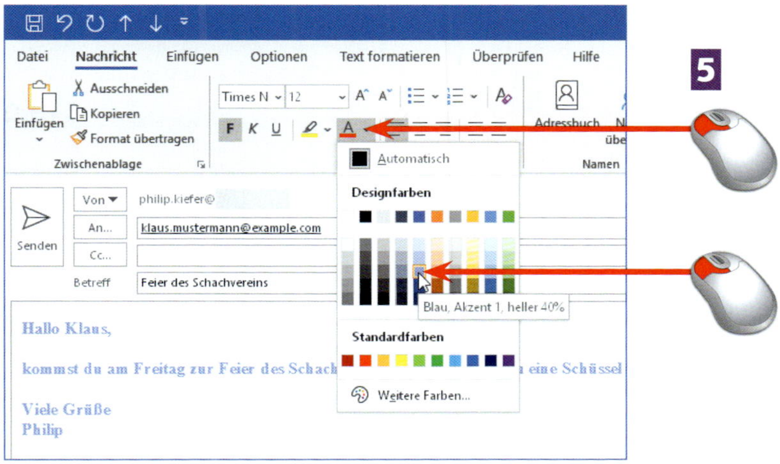

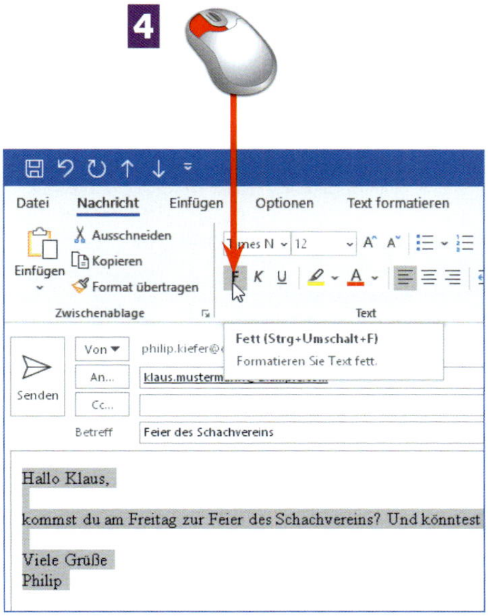

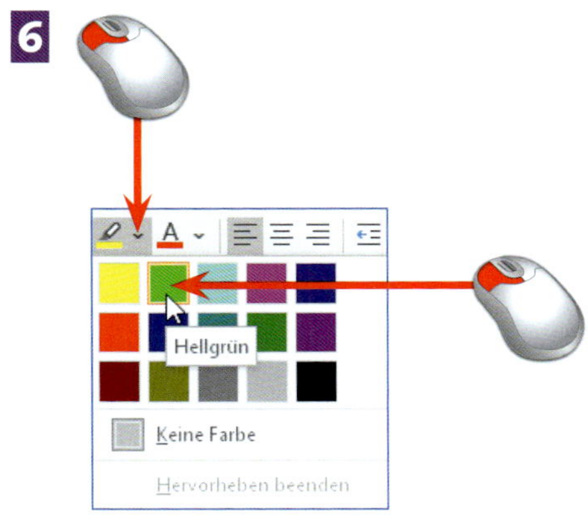

4 Soll der Text fett, kursiv oder unterstrichen dargestellt werden? Verwenden Sie dazu die Symbole **F** (fett), *K* (kursiv) und U (unterstrichen).

5 Möchten Sie die Schriftfarbe verändern? Klicken Sie auf den zum Symbol A gehörenden Pfeil und wählen Sie per Mausklick eine ansprechende Farbe aus.

6 Der E-Mail-Text lässt sich außerdem – wie mit einem Textmarker – farblich hervorheben. Hierzu klicken Sie auf den zum Symbol gehörenden Pfeil und wählen wiederum per Mausklick die Hervorhebungsfarbe aus.

Ende

TIPP

Klicken Sie mit der rechten Maustaste auf den markierten Text, um ein Kontextmenü sowie eine Minisymbolleiste einzublenden. Auch hier können Sie Funktionen zur Formatierung des Textes auswählen.

TIPP

Den gesamten Text im E-Mail-Fenster markieren Sie am schnellsten mit der Tastenkombination Strg+A.

HINWEIS

Wenn die Minisymbolleiste nicht automatisch eingeblendet werden soll, deaktivieren Sie diese Option, indem Sie in den Outlook-Optionen unter *Allgemein* im Abschnitt *Benutzeroberflächenoptionen* das Häkchen im Kontrollkästchen *Minisymbolleiste für die Auswahl anzeigen* entfernen.

Start

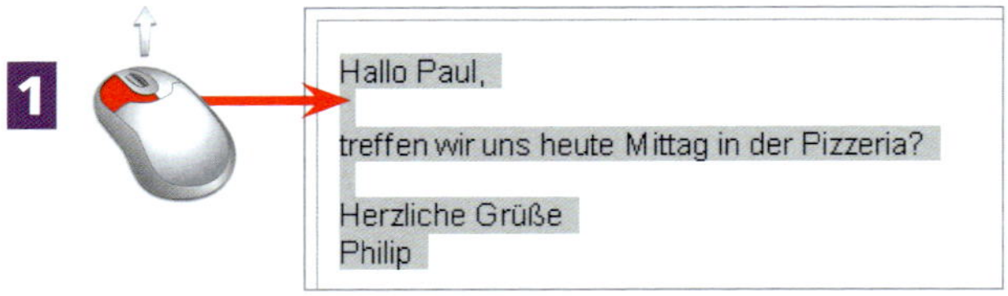

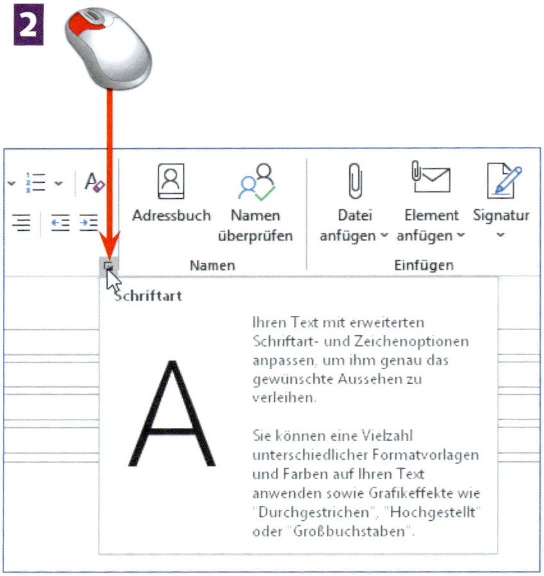

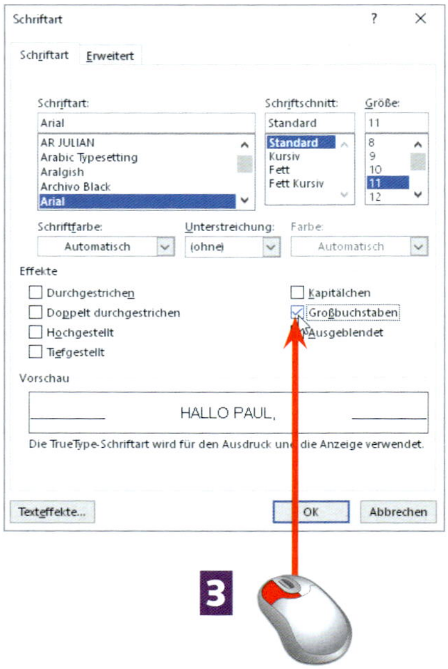

1 Markieren Sie wieder bei gedrückter linker Maustaste den Text, den Sie formatieren möchten.

2 Klicken Sie im Menüband des E-Mail-Fensters unter *Nachricht* in der Gruppe *Text* rechts unten auf das kleine Symbol ⧉.

3 Das Dialogfenster *Schriftart* wird geöffnet. Wählen Sie hier weitere Formatierungsoptionen wie z. B. die Darstellung des Textes nur in Großbuchstaben.

In einigen Gruppen des Menübands bieten sich weitere Optionen, die Sie gegebenenfalls per ⧉-Symbol rechts unten in einer Gruppe aufrufen. Auch im Zusammenhang mit der Schriftanpassung gibt es noch weitere Optionen, die Sie hier kennenlernen.

WISSEN

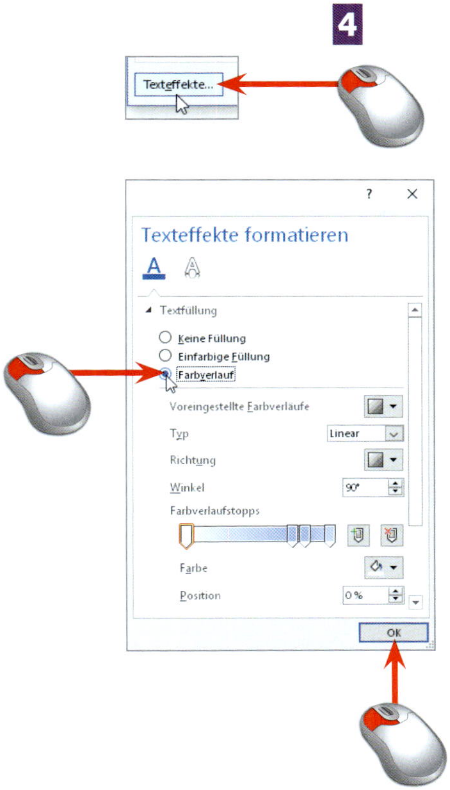

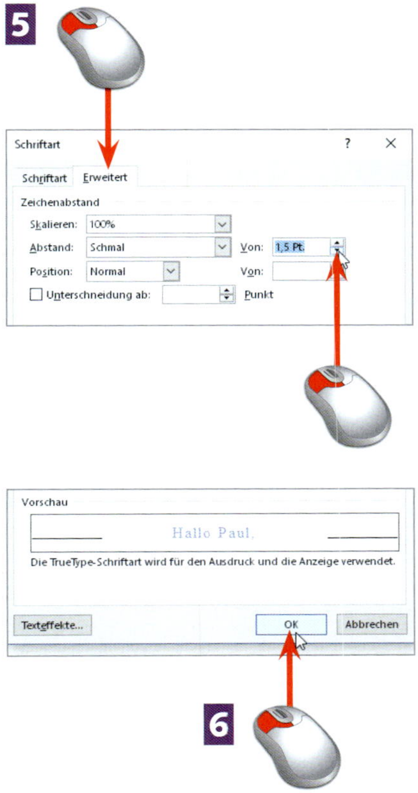

4 Wünschen Sie pfiffige Texteffekte? Dann klicken Sie links unten im Dialogfenster *Schriftart* auf die Schaltfläche *Texteffekte*, richten Sie den gewünschten Texteffekt ein, hier z. B. *Farbverlauf*, und bestätigen Sie mit *OK*.

5 Auch der horizontale Zeichenabstand lässt sich einstellen. Hierzu wählen Sie im Dialogfenster *Schriftart* die Registerkarte *Erweitert*. Bestimmen Sie den Zeichenstand bei *Abstand* im Menü *Von*.

6 Die Änderungen werden im Feld *Vorschau* dargestellt. Wenn alles Ihren Wünschen entspricht, bestätigen Sie abschließend mit *OK*.

Ende

TIPP

Sofern das E-Mail-Fenster (oder ein anderes Textfenster) geöffnet ist, kann das Dialogfenster *Schriftart* auch per Tastenkürzel Strg+⇧+P aufgerufen werden.

TIPP

Nützlich zu wissen: Wenn Sie rechts unten in einem Dialogfenster das Symbol sehen, lässt sich das Fenster bei gedrückter linker Maustaste größer ziehen.

HINWEIS

Direkt bei den Anleitungen kann ich Ihnen leider nur einen Bruchteil der verfügbaren Outlook-Tastenkombinationen vorstellen. Einen umfassenden Überblick finden Sie aber hinten im Anhang.

Start

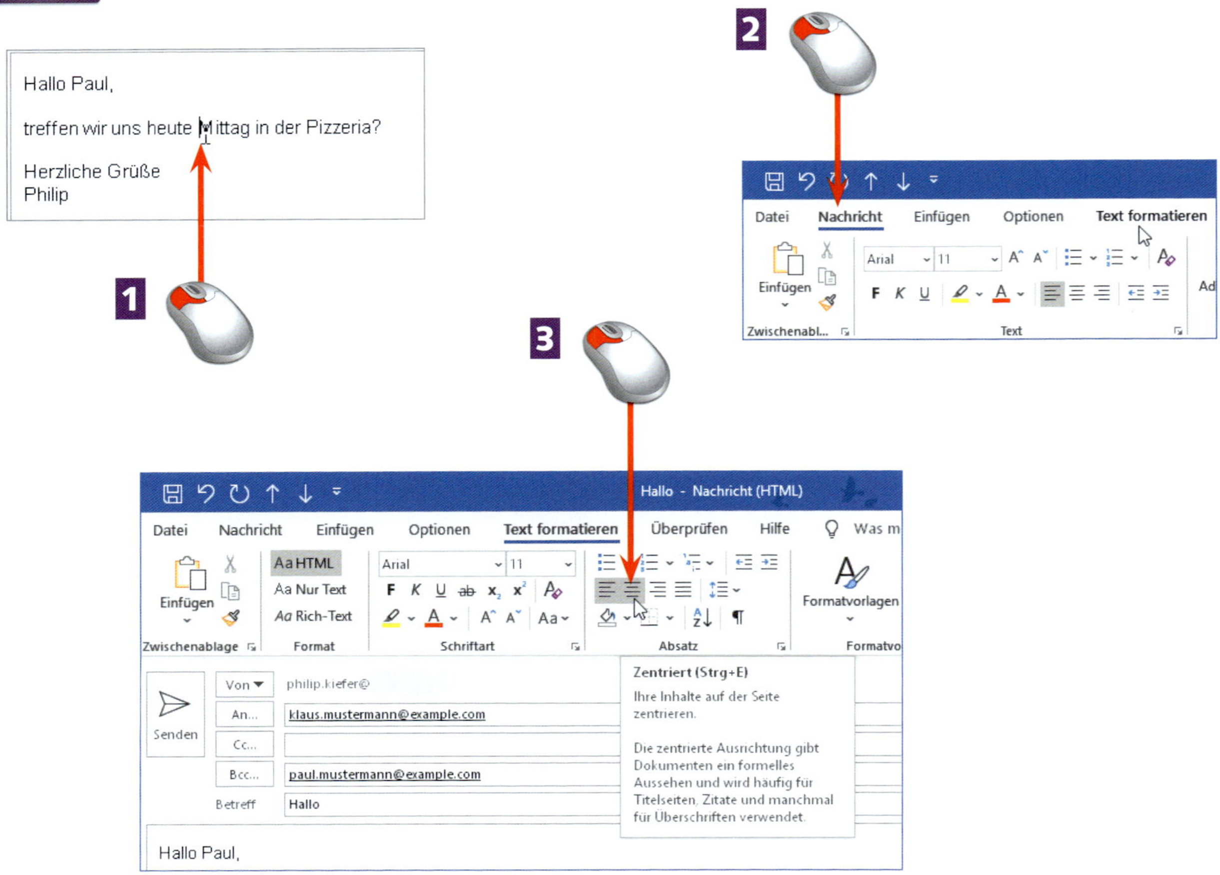

1 Klicken Sie mit der Maus auf eine beliebige Stelle des Absatzes, den Sie formatieren möchten. Sie setzen dadurch den Cursor – die Einfügemarke – in den Absatz.

2 Entscheiden Sie sich im Menüband des E-Mail-Fensters gegebenenfalls zunächst für den Reiter *Text formatieren*.

3 Standardmäßig wird der Text links ausgerichtet (Symbol ≡). Für eine zentrierte Ausrichtung klicken Sie auf das Symbol ≡, für Rechtsausrichtung auf ≡ und für Blocksatz auf ≡.

A

Ein Absatz ist ein Textabschnitt, der bei der Texteingabe mit der ⏎-Taste erzeugt wird. Auf dieser Doppelseite geht es um die Formatierung solcher Absätze, nicht des Textes selbst.

WISSEN

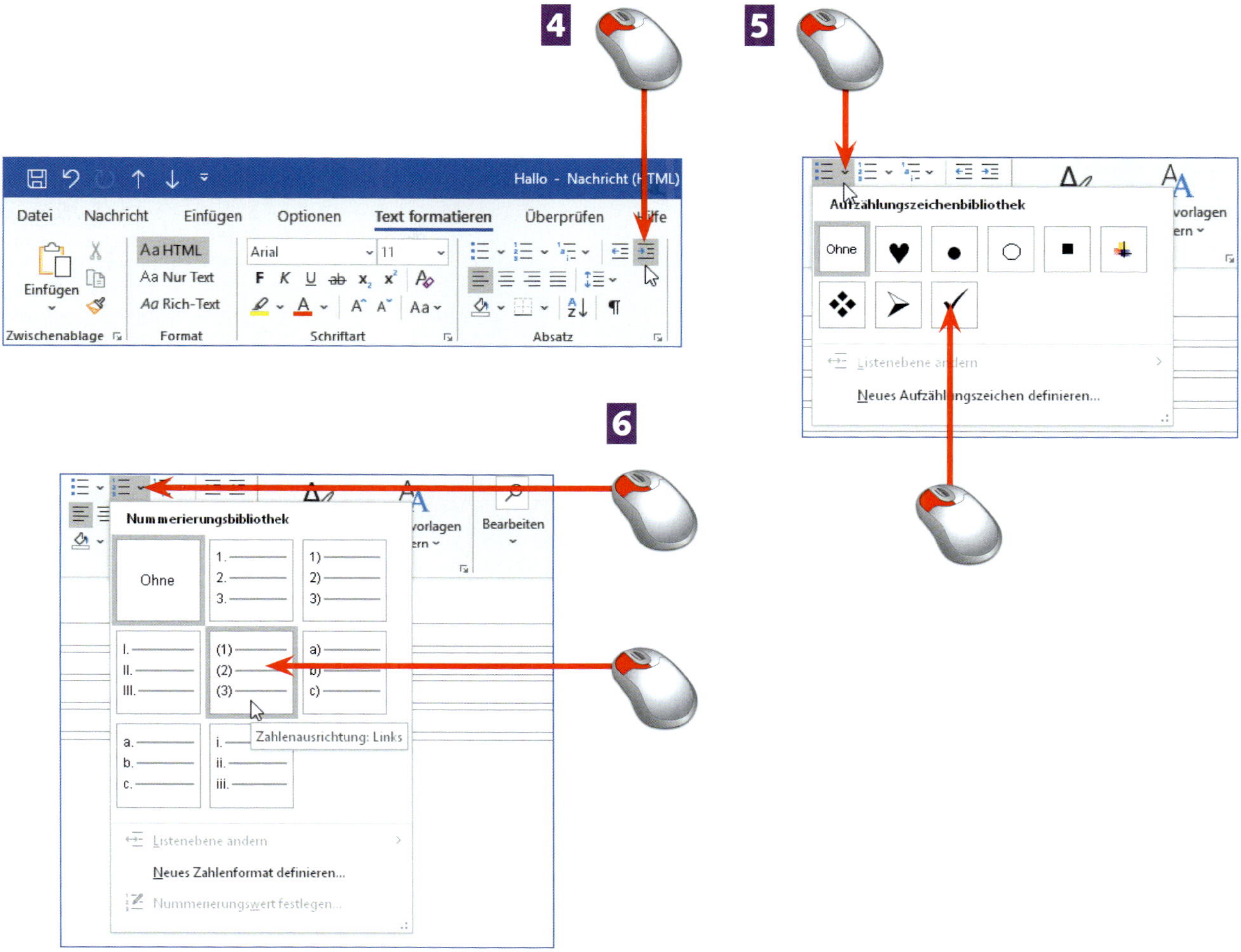

4 Sie möchten den Einzug des Absatzes vergrößern bzw. verkleinern. Zu diesem Zweck verwenden Sie im Menüband die Symbole bzw. .

5 Ein Absatz soll als Aufzählung formatiert werden? Klicken Sie dazu auf den zum Symbol gehörenden Pfeil und wählen Sie ein Aufzählungszeichen aus.

6 Oder wünschen Sie eine Formatierung als nummerierte Aufzählung? Dann klicken Sie auf den zum Symbol gehörenden Pfeil und wählen eine Nummerierungsweise.

Ende

TIPP

Ein nützliches Symbol: Per Klick auf das Symbol in der Symbolleiste können Sie ungewünschte Änderungen jederzeit rückgängig machen. Den gleichen Zweck erfüllt die Tastenkombination Strg+Z.

TIPP

Wählen Sie in den Menüs aus Schritt 5 bzw. 6 die Optionen *Neues Aufzählungszeichen definieren* bzw. *Neues Zahlenformat definieren*, um Symbole oder Formate festzulegen.

HINWEIS

Sämtliche Formatierungen sollen aus einem markierten Absatz bzw. markierten Text gelöscht werden? Klicken Sie auf das Symbol , um zum Standard zurückzukehren.

Start

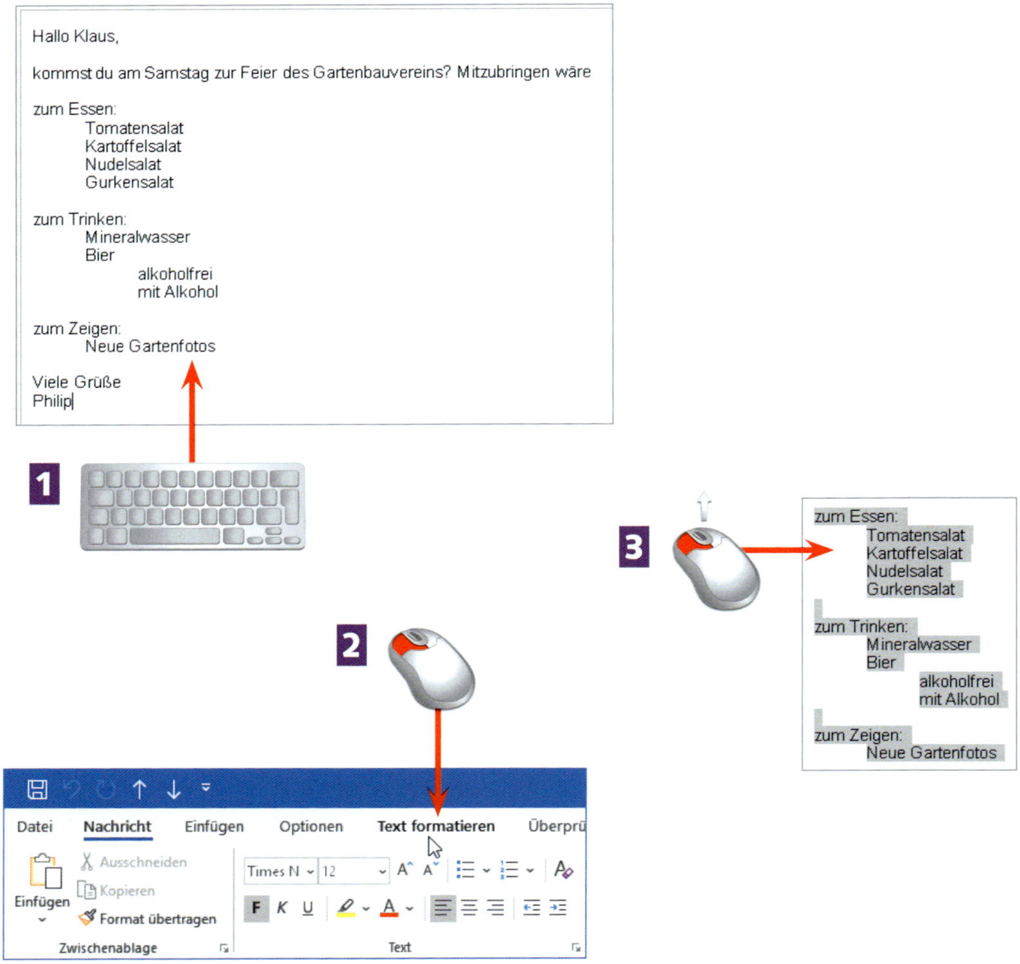

1 Erstellen Sie zunächst Ihre Liste – jeder Listeneintrag erhält einen eigenen Absatz. Die Gliederung erfolgt mithilfe von Einzügen, die Sie per ⇥-Symbol oder alternativ per ⇆-Taste erzeugen.

2 Wechseln Sie im E-Mail-Fenster zur Registerkarte *Text formatieren*.

3 Ziehen Sie den Mauszeiger bei gedrückter linker Maustaste über Ihre Liste, um diese zu markieren.

A

Outlook beinhaltet richtige Textverarbeitungsfunktionen. Dazu gehört z. B. auch das Erstellen einer Liste mit mehreren Gliederungsebenen. Auf dieser Doppelseite wird beschrieben, wie Sie eine solche anlegen.

WISSEN

4

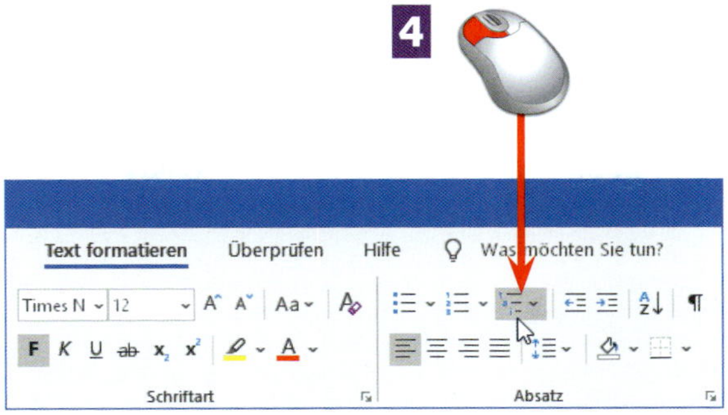

5

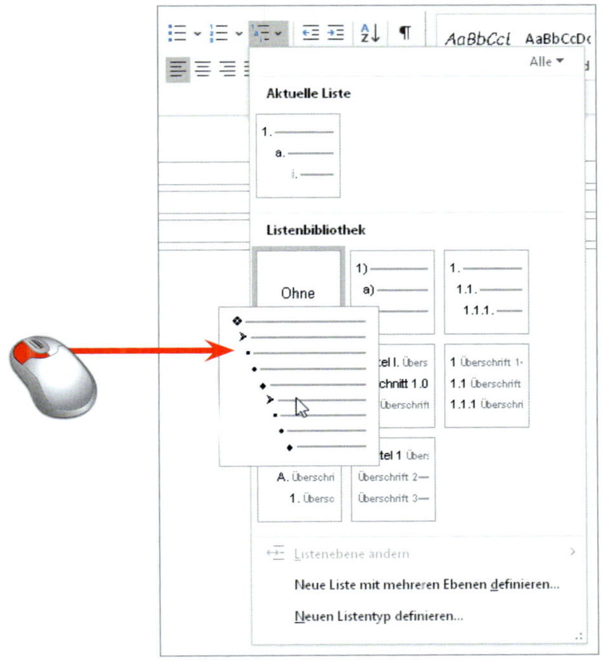

6

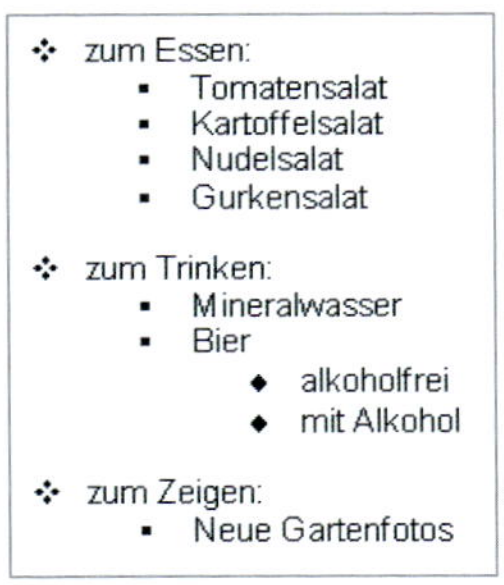

4 Klicken Sie im Menüband auf das Symbol .

5 Wählen Sie im sich öffnenden Listenmenü eine Vorlage für Ihre gegliederte Liste aus.

6 Die Liste wird im E-Mail-Fenster prompt entsprechend formatiert.

Ende

TIPP

Ihre Listen bequem sortieren: Klicken Sie auf das Symbol A/Z↓, um ein Fenster mit Sortieroptionen aufzurufen.

TIPP

Eine sehr nützliche Funktion für die Übertragung von Formatierungen aller Art: Klicken Sie im E-Mail-Fenster auf den bereits formatierten Text, wählen Sie dann im Menüband *Format übertragen* und klicken Sie anschließend auf den zu formatierenden Text.

HINWEIS

Für Eigenkreationen klicken Sie unten im Menü aus Schritt 5 auf den Eintrag *Neue Liste mit mehreren Ebenen definieren* bzw. *Neuen Listentyp definieren.*

Start

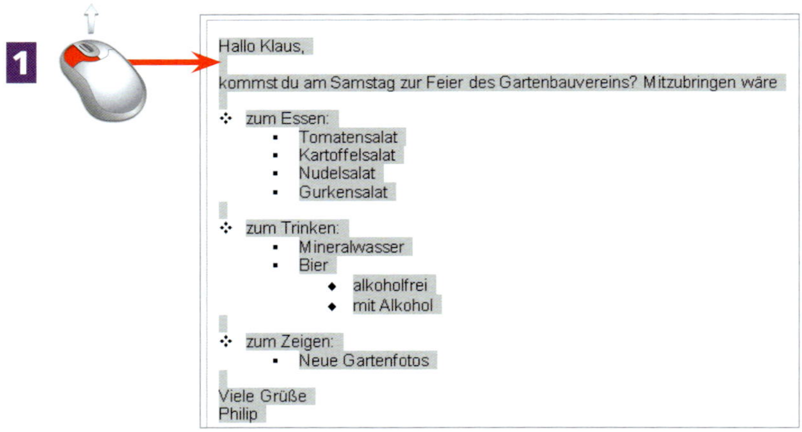

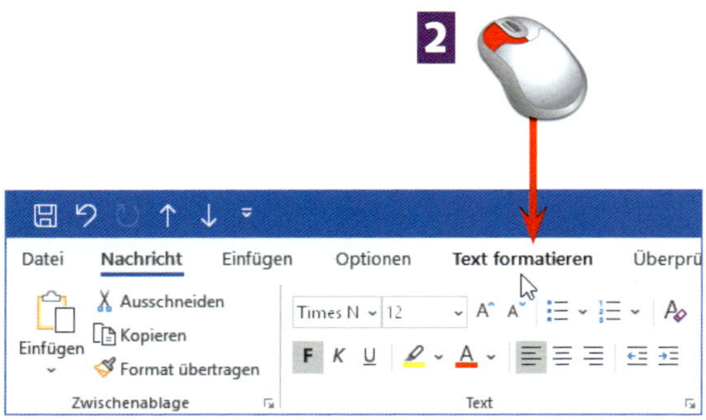

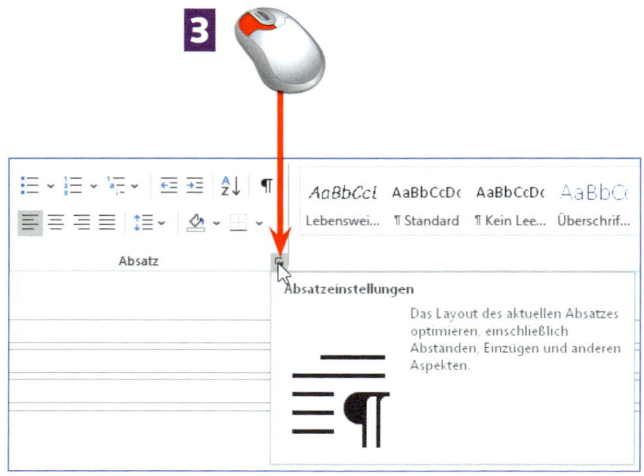

1 Wieder wird zunächst bei gedrückter linker Maustaste der zu formatierende Text markiert.

2 Klicken Sie anschließend im Menüband des E-Mail-Fensters auf den Reiter *Text formatieren*.

3 Klicken Sie rechts unten in der Gruppe *Absatz* auf das kleine Symbol ⧉, um die Absatzeinstellungen aufzurufen.

A

Ein angemessener Zeilen- und Absatzabstand sorgt dafür, dass Ihre E-Mails nicht als unattraktives Textkonvolut beim Empfänger ankommen. Hier zeige ich Ihnen, wie Sie in diesem Zusammenhang individuelle Einstellungen vornehmen.

WISSEN

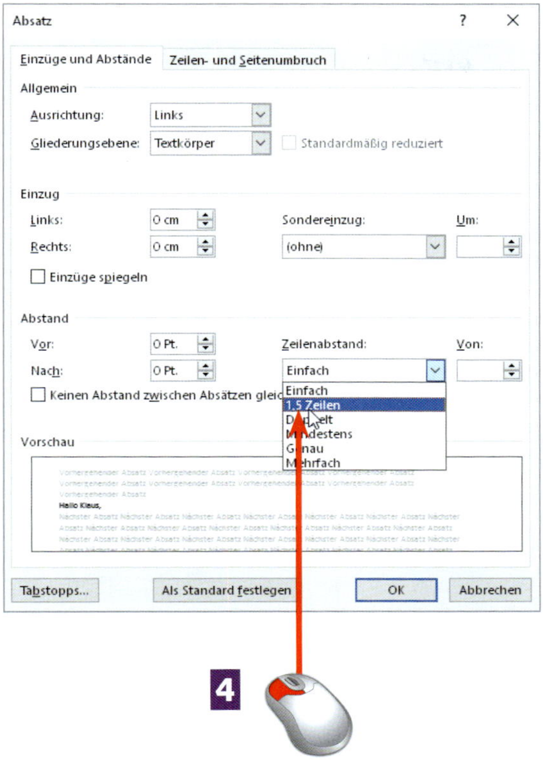

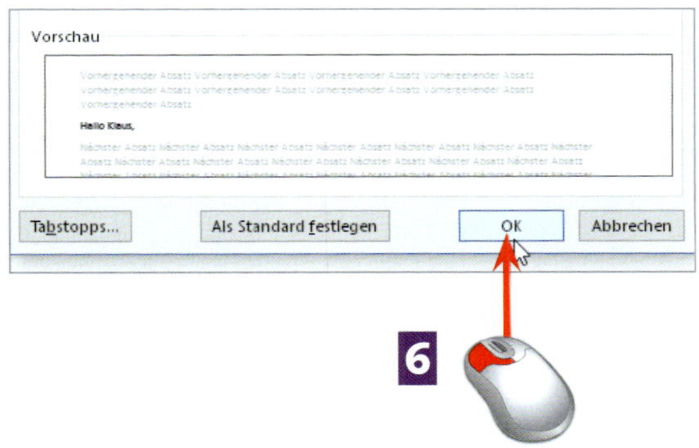

4 Wählen Sie im sich öffnenden Dialogfenster *Absatz* zunächst im Menü *Zeilenabstand* den gewünschten Zeilenabstand aus bzw. richten Sie diesen über das Menü *Von* individuell ein.

5 Legen Sie im Menü *Vor* sowie *Nach* die Abstände fest, die Sie vor bzw. nach Absätzen einbauen möchten.

6 Prüfen Sie im Feld *Vorschau* den Effekt Ihrer Einstellungen, bevor Sie diese mit *OK* speichern.

Ende

HINWEIS

Besonders häufig benötigte Zeilenabstände lassen sich auch auf die Schnelle unter dem Symbol aufrufen.

HINWEIS

Absätze können beim Empfänger größer dargestellt werden als bei Ihnen in Outlook. Um zu große Abstände von vornherein auszuschließen, erzeugen Sie keinen neuen Absatz per ⏎-Taste, sondern wechseln lediglich mit ⇧+⏎ die Zeile. Passen Sie die Zeilenabstände entsprechend an.

TIPP

Die Abstandseinstellungen sollen beim Erstellen neuer Mails immer verwendet werden? Dann klicken Sie im Dialogfenster *Absatz* auf die Schaltfläche *Als Standard festlegen* und bestätigen die Einstellung.

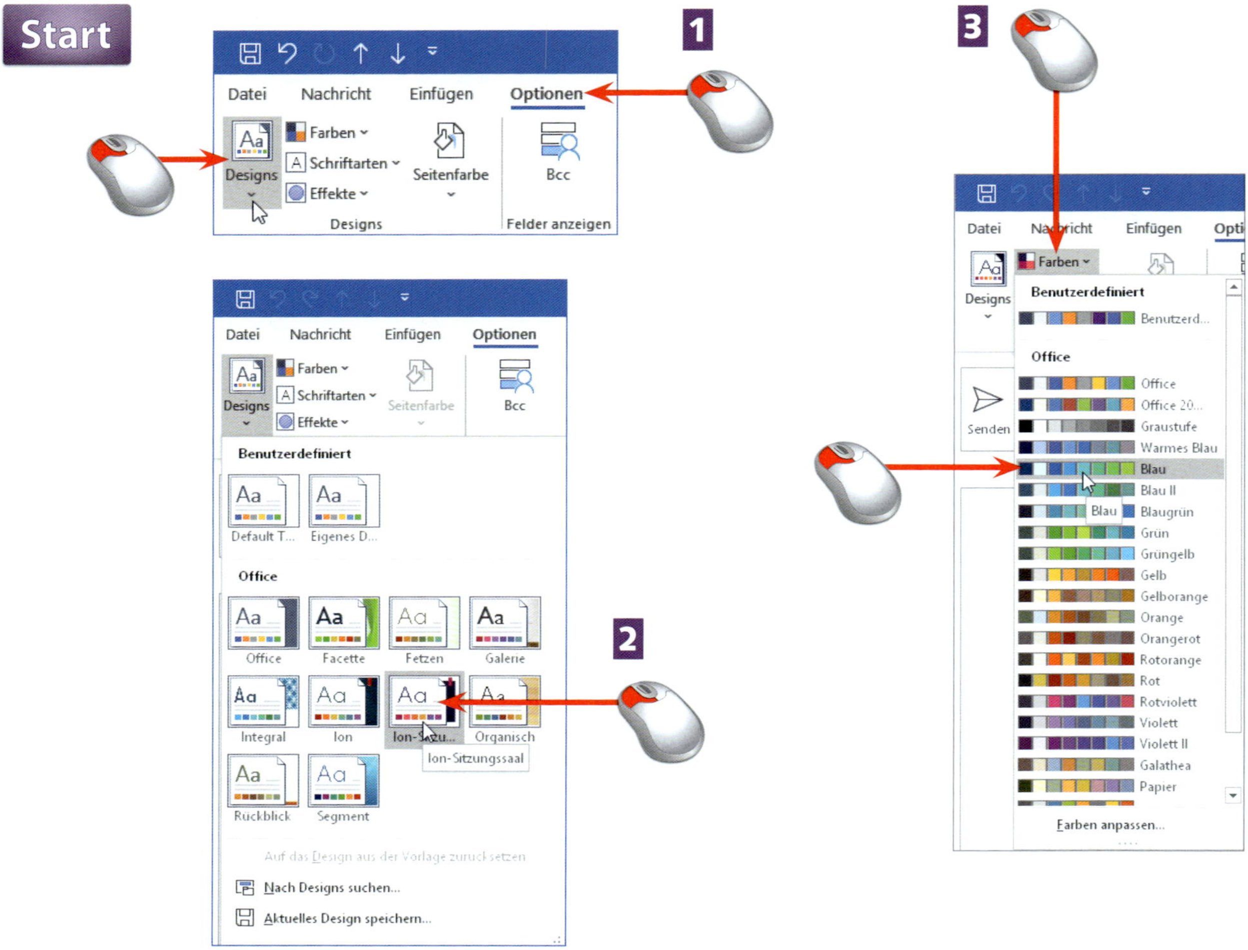

1 Entscheiden Sie sich im Menüband des E-Mail-Fensters für die Registerkarte *Optionen* und klicken Sie dort auf die Schaltfläche *Designs*.

2 Wählen Sie ein Design aus, das Ihnen zusagt, hier z. B. das Design *Ion-Sitzungssaal*.

3 Die Designfarben anpassen: Klicken Sie dazu auf die Schaltfläche *Farben* und wählen Sie ein Farb-Set aus. Die Sets machen sich beim Verwenden von Formatvorlagen bemerkbar, dazu gleich noch mehr.

A

Outlook stellt fertige Designs bereit, die harmonische Formatierungen im Hinblick auf Farben, Schriftarten und Effekte beinhalten. Auf dieser Doppelseite lernen Sie die Designauswahl sowie die Anpassung eines gewählten Designs kennen.

WISSEN

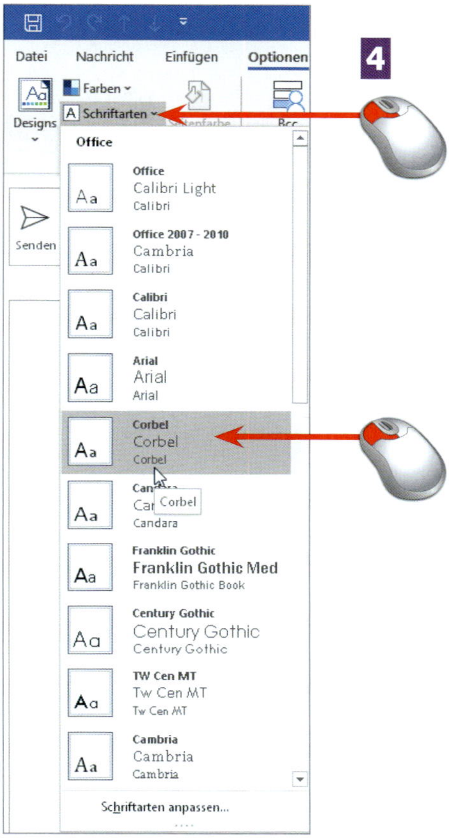

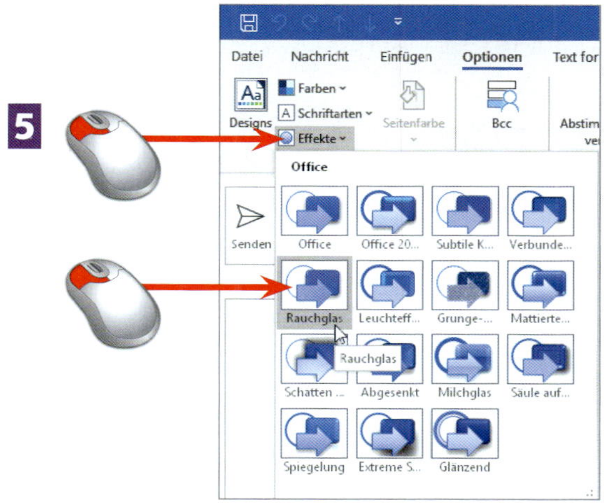

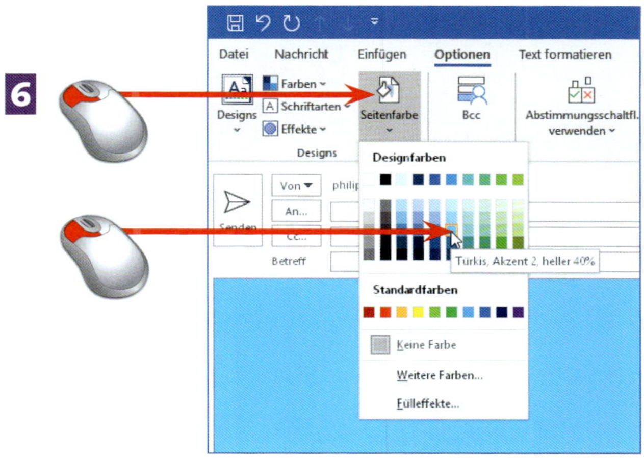

4 Die Designschriftarten anpassen: Klicken Sie dazu auf die Schaltfläche *Schriftarten* und wählen Sie ein Schriftarten-Set aus.

5 Die Designeffekte anpassen: Dazu klicken Sie auf die Schaltfläche *Effekte* und wählen ein Effekt-Set aus.

6 Schließlich können Sie in der Gruppe *Design* auch noch eine Hintergrundfarbe für Ihre E-Mails festlegen. Wählen Sie unter der Schaltfläche *Seitenfarbe* eine zum Design passende Hintergrundfarbe aus.

Ende

TIPP

Wählen Sie im Menü aus Schritt 3 den Eintrag *Farben anpassen*, um ein individuelles Farb-Set zu kreieren. Stichwort: Corporate Design.

TIPP

Sie wünschen eine Grafik als E-Mail-Hintergrund? Dann klicken Sie im Menü aus Schritt 6 auf *Fülleffekte* und wählen die Bilddatei im sich öffnenden Dialogfenster unter *Grafik* aus.

HINWEIS

Die Designeffekte betreffen nicht den Text in Ihren E-Mails, sondern Objekte, die Sie einfügen. Zum Einfügen von Objekten erfahren Sie alles noch in diesem Kapitel.

Start

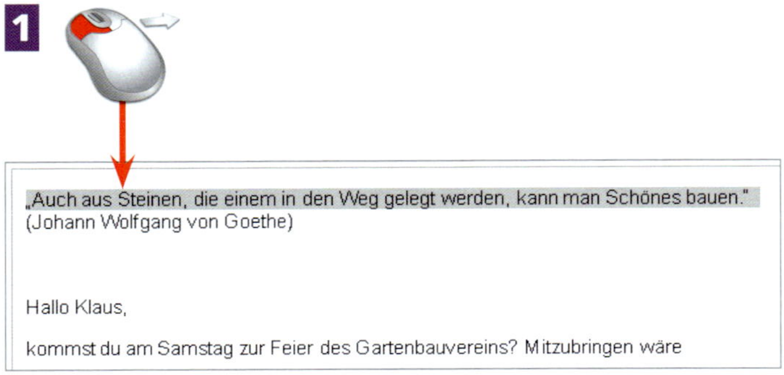

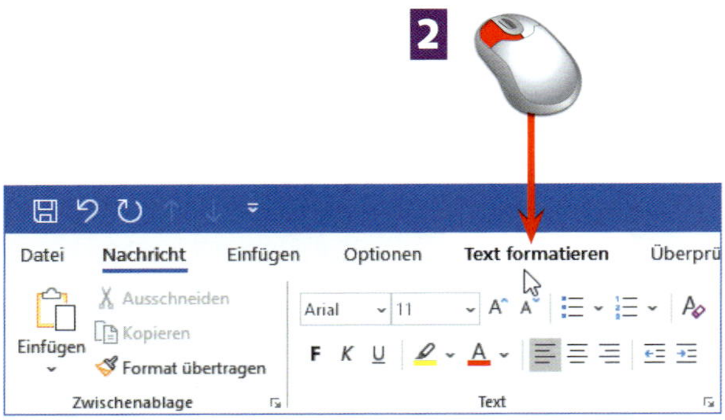

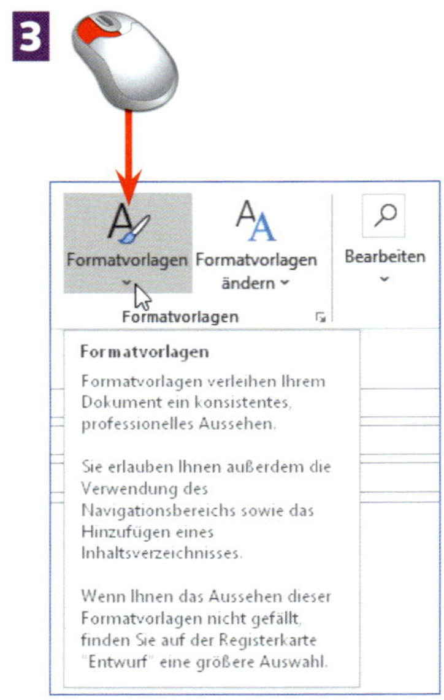

1 Markieren Sie – wie nun schon öfter gehabt – mit der Maus den zu formatierenden Text.

2 Klicken Sie im Menüband des E-Mail-Fensters auf den Reiter *Text formatieren*.

3 Bei einem kleinen Programmfenster wählen Sie die Schaltfläche *Formatvorlagen*.

A

Basierend auf dem von Ihnen gewählten Design lässt sich der Text mithilfe von Formatvorlagen formatieren, um Texte außer als Standard auch als Überschrift, Zitat und Co. zu kennzeichnen. Auf dieser Doppelseite zeige ich Ihnen zunächst, wie Sie bestehende Formatvorlagen anwenden.

WISSEN

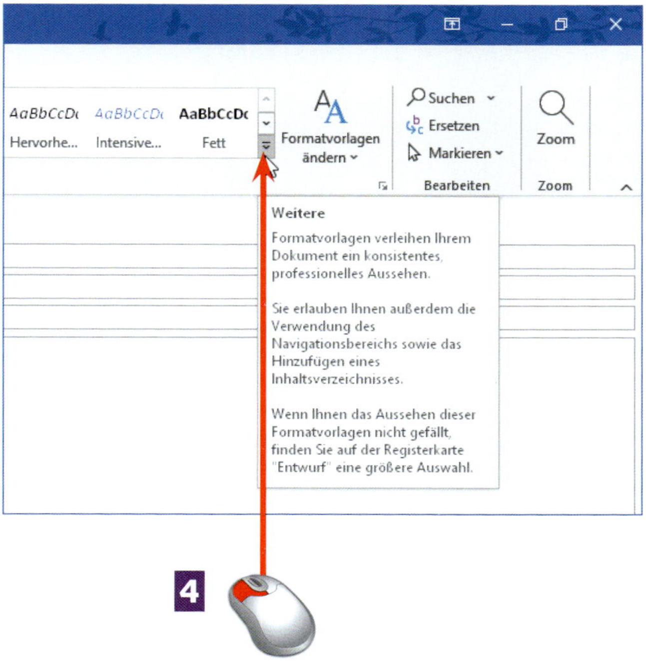

4

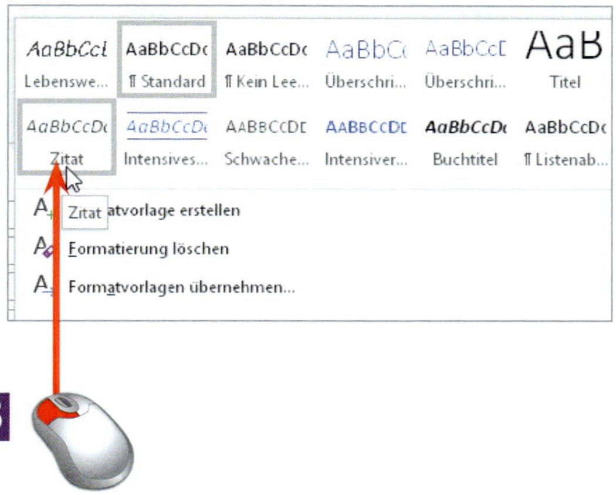

5

6

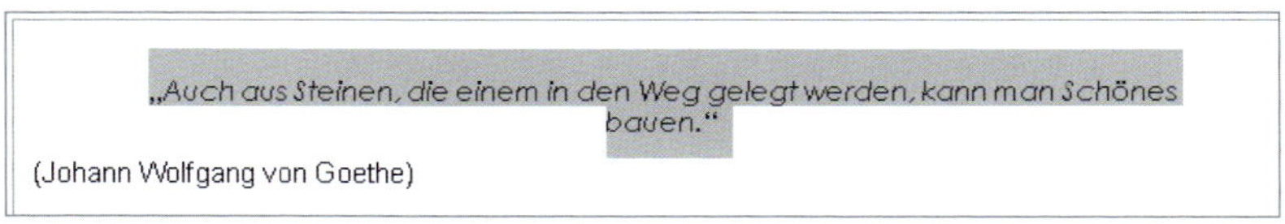

4 Ansonsten wird Ihnen in der Gruppe *Formatvorlagen* ein Kasten mit Formatvorlagen angezeigt. Um den Kasten auszuklappen, klicken Sie rechts unten auf das Symbol ⊽.

5 Wählen Sie per Mausklick eine passende Formatvorlage aus, in diesem Fall wähle ich die Formatvorlage *Zitat*.

6 Die Auswahl wird prompt für den markierten Text übernommen.

Ende

Bei häufigem Gebrauch der Formatvorlagen: Wenn Sie rechts unten in der Gruppe *Formatvorlagen* auf das Symbol ⧉ klicken, werden die Vorlagen in einem extra Fenster geöffnet.

TIPP

Bestehende Formatvorlagen anpassen: Klicken Sie dazu in der Gruppe *Formatvorlagen* auf die Schaltfläche *Formatvorlagen ändern* und nehmen Sie per Menü andere Einstellungen vor.

HINWEIS

Start

1

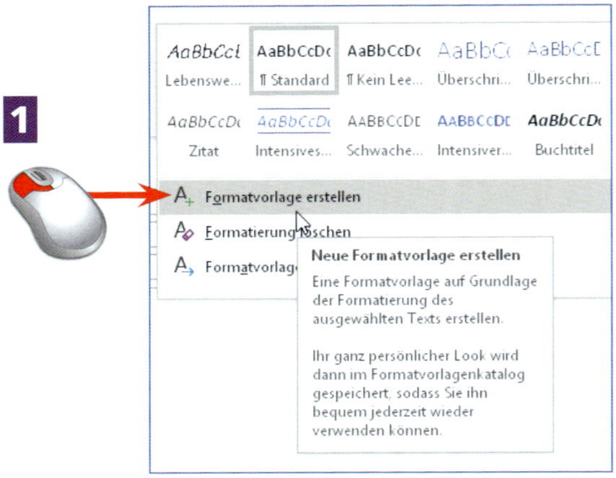

2

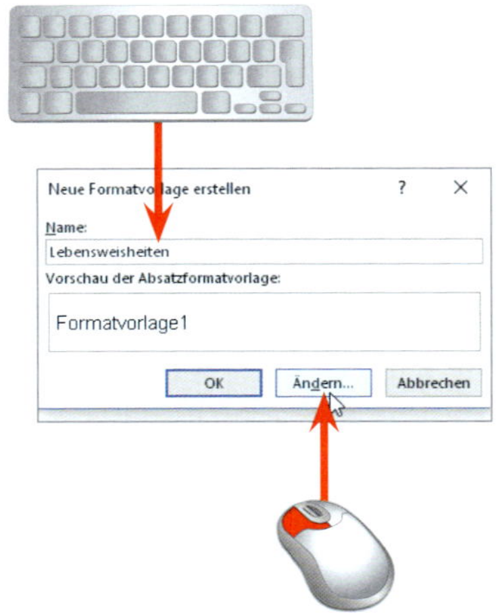

3

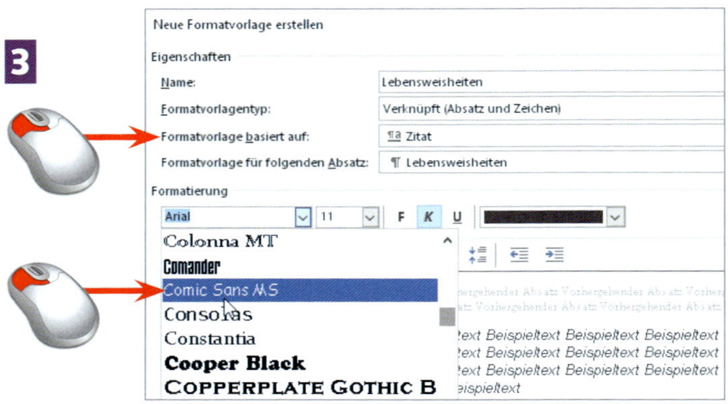

1 Klicken Sie im Formatvorlagenbereich, den Sie auf der vorherigen Doppelseite kennengelernt haben, auf das Symbol ⊽ und wählen Sie im sich öffnenden Menü den Eintrag *Formatvorlage erstellen*.

2 Im folgenden Fenster geben Sie der Formatvorlage im Feld *Name* eine schlüssige Bezeichnung. Klicken Sie anschließend auf die Schaltfläche *Ändern*.

3 Wählen Sie im Abschnitt *Eigenschaften* gegebenenfalls zunächst aus, auf welchen bereits bestehenden Vorlagen die neue Vorlage beruhen soll. Bestimmen Sie dann die Formatierung, hier lege ich beispielsweise die Schriftart *Comic Sans MS* fest.

A

Sie müssen sich nicht auf die vorgegebenen Formatvorlagen beschränken, sondern können in Outlook beliebige weitere Formatvorlagen anlegen – ganz nach dem eigenen Bedarf. Für einfache E-Mails wird dies nicht notwendig sein, es ist aber beispielsweise dann hilfreich, wenn Sie attraktive Newsletter erstellen möchten.

WISSEN

5

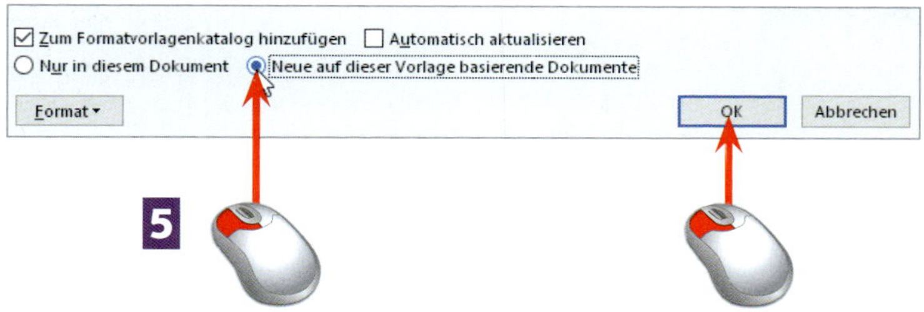

4

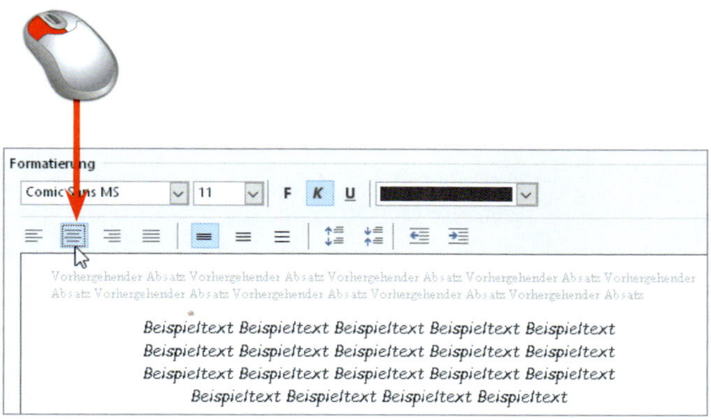

6

4 Auch Absatzformatierungen lassen sich vornehmen, hier beispielsweise die zentrierte Ausrichtung per Symbol ≡. Das Ergebnis Ihrer Formatierungen wird Ihnen jeweils direkt angezeigt.

5 Die Formatvorlage soll nicht nur in der aktuellen, sondern auch in neuen E-Mails zur Verfügung stehen. Aktivieren Sie deshalb die Option *Neue auf dieser Vorlage basierende Dokumente*, bevor Sie mit *OK* bestätigen.

6 Die eigene Formatvorlage kann nun wie die bereits bestehenden Formatvorlagen im Formatvorlagenbereich ausgewählt werden.

Ende

Sie möchten eine Formatvorlage wieder löschen? Klicken Sie sie dazu mit der rechten Maustaste an und wählen Sie im Kontextmenü den Eintrag *Aus dem Formatvorlagenkatalog entfernen.*

HINWEIS

Standardmäßig werden Ihnen übrigens nur »empfohlene« Formatvorlagen angezeigt. Zur Anzeige aller Formatvorlagen klicken Sie in der Gruppe *Formatvorlagen* auf das Symbol ◲, wählen dann ganz unten im Fenster *Optionen* und entscheiden sich im Menü *Anzuzeigende Formatvorlagen auswählen* für den Eintrag *Alle Formatvorlagen*.

TIPP

Start

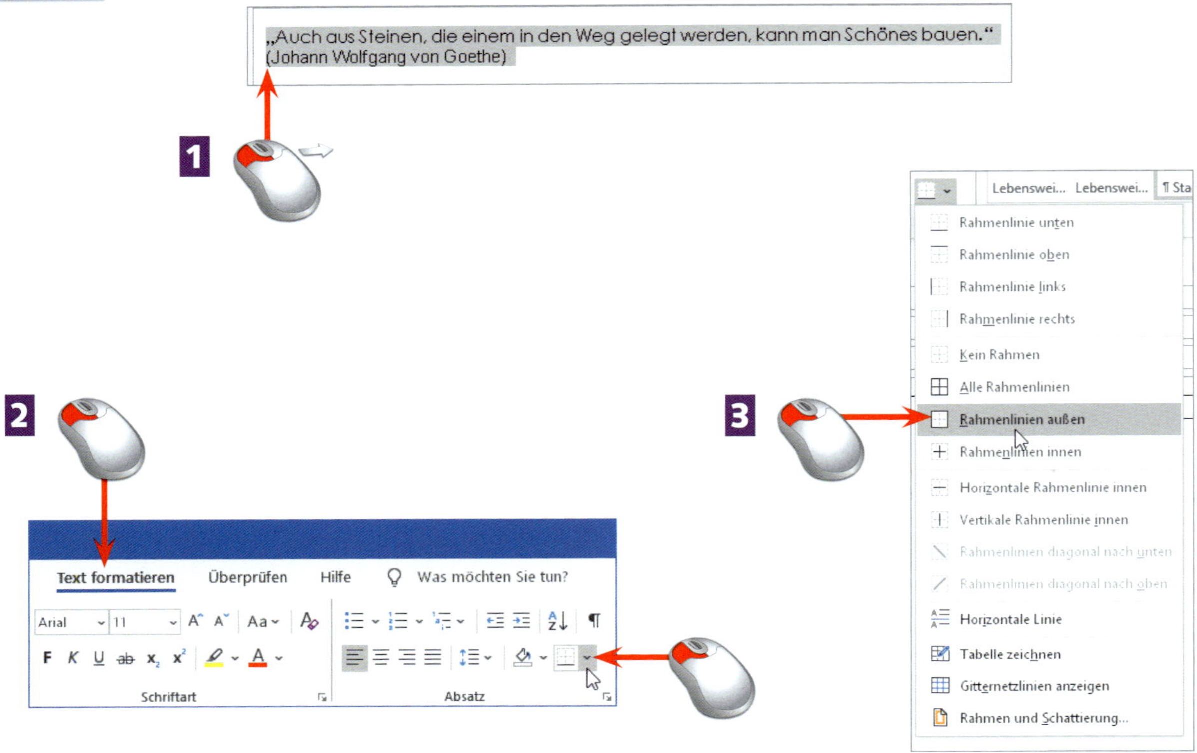

1 Markieren Sie den Text, den Sie mit einem Rahmen versehen möchten, mit der Maus.

2 Entscheiden Sie sich im Menüband des E-Mail-Fensters für die Registerkarte *Text formatieren* und klicken Sie auf den zum Symbol gehörenden Pfeil.

3 Im sich öffnenden Menü wählen Sie nun die gewünschte Rahmenart aus, hier etwa wähle ich den Eintrag *Rahmenlinien außen*.

A

Nicht nur Absätze, sondern sogar einzelne Zeichen lassen sich mit einem Rahmen versehen. Der Zweck kann eine Hervorhebung wichtigen Textes oder einfach eine attraktive, abwechslungsreiche Gestaltung der E-Mail sein. Auf dieser Doppelseite lesen – und sehen – Sie, wie es gemacht wird.

WISSEN

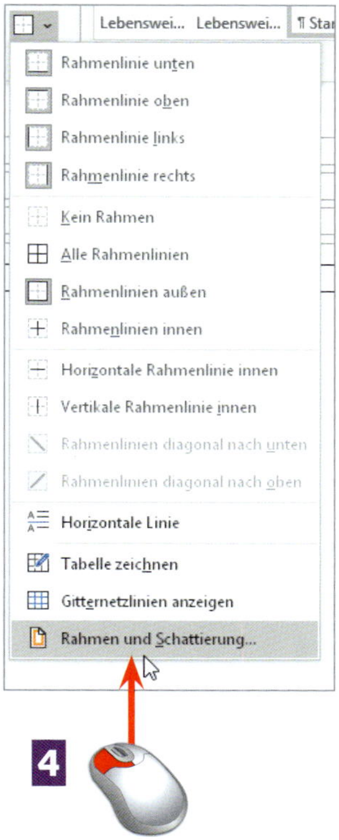

4

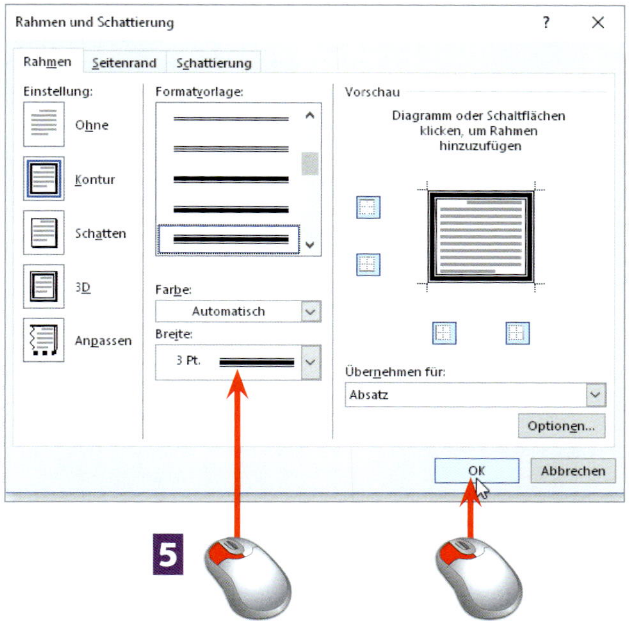

5

6

4 Der Rahmen wird eingefügt. Öffnen Sie das Menü aus Schritt 3 erneut und wählen Sie diesmal unten den Eintrag *Rahmen und Schattierung*.

5 Sie haben die verschiedensten Optionen, den Rahmen zu formatieren – sowohl im Hinblick auf die Art als auch auf Farbe und Breite. Bestätigen Sie Ihre Auswahl mit *OK*.

6 Der Rahmen wird prompt entsprechend Ihren Vorgaben angepasst.

Ende

Sie möchten den Rahmen füllen? Entscheiden Sie sich dazu im Dialogfenster aus Schritt 5 für die Registerkarte *Schattierung* und wählen Sie eine Farbe aus.

HINWEIS

Statt eines Rahmens kann im Menü aus Schritt 3 auch eine horizontale Linie eingefügt werden – ideal, um Abschnitte innerhalb einer E-Mail übersichtlich zu trennen.

TIPP

Start

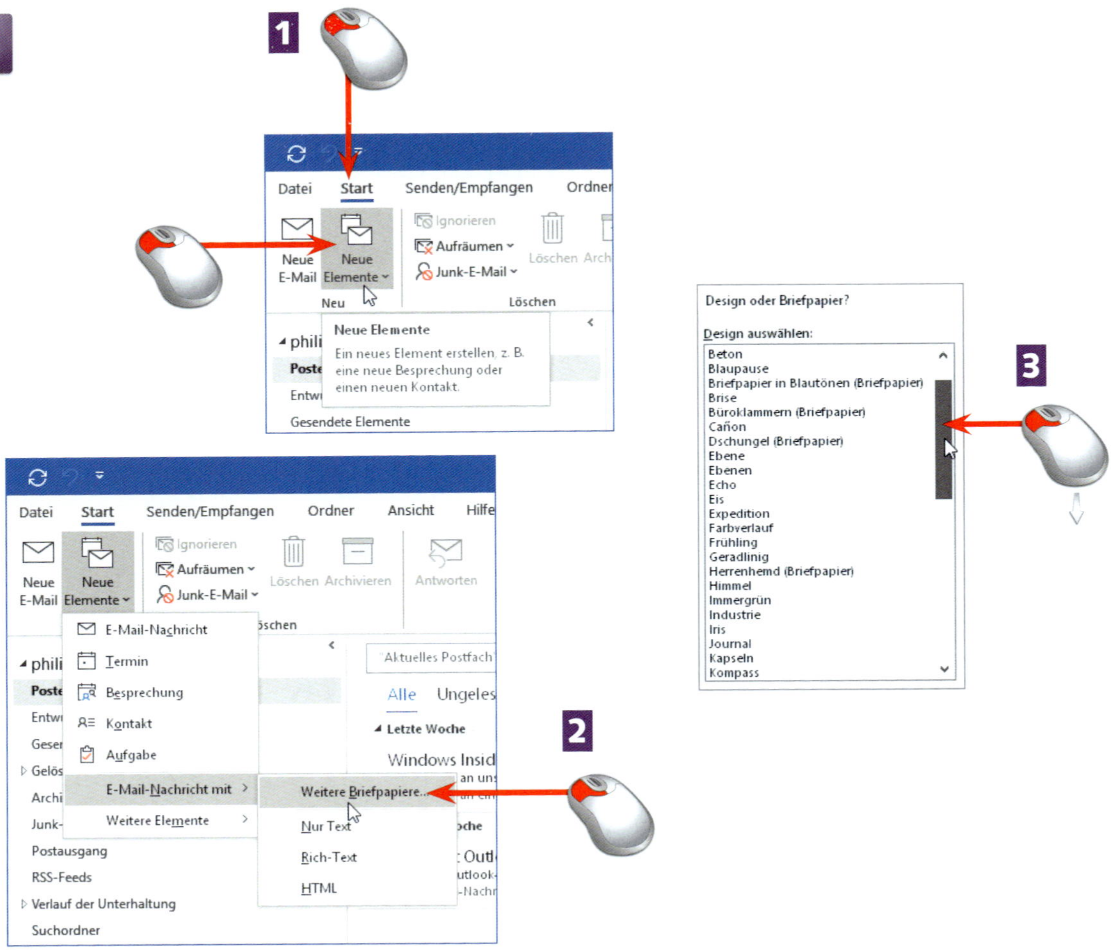

1 Entscheiden Sie sich – bei gewählter E-Mail-Funktion – im Menüband unter *Start* für die Schaltfläche *Neue Elemente*.

2 Bewegen Sie den Mauszeiger im sich öffnenden Menü auf den Eintrag *E-Mail-Nachricht mit* und klicken Sie anschließend auf *Weitere Briefpapiere*. Später werden im Menü auch die von Ihnen bereits verwendeten Briefpapiere zur Auswahl angeboten.

3 Im sich öffnenden Dialogfenster verwenden Sie die Bildlaufleiste, um durch den Briefpapier-Katalog zu scrollen.

A

Outlook bietet auch eine stattliche Auswahl an Briefpapieren, bei denen nicht nur das Design bereits festgelegt ist, sondern auch ein attraktiver Hintergrund für pfiffige E-Mails sorgt. Sie können in den Outlook-Optionen unter *E-Mail* per Schaltfläche *Briefpapier und Schriftarten* auch ein Standard-Briefpapier (sowie Standard-Schriftarten) festlegen.

WISSEN

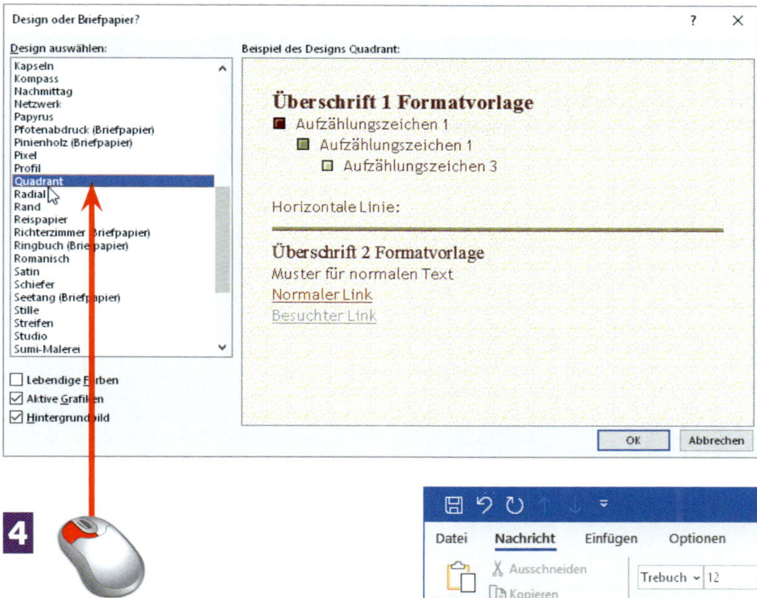

4

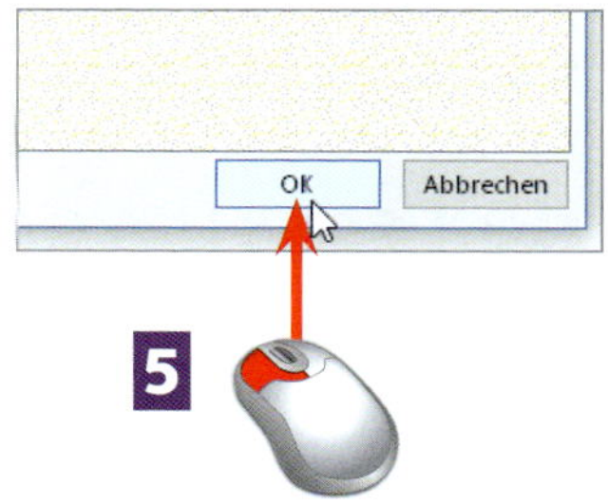

5

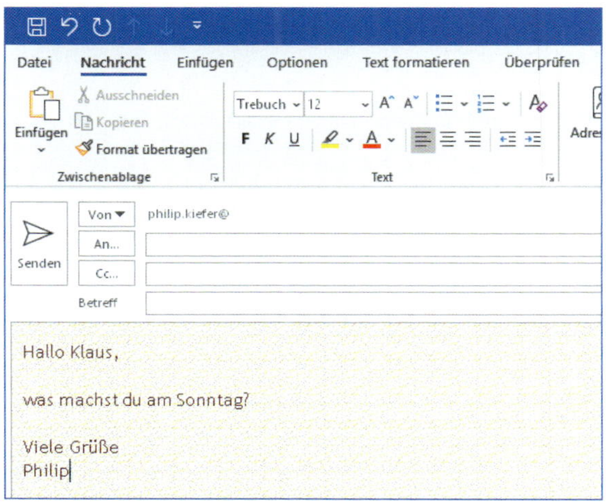

6

4 Klicken Sie ein Briefpapier an, um im Fenster rechts die Vorschau zu betrachten.

5 Entspricht das Briefpapier Ihren Wünschen? Dann klicken Sie auf *OK*, um eine neue E-Mail unter Verwendung dieses Briefpapiers zu erstellen.

6 Erstellen Sie wie gehabt Ihre E-Mail und bringen Sie diese auf den Weg!

Ende

Wechseln Sie das Briefpapier lieber nicht zu häufig, um Ihre E-Mail-Empfänger nicht zu irritieren! Wählen Sie ein attraktives Briefpapier aus und bleiben Sie eine Weile dabei!

TIPP

Auch wenn ein Briefpapier verwendet wird, können selbstverständlich zusätzlich die bereits kennengelernten Formatierungsfunktionen genutzt werden.

HINWEIS

Start

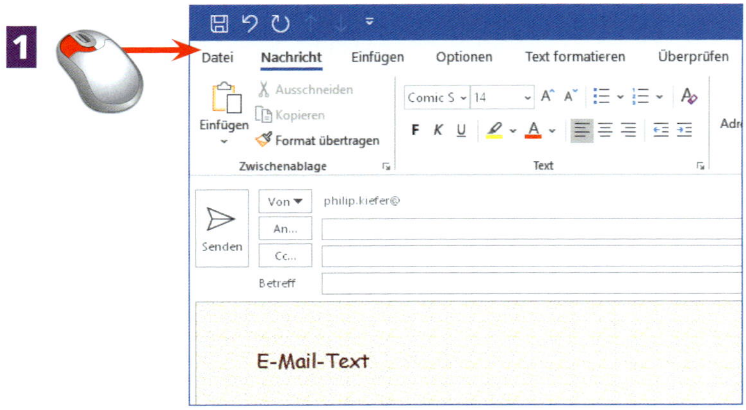

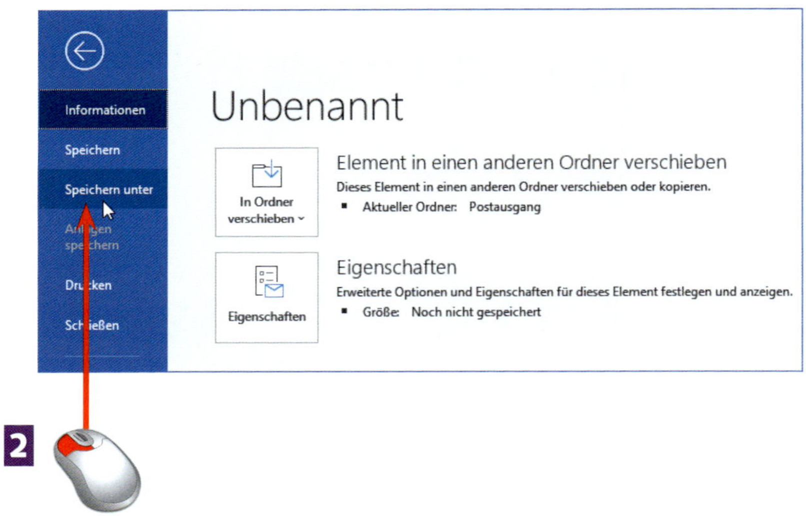

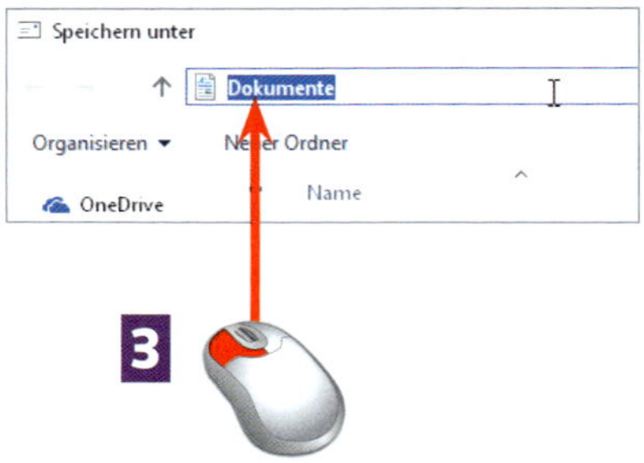

1 Erstellen Sie eine E-Mail und passen Sie deren Formatierungen und Seitenhintergrund so an, dass sie dem von Ihnen gewünschten Briefpapier entspricht. Klicken Sie dann im Menüband auf *Datei*.

2 In der Backstage-Ansicht entscheiden Sie sich anschließend für den Eintrag *Speichern unter*.

3 Im sich öffnenden Dialogfenster *Speichern unter* klicken Sie oben auf eine freie Fläche des Adressfeldes. Der enthaltene Pfad wird blau markiert.

A

Das eigene Briefpapier bietet Ihnen eine tolle Möglichkeit, sich individuell zu präsentieren. Auf der Basis des von Ihnen gewählten Designs, Ihrer Formatierungen und des eingefügten Seitenhintergrunds speichern Sie Ihr Briefpapier ab und können es später jederzeit erneut einsetzen.

WISSEN

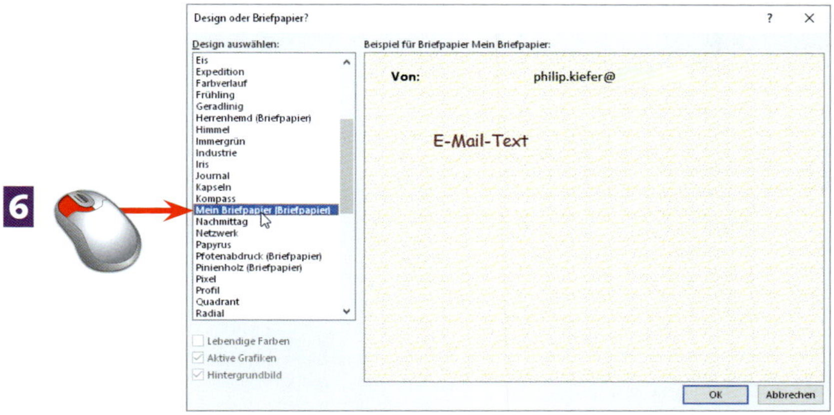

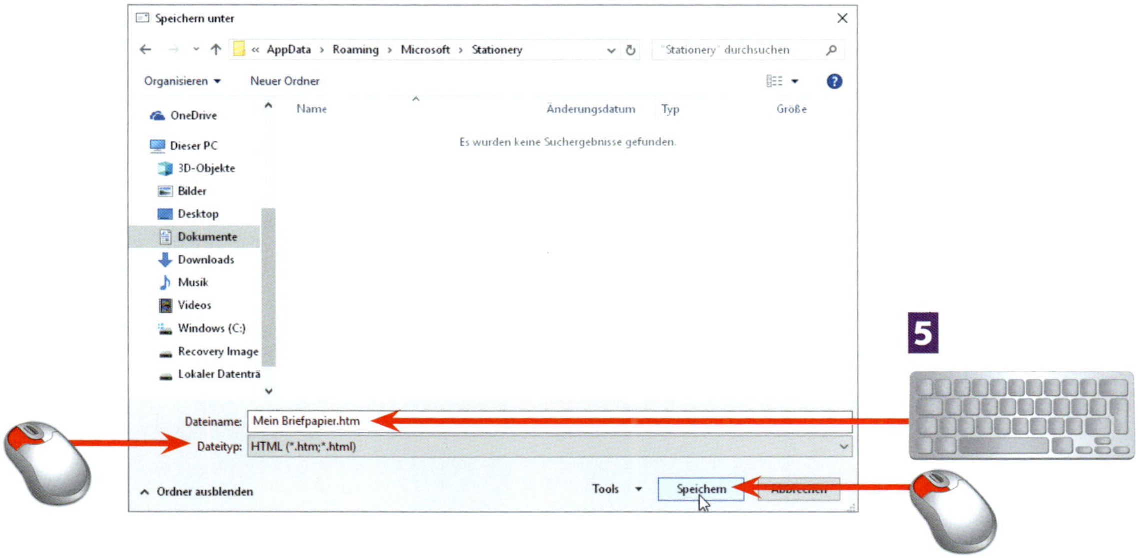

4 Tippen Sie in das Adressfeld Folgendes ein: *%appdata%\microsoft\stationery*. Bestätigen Sie mit der [↵]-Taste. Der gewünschte Ordner wird daraufhin geöffnet.

5 Geben Sie dem Briefpapier im Feld *Dateiname* eine schlüssige Bezeichnung, entscheiden Sie sich im Menü *Dateityp* für den Eintrag *HTML* und klicken Sie auf *Speichern*.

6 Klicken Sie unter *Neue Elemente/E-Mail-Nachricht mit/Weitere Briefpapiere* auf das von Ihnen erstellte Briefpapier, um es auszuwählen.

Ende

Den Befehl *Speichern unter* rufen Sie noch schneller auf, indem Sie einfach die [F12]-Taste drücken.

TIPP

Sie haben in Outlook alle Möglichkeiten der E-Mail-Gestaltung, aber generell sollte eine E-Mail auch für Nur-Text-Empfänger lesbar bleiben, auch wenn diese nur eine kleine Minderheit darstellen.

HINWEIS

Auch Texte werden im Briefpapier übernommen. Es kann sich also beispielsweise auch anbieten, häufig verwendete Standard-E-Mails als Briefpapiere zu speichern.

TIPP

Start

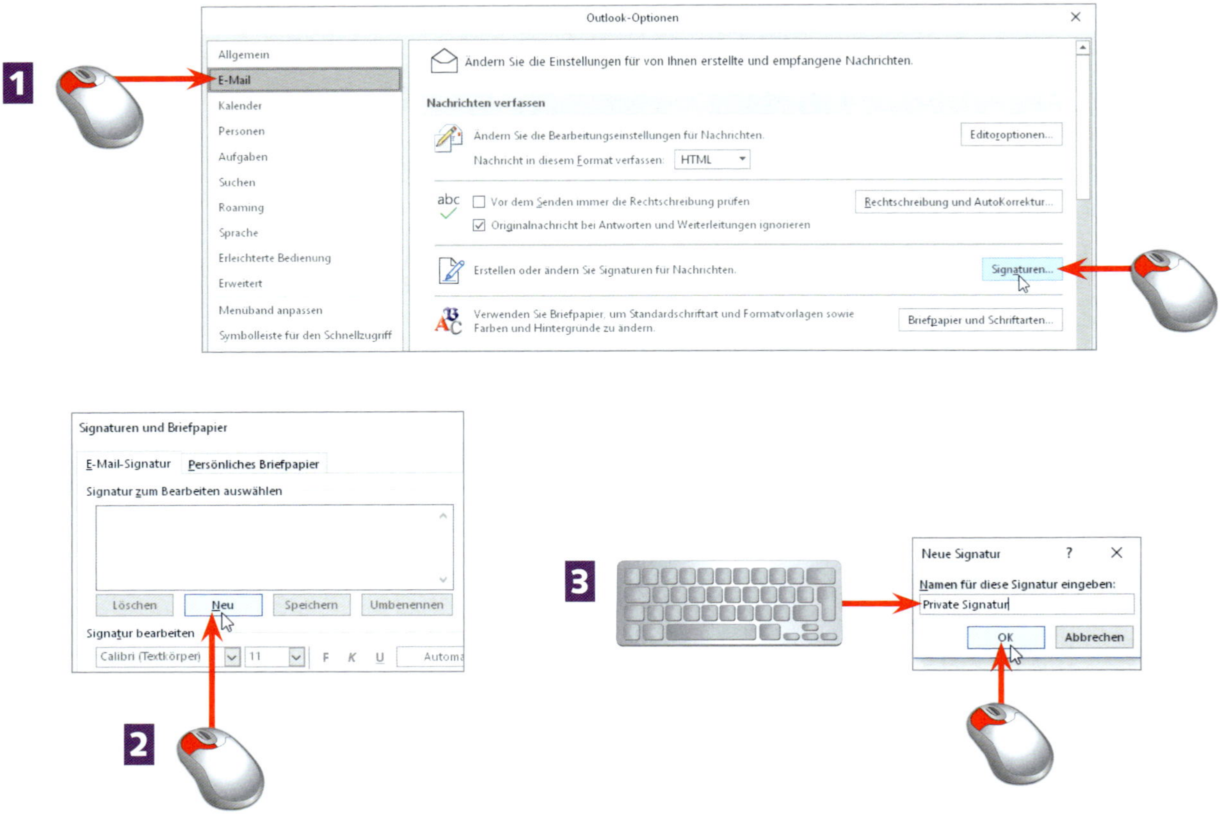

1 Öffnen Sie die Outlook-Optionen und klicken Sie unter *E-Mail* auf die Schaltfläche *Signaturen*.

2 Klicken Sie im sich öffnenden Dialogfenster auf die Schaltfläche *Neu*, um eine neue Signatur anzulegen.

3 Geben Sie der neuen Signatur eine schlüssige Bezeichnung und bestätigen Sie mit *OK*.

A

Die Signatur ist ein Textbaustein, der manuell oder automatisch an Ihre E-Mail-Texte angehängt wird. Im Normalfall beinhaltet die Signatur Name, Adressdaten und gegebenenfalls Firmeninformationen. Sie können aber selbstverständlich auch noch weitere Infos über eine Signatur einfügen.

WISSEN

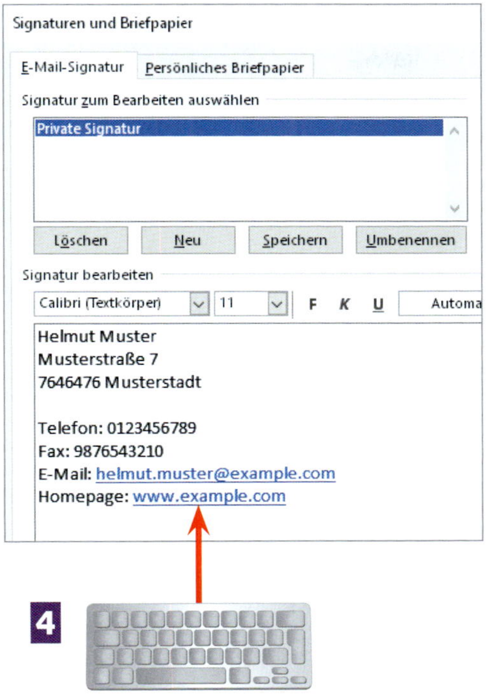

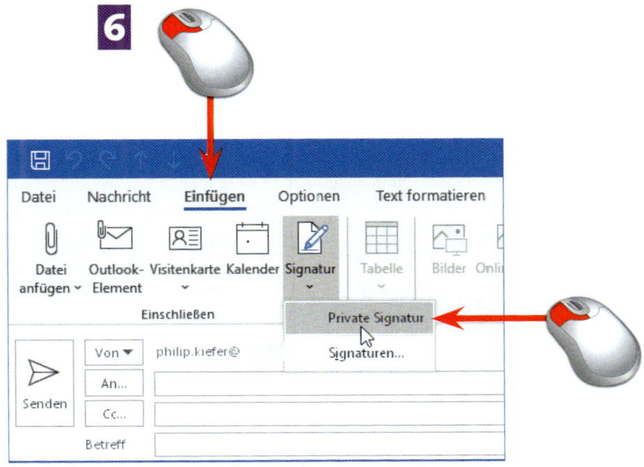

4 Tippen Sie Ihre Signatur in das Eingabefeld ein. Absätze erzeugen Sie hier ebenfalls per [↵]-Taste.

5 Formatieren Sie die Signatur im Hinblick auf Schriftart, Schriftgröße, Schriftfarbe etc. Hier beispielsweise wähle ich eine blaue Schriftfarbe aus.

6 Bestätigen Sie sowohl im Fenster *Signaturen und Briefpapier* als auch in den Outlook-Optionen mit *OK*. Die Signatur lässt sich dann im E-Mail-Fenster unter *Einfügen* mit der Schaltfläche *Signatur* auswählen.

Ende

Die Signatur soll automatisch angehängt werden? Dies legen Sie im Dialogfenster aus Schritt 4 im Abschnitt *Standardsignatur auswählen* fest.

HINWEIS

Erstellen Sie unterschiedliche Signaturen für die private und geschäftliche E-Mail-Nutzung. Aber aufgepasst: die Signaturen dann nicht verwechseln!

TIPP

Start

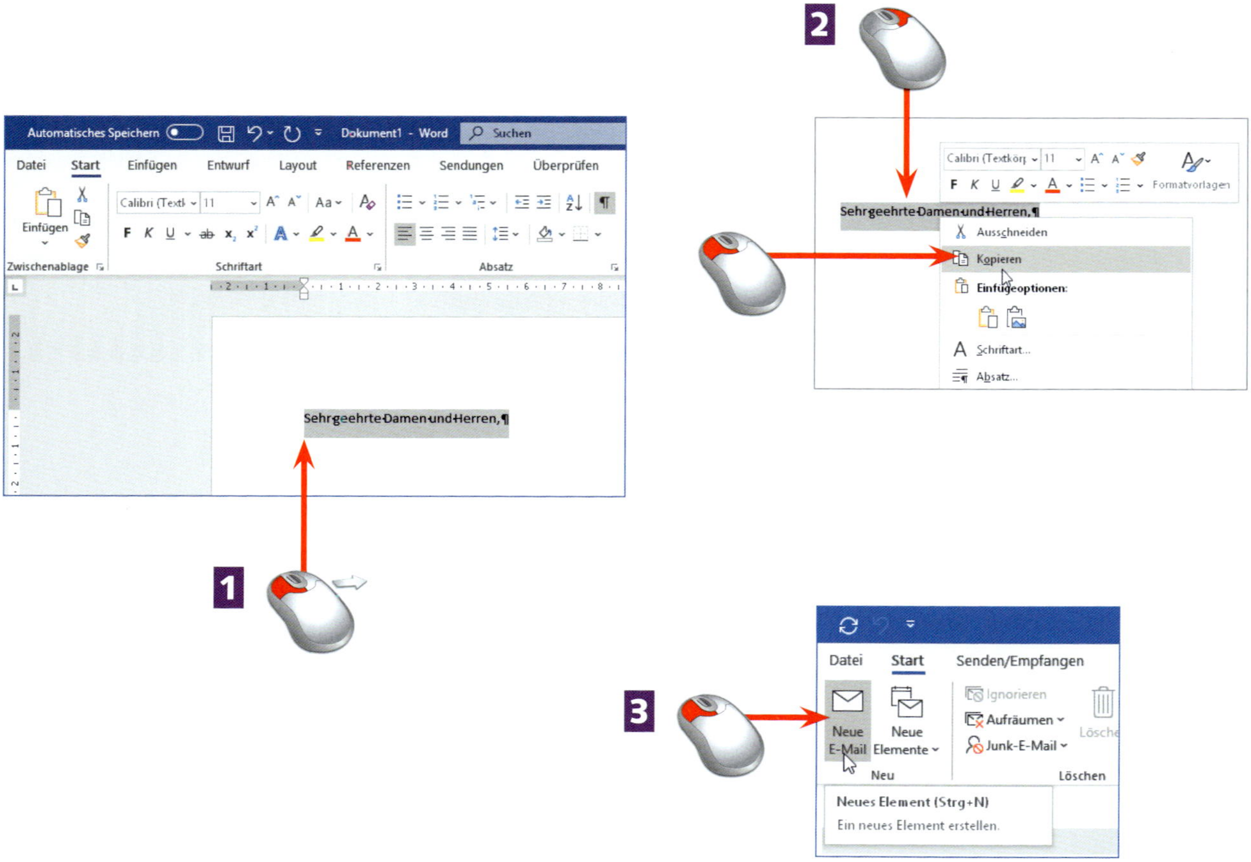

1 Angenommen, Sie möchten Text aus einem Word-Dokument in eine E-Mail kopieren. Markieren Sie dazu den gewünschten Text, indem Sie die Maus bei gedrückter linker Maustaste darüberziehen.

2 Klicken Sie den markierten Text mit der rechten Maustaste an und wählen Sie im Kontextmenü den Eintrag *Kopieren*, um den Text in die Zwischenablage zu übertragen.

3 Öffnen Sie ein Textfenster, in das Sie den Text einfügen möchten. Hier erstelle ich eine neue E-Mail.

Sowohl Texte als auch weitere Elemente lassen sich aus einem Dokument in ein anderes transferieren. Man verwendet für dieses Kopieren und Einfügen auch die englische Bezeichnung Copy-and-paste. Auch wenn Sie gerade keine Doktorarbeit schreiben, wird Ihnen diese Funktion sehr nützlich sein. Sie steht in Outlook, aber auch in den anderen Office-Programmen zur Verfügung.

WISSEN

4

5

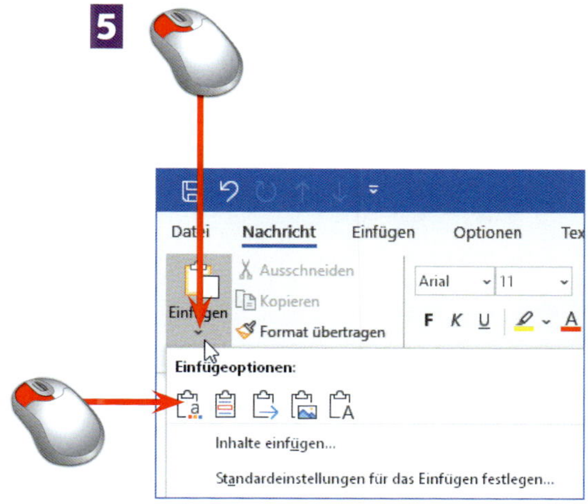

6

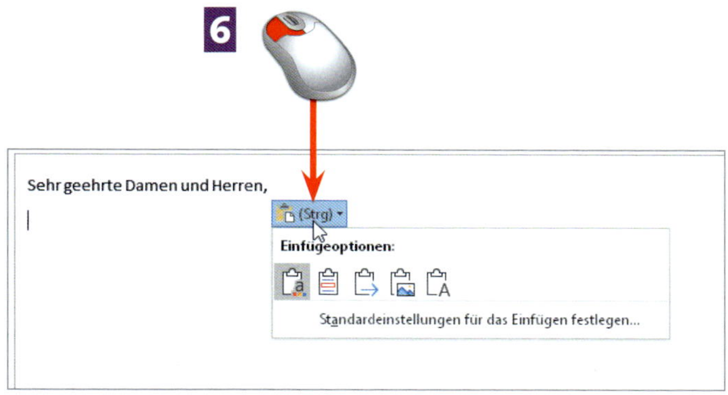

4 Klicken Sie im Menüband unter *Nachricht* auf den oberen Teil der Schaltfläche *Einfügen*, um den Text gemäß Standard einzufügen (vgl. Hinweise unten).

5 Zum Einfügen in anderen Formaten klicken Sie auf den unteren Teil der Schaltfläche *Einfügen*. Die Symbole stehen für *Zieldesign verwenden*, *Ursprüngliche Formatierung beibehalten*, *Formatierung zusammenführen*, *Grafik* sowie *Nur den Text übernehmen*.

6 Der Text wird eingefügt und kann auch nachträglich noch per Minisymbolleiste anders formatiert werden.

Ende

Es geht auch per Tastenkombination: Verwenden Sie zum Kopieren Strg+C (bzw. zum Ausschneiden Strg+X) und zum Einfügen Strg+V.

TIPP

Um den Standard beim Einfügen zu ändern, klicken Sie im Menü aus Schritt 5 auf *Standardeinstellungen für das Einfügen festlegen* und wenden sich im folgenden Fenster dem Abschnitt *Ausschneiden, Kopieren und Einfügen* zu.

HINWEIS

Standardmäßig wird beim Einfügen aus einem anderen Programm die ursprüngliche Formatierung beibehalten.

HINWEIS

Start

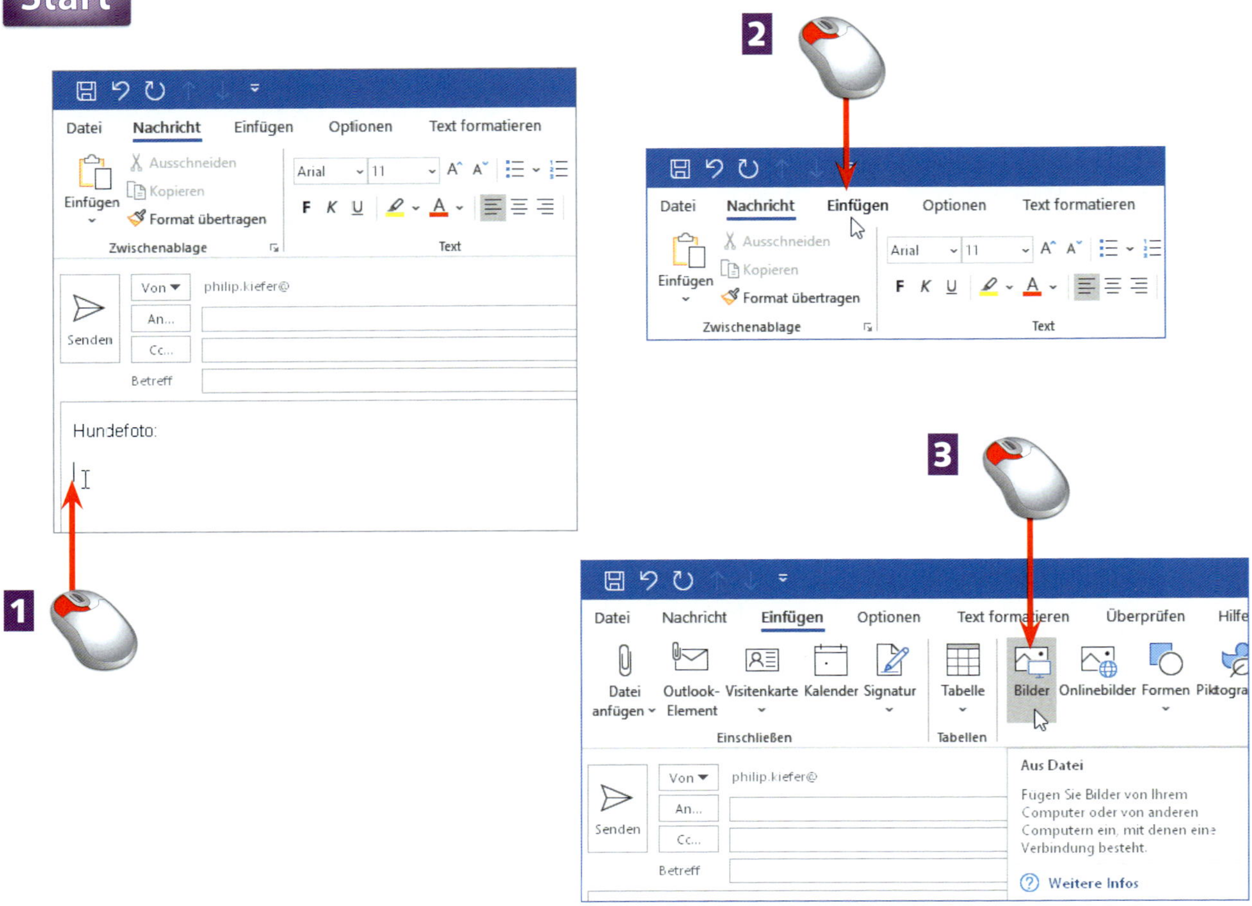

1 Setzen Sie den Cursor per Mausklick an die Stelle in der E-Mail, an der Sie das Bild einfügen möchten.

2 Entscheiden Sie sich im Menüband des E-Mail-Fensters für den Reiter *Einfügen*.

3 Klicken Sie als Nächstes auf die Schaltfläche *Bilder* (bzw. *Onlinebilder*, falls Sie keine auf dem Computer gespeicherten Bilder, sondern Bilder aus dem Internet verwenden möchten).

A

Bilder lassen sich in eine E-Mail nicht nur als Hintergrund einfügen, sondern auch innerhalb des E-Mail-Textes positionieren. Das sieht einfach gut aus! Beachten Sie allerdings, dass viele Empfänger die E-Mail-Bilder nicht automatisch herunterladen – dann erscheint statt des Bildes lediglich ein Platzhalter.

WISSEN

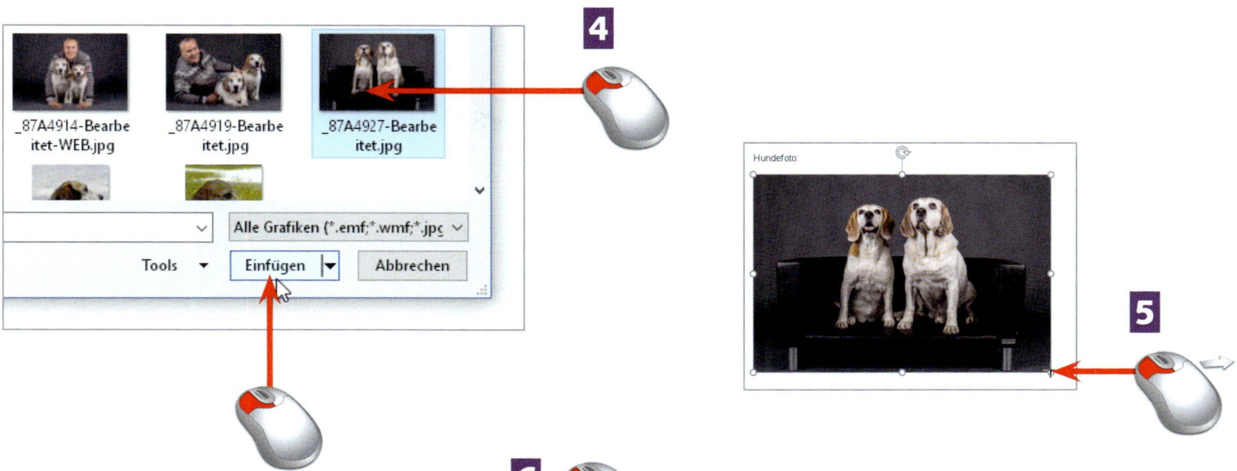

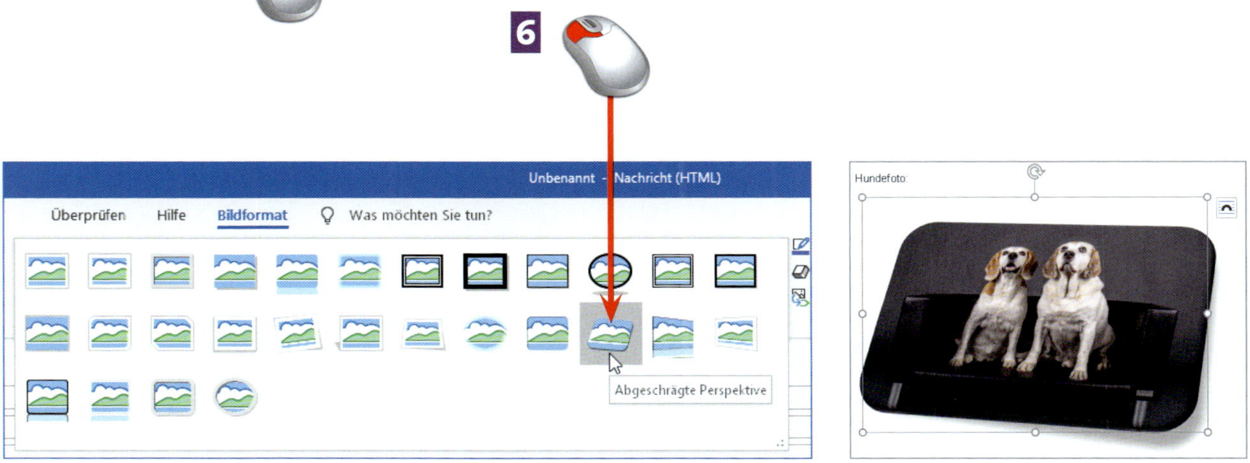

4 Wählen Sie im Dialogfenster *Grafik einfügen* die gewünschte Bilddatei aus und bestätigen Sie mit *Einfügen*.

5 Das Bild wird an der gewählten Stelle eingefügt. Um noch die Größe zu verändern, klicken Sie in eine Ecke des Bildes und ziehen es bei gedrückter linker Maustaste größer bzw. kleiner.

6 Sobald ein Bild markiert ist, wird im Menüband die Registerkarte *Bildformat* angezeigt. Entscheiden Sie sich dort z. B. für die Schaltfläche *Schnellformatvorlagen* und im Menü für eine Vorlage, um das Bild noch attraktiver zu gestalten.

Ende

Sogar rudimentäre Bildbearbeitungsfunktionen sind in Outlook enthalten. Wählen Sie auf der Registerkarte *Bildformat* z. B. die Schaltfläche *Korrekturen*, um ein zu dunkel geratenes Bild aufzuhellen.

TIPP

Toll: In Outlook 2019 greifen Sie auf der Registerkarte *Einfügen* auch auf Onlinedatenbanken mit 3D-Modellen sowie Piktogrammen (skalierbare Vektorgrafiken) zu.

HINWEIS

Wenn Sie ein Bild markieren, wird rechts daneben das Symbol eingeblendet. Klicken Sie es an, um Layoutoptionen zu erhalten.

HINWEIS

Start

1

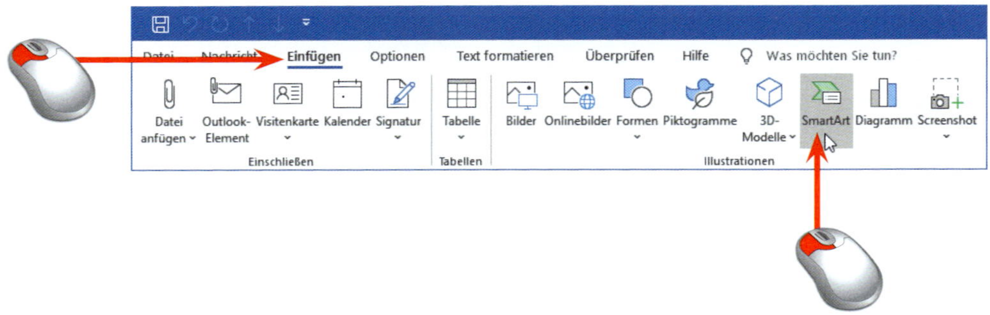

2

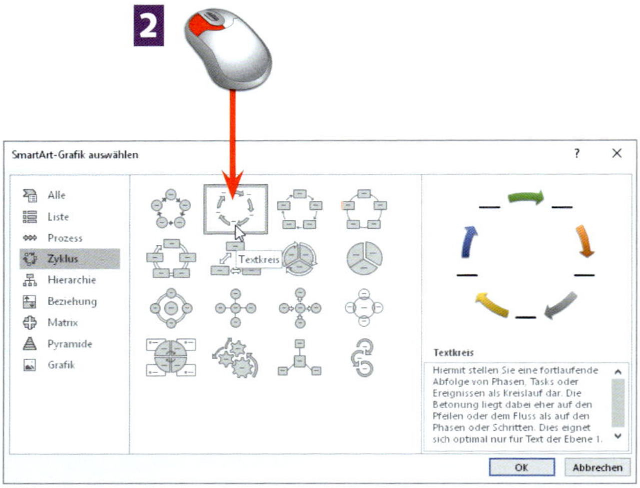

3

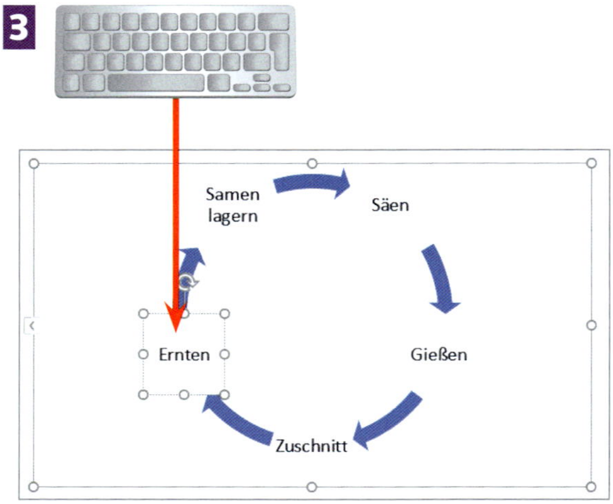

1 Wählen Sie wie beim Einfügen eines normalen Bildes die für die SmartArt-Grafik gewünschte Position aus. Klicken Sie dann unter *Einfügen* auf die Schaltfläche *SmartArt*.

2 Wählen Sie in einer der Kategorien einen SmartArt-Typ aus. Bestätigen Sie mit *OK*.

3 Klicken Sie in die Textfelder der SmartArt-Grafik und geben Sie dort die Beschriftungen für die SmartArt-Grafik ein.

A

Eine besondere Form des Bildes ist die SmartArt-Grafik. Sie erlaubt es, Bild und Information zu verknüpfen und auf einfachste Weise kleine Schaubilder in eine E-Mail einzubinden. In Outlook stehen ganz verschiedene SmartArt-Grafiken zur Verfügung, die sich dann noch individuell anpassen lassen.

WISSEN

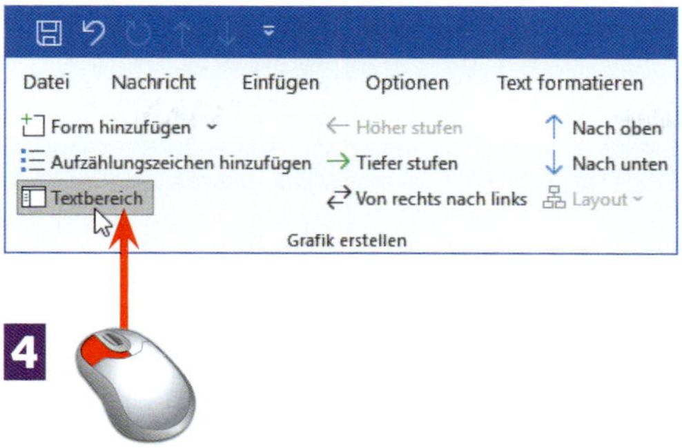

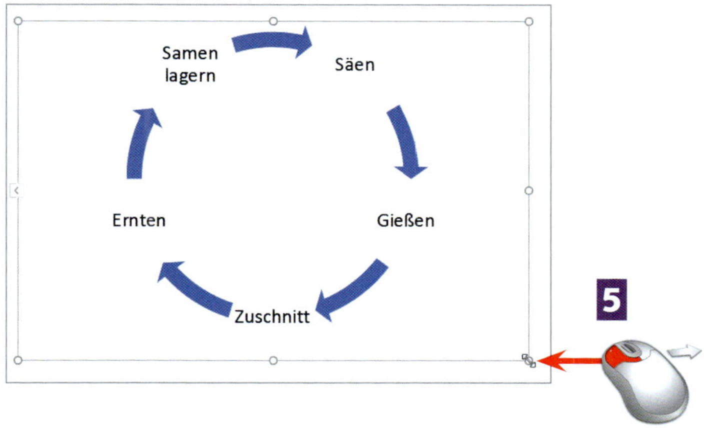

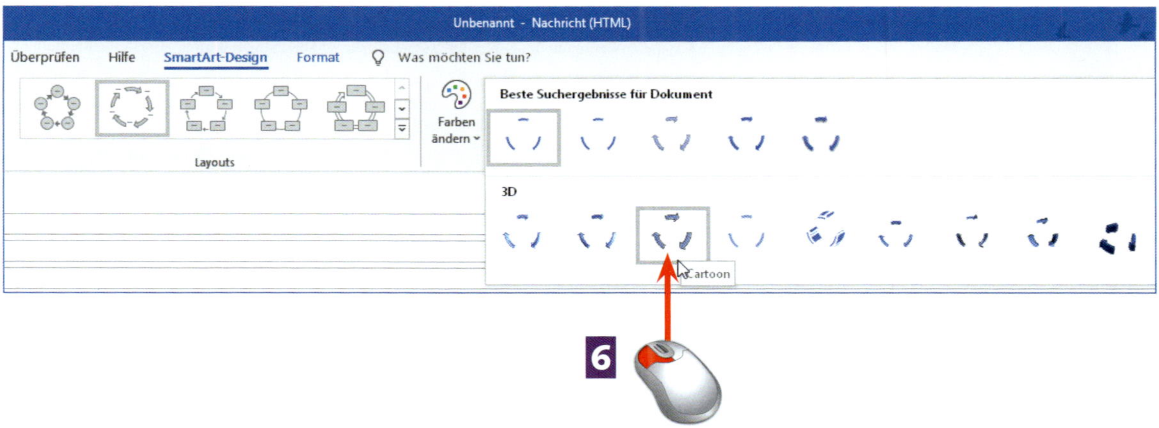

4 Die Texteingabe kann auch in einem zusätzlichen Textbereich erfolgen, den Sie per Schaltfläche *Textbereich* auf der Registerkarte *SmartArt-Design* ein- und wieder ausblenden.

5 Wie bei einem normalen Bild: Bewegen Sie den Mauszeiger in eine Ecke der SmartArt-Grafik, um sie bei gedrückter Maustaste größer oder kleiner zu ziehen.

6 Wenn die SmartArt-Grafik markiert wird, erscheinen im Menüband die Registerkarten *SmartArt-Design* und *Format*, um die SmartArt-Grafik zu formatieren. Hier z. B. entscheide ich mich für eine attraktive SmartArt-Formatvorlage.

Ende

HINWEIS

Auch einzelne grafische Elemente der SmartArt-Grafik lassen sich bearbeiten. Klicken Sie ein Element dazu mit der Maus an, sodass es mit einem Markierungsrahmen umgeben wird.

TIPP

Sie möchten ein normales Bild in eine SmartArt-Grafik umwandeln? Markieren Sie dazu das bereits eingefügte Bild, klicken Sie auf der Registerkarte *Bildformat* auf die Schaltfläche *Bildlayout* und wählen Sie den gewünschten SmartArt-Typ aus.

Start

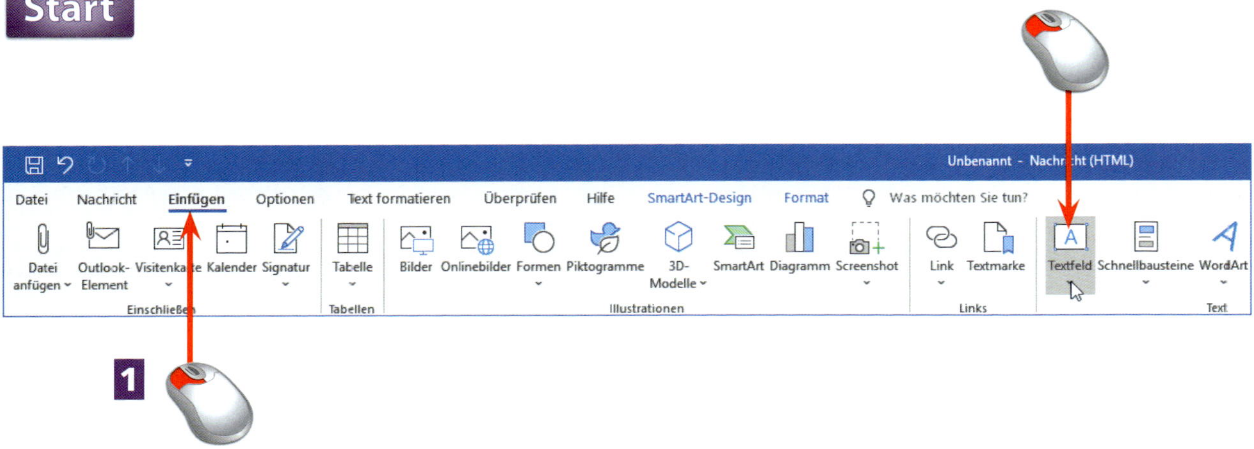

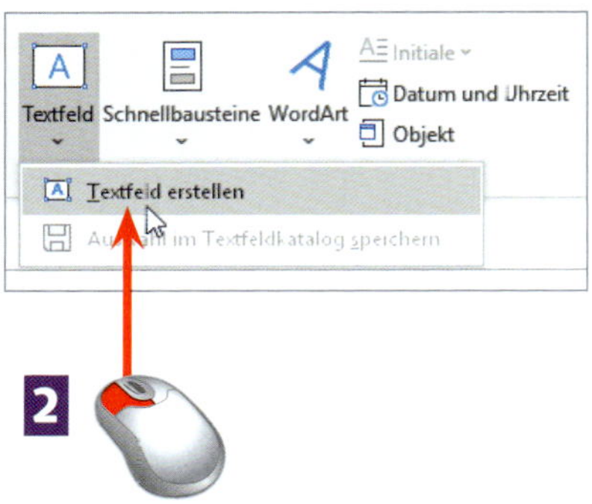

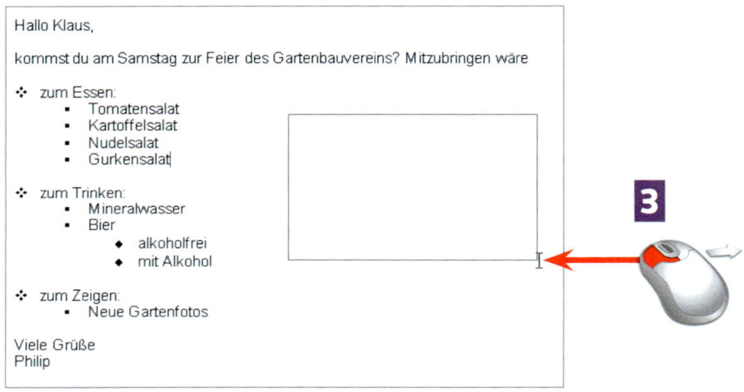

1 Entscheiden Sie sich im E-Mail-Fenster unter *Einfügen* für die Schaltfläche *Textfeld*.

2 Wählen Sie im sich öffnenden Menü den Eintrag *Textfeld erstellen*.

3 Klicken Sie in der E-Mail an die Stelle, an der Sie das Textfeld erstellen möchten, und ziehen Sie es bei gedrückter linker Maustaste in die gewünschte Größe.

A

Mithilfe von Textfeldern lassen sich Texte – aber auch andere Inhalte, die Sie in ein Textfeld einfügen, – beliebig in einer E-Mail platzieren. Wie Sie ein Textfeld in eine E-Mail einbauen und anschließend attraktiv formatieren, erfahren Sie auf dieser Doppelseite.

WISSEN

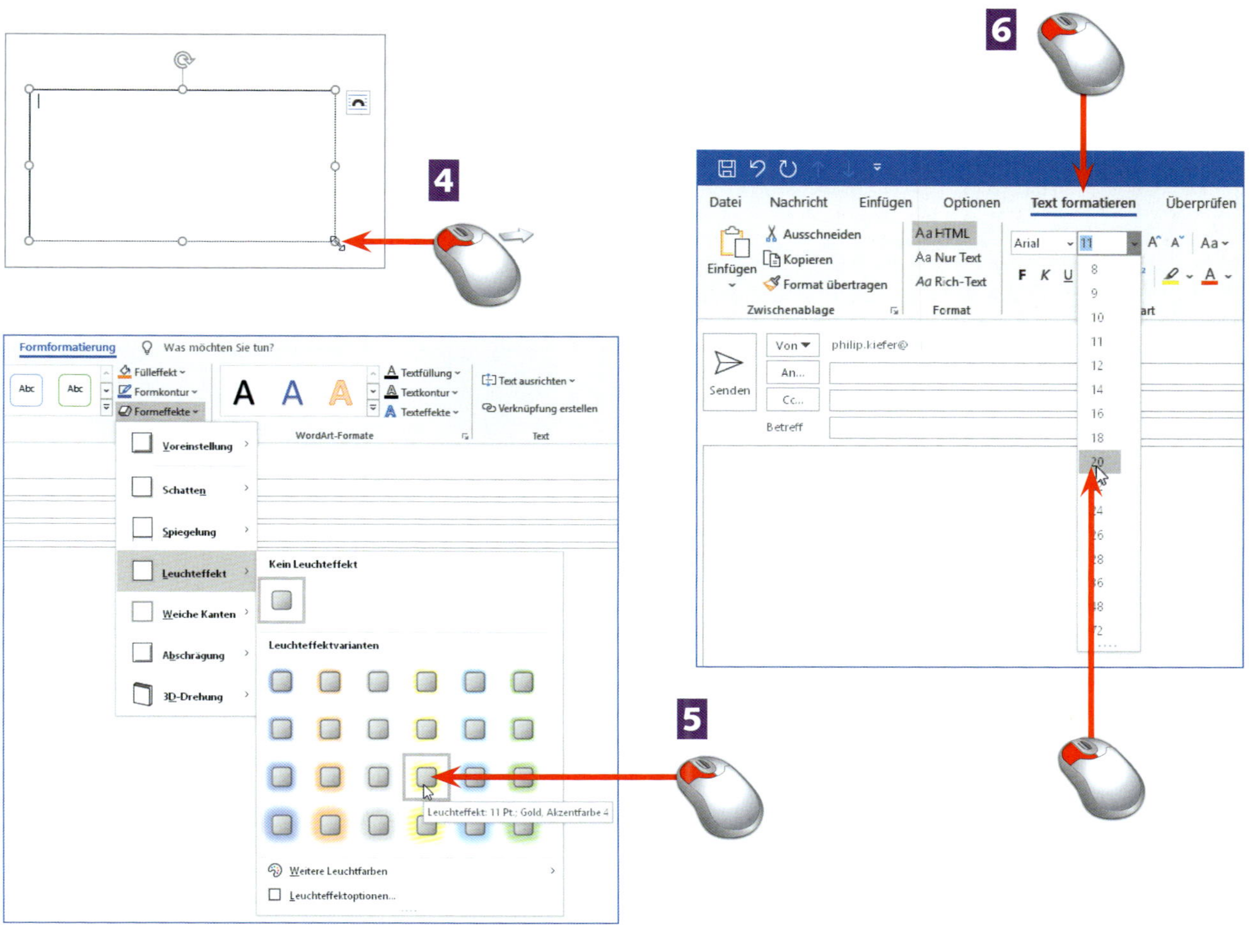

4 Das Textfeld wird eingefügt, und Sie können es nun mit Ihren individuellen Inhalten füllen, also z. B. mit Text oder einem Bild. Klicken Sie auf eine Markierung (-○), um die Größe nachträglich bei gedrückter linker Maustaste zu verändern.

5 Wenn das Textfeld markiert ist, wird im Menüband die Registerkarte *Formformatierung* angezeigt. Sie finden viele Optionen zum Formatieren des Textfeldes, hier z. B. füge ich einen Leuchteffekt ein.

6 Die Formatierung des Textes im Hinblick auf Schriftart, Schriftgröße etc. nehmen Sie unter *Text formatieren* vor, hier etwa stelle ich die Schriftgröße *20* ein.

Ende

Ein Objekt anders platzieren: Bewegen Sie den Mauszeiger dazu auf den Rand – sobald das Symbol erscheint, können Sie das Objekt bei gedrückter linker Maustaste in eine andere Position bringen.

HINWEIS

Ein Objekt drehen: Klicken Sie dazu auf das Symbol und bewegen Sie den Mauszeiger bei gedrückter linker Maustaste nach links oder rechts.

HINWEIS

Start

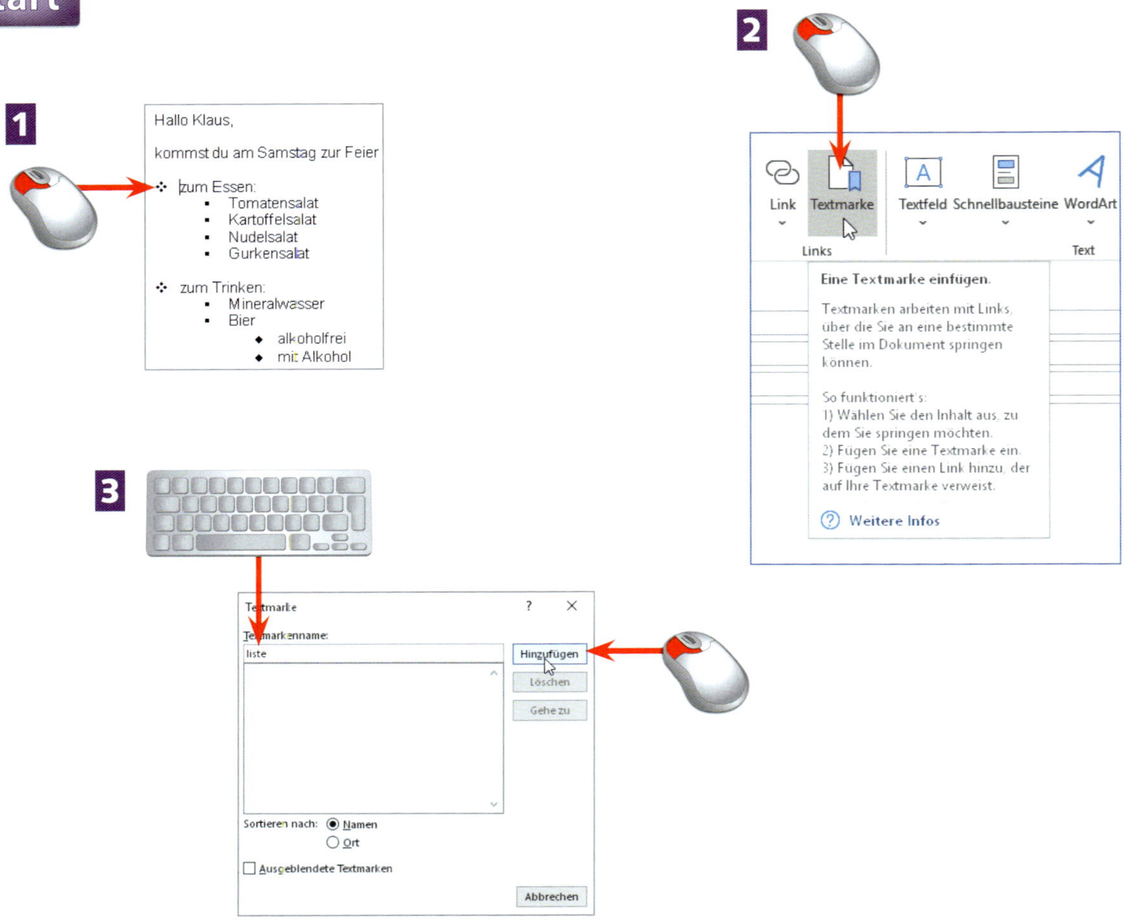

1 Setzen Sie zunächst per Mausklick den Cursor an die Stelle in der E-Mail, auf die mit einem Link verwiesen werden soll.

2 Entscheiden Sie sich anschließend im Menüband des E-Mail-Fensters unter *Einfügen* für die Schaltfläche *Textmarke*.

3 Im sich öffnenden Dialogfenster tippen Sie eine schlüssige Bezeichnung für die Textmarke in das Feld *Textmarkenname*. Bestätigen Sie mit *Hinzufügen*.

A

Sie möchten gleich zu Beginn einer längeren Mail auf wichtige Inhalte hinweisen? Setzen Sie dazu Textmarken und verweisen Sie anschließend mit Links auf diese Textmarken. Auf dieser Doppelseite wird Ihnen ausführlich gezeigt, wie das Ganze funktioniert.

WISSEN

4

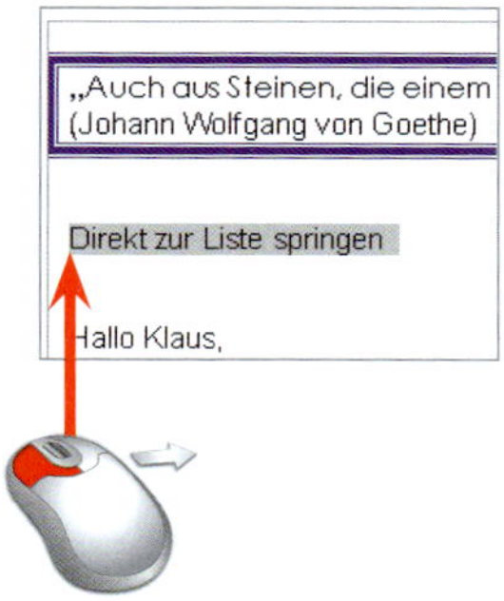

5

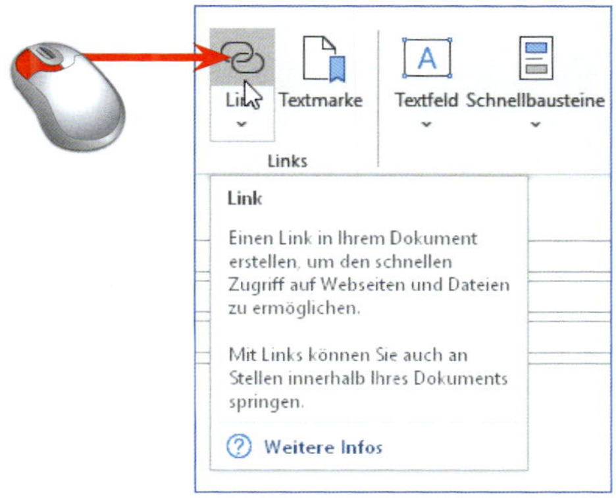

6

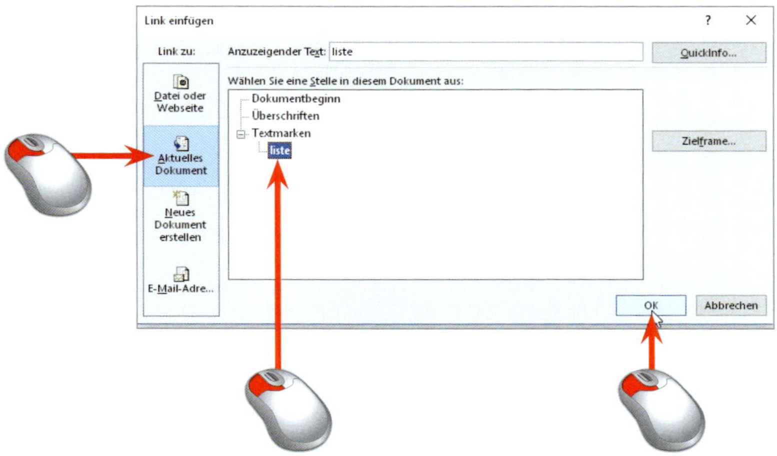

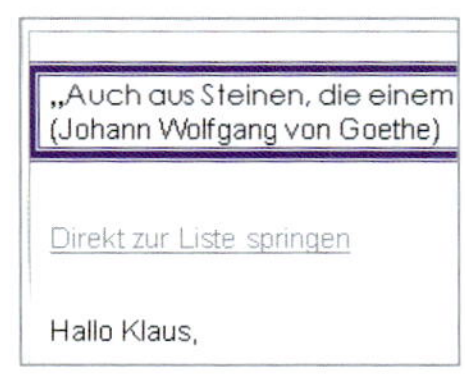

4 Markieren Sie mit der Maus den Text, den Sie in einen Link umwandeln wollen.

5 Wählen Sie im Menüband des E-Mail-Fensters, wiederum unter *Einfügen*, den oberen Teil der Schaltfläche *Link*. Alternativ verwenden Sie die Tastenkombination Strg+K.

6 Im nächsten Fenster wählen Sie unter *Link zu* den Eintrag *Aktuelles Dokument*. Klicken Sie auf die von Ihnen erstellte Textmarke und bestätigen Sie mit *OK*. Ein Link zur Textmarke wird daraufhin eingefügt.

Ende

Natürlich können Sie auch externe Links in eine E-Mail einbauen. Um normalen Text in einen Weblink zu verwandeln, entscheiden Sie sich im Fenster aus Schritt 6 unter *Link zu* für *Datei oder Webseite* und geben im Folgenden die Adresse ein.

HINWEIS

Einen Link nachträglich bearbeiten oder wieder entfernen: Klicken Sie den Link mit der rechten Maustaste an, um im Kontextmenü die entsprechenden Optionen zu erhalten.

HINWEIS

Start

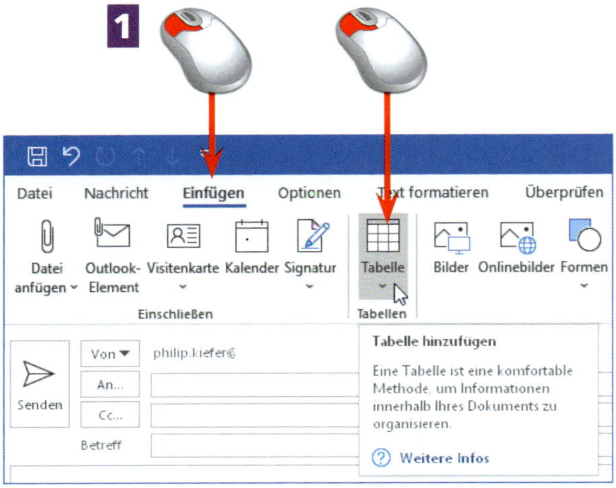

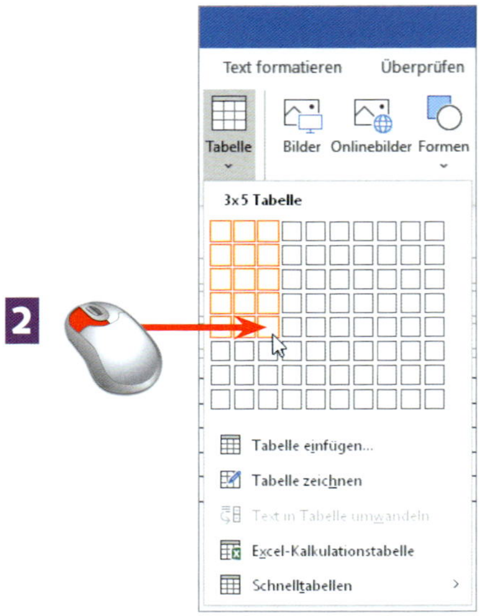

Quartal	Tina	Marco
Frühjahr	7.463 €	7.311 €
Sommer	8.462 €	9.734 €
Herbst	6.748 €	6.944 €
Winter	8.593 €	7.734 €

1 Setzen Sie den Cursor an die Stelle, an der die Tabelle eingefügt werden soll. Klicken Sie dann im Menüband des E-Mail-Fensters unter *Einfügen* auf die Schaltfläche *Tabelle*.

2 Bestimmen Sie mit der Maus die Anzahl der Zeilen und Spalten.

3 Füllen Sie die einzelnen Zellen der Tabelle mit Ihren individuellen Inhalten.

A

Eine Tabelle bietet auch in einer E-Mail die beste Möglichkeit, Zahlen, Daten und Fakten zu präsentieren. Auf dieser Doppelseite erfahren Sie, wie einfach Sie Tabellen erstellen und diese ansprechend formatieren.

WISSEN

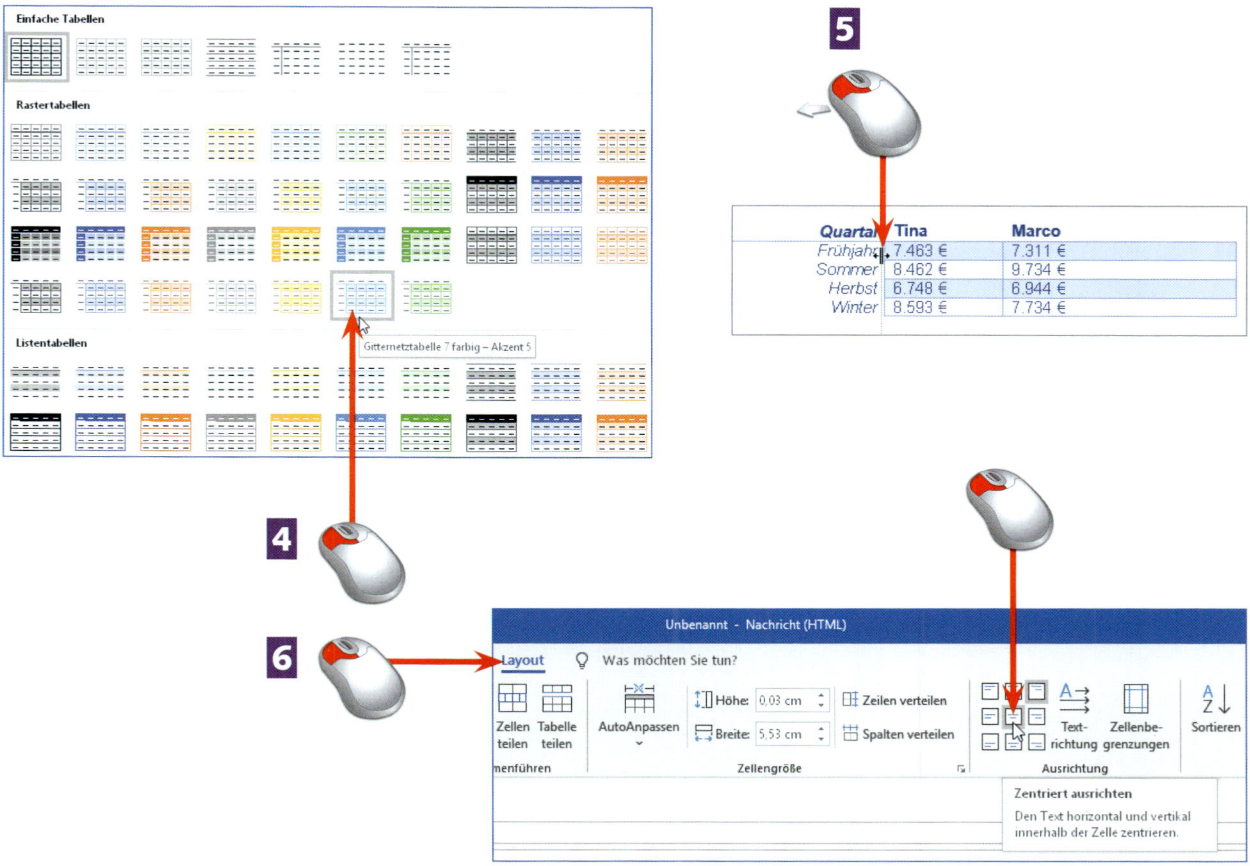

4 Wenn eine Tabelle markiert ist, wird im Menüband die Registerkarte *Tabellenentwurf* eingeblendet. Entscheiden Sie sich dort für eine ansprechende Formatierung der Tabelle, hier mit einer Tabellenformatvorlage.

5 Die Spaltenbreite anpassen: Dies gelingt am einfachsten, indem Sie auf den Zellenrand klicken und ihn bei gedrückter linker Maustaste in die gewünschte Richtung ziehen.

6 Optionen zu Spaltenbreite, Zeilenhöhe etc. finden Sie ansonsten auch auf der Registerkarte *Layout*. Hier entscheide ich mich beispielsweise für eine mittige Ausrichtung der markierten Tabelleninhalte.

Ende

Auch Diagramme lassen sich – in Zusammenarbeit mit dem Programm Excel – in eine Mail einfügen. Dies erfolgt, indem Sie sich im E-Mail-Fenster unter *Einfügen* für die Schaltfläche *Diagramm* entscheiden.

TIPP

Entdecken Sie unter dem Reiter *Einfügen* weitere Elemente, die Sie in eine E-Mail einfügen können, auf eigene Faust, etwa Formen oder Formeln.

HINWEIS

Excel-Tabellenblätter und weitere Office-Dateien in eine E-Mail einfügen: Dies ist ebenfalls kein Problem und erfolgt im Menüband unter *Einfügen*, indem Sie dort die Schaltfläche *Objekt* wählen. Dazu noch mehr in Kapitel 9.

TIPP

Start

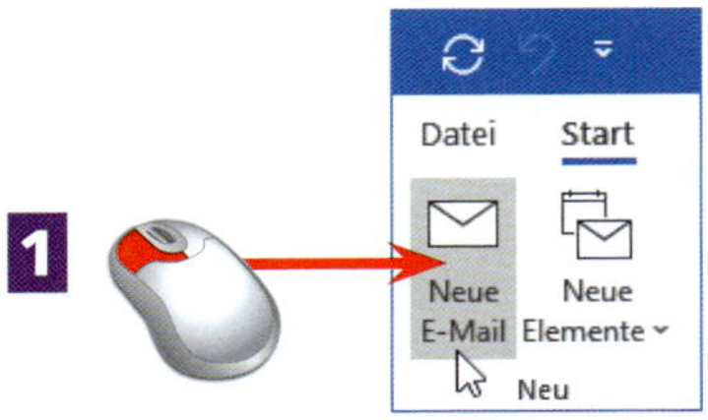

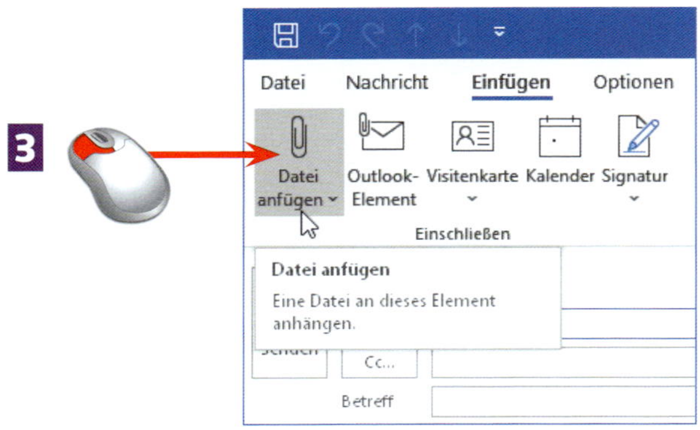

1 Erstellen Sie gegebenenfalls zunächst eine neue E-Mail, indem Sie sich bei gewählter E-Mail-Funktion für die Schaltfläche *Neue E-Mail* entscheiden.

2 Im E-Mail-Fenster klicken Sie im Menüband auf den Reiter *Einfügen*.

3 Entscheiden Sie sich als Nächstes für die Schaltfläche *Datei anfügen*.

A

Im Gegensatz zu den bisher kennengelernten Elementen wird der Dateianhang nicht direkt in eine E-Mail ein-, sondern an diese angefügt. Der Dateianhang muss vom Empfänger gesondert geöffnet werden. Grundsätzlich können Dateien jeden Typs per E-Mail versandt werden. Versenden Sie aber nur solche Dateien, von denen Sie wissen, dass der Empfänger über das entsprechende Programm verfügt, um die Datei zu öffnen.

WISSEN

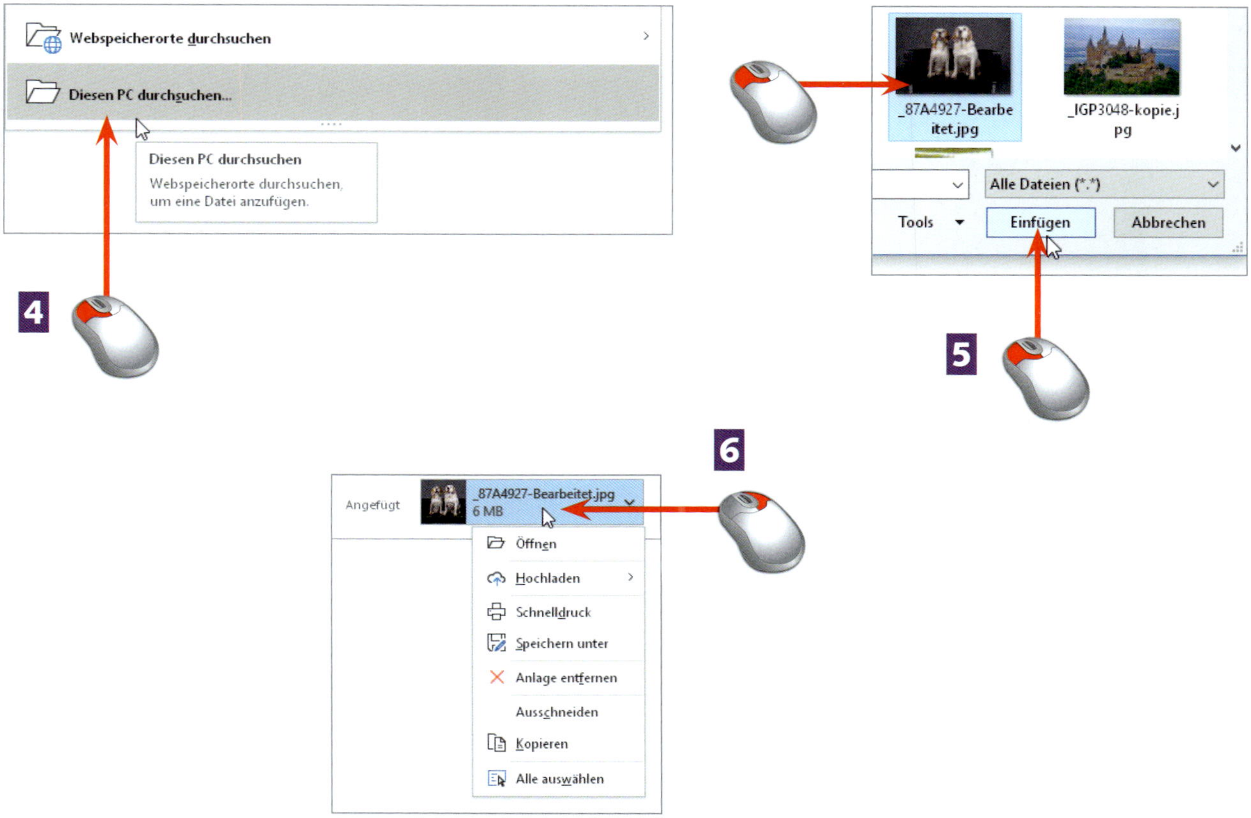

4 Ihnen wird eine Liste mit den zuletzt verwendeten Dateien angezeigt. Entscheiden Sie sich unterhalb der Liste *Diesen PC durchsuchen*.

5 Wählen Sie per Mausklick die Datei aus, die Sie der E-Mail anfügen möchten. Mehrere Dateien klicken Sie dazu bei gedrückter Strg-Taste an. Bestätigen Sie Ihre Auswahl mit *Einfügen*.

6 Der Dateianhang wird der E-Mail angefügt. Wenn Sie den Anhang mit der rechten Maustaste anklicken, erhalten Sie im Kontextmenü diverse Verwaltungsoptionen.

Ende

Normalerweise erlauben es E-Mail-Anbieter heutzutage, Dateianhänge mit einer Größe von ca. 20–25 MByte zu versenden. Versenden Sie eine zu große E-Mail, erhalten Sie eine Fehlermeldung.

HINWEIS

Bei größeren Dateien verwenden Sie am besten einen Onlinespeicherdienst wie Dropbox oder Microsofts OneDrive. Sie laden die Datei dann ins Internet hoch und versenden statt der Datei selbst einen Downloadlink.

TIPP

Start

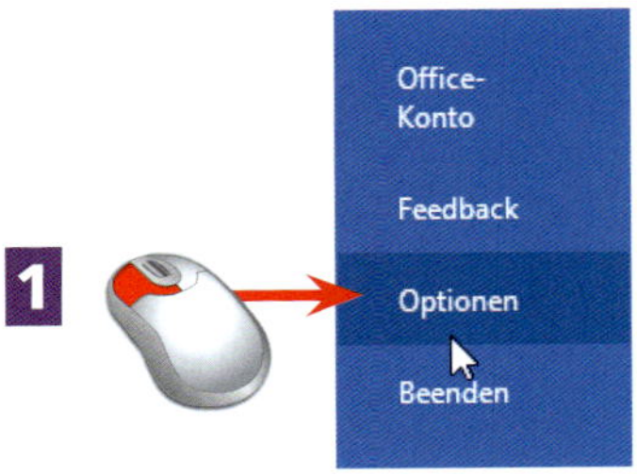

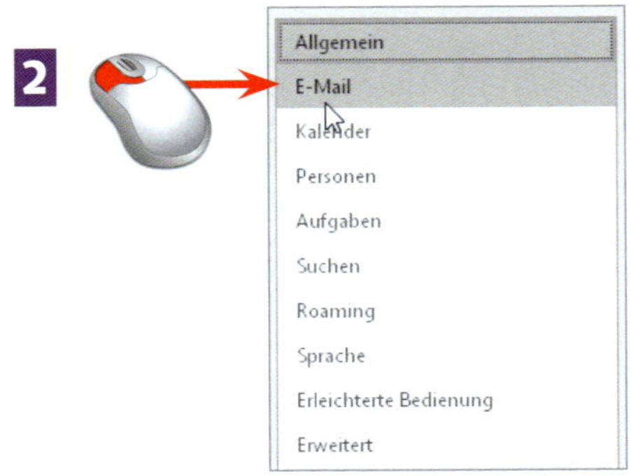

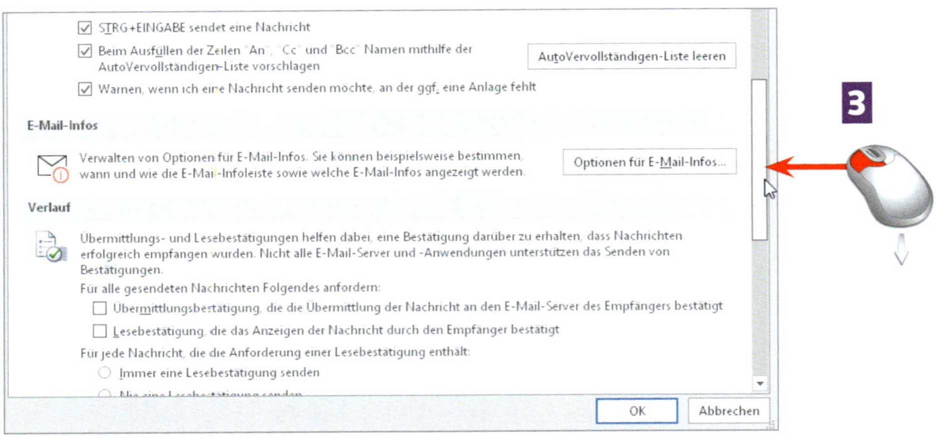

1 Entscheiden Sie sich im Menüband für *Datei* und dann für *Optionen*, um die Outlook-Optionen aufzurufen.

2 Klicken Sie links in den Outlook-Optionen auf den Eintrag *E-Mail*.

3 Scrollen Sie den Fensterinhalt per Bildlaufleiste zum Abschnitt *Verlauf* herunter.

A

Die Lesebestätigung gibt Ihnen eine gewisse Sicherheit, dass eine E-Mail vom Empfänger auch tatsächlich gelesen wurde. Der Versand ist allerdings freiwillig, sodass eine 100-prozentige Sicherheit nur besteht, wenn der Empfänger die Lesebestätigung tatsächlich sendet.

WISSEN

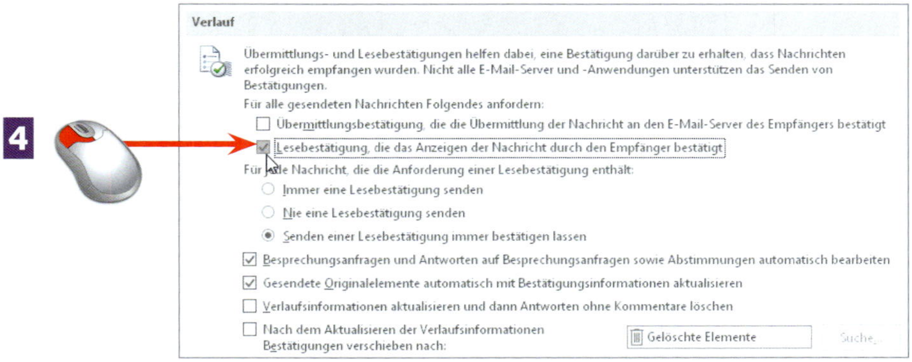

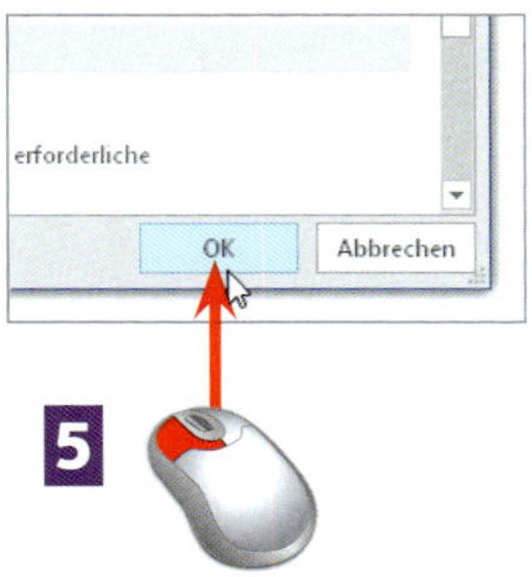

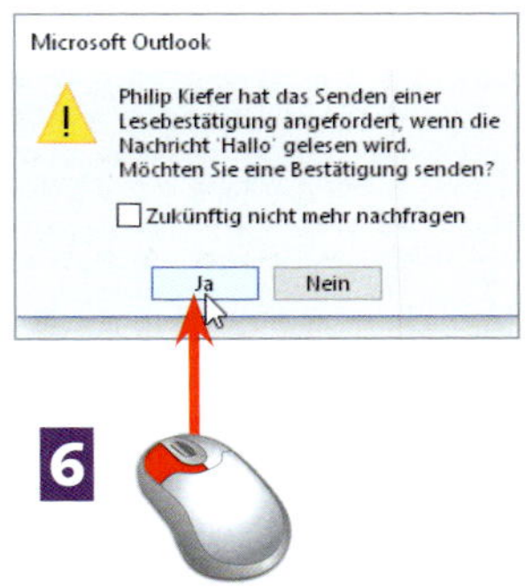

4 Aktivieren Sie im Abschnitt *Verlauf* das Kontrollkästchen *Lesebestätigung, die das Anzeigen der Nachricht durch den Empfänger bestätigt*.

5 Bestätigen Sie Ihre Einstellungen mit *OK*.

6 Zukünftig wird beim Empfänger Ihrer E-Mails eine Lesebestätigung angefordert. Der Versand ist für den Empfänger allerdings, wie bereits erwähnt, optional.

Ende

TIPP

Sie möchten lediglich bei einzelnen E-Mails eine Lesebestätigung anfordern? Im E-Mail-Fenster finden Sie dazu unter dem Reiter *Optionen* das Kontrollkästchen *Lesebestät. anfordern*.

HINWEIS

Eine Alternative zur Lesebestätigung ist die Übermittlungsbestätigung, die sich ebenfalls im Abschnitt *Verlauf* aktivieren lässt. Damit wird lediglich die Ankunft beim Empfänger, nicht jedoch das Öffnen der E-Mail bestätigt.

Start

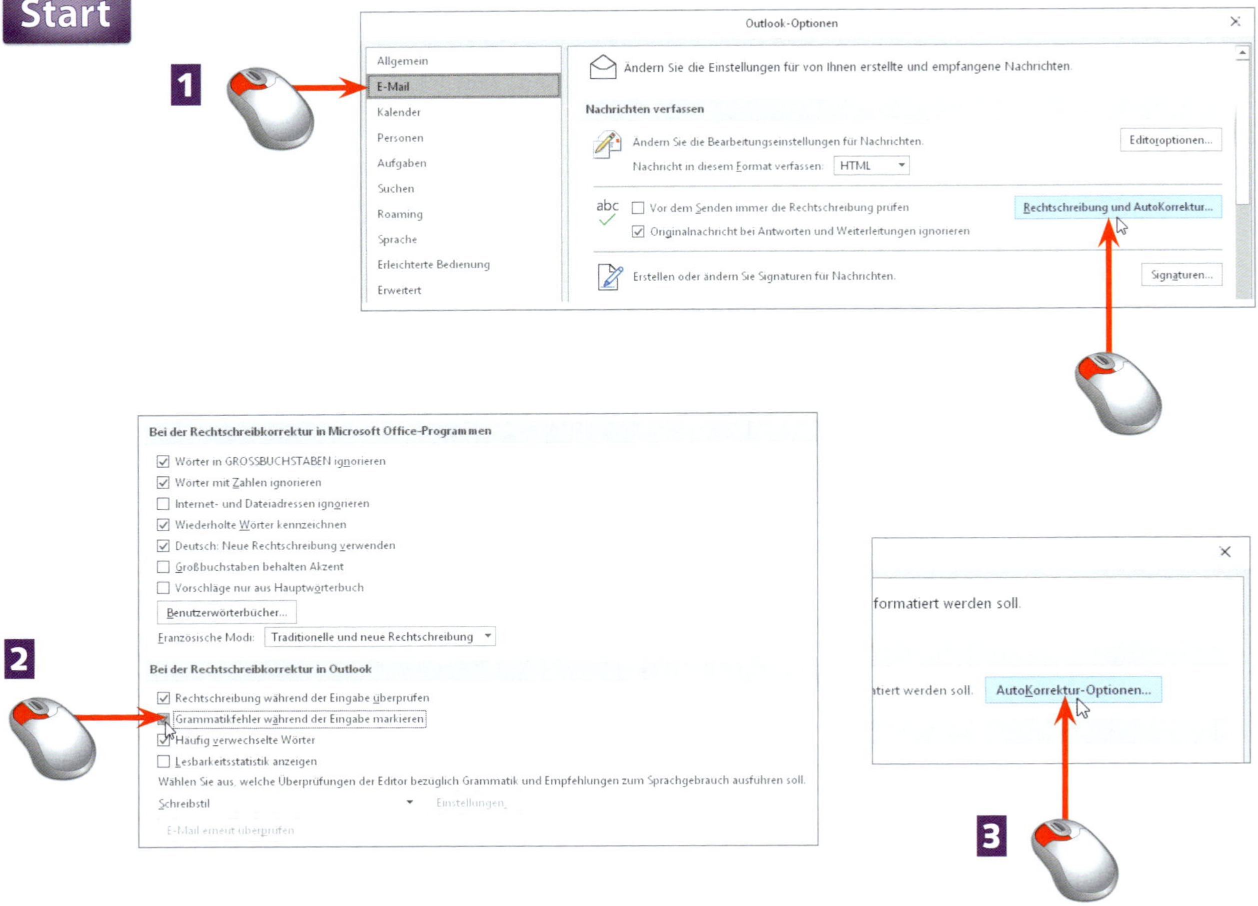

1 Entscheiden Sie sich in den Outlook-Optionen unter *E-Mail* für die Schaltfläche *Rechtschreibung und AutoKorrektur*.

2 Nehmen Sie zunächst allgemeine Korrektureinstellungen vor. Hier lege ich beispielsweise fest, dass Grammatikfehler während der Eingabe markiert werden sollen.

3 Um die Optionen der AutoKorrektur anzupassen, klicken Sie nun auf die Schaltfläche *AutoKorrektur-Optionen*.

A

Die automatische Korrektur von Fehlern beim Erstellen von E-Mails kann sehr nützlich, aber manchmal auch sehr nervig sein. Bestimmen Sie selbst, welche Dinge als Fehler erkannt und korrigiert werden sollen und welche nicht. Diese Doppelseite zeigt Ihnen, wie Sie dazu vorgehen.

WISSEN

4

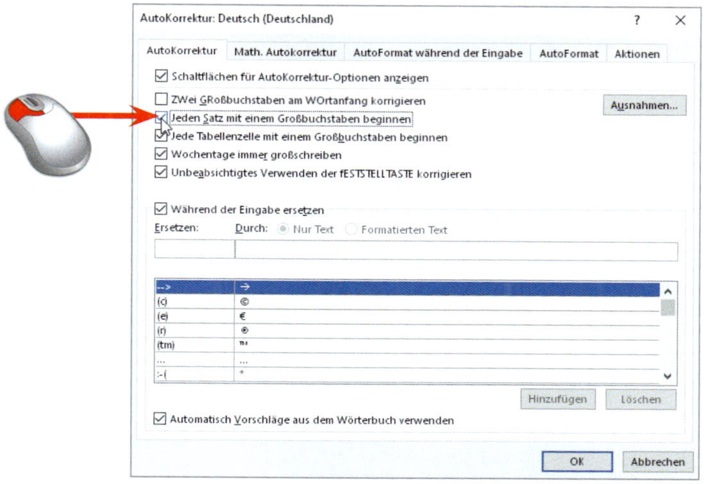

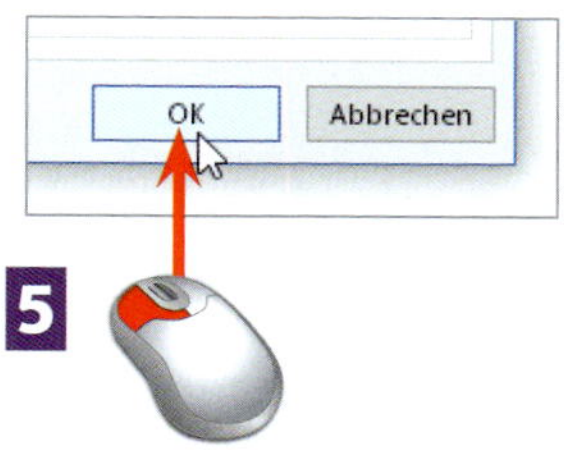

5

6

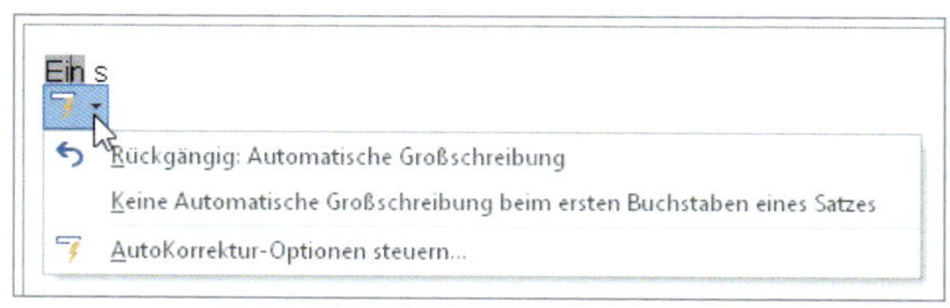

4 Nehmen Sie im folgenden Fenster Ihre individuellen AutoKorrektur-Einstellungen vor. Hier z. B. sorge ich dafür, dass jeder Satz mit einem Großbuchstaben beginnen soll.

5 Bestätigen Sie Ihre Einstellungen sowohl im Dialogfenster *AutoKorrektur* als auch in den Outlook-Optionen mit *OK*.

6 Der Effekt in diesem Fall: Wird ein Satz mit einem Kleinbuchstaben begonnen, wird dieser automatisch durch einen Großbuchstaben ersetzt.

Ende

Beachten Sie auch die Registerkarte *AutoFormat während der Eingabe* im Dialogfenster *AutoKorrektur*. Dort lassen sich automatische Formatierungen wie beispielsweise Bindestrich zu Gedankenstrich steuern.

HINWEIS

Auch eine mathematische AutoKorrektur ist im Angebot, die Sie auf der Registerkarte *Math. AutoKorrektur* aufrufen. Dabei werden bestimmte Befehle durch mathematische Symbole ersetzt.

HINWEIS

Start

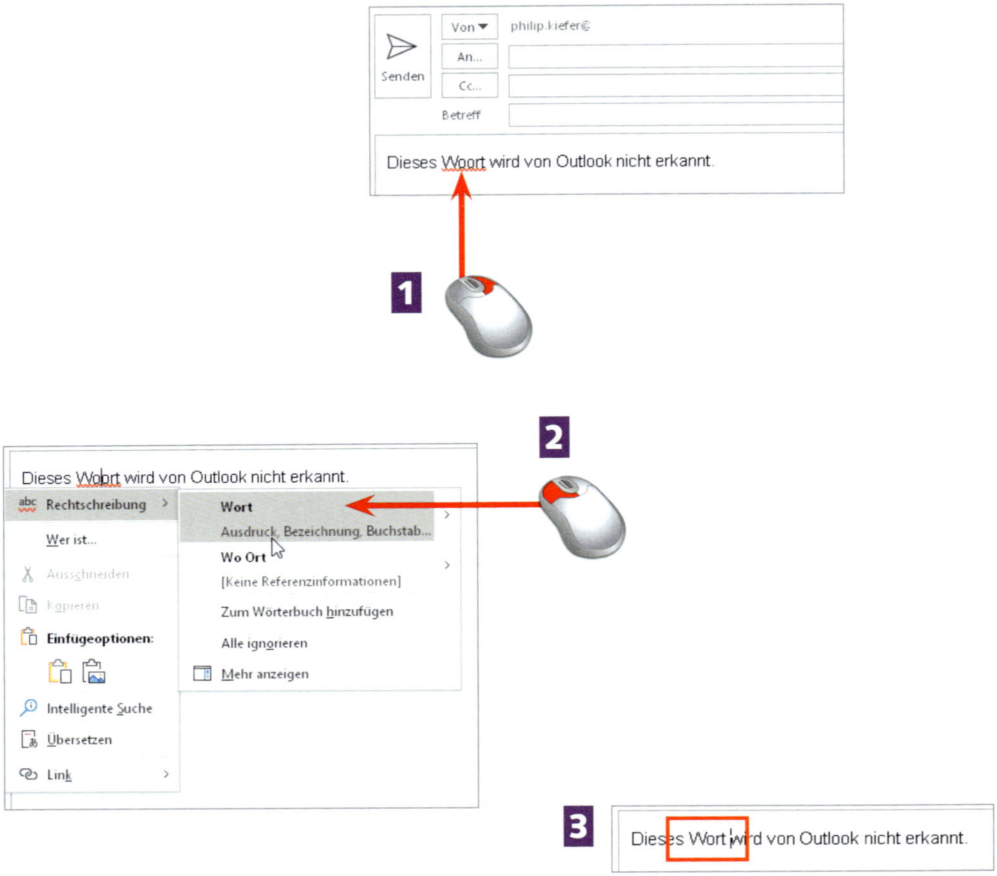

1 Wenn Outlook ein Wort nicht im Wörterbuch findet, wird es rot unterstrichen dargestellt. Klicken Sie das unterstrichene Wort mit der rechten Maustaste an.

2 Ihnen werden im Kontextmenü Korrekturvorschläge gemacht. Klicken Sie die passende Korrektur an.

3 Die Korrektur wird prompt durchgeführt, und Sie können sich dem nächsten Fehler zuwenden.

A

Rechtschreibfehler werden in einer E-Mail leichter verziehen als in einem gedruckten Brief – aber einen guten Eindruck machen sie natürlich nicht. Bevor Sie eine E-Mail senden, sollten Sie diese deshalb noch einmal prüfen und etwaige Fehler korrigieren. Outlook hilft Ihnen auch hierbei, wie Sie auf dieser Doppelseite lesen!

WISSEN

4

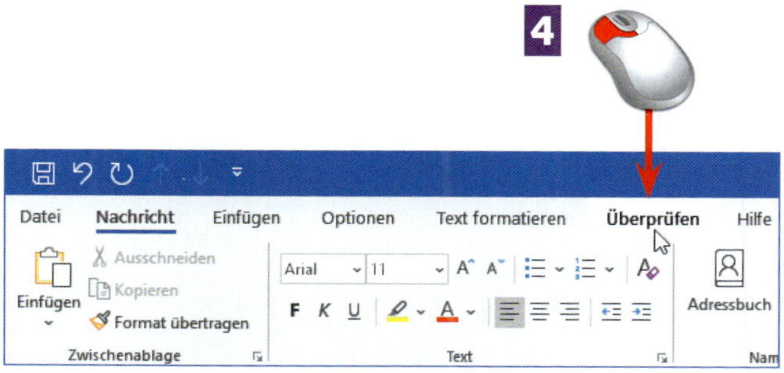

5

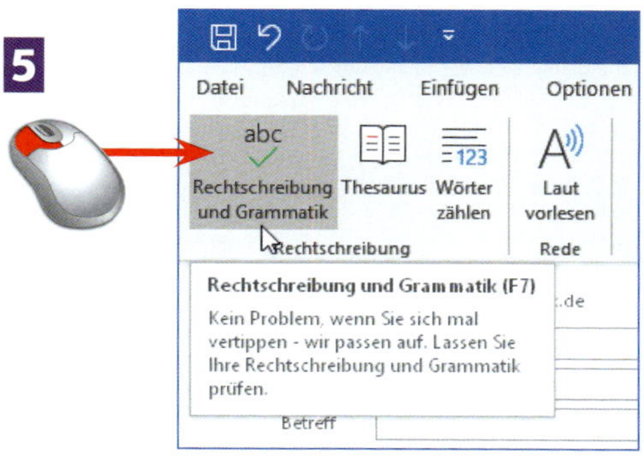

6

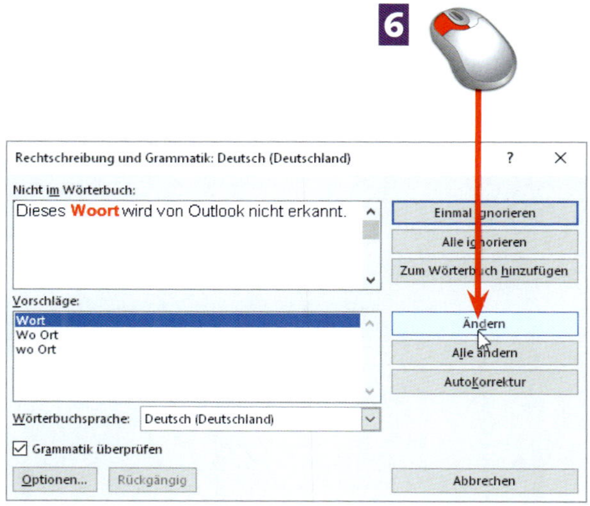

4 Bei vielen roten Unterstreichungen in einer E-Mail gehen Sie etwas anders vor: Entscheiden Sie sich dann im Menüband für den Reiter *Überprüfen*.

5 Klicken Sie auf die Schaltfläche *Rechtschreibung und Grammatik*. Tipp: Sie können auch die F7-Taste drücken, um das folgende Fenster zu öffnen.

6 Im sich öffnenden Fenster übernehmen Sie einen Korrekturvorschlag mit *Ändern* und wechseln automatisch zum nächsten unterstrichenen Wort.

Ende

Nicht jedes unterstrichene Wort ist tatsächlich ein Fehler. Beispielsweise werden auch fremdsprachige Ausdrücke rot unterstrichen. Wählen Sie im Kontextmenü *Zum Wörterbuch hinzufügen*, um nicht noch einmal eine Fehlermeldung zu erhalten.

HINWEIS

Ist an einer Stelle keine Änderung notwendig, klicken Sie auf die Schaltfläche *Einmal ignorieren*, um die Unterstreichung zu entfernen.

HINWEIS

Nicht alle Vorschläge bei der Rechtschreib- und Grammatikprüfung sind korrekt. Übernehmen Sie diese deshalb nicht in jedem Fall!

HINWEIS

Start

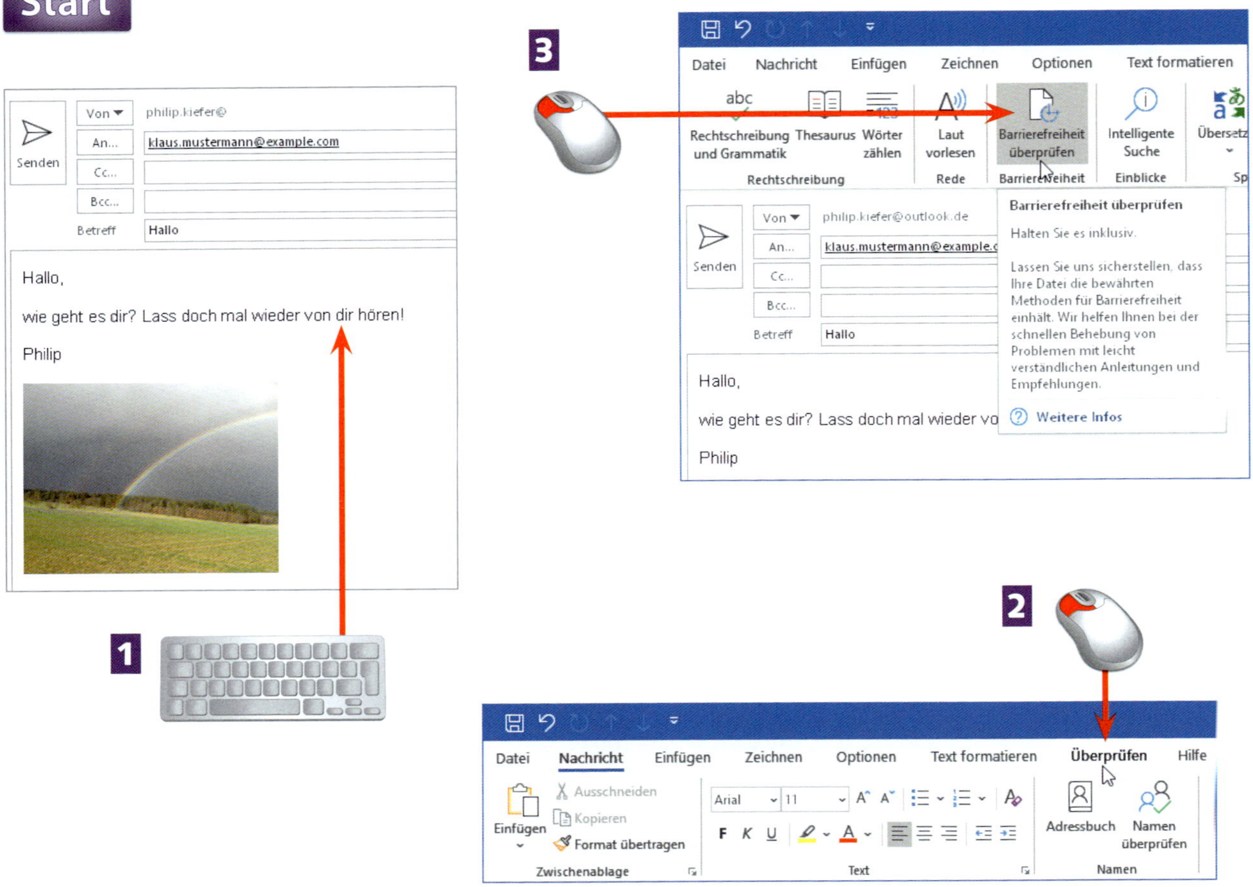

1 Erstellen Sie zunächst ganz normal Ihre E-Mail. Achten Sie beim Erstellen auf eine ausreichend große Schrift sowie auf klar sichtbare Farben und Schriftarten.

2 Wählen Sie nach dem Erstellen der E-Mail den Reiter *Überprüfen*.

3 Entscheiden Sie sich danach für die Schaltfläche *Barrierefreiheit überprüfen*.

A

Besonders bei »offiziellen« E-Mails oder bei E-Mails an Personen mit Handicap sollten Sie stets auf die Barrierefreiheit der E-Mails achten. Mit Outlook 2019 gelingt die Prüfung auf Barrierefreiheit kinderleicht.

WISSEN

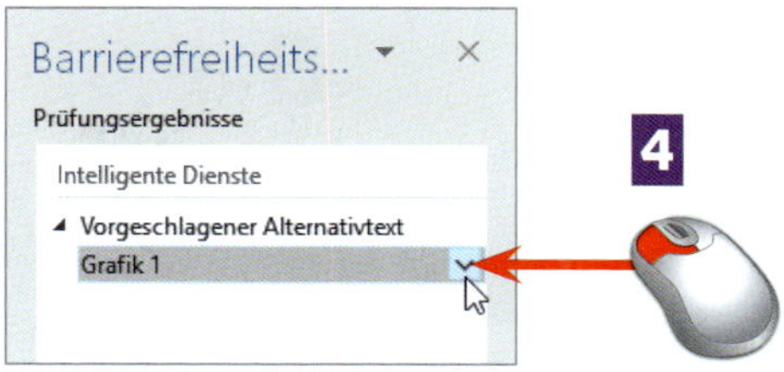

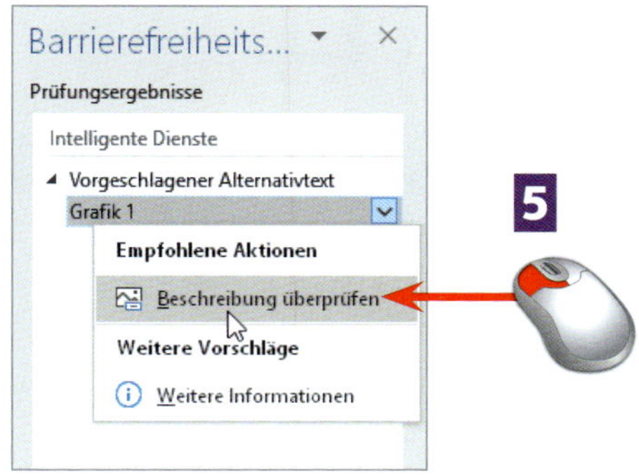

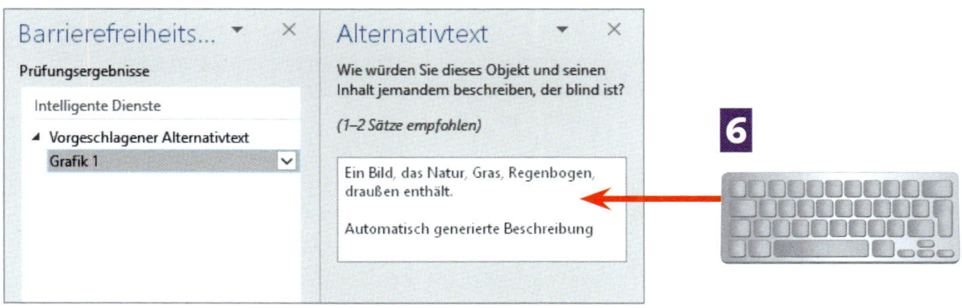

4 Rechts neben der E-Mail wird nun ein Fenster eingeblendet, in dem gegebenenfalls Hinweise zur Barrierefreiheit zu sehen sind. Klicken Sie bei einem Hinweis auf das Symbol ⌄.

5 Sie können sich nun weitere Informationen zum Thema anzeigen lassen oder sich für die empfohlene Aktion entscheiden.

6 In diesem Fall soll der Alternativtext des in die E-Mail eingefügten Bildes bearbeitet werden.

Ende

HINWEIS

Auch für Sie als Nutzer hat Outlook ein paar Funktionen zur Barrierefreiheit zu bieten. Sie finden diese in den Outlook-Optionen unter *Erleichterte Bedienung*.

HINWEIS

Das Betriebssystem hat eine ganze Reihe weiterer Funktionen zur Barrierefreiheit auf Lager. Sie rufen diese in den Windows-Einstellungen unter *Erleichterte Bedienung* auf.

Start

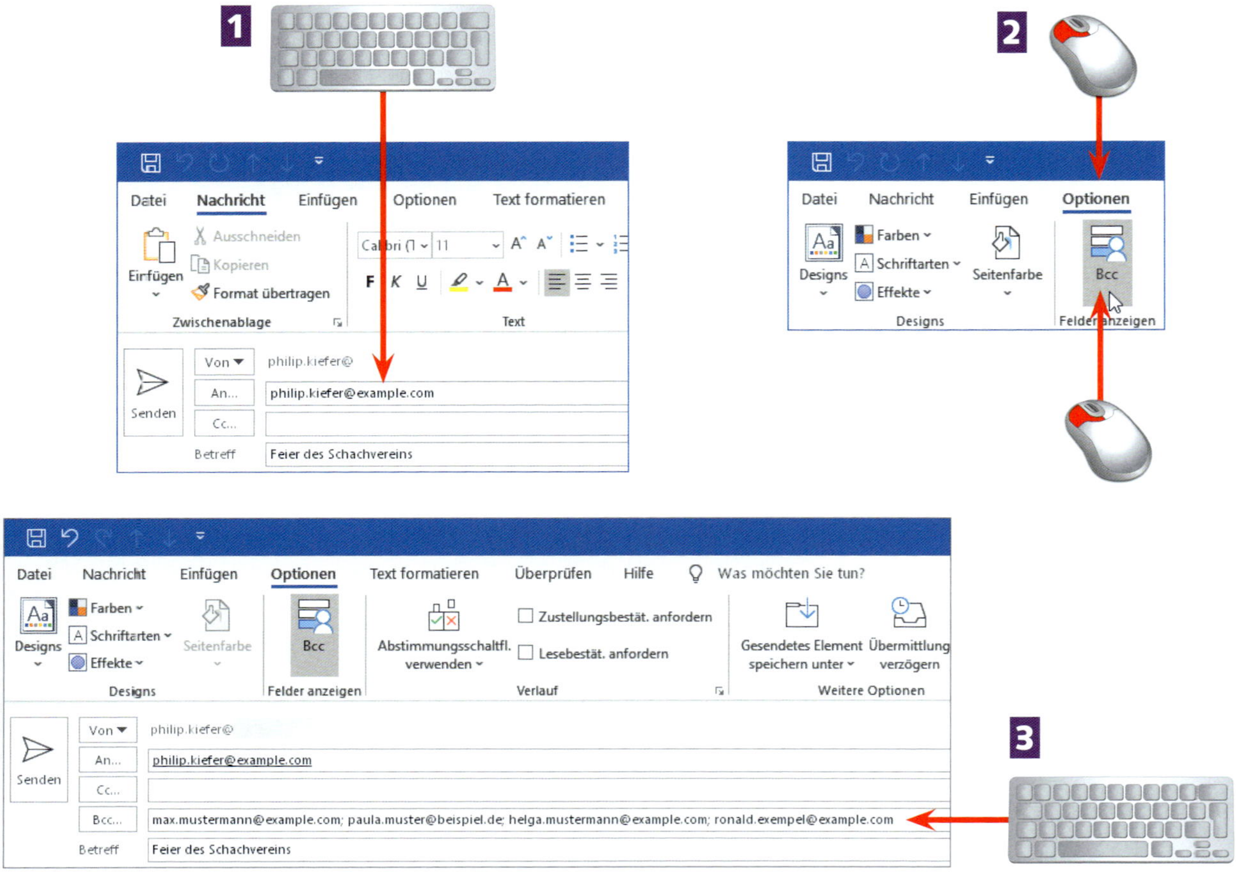

1 Erstellen Sie eine neue E-Mail, füllen Sie diese mit den gewünschten Inhalten und geben Sie in das *An*-Feld Ihre eigene E-Mail-Adresse ein.

2 Klicken Sie im Menüband unter *Optionen* auf die Schaltfläche *Bcc*, um im E-Mail-Fenster – wenn noch nicht geschehen – das *Bcc*-Feld einzublenden.

3 Tragen Sie – jeweils durch ein Semikolon getrennt – die gewünschten E-Mail-Adressen in das *Bcc*-Feld ein.

A

In manchem Fall werden Sie eine E-Mail nicht nur an einen oder wenige Empfänger, sondern an eine ganze Reihe von Empfängern richten wollen, z. B. an alle Arbeitskollegen oder an alle Mitglieder Ihres Vereins. Auch das ist möglich. Achten Sie jedoch aus Datenschutzgründen darauf, die E-Mail-Adressen der Empfänger zu verstecken, sprich: der Versand an die E-Mail-Empfänger erfolgt im *Bcc*.

WISSEN

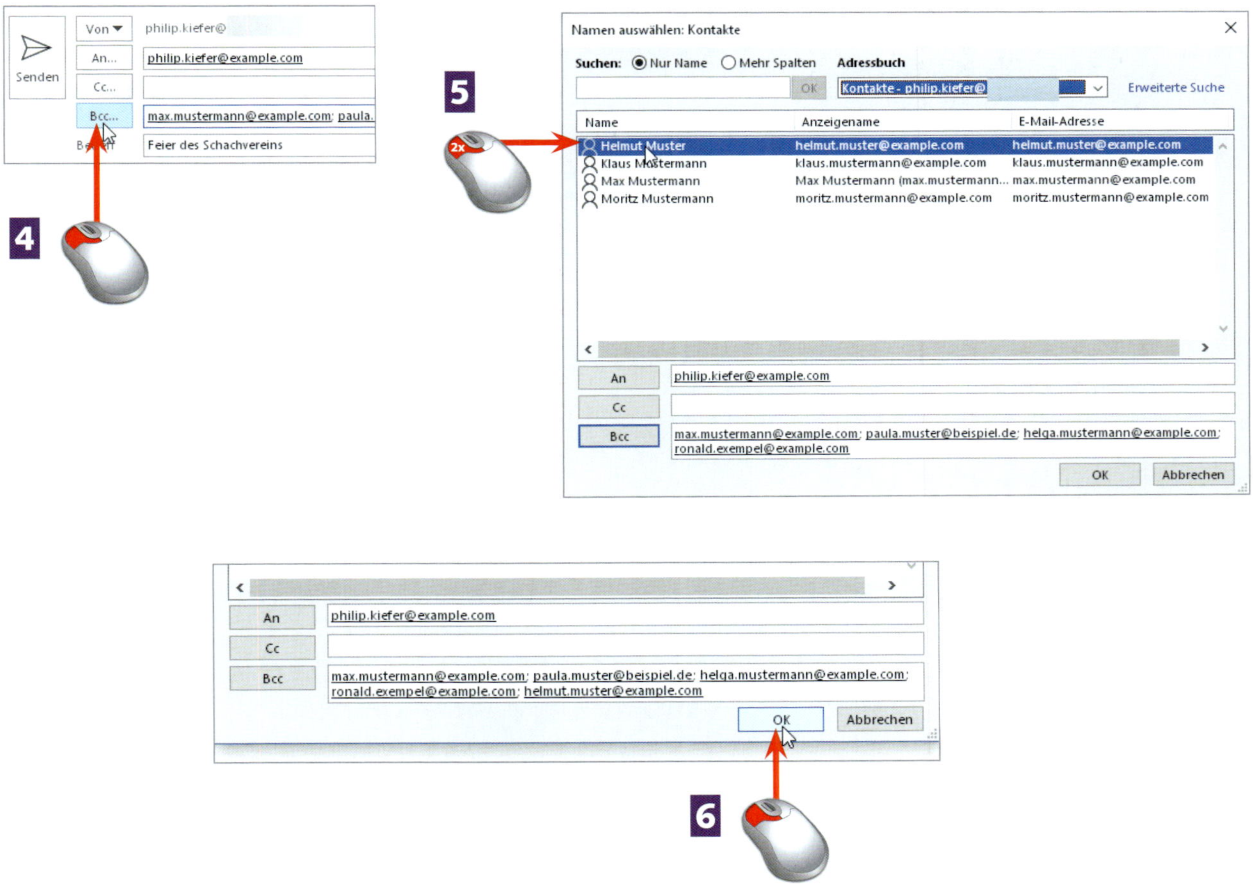

4 Oder möchten Sie einen Empfänger aus Ihren Kontakten auswählen? Klicken Sie dazu auf die Schaltfläche *Bcc*, die sich links neben dem *Bcc*-Feld befindet.

5 Doppelklicken Sie auf einen Kontakt, um ihn in das *Bcc*-Feld zu übernehmen. Bei vielen Kontakten machen Sie von der Suchfunktion im Dialogfenster Gebrauch.

6 Bestätigen Sie abschließend mit *OK*. Bringen Sie Ihre E-Mail an mehrere Empfänger auf den Weg!

Ende

Wenn Sie zu viele Kopien einer E-Mail versenden, besteht die Gefahr, dass die E-Mail beim Empfänger als ungewünschte Werbung herausgefiltert wird. Übertreiben Sie es also nicht!

HINWEIS

Für Anfragen an Kollegen und Freunde oftmals nützlich: Verwenden Sie unter *Optionen* die Schaltfläche *Abstimmungsschaltfl. verwenden*, um die E-Mail mit einer Abstimmungsschaltfläche zu versehen, z. B. für die Bestätigung oder Absage einer Teilnahme.

TIPP

E-Mails empfangen und verwalten

3

Sie werden im Laufe der Zeit sehr viele E-Mails erhalten. Um später nicht den Überblick zu verlieren, ist es wichtig, die E-Mails von Anfang an gekonnt zu verwalten.

Darum geht es in diesem Kapitel: Um das Empfangen, Beantworten, Übersetzen, Sortieren, Kategorisieren, Kennzeichnen und Archivieren von E-Mails, um das Anlegen und Verwalten von E-Mail-Ordnern, um das schnelle Suchen und Wiederfinden von E-Mails sowie schließlich auch um das Löschen nicht mehr benötigter Mails. Nach dem Durcharbeiten dieses Kapitels wissen Sie zukünftig sofort, wo eine ganz bestimmte E-Mail zu finden ist!

Start

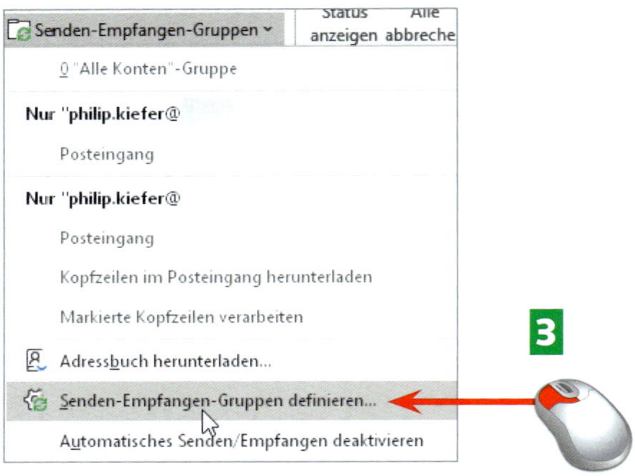

1 Entscheiden Sie sich im Outlook-Menüband für den Reiter *Senden/Empfangen*.

2 Klicken Sie anschließend auf die Schaltfläche *Senden-Empfangen-Gruppen*.

3 Im sich öffnenden Menü wählen Sie den Eintrag *Senden-Empfangen-Gruppen definieren*.

Standardmäßig werden E-Mails bei POP-E-Mail-Konten (vgl. Kapitel 1) nur alle 30 Minuten vom E-Mail-Server automatisch abgerufen. Besonders bei geschäftlichen E-Mails ist dieses Intervall häufig zu groß. Kein Problem, die automatische Synchronisierung lässt sich individuell anpassen. Wie, zeige ich Ihnen auf dieser Doppelseite.

WISSEN

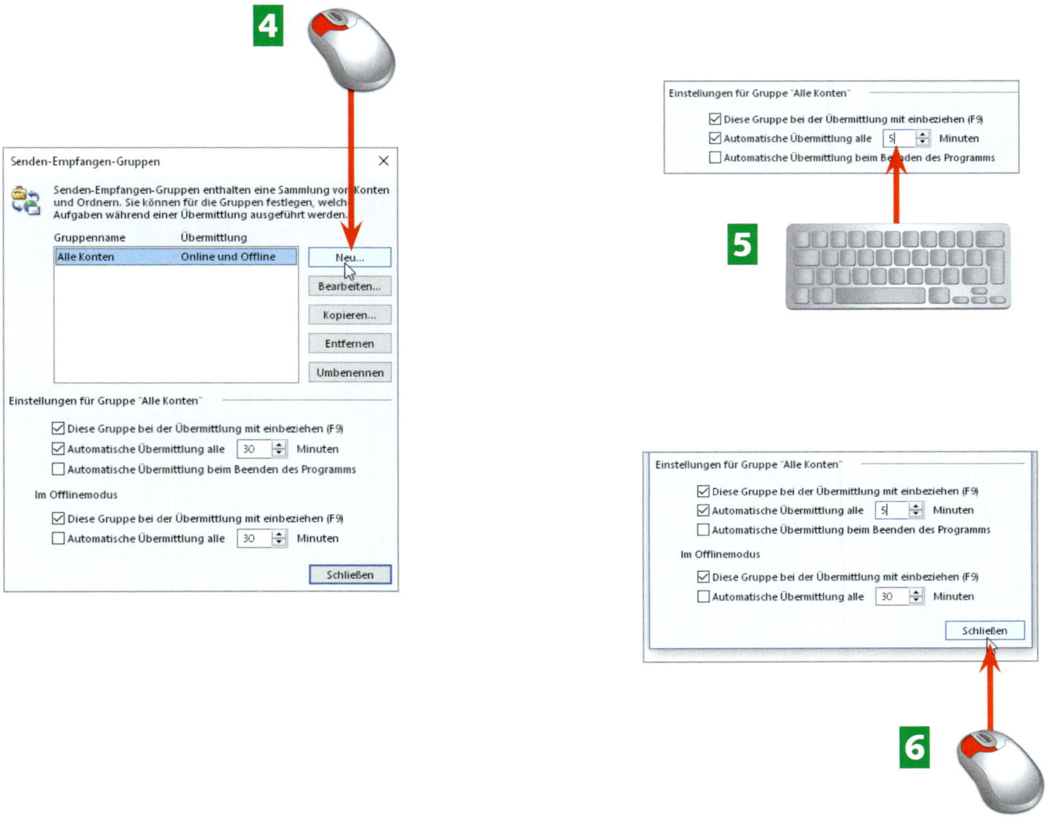

4 Die folgenden Einstellungen gelten standardmäßig für alle eingerichteten Konten. Sie können jedoch unter der Schaltfläche *Neu* auch individuelle Gruppen für die automatische Übermittlung anlegen.

5 Bestimmen Sie im Feld *Automatische Übermittlung* das Intervall für die automatische Übermittlung, hier z. B. lege ich ein Intervall von fünf Minuten fest.

6 Bestätigen Sie Ihre Einstellungen mit *Schließen*.

Ende

Natürlich können Sie auch jederzeit eine manuelle Übermittlung starten: entweder per Schaltfläche *Alle Ordner senden/empfangen* oder per F9-Taste.

HINWEIS

Um sich jederzeit über den Übermittlungsstatus zu informieren, klicken Sie im Menüband unter *Senden/Empfangen* auf die Schaltfläche *Status anzeigen* oder alternativ auf die Übermittlungsschaltfläche in der Statusleiste.

HINWEIS

Wenn Sie nur den aktuell geöffneten Ordner manuell übermitteln möchten, verwenden Sie die Tastenkombination ⇧+F9 (entspricht Mausklick auf die Schaltfläche *Ordner aktualisieren*).

TIPP

Start

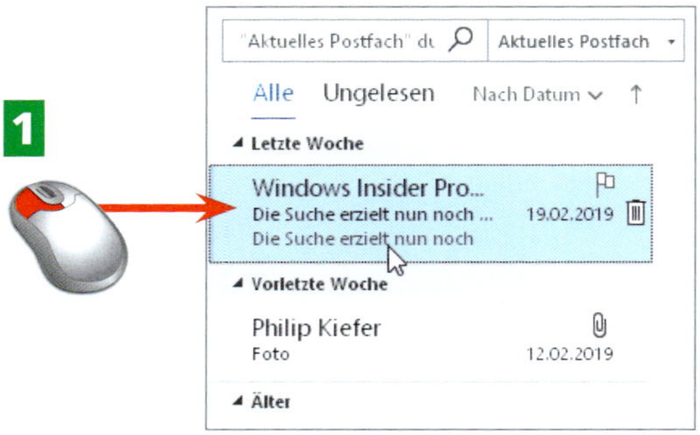

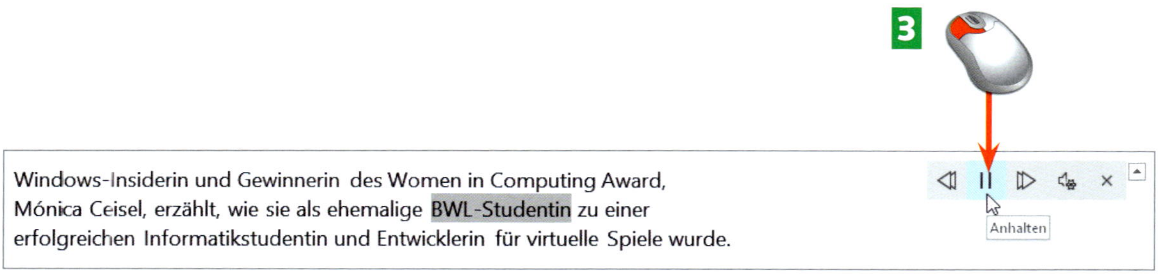

1 Wählen Sie zunächst die E-Mail aus, die Sie sich vorlesen lassen möchten.

2 Klicken Sie im Menüband unter *Start* auf die Schaltfläche *Laut vorlesen*.

3 Das Vorlesen wird gestartet. Gleichzeitig wird ein Steuerelement eingeblendet. Klicken Sie auf das Symbol **II**, um die Sprachausgabe zu pausieren.

Wenn Sie eine E-Mail erhalten haben, können Sie sich einfach zurücklehnen und sich diese vorlesen lassen. Outlook 2019 ist mit einer recht guten Vorlesefunktion ausgestattet, die Sie auf dieser Doppelseite kennenlernen.

WISSEN

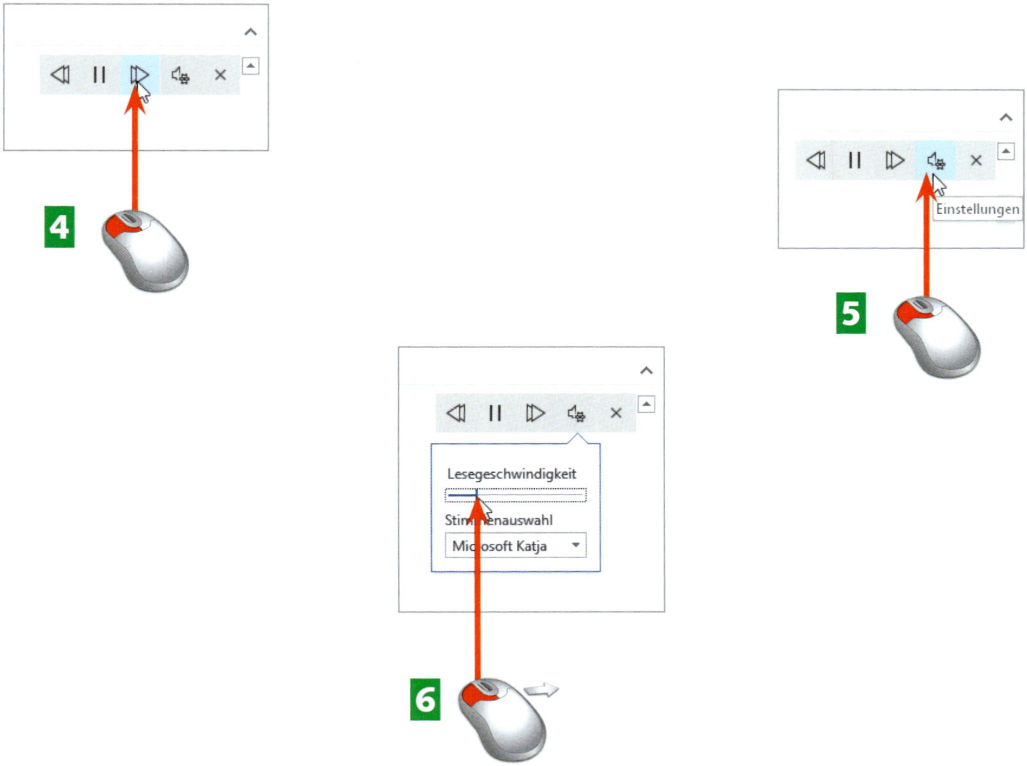

4 Mit den Symbolen ◁ bzw. ▷ können Sie zum vorherigen bzw. nächsten Absatz springen.

5 Möchten Sie die Lesegeschwindigkeit oder die Sprecherstimme anpassen? Dazu klicken Sie auf das Symbol .

6 Verringern Sie die Lesegeschwindigkeit, indem Sie den entsprechenden Schieberegler nach links ziehen. Die Stimmenauswahl erfolgt per Menü.

Ende

HINWEIS

Sofern Ihr PC über ein eingebautes bzw. verbundenes Mikrofon verfügt, lassen sich E-Mails auch diktieren. Dazu klicken Sie im Menüband des Nachrichtenfensters auf die Schaltfläche *Diktieren*.

HINWEIS

Statt einer ganzen E-Mail kann Ihnen Outlook auch nur den von Ihnen markierten Text vorlesen.

Start

1

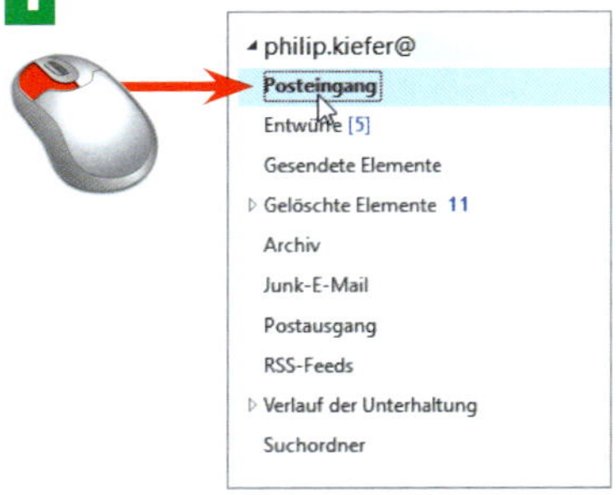

3

2

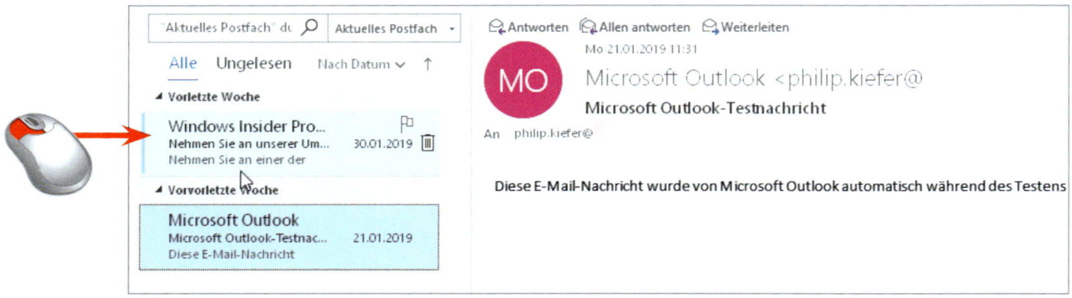

1 Eingehende E-Mails werden im Posteingang des E-Mail-Kontos angezeigt. Wählen Sie die E-Mail-Funktion in Outlook aus und klicken Sie im Ordnerbereich gegebenenfalls zunächst auf *Posteingang*, um den Posteingang zu betrachten.

2 Klicken Sie dort auf eine E-Mail, um diese im Lesebereich anzuzeigen. Um die E-Mail in einem extra Fenster zu öffnen, doppelklicken Sie darauf oder drücken bei markierter E-Mail die ↵-Taste.

3 Zum Beantworten einer E-Mail finden Sie sowohl im Menüband als auch im Lesebereich die Schaltfläche *Antworten*. Klicken Sie diese an.

Wenn Sie eine E-Mail empfangen, erwartet der Absender in der Regel eine Antwort. Das Beantworten einer E-Mail ist sogar noch einfacher als die Neuerstellung, wie hier bewiesen wird.

WISSEN

4

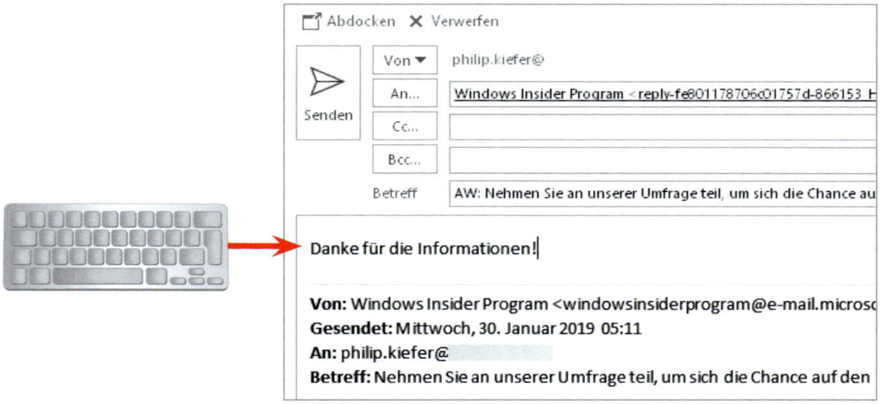

5

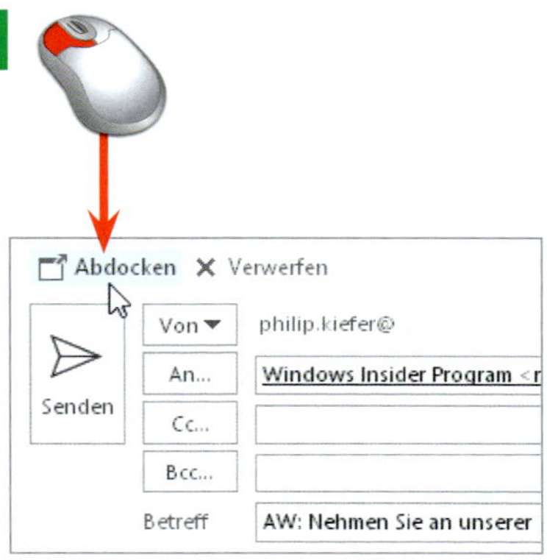

6

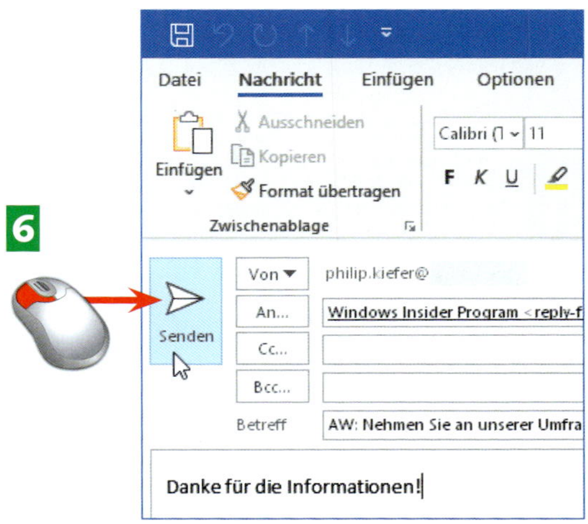

4 Die Beantwortung der E-Mail kann direkt im Lesebereich erfolgen. Tippen Sie dazu einfach Ihre Antwortnachricht ein.

5 Möchten Sie die E-Mail-Nachricht im gewohnten E-Mail-Fenster erstellen, klicken Sie links oben im Lesebereich auf die Schaltfläche *Abdocken*.

6 Auch die Antwortnachricht können Sie noch beliebig formatieren, bevor Sie sie mit *Senden* auf den Weg bringen.

Ende

Wenn Sie nicht nur dem Absender der E-Mail antworten möchten, sondern auch etwaigen anderen Empfängern, wählen Sie in Schritt 3 die Schaltfläche *Allen antworten*.

HINWEIS

Individuelle Einstellungen zur Beantwortung von E-Mails nehmen Sie in den Outlook-Optionen vor, und zwar unter *E-Mail* im Abschnitt *Antworten und Weiterleitungen*.

HINWEIS

Beim Beantworten einer E-Mail wird die ursprüngliche Nachricht des Absenders üblicherweise unterhalb der Antwortnachricht eingefügt.

HINWEIS

Start

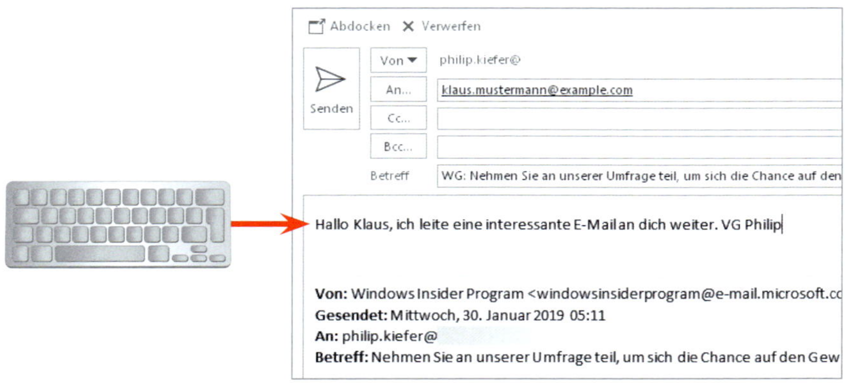

1 Lassen Sie sich die weiterzuleitende E-Mail anzeigen und entscheiden Sie sich im Lesebereich oder im Menüband für die Schaltfläche *Weiterleiten*.

2 Tippen Sie die E-Mail-Adresse des Empfängers in das *An*-Feld. Natürlich können Sie auch noch weitere E-Mail-Empfänger hinzufügen.

3 Standardmäßig wird die weitergeleitete Nachricht wie bei einer Antwortnachricht unten in die E-Mail eingebaut und Sie tippen darüber Ihren Text ein.

Die Weiterleitung dient dazu, eine erhaltene E-Mail an eine oder mehrere Personen zu senden. Der ursprüngliche Absender kriegt davon nichts mit. Ein Beispiel ist die Weiterleitung einer per E-Mail erhaltenen Rechnung an die Buchhaltung bzw. den Steuerberater.

WISSEN

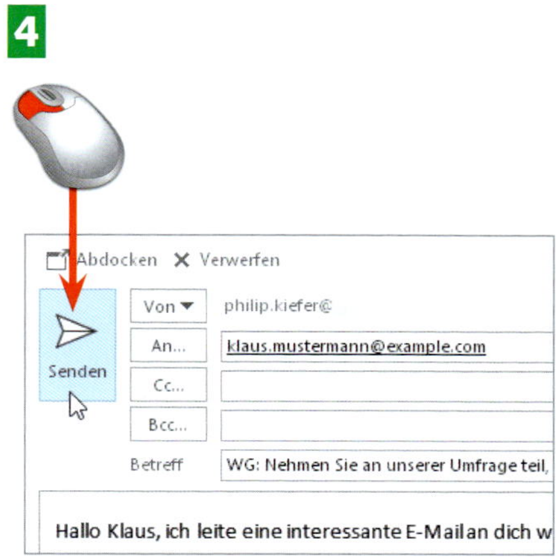

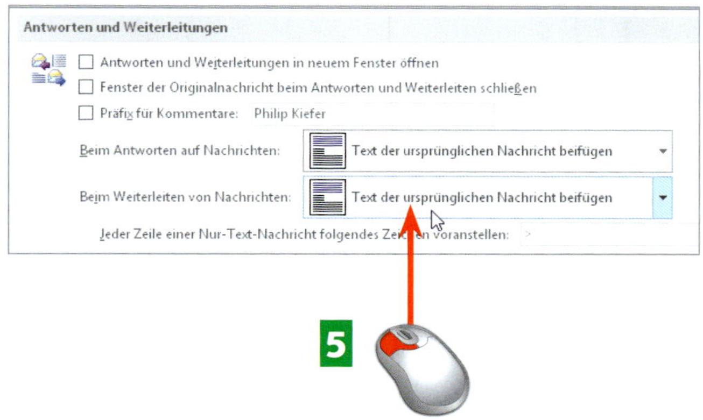

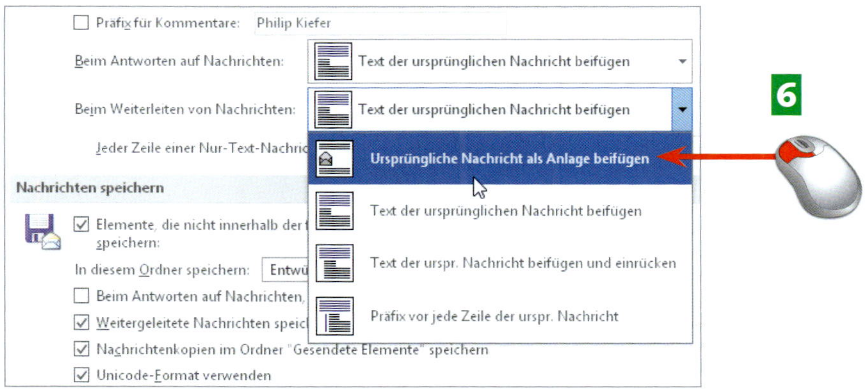

4 Klicken Sie auf die Schaltfläche *Senden*, um die Weiterleitung auf den Weg zu bringen.

5 Oder möchten Sie E-Mails nicht in der E-Mail selbst, sondern als Dateianhang weiterleiten? In diesem Fall klicken Sie in den Outlook-Optionen unter *E-Mail* auf das Menü *Beim Weiterleiten von Nachrichten*.

6 Wählen Sie im Menü den Eintrag *Ursprüngliche Nachricht als Anlage beifügen* und bestätigen Sie die Einstellung mit *OK*.

Ende

HINWEIS

Die Option zum Weiterleiten als Anlage finden Sie auch im Menüband unter *Start*, und zwar unter der Schaltfläche *Weitere*.

TIPP

Um eine E-Mail zu beantworten oder weiterzuleiten, können Sie diese auch mit der rechten Maustaste anklicken und im Kontextmenü *Antworten*, *Allen antworten* bzw. *Weiterleiten* wählen.

Start

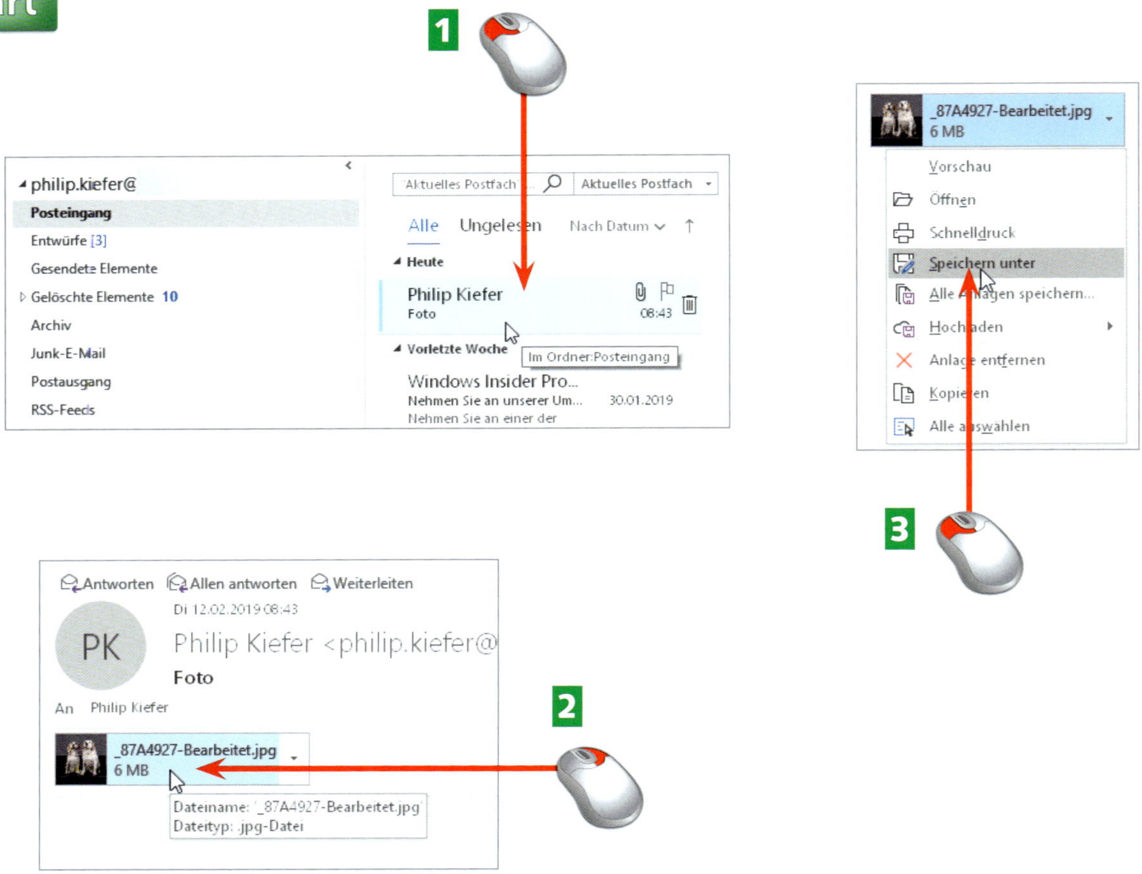

1 Wählen Sie in der Nachrichtenliste eine E-Mail aus, die einen Dateianhang enthält. Sie erkennen dies am Büroklammersymbol 📎.

2 Der Dateianhang wird im Lesebereich oberhalb der E-Mail-Nachricht angezeigt. Klicken Sie ihn mit der rechten Maustaste an (oder klicken Sie mit der linken Maustaste auf den zugehörigen Pfeil).

3 Im daraufhin erscheinenden Kontextmenü wählen Sie die Option *Speichern unter*, um die Datei auf Ihrem Rechner abzulegen.

Wenn Sie auf einen empfangenen Dateianhang doppelklicken, wird dieser im dafür vorgesehenen Programm geöffnet. Weitere Optionen finden Sie in einem Kontextmenü, das ich Ihnen auf dieser Doppelseite vorstelle.

WISSEN

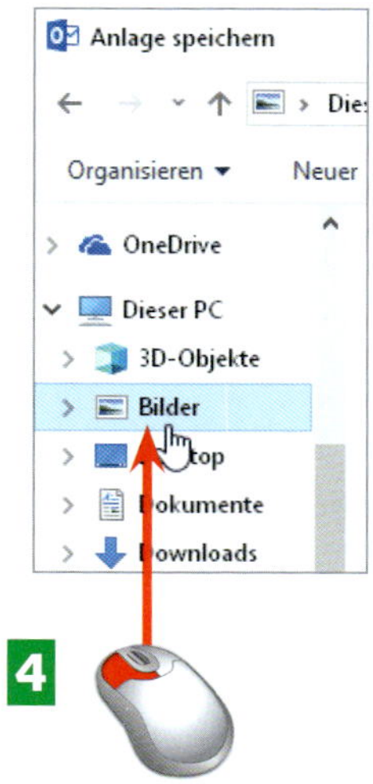

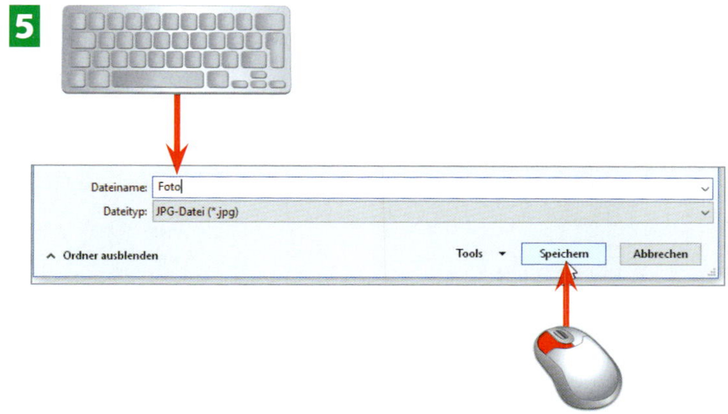

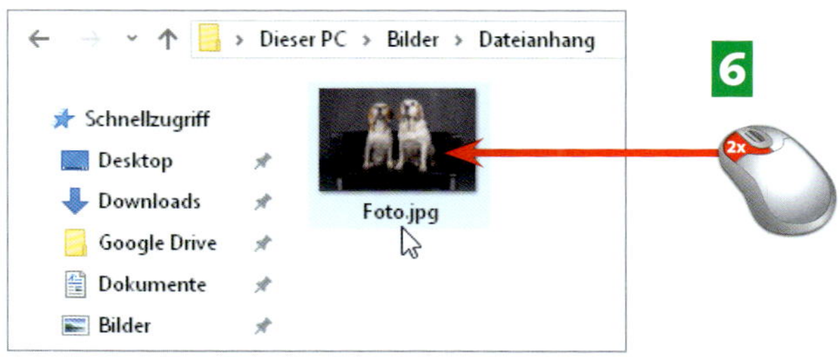

4 Im sich öffnenden Dialogfenster wählen Sie zunächst den Speicherort für die Datei aus.

5 Ändern Sie gegebenenfalls noch im Feld *Dateiname* den Namen der Datei, bevor Sie auf *Speichern* klicken.

6 Die Datei steht nun am gewählten Speicherort zur Verfügung und lässt sich z. B. im Windows-Explorer per Doppelklick aufrufen.

Ende

Grafiken in einer E-Mail anzeigen: Klicken Sie dazu mit der rechten Maustaste auf einen Platzhalter und wählen Sie *Bilder herunterladen* (zur Anzeige in der E-Mail) bzw. *Als Grafik speichern* (zum Speichern als Datei).

HINWEIS

Bilder in einer E-Mail automatisch anzeigen: Klicken Sie dazu in den Outlook-Optionen unter *Trust Center* auf die Schaltfläche *Einstellungen für das Trust Center*. Deaktivieren Sie im folgenden Fenster das erste Kontrollkästchen *Bilder in Standard-HTML-Nachrichten*.

HINWEIS

Start

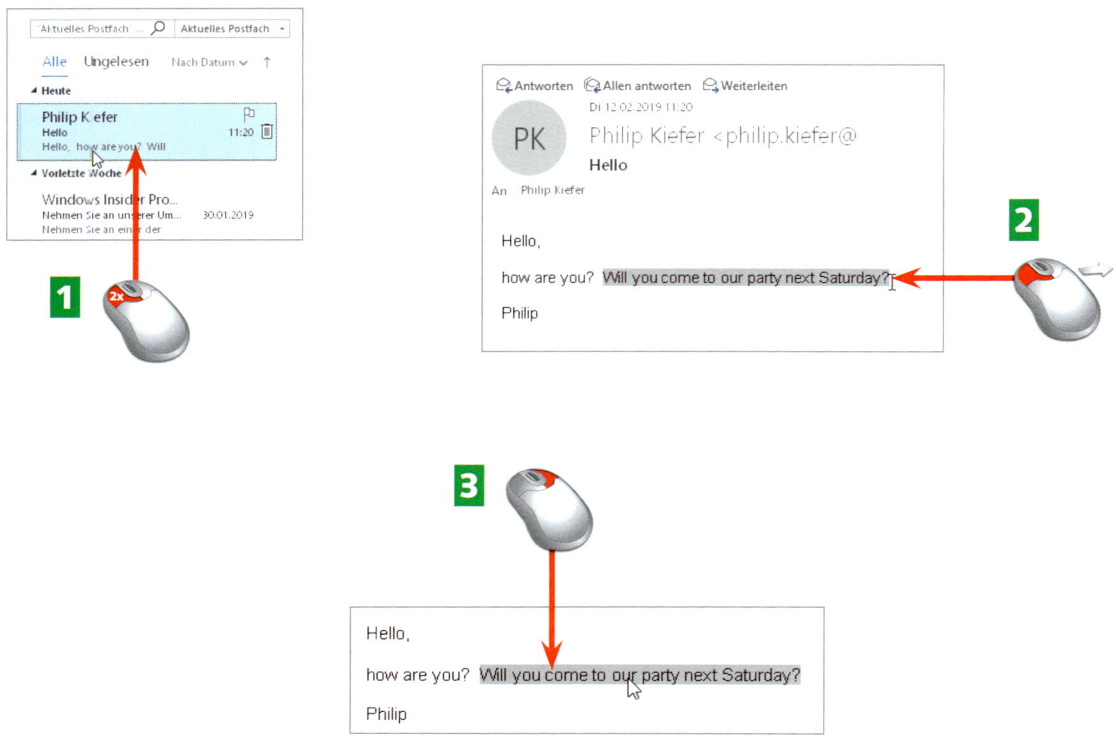

1 Wenn Sie eine fremdsprachige E-Mail erhalten haben, doppelklicken Sie in der Nachrichtenliste darauf, um sie in einem extra Fenster zu öffnen.

2 Markieren Sie den zu übersetzenden Text mit der Maus.

3 Klicken Sie den markierten Text mit der rechten Maustaste an.

Automatische Übersetzungen sind alles andere als perfekt, aber sie verhelfen Ihnen zumindest zum Verständnis einer E-Mail in einer Fremdsprache. Wie Sie eine fremdsprachige E-Mail mithilfe eines Übersetzungsdienstes im Internet auf die Schnelle automatisch übersetzen lassen, erfahren Sie auf dieser Doppelseite.

WISSEN

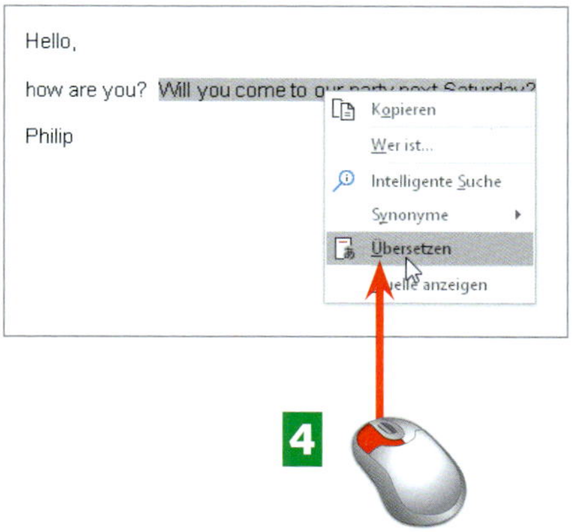

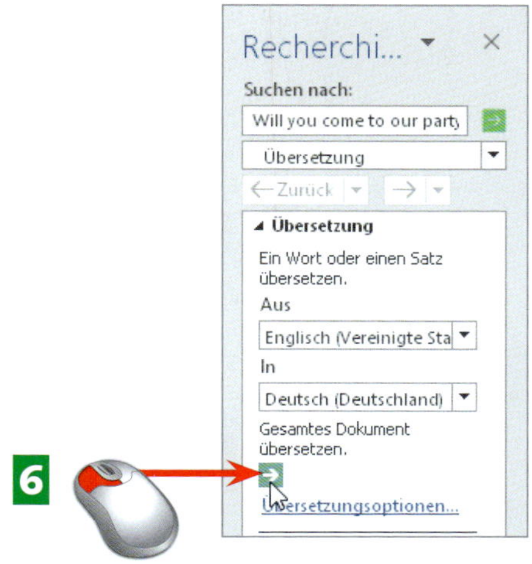

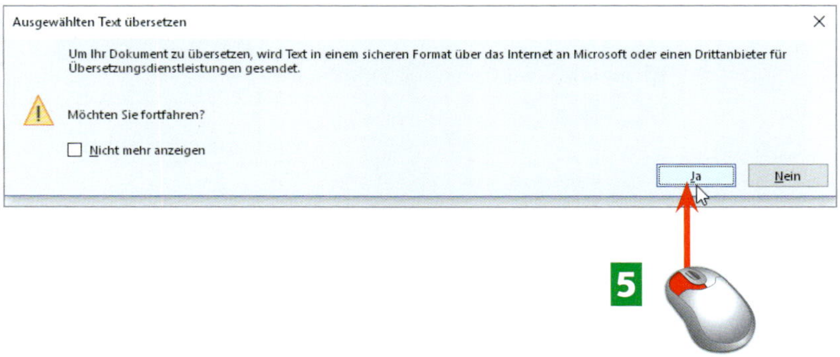

4 Wählen Sie im Kontextmenü den Eintrag *Übersetzen*.

5 Bestätigen Sie als Nächstes den Hinweis, dass der Text für die Übersetzung übers Internet verschickt werden muss, mit *Ja*.

6 Klicken Sie in der rechts eingeblendeten Leiste auf das Symbol ➔, um die Übersetzung durchzuführen. Sie können zuvor gegebenenfalls noch die Übersetzungssprachen anpassen.

Ende

Den von Outlook verwendeten Bing Translator können Sie für weitere Zwecke auch direkt aufrufen, und zwar unter der Webadresse *www.bing.com/translator*.

HINWEIS

Eine weitere gute Anlaufstelle für automatische Übersetzungen ist der Google Übersetzer, den Sie hier finden: *translate.google.de*.

TIPP

Start

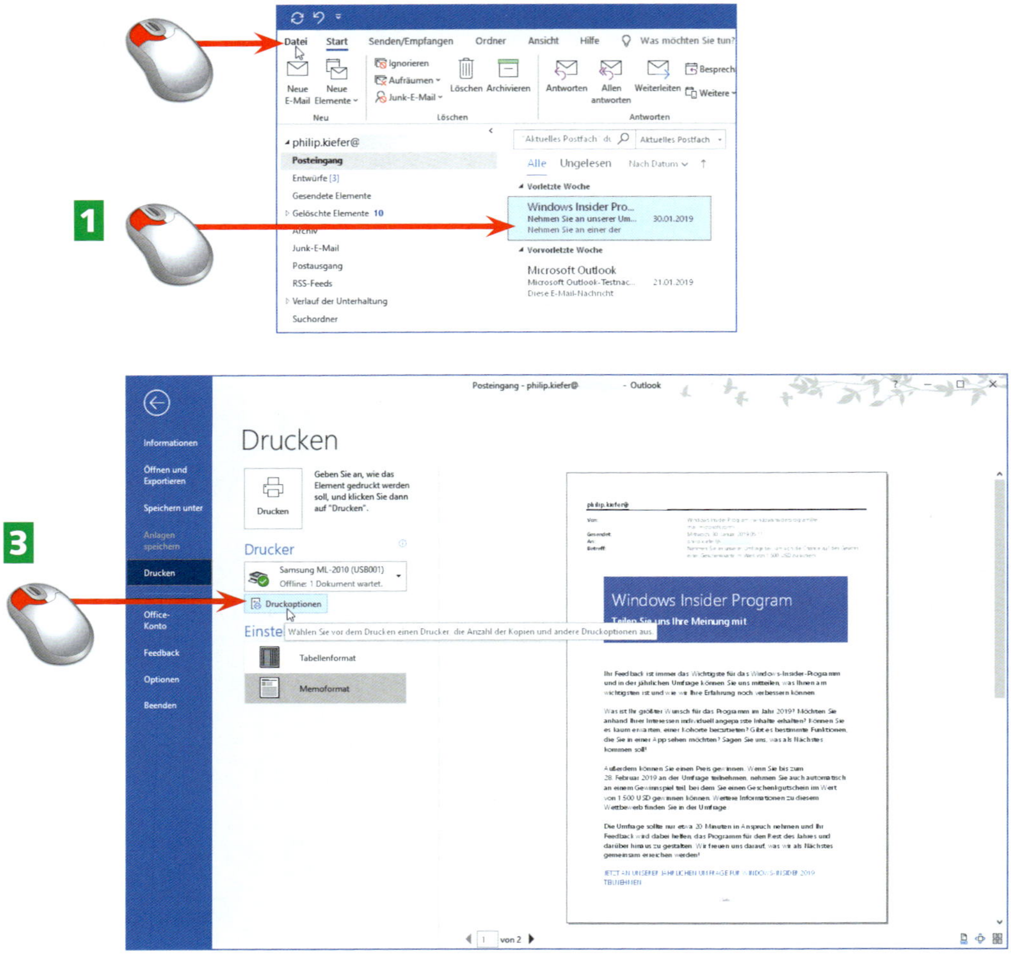

1 Wählen Sie die E-Mail aus, die Sie ausdrucken möchten, und klicken Sie im Menüband auf den Reiter *Datei*.

2 Entscheiden Sie sich in der Backstage-Ansicht für den Eintrag *Drucken*.

3 Sie erhalten eine Druckvorschau. Bevor Sie den Ausdruck anstoßen, möchten Sie vielleicht noch verschiedene Einstellungen dazu vornehmen. Klicken Sie dann auf die Schaltfläche *Druckoptionen*.

Manchmal möchten Sie eine E-Mail einfach ausdrucken, um sie in einem Ordner zu archivieren oder an eine Person weiterzureichen, die das Internet noch nicht nutzt. Bei der Darstellung auf dieser Doppelseite gehe ich davon aus, dass ein Drucker bereits an Ihren Computer angeschlossen und eingerichtet wurde.

WISSEN

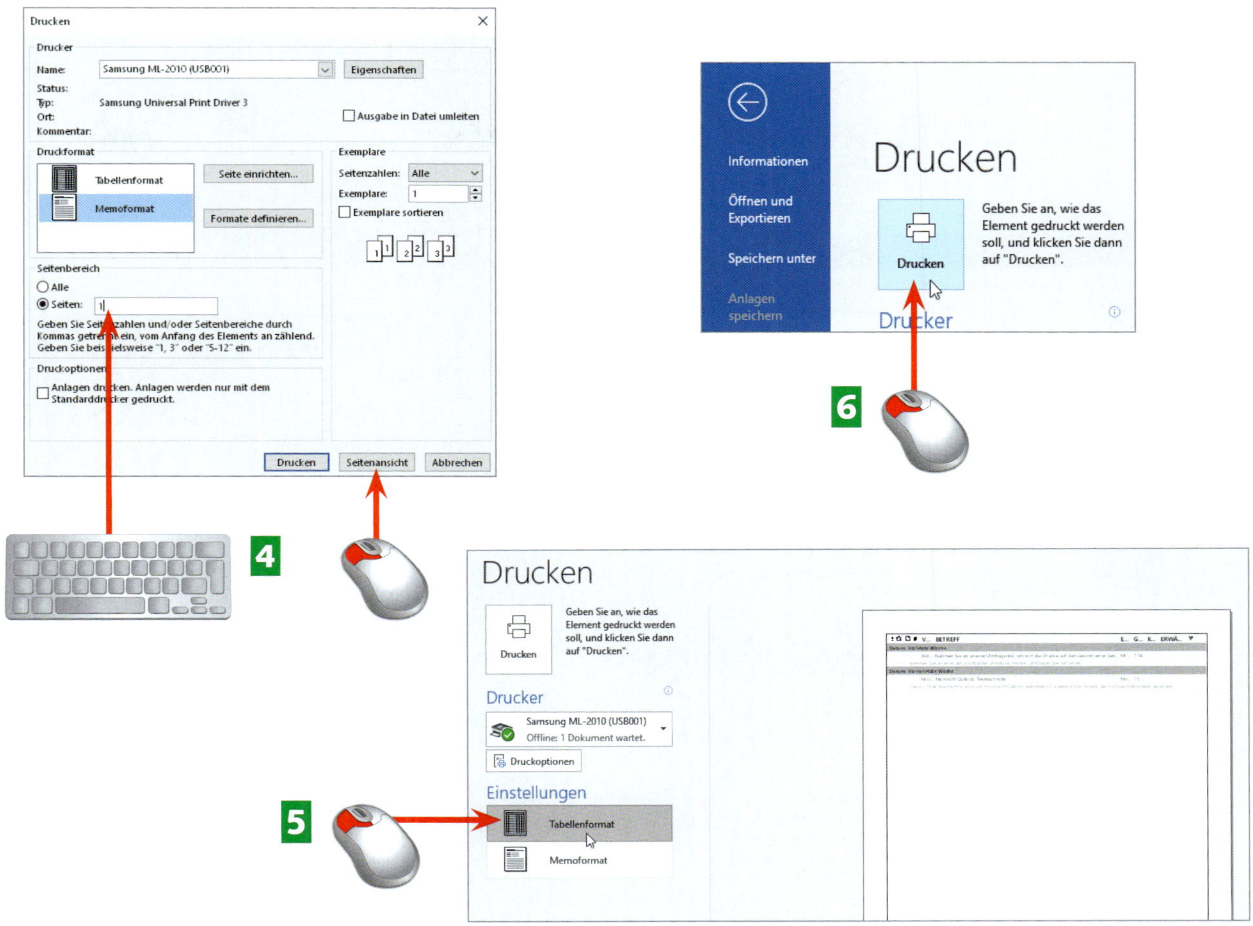

4 Nehmen Sie im Dialogfenster *Drucken* Ihre Einstellungen vor. Hier lege ich z. B. fest, dass nur die erste Seite der E-Mail ausgedruckt werden soll. Per Schaltfläche *Seitenansicht* wechseln Sie zurück zur Druckvorschau.

5 Im Abschnitt *Einstellungen* können Sie noch zwischen dem standardmäßigen *Memoformat* und dem *Tabellenformat* wählen.

6 Klicken Sie auf die Schaltfläche *Drucken*, um die E-Mail gemäß Ihren Einstellungen zu Papier zu bringen.

Ende

Die E-Mail in der Druckvorschau in Originalgröße, als ganze Seite bzw. mehrere Seiten gleichzeitig anzeigen: Hierzu dienen rechts unten in der Druckvorschau die Symbole , und .

HINWEIS

Eine E-Mail ohne weitere Einstellungen ausdrucken: Klicken Sie die E-Mail dazu in der Nachrichtenliste mit der rechten Maustaste an und wählen Sie im Kontextmenü den Eintrag *Schnelldruck*.

HINWEIS

Start

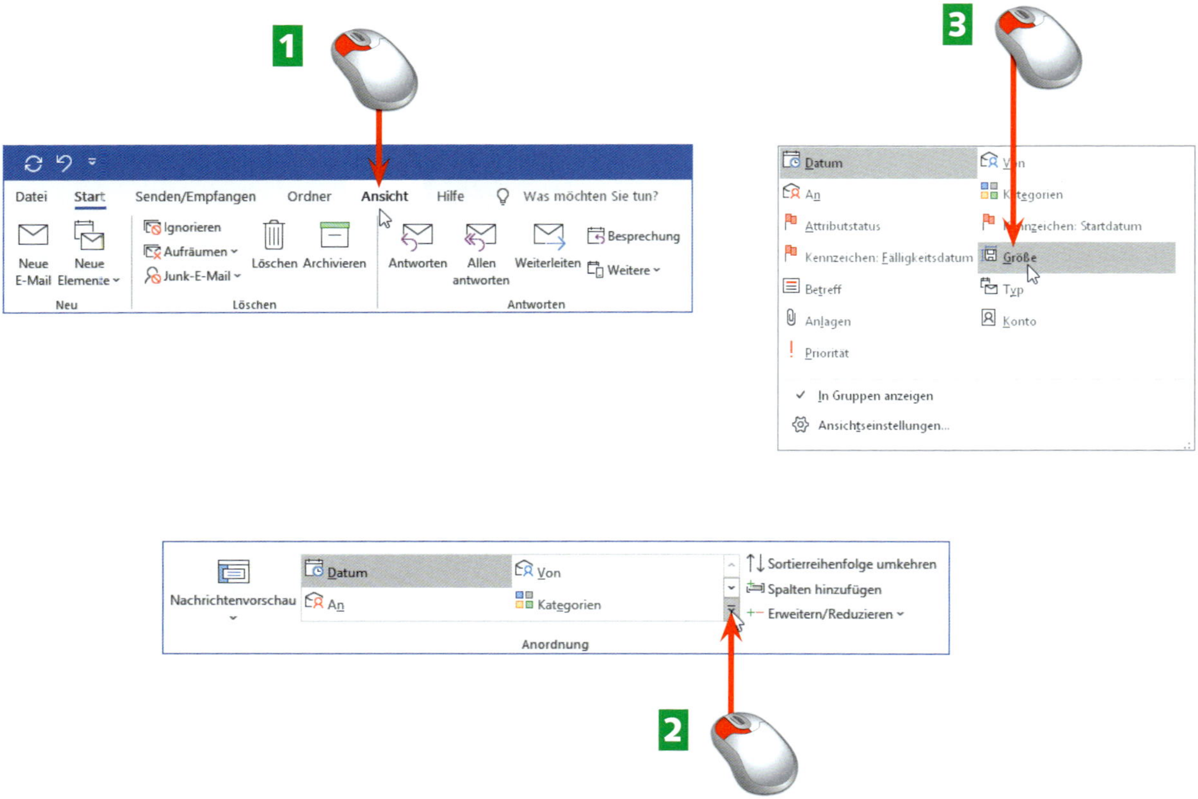

1 Entscheiden Sie sich im Menüband für die Registerkarte *Ansicht*.

2 Öffnen Sie per Symbol [▿] den Kasten *Anordnen nach*.

3 Standardmäßig erfolgt die Sortierung nach Datum (neueste E-Mails zuoberst). Wählen Sie eine andere Sortierung aus, hier z. B. sollen E-Mails nach der Größe sortiert werden.

Um auch bei vielen E-Mails im Posteingang oder einem anderen E-Mail-Postfach den Überblick zu behalten, machen Sie sich mit den verschiedenen Sortier- und Filterfunktionen in Outlook vertraut. Ich stelle Ihnen auf dieser Doppelseite alle in diesem Zusammenhang wichtigen Funktionen vor.

WISSEN

4

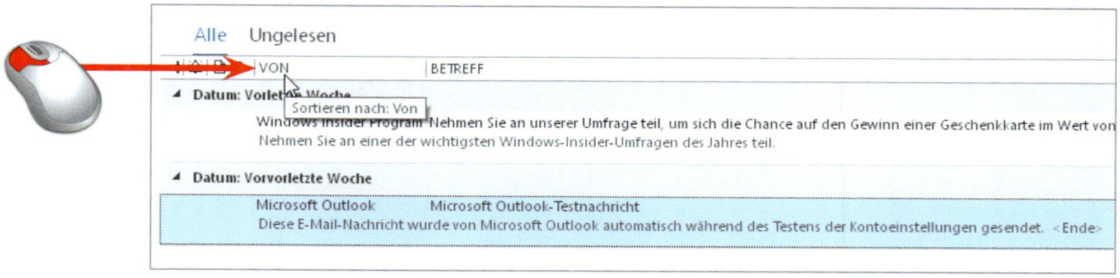

5

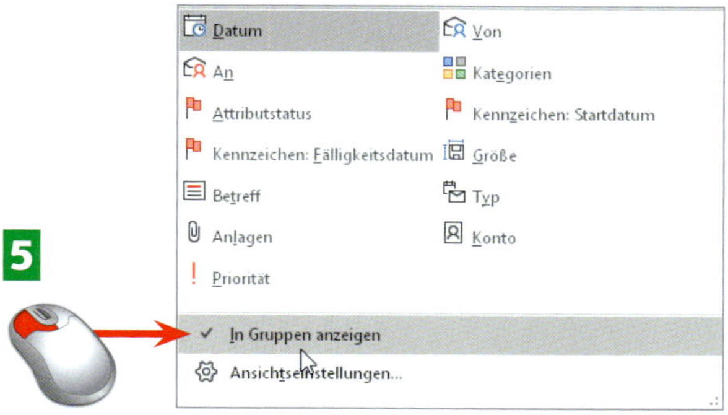

6

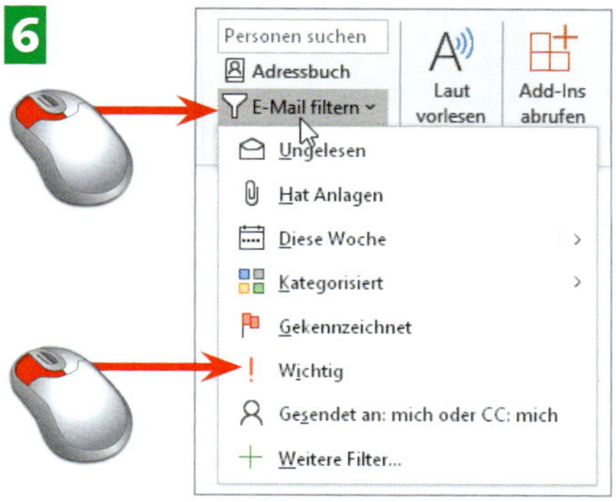

4 Die Sortierung kann auch mithilfe von Spalten erfolgen, die Sie erhalten, wenn Sie den Lesebereich unten einblenden bzw. ausblenden (vgl. Kapitel 1). Klicken Sie in diesem Fall einfach auf den Titel einer Spalte, um die Sortierung vorzunehmen.

5 E-Mails gemäß dem gewählten Sortierkriterium in der Nachrichtenliste gruppieren: Setzen Sie dazu im Kasten *Anordnen nach* ein Häkchen beim Eintrag *In Gruppen anzeigen*.

6 E-Mails nach individuellen Kriterien filtern: Klicken Sie dazu im Menüband unter *Start* auf die Schaltfläche *E-Mail filtern* und wählen Sie im sich öffnenden Menü einen Filter aus.

Ende

Die verschiedenen Sortier- und Filterfunktionen erhalten Sie auch in einem Kontextmenü, wenn Sie mit der rechten Maustaste auf eine freie Fläche der Nachrichtenliste klicken.

TIPP

Klicken Sie unter *Ansicht* auf die Schaltfläche *Spalten hinzufügen*, um die Spalten für die Sortierung gemäß Schritt 4 zu verwalten.

TIPP

Start

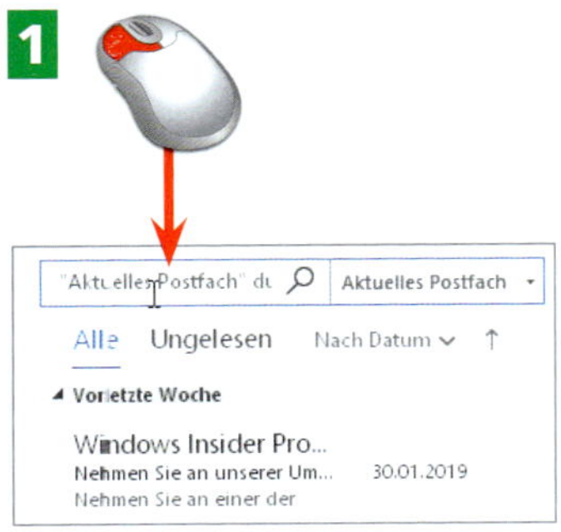

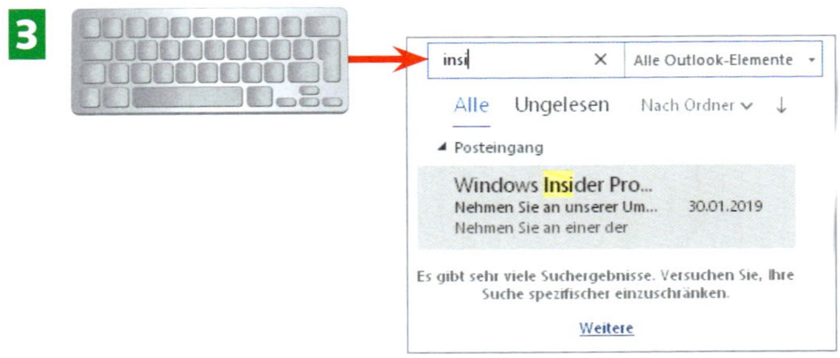

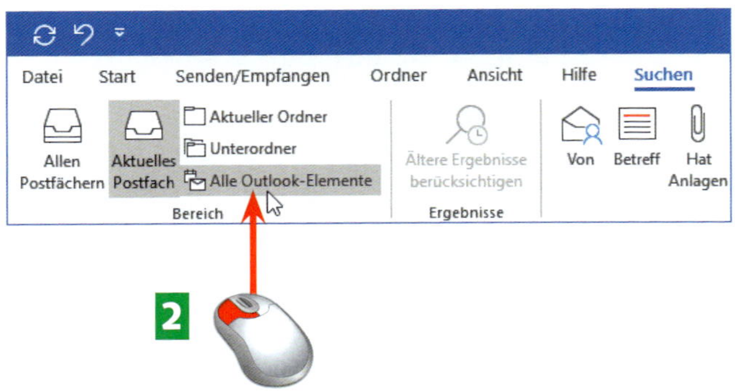

1. Klicken Sie oberhalb der Nachrichtenliste in das Suchfeld.
2. Bei aktiviertem Suchfeld wird im Menüband die Registerkarte *Suchen* angezeigt. Entscheiden Sie dort zunächst per Schaltfläche, ob Sie nur im aktuellen Postfach suchen möchten (Standard) oder auch an anderen Speicherorten. Hier wähle ich die Schaltfläche *Alle Outlook-Elemente*.
3. Tippen Sie einen Suchbegriff in das Suchfeld ein – die Suche nach passenden E-Mails wird bereits während der Eingabe gestartet.

Outlook verfügt über ausgeklügelte Suchfunktionen, mit deren Hilfe Sie jede gesuchte E-Mail schnell finden werden. Auf dieser Doppelseite zeige ich Ihnen alles, was Sie in diesem Zusammenhang wissen müssen.

WISSEN

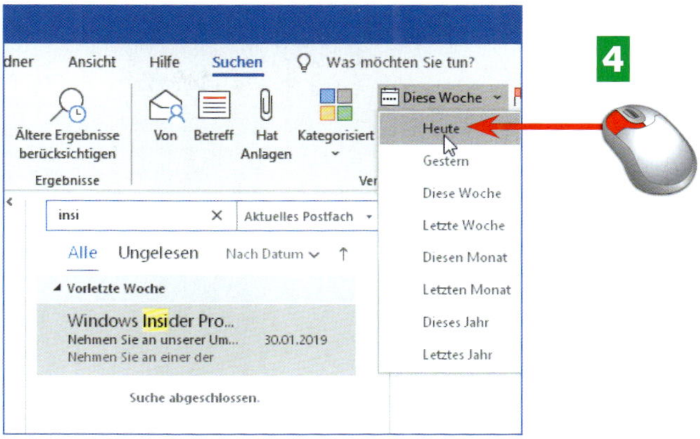

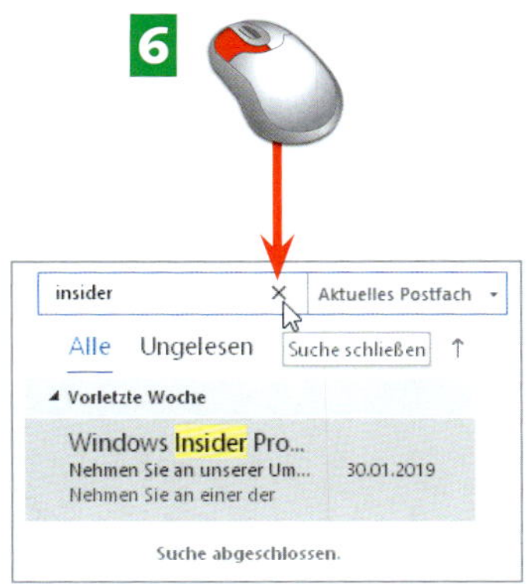

4 Mithilfe der Schaltflächen auf der Registerkarte *Suchen* lassen sich die Suchergebnisse weiter filtern, hier z. B. beschränke ich die Suche auf E-Mails von heute.

5 Bestimmte Filter müssen noch im Suchfeld selbst spezifiziert werden, hier etwa die Beschränkung auf einen anzugebenden Betreff.

6 Um die Suche zu beenden, klicken Sie rechts im Suchfeld auf das kleine Kreuzsymbol × bzw. wählen im Menüband die Schaltfläche *Suche schließen*.

Ende

HINWEIS

Die Auswahl aus Schritt 2 erhalten Sie auch im Menü rechts neben dem Suchfeld.

HINWEIS

Das Suchfeld in Outlook funktioniert ähnlich wie eine Internetsuchmaschine: Mehrere Begriffe werden durch ein unsichtbares UND verknüpft, alternative Begriffe verknüpfen Sie mit einem OR, Groß- und Kleinschreibung spielt keine Rolle etc.

TIPP

Um ein komfortables Suchfenster zu öffnen, klicken Sie auf der Registerkarte *Suchen* unter der Schaltfläche *Suchtools* auf den Eintrag *Erweiterte Suche*.

Start

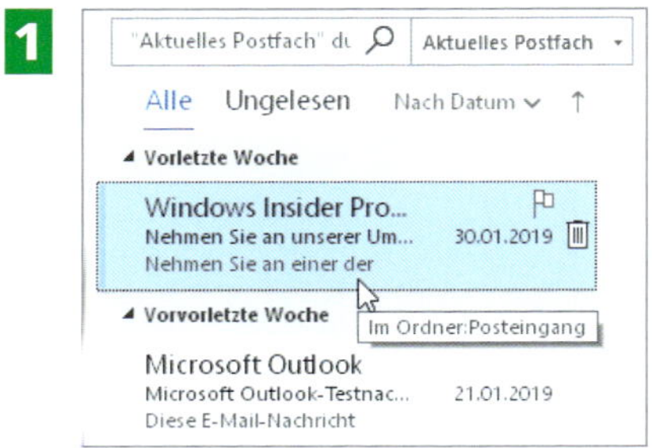

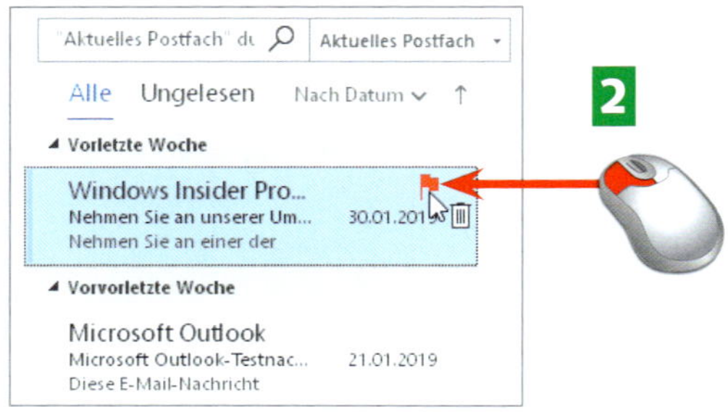

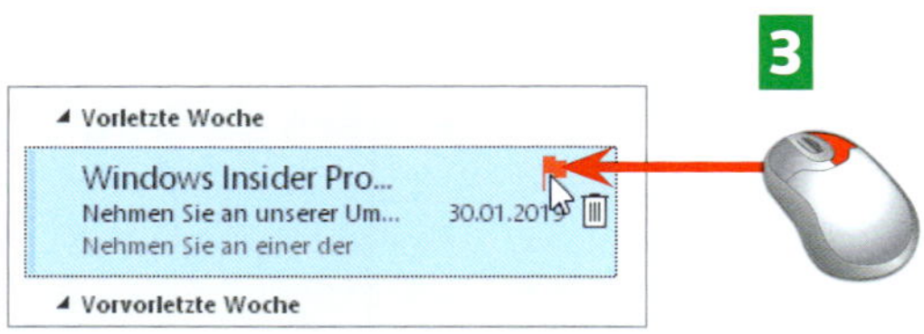

1 Bewegen Sie in der Nachrichtenliste den Mauszeiger auf eine E-Mail, die Sie zur Nachverfolgung kennzeichnen möchten. Ein Flaggensymbol ⚐ wird eingeblendet.

2 Klicken Sie das Flaggensymbol an, um die E-Mail zu kennzeichnen.

3 Das Flaggensymbol (jetzt ⚑) wird bei der E-Mail nun dauerhaft eingeblendet, auch wenn Sie in der Nachrichtenliste eine andere E-Mail auswählen. Wenn Sie die Kennzeichnung wieder entfernen möchten, klicken Sie mit der rechten Maustaste auf das Symbol.

E-Mails in Outlook lassen sich »zur Nachverfolgung« kennzeichnen. Sie markieren damit E-Mails, die Sie sich, aus welchen Gründen auch immer, erneut vornehmen wollen, mit einem zusätzlichen Symbol – und erhalten außerdem ein zusätzliches Filterkriterium. Hier zeige ich Ihnen, wie simpel das Kennzeichnen von E-Mails funktioniert.

WISSEN

6

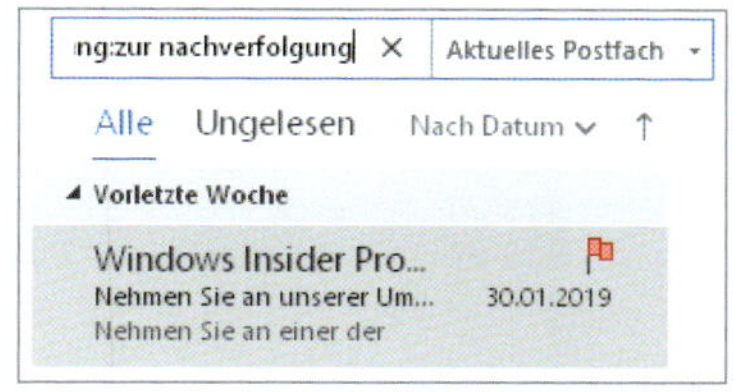

5

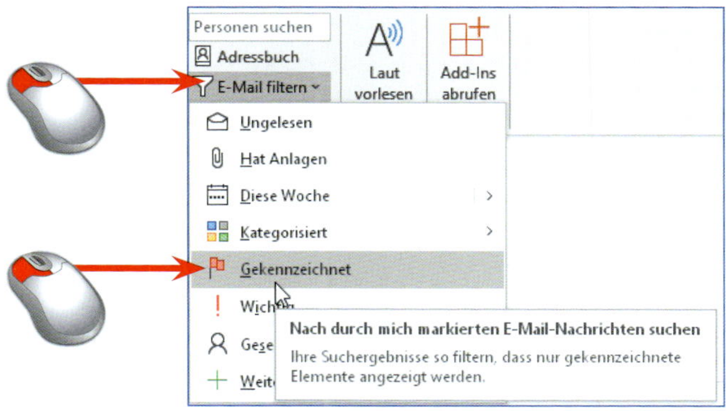

4 Entscheiden Sie sich im Kontextmenü für den Eintrag *Kennzeichnung löschen*.

5 Um sich nur die gekennzeichneten E-Mails anzeigen zu lassen, wählen Sie im Menüband unter *Start* die Schaltfläche *E-Mail filtern* und klicken im Menü auf den Eintrag *Gekennzeichnet*.

6 Die Suchfunktion wird entsprechend aktiviert, und nur die gekennzeichneten E-Mails werden Ihnen angezeigt.

Ende

E-Mails lassen sich selbstverständlich auch kennzeichnen, wenn Sie diese in einem extra Fenster geöffnet haben. Entscheiden Sie sich in diesem Fall im Menüband des E-Mail-Fensters für die Schaltfläche *Nachverfolgung*.

HINWEIS

Löschen Sie eine Kennzeichnung jeweils wieder, wenn die Nachverfolgung erledigt ist, damit tatsächlich immer nur diejenigen E-Mails gekennzeichnet sind, denen Sie weitere Aufmerksamkeit zukommen lassen müssen.

TIPP

Start

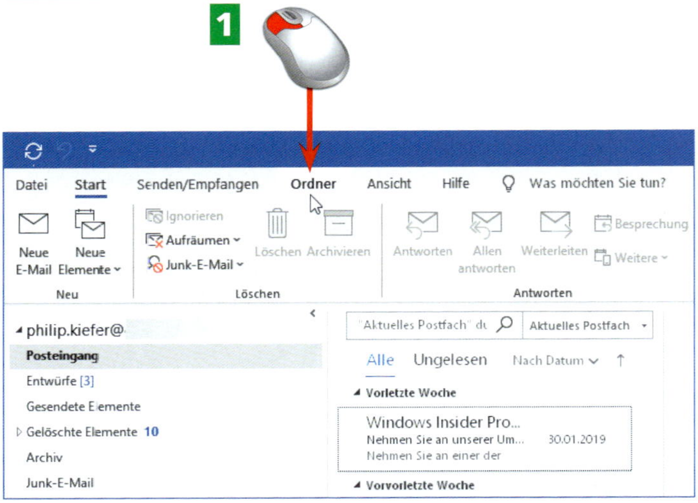

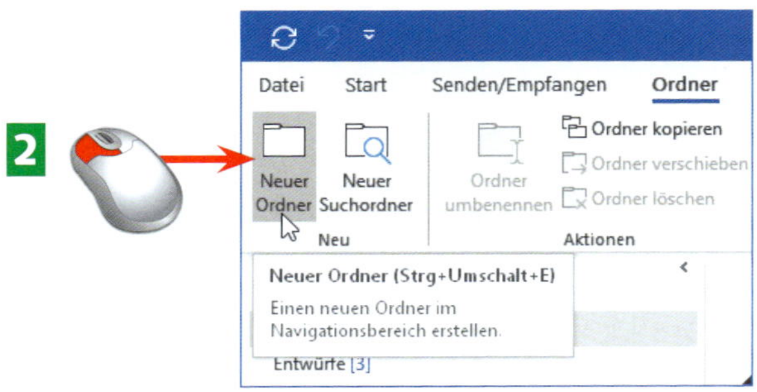

1 Entscheiden Sie sich im Menüband bei gewählter E-Mail-Funktion für den Reiter *Ordner*.

2 Klicken Sie links im Menüband auf die Schaltfläche *Neuer Ordner*.

3 Im folgenden Dialogfenster *Neuen Ordner erstellen* geben Sie dem Ordner zunächst eine schlüssige Bezeichnung. Die Einstellung *Ordner enthält Elemente des Typs* belassen Sie für einen E-Mail-Ordner so, wie sie ist.

Trotz Sortier- und Suchfunktionen möchten Sie Ihre E-Mails vielleicht thematisch ordnen. Entsprechende E-Mail-Ordner lassen sich in Outlook schnell und einfach erstellen, wie es Ihnen auf dieser Doppelseite gezeigt wird.

WISSEN

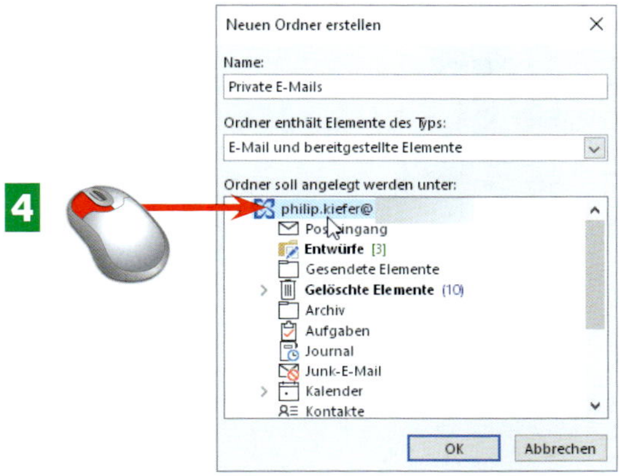

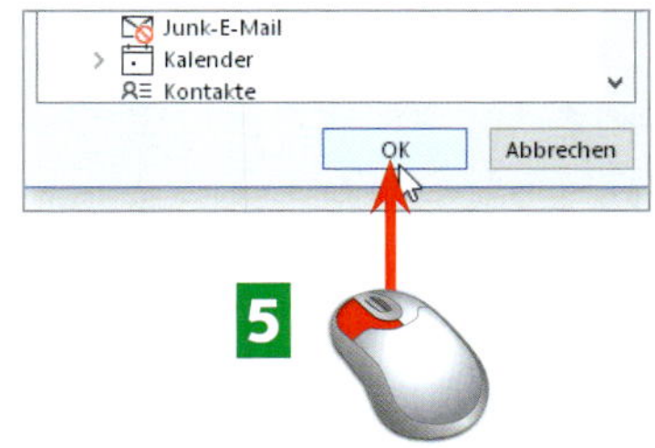

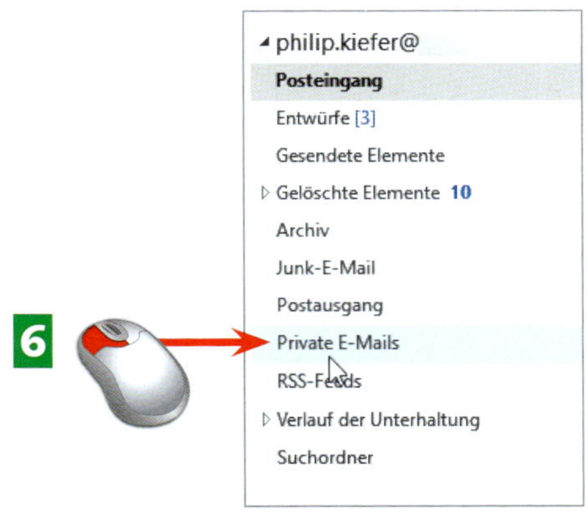

4 Bestimmen Sie im nächsten Schritt per Mausklick, welchem Konto bzw. bereits vorhandenen Ordner der neue Ordner untergeordnet werden soll.

5 Bestätigen Sie Ihre Einstellungen abschließend mit *OK*, um den neuen Ordner zu erstellen.

6 Der Ordner kann nun im Ordnerbereich ausgewählt werden, wobei er natürlich noch leer ist – aber nicht mehr lange!

Ende

TIPP

Das Dialogfenster aus Schritt 3 lässt sich noch schneller mit der Tastenkombination Strg+⇧+E aufrufen.

HINWEIS

Den E-Mail-Ordner anders positionieren: Dies geschieht im Ordnerbereich einfach durch Ziehen bei gedrückter linker Maustaste.

HINWEIS

Wenn Sie einen Ordner später umbenennen möchten, klicken Sie den bereits ausgewählten Ordner zweimal langsam hintereinander an. Tippen Sie dann den gewünschten neuen Namen ein.

Start

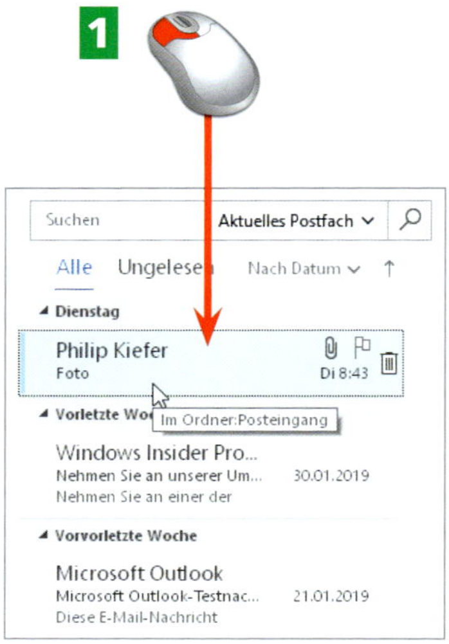

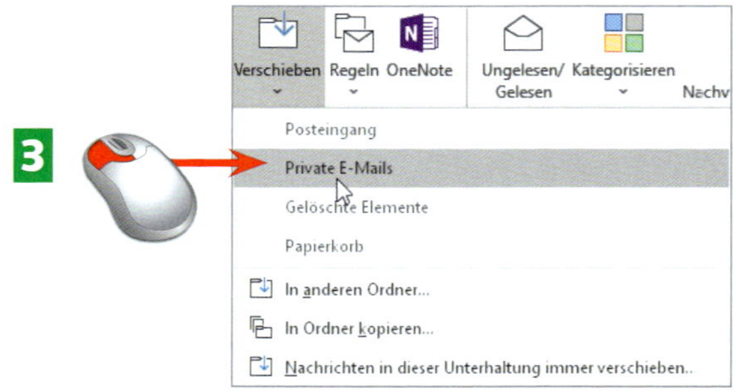

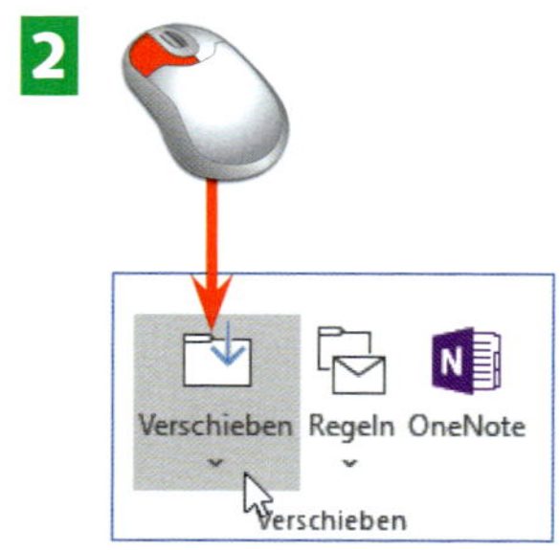

1 Markieren Sie in der Nachrichtenliste die E-Mail, die Sie verschieben möchten. Zum Markieren mehrerer E-Mails klicken Sie diese bei gedrückter Strg-Taste an.

2 Klicken Sie anschließend im Menüband unter *Start* auf die Schaltfläche *Verschieben*.

3 Im daraufhin erscheinenden Auswahlmenü können Sie den Ort bestimmen, an den Ihre Mail verschoben werden soll.

Jetzt möchten Sie eine E-Mail in den neu erstellten Ordner verschieben. Kein Problem! Sie können E-Mails aus beliebigen anderen Ordnern in den neuen Ordner verschieben.

WISSEN

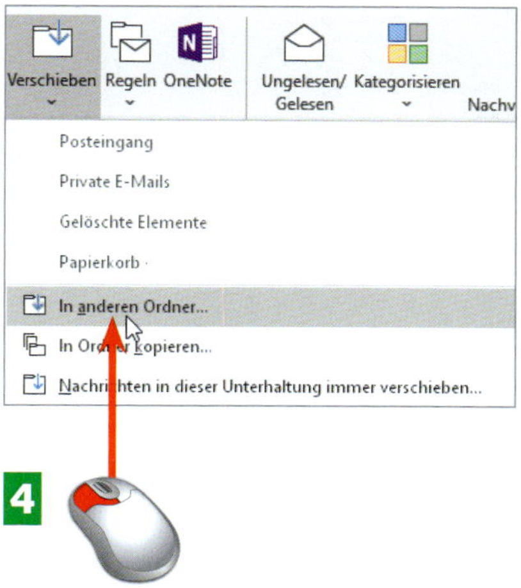

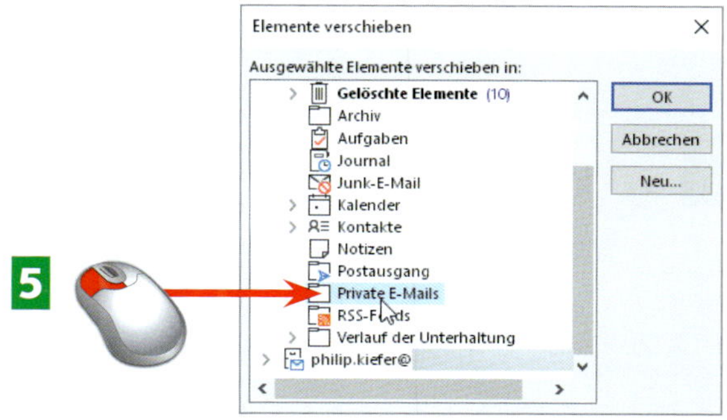

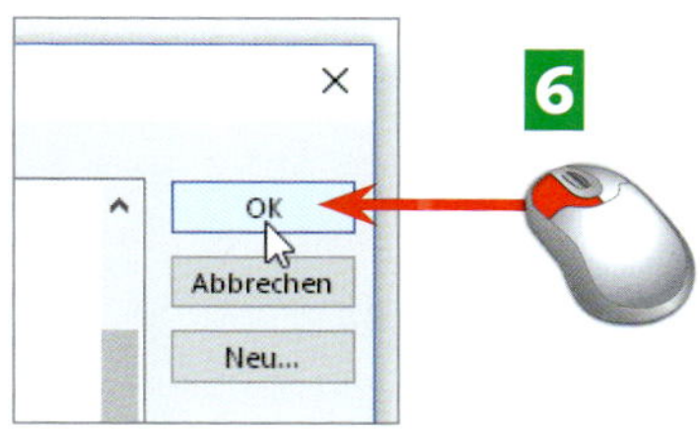

4 Zur Auswahl eines beliebigen Ordners entscheiden Sie sich für den Menüeintrag *In anderen Ordner*.

5 Wählen Sie im folgenden Dialogfenster den Zielordner aus.

6 Bestätigen Sie das Verschieben mit *OK*.

Ende

Verschieben noch leichter: Ziehen Sie eine E-Mail bei gedrückter Maustaste aus der Nachrichtenliste auf einen im Ordnerbereich angezeigten Ordner.

TIPP

Sie wollen in einem anderen Ordner eine E-Mail-Kopie erstellen? Dies gelingt, wenn Sie in Schritt 4 den Eintrag *In Ordner kopieren* wählen bzw. das Verschieben mit der Maus bei gedrückter Strg-Taste durchführen.

HINWEIS

Auch in diesem Zusammenhang funktioniert Copy-and-paste: Lagern Sie eine E-Mail mit Strg+X in die Zwischenablage aus und fügen Sie sie mit Strg+V in einen anderen Ordner ein.

HINWEIS

Start

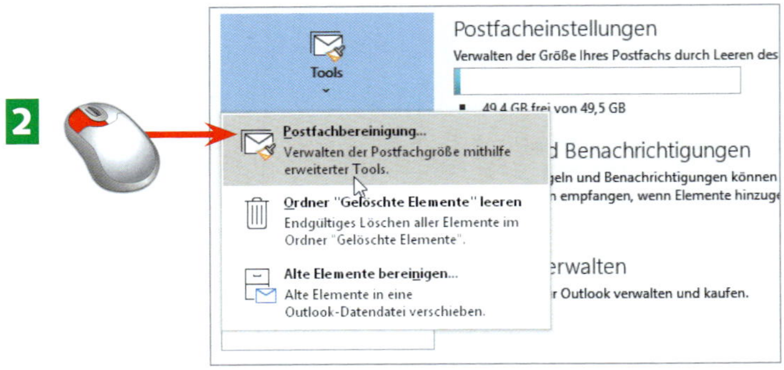

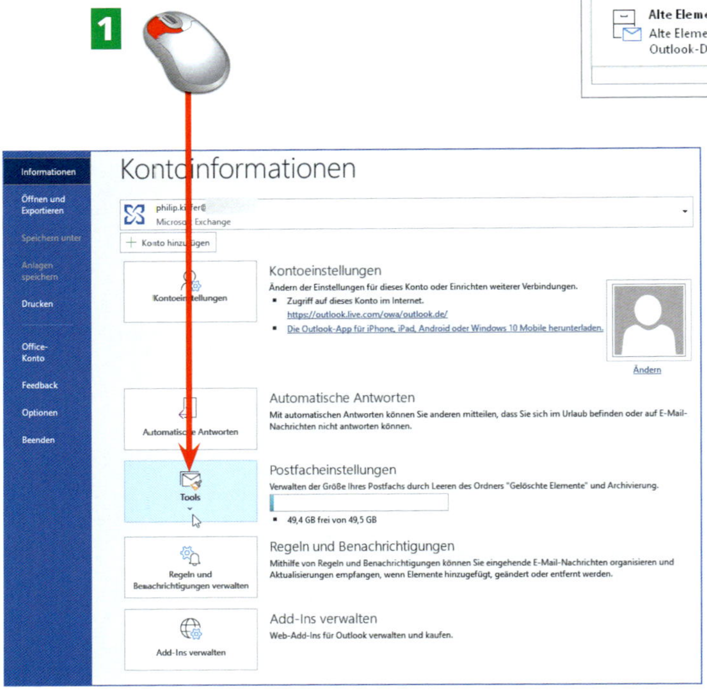

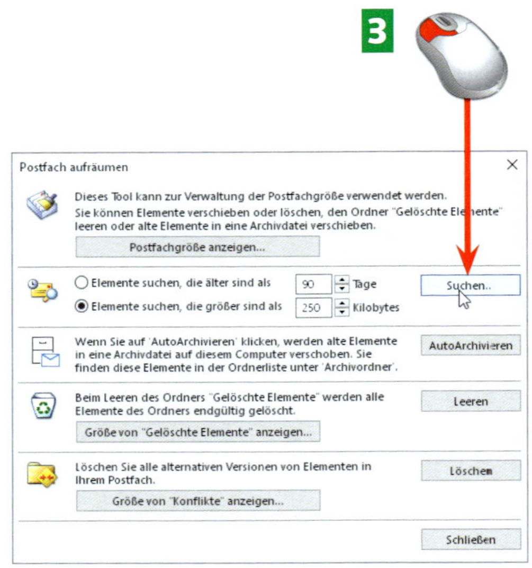

1 Um Ihre Aufräumaktion zu starten, entscheiden Sie sich zunächst unter dem Reiter *Datei* unter *Informationen* für die Schaltfläche *Tools*.

2 Klicken Sie im nächsten Schritt auf die Schaltfläche *Postfachbereinigung*.

3 Nutzen Sie die verschiedenen Aufräumtools, hier z. B. suche ich nach E-Mails mit einer bestimmten Mindestgröße, um speicherintensive E-Mails, die ich nicht mehr benötige, bequem löschen zu können.

Sie werden im Laufe der Zeit viele Tausend E-Mails erhalten. Um nach einiger Zeit nicht mehr benötigte E-Mails zu löschen, empfehle ich die Verwendung verschiedener Aufräumtools, die ich Ihnen auf dieser Doppelseite näherbringe.

WISSEN

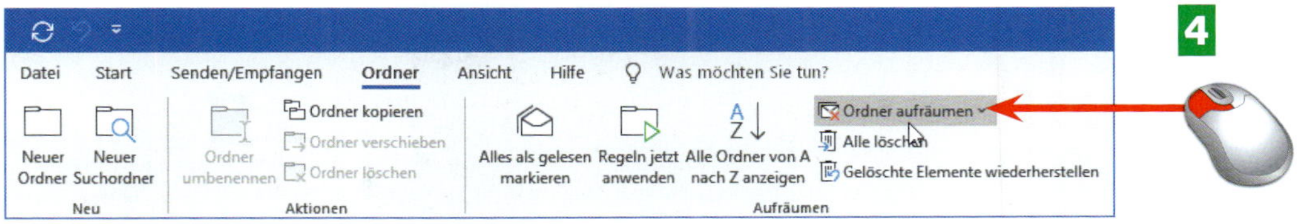

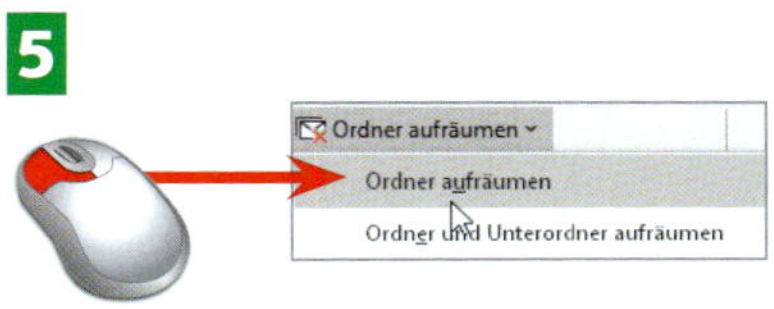

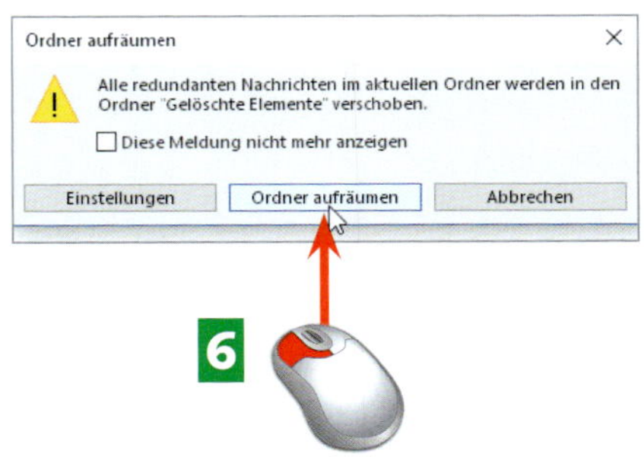

4 Als Nächstes möchten Sie doppelte E-Mails löschen. Dazu klicken Sie, nachdem Sie im Ordnerbereich einen Ordner ausgewählt haben, im Menüband unter *Ordner* auf die Schaltfläche *Ordner aufräumen*.

5 Entscheiden Sie im sich öffnenden Menü, ob Sie auch Unterordner in die Aufräumaktion einbeziehen möchten. Hier wähle ich den Eintrag *Ordner aufräumen*.

6 Bestätigen Sie die Aufräumaktion schließlich noch mit der Schaltfläche *Ordner aufräumen*.

Ende

TIPP

Erwägen Sie bei E-Mails grundsätzlich, ob sich das Aufbewahren überhaupt lohnt. Eine ausgewählte E-Mail lässt sich kurzerhand per [Entf]-Taste löschen.

HINWEIS

Weitere Aufräumoptionen finden Sie in den Outlook-Optionen unter *E-Mail*, indem Sie dort zum Abschnitt *Unterhaltungen aufräumen* scrollen.

HINWEIS

Die E-Mails als Unterhaltungen anzeigen: Wenn Sie dies wünschen, aktivieren Sie im Menüband unter *Ansicht* das Kontrollkästchen *Als Unterhaltungen anzeigen*.

Start

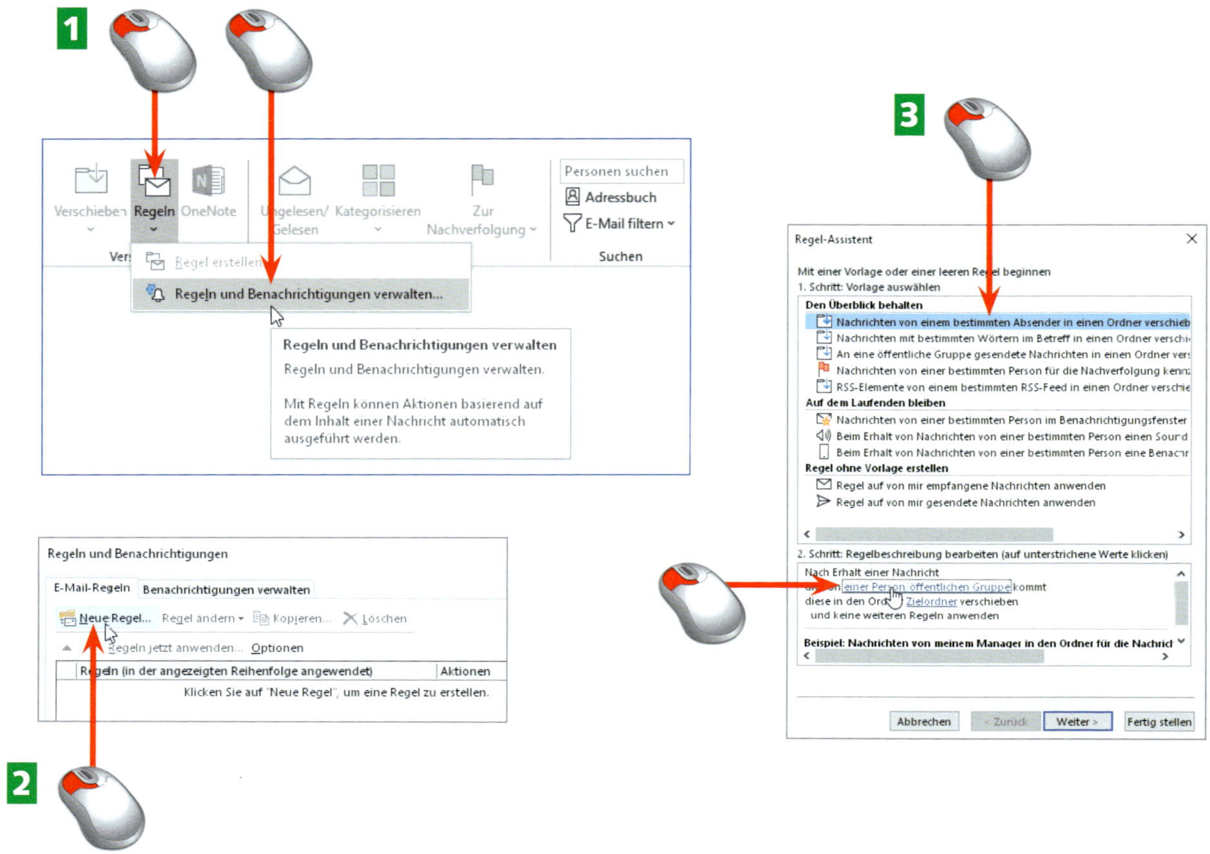

1 Entscheiden Sie sich im Menüband unter *Start* für die Schaltfläche *Regeln* und dann im sich öffnenden Menü für den Eintrag *Regeln und Benachrichtigungen verwalten*.

2 Im folgenden Dialogfenster *Regeln und Benachrichtigungen* klicken Sie auf die Schaltfläche *Neue Regel*.

3 Wählen Sie im Feld *1. Schritt* die Aktion aus, die durchgeführt werden soll. Im Feld *2. Schritt* werden daraufhin entsprechende Links angezeigt. Klicken Sie den ersten Link an.

Mithilfe von Regeln lassen sich E-Mails vollautomatisch in bestimmte Ordner verschieben. Auf dieser Doppelseite zeige ich Ihnen, wie Sie neue Regeln anlegen.

WISSEN

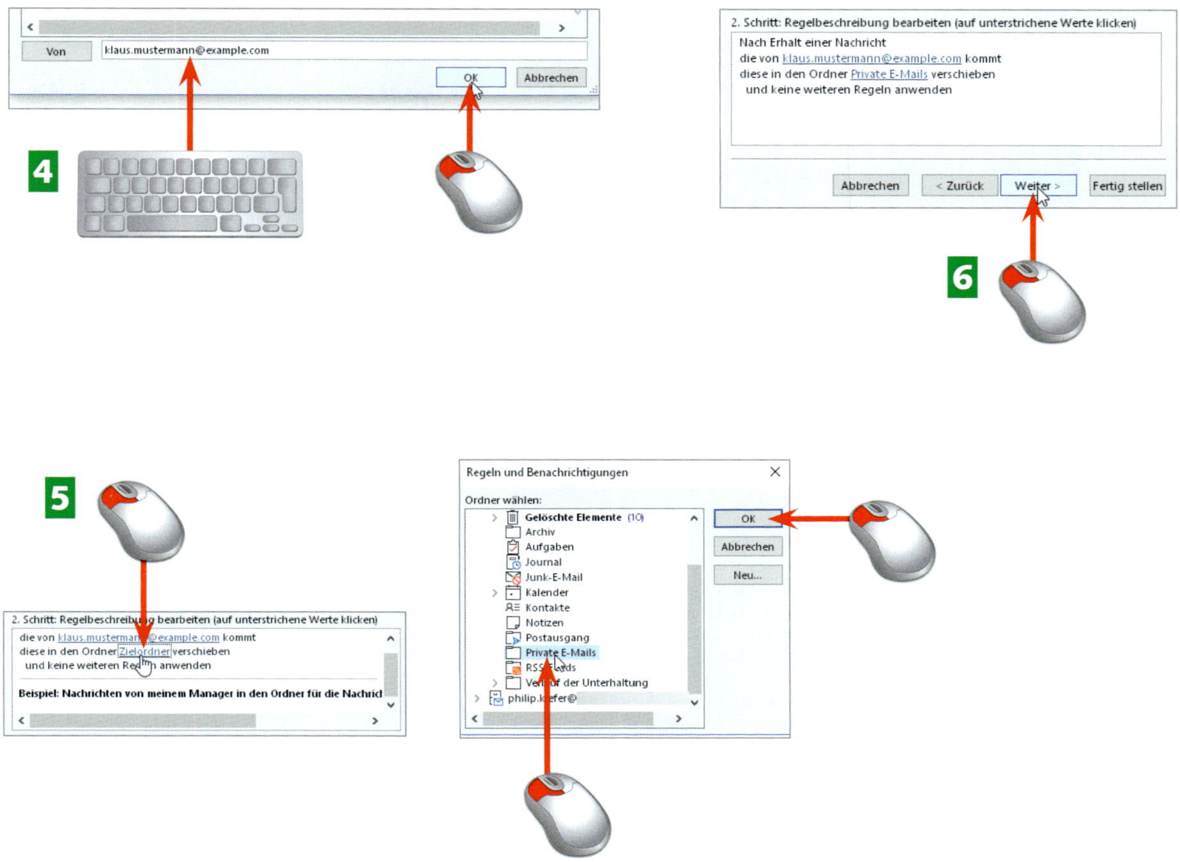

4 In diesem Fall tippe ich eine Absender-E-Mail-Adresse in das dafür vorgesehene Eingabefeld und bestätige mit *OK*.

5 Klicken Sie auf den nächsten Link im Feld *2. Schritt*. In diesem Fall wähle ich im folgenden Fenster den Zielordner aus und bestätige mit *OK*.

6 Wenn Sie alle Einstellungen erledigt haben, bestätigen Sie zum Schluss mit *Fertig stellen*. Die Regel tritt ab sofort in Kraft.

Ende

Die Benachrichtigungen, die Sie im Dialogfenster aus Schritt 2 ebenfalls verwalten können, betreffen durchgeführte Aktionen insbesondere mit Microsofts SharePoint-Software.

HINWEIS

Regeln bearbeiten oder wieder löschen: Dies erfolgt im Dialogfenster *Regeln und Benachrichtigungen*, das Sie aus Schritt 2 kennen.

HINWEIS

Wenn Sie in Schritt 6 statt auf *Fertig stellen* auf *Weiter* klicken, können Sie noch weitere Regeln mit der soeben erstellten kombinieren.

HINWEIS

Start

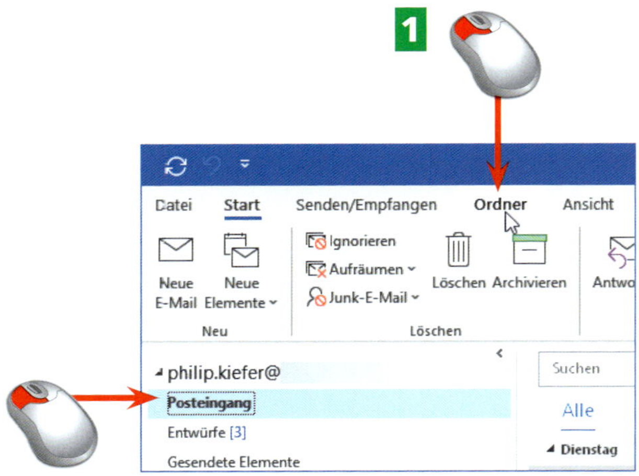

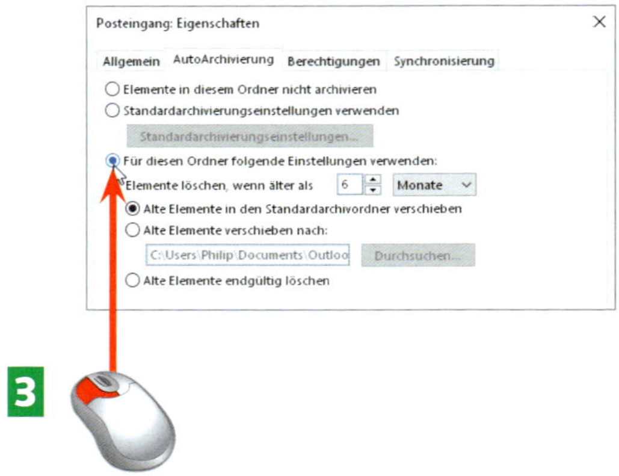

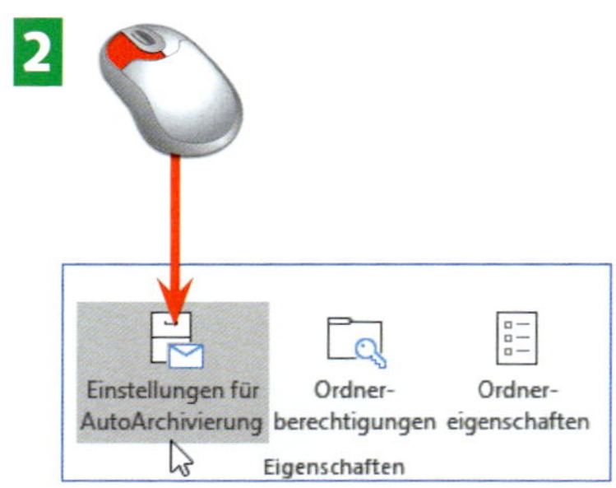

1 Wählen Sie im Ordnerbereich einen Ordner aus, für den Sie die AutoArchivierung einrichten möchten. Klicken Sie dann im Menüband auf den Reiter *Ordner*.

2 Klicken Sie im nächsten Schritt auf die Schaltfläche *Einstellungen für AutoArchivierung*.

3 Ich möchte die AutoArchivierung für den Ordner individuell festlegen und aktiviere deshalb die Option *Für diesen Ordner folgende Einstellungen verwenden*.

Dank AutoArchivierung lassen sich alte E-Mails automatisch in einen Archivordner verschieben oder, wenn gewünscht, löschen. Auf dieser Doppelseite erfahren Sie, wie Sie die AutoArchivierung einrichten.

WISSEN

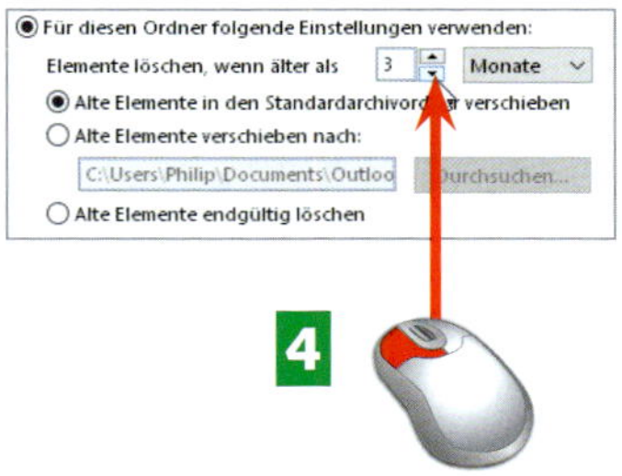

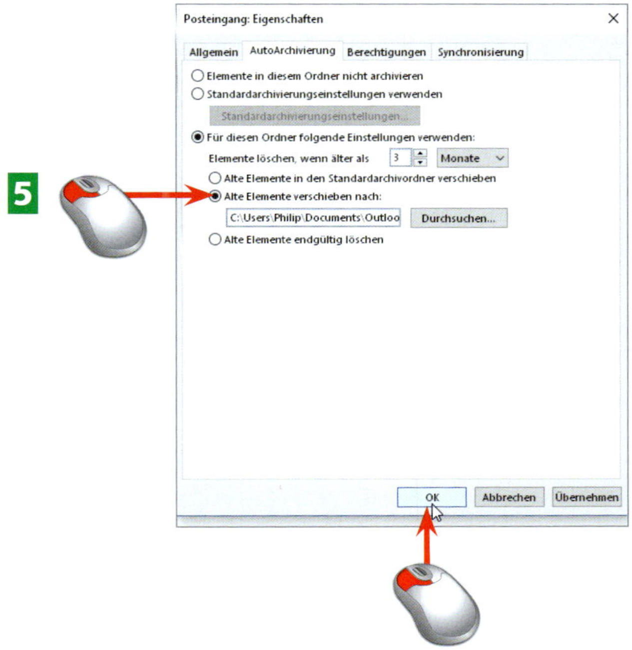

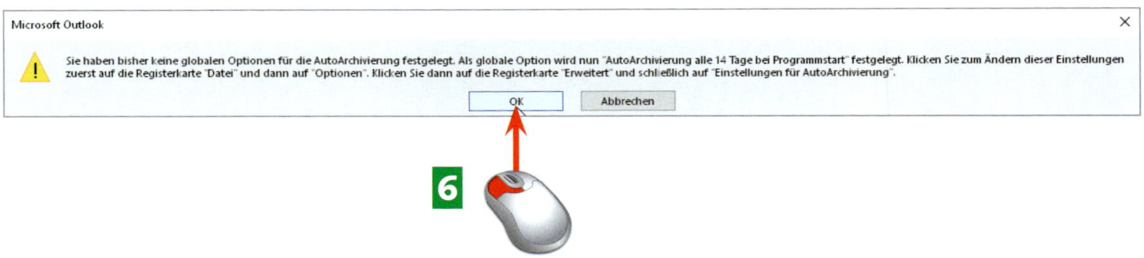

4 Bestimmen Sie per Menü, ab welchem Mindestalter E-Mails automatisch archiviert werden sollen.

5 Entscheiden Sie dann durch Auswahl der entsprechenden Option, wohin die alten E-Mails verschoben werden sollen. Bestätigen Sie mit *OK*.

6 In diesem Fall wurden keine globalen AutoArchivierungs-Einstellungen in den Outlook-Optionen vorgenommen. Deshalb muss ich noch einen Hinweis mit *OK* bestätigen. Die AutoArchivierung erfolgt standardmäßig alle zwei Wochen.

Ende

Globale Einstellungen zur AutoArchivierung nehmen Sie in den Outlook-Optionen unter *Erweitert* vor, indem Sie dort auf die Schaltfläche *Einstellungen für AutoArchivierung* klicken.

HINWEIS

Wenn Sie E-Mails archiviert haben, wird im Ordnerbereich zusätzlich der Ordner *Archive* angezeigt, in dem Sie Zugriff auf die archivierten E-Mails erhalten.

HINWEIS

Start

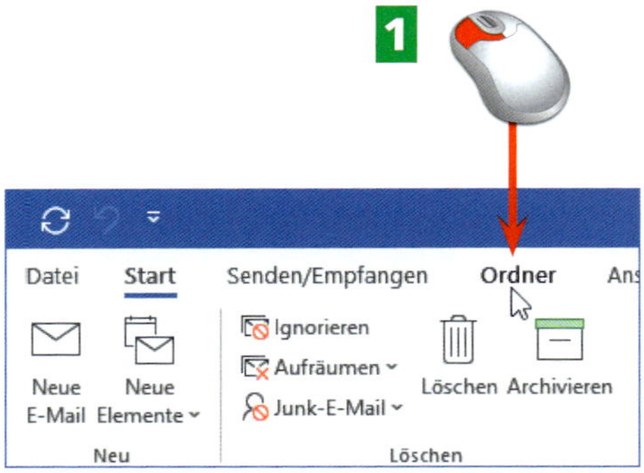

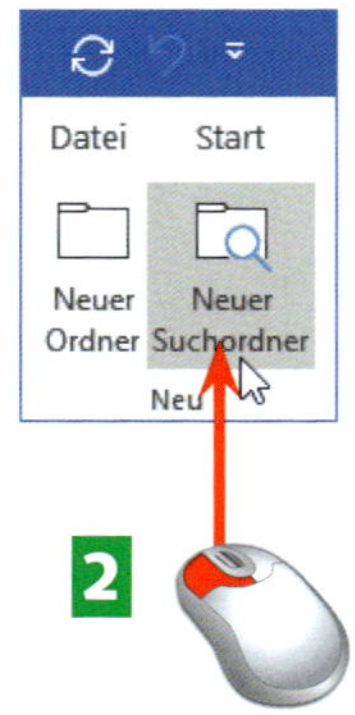

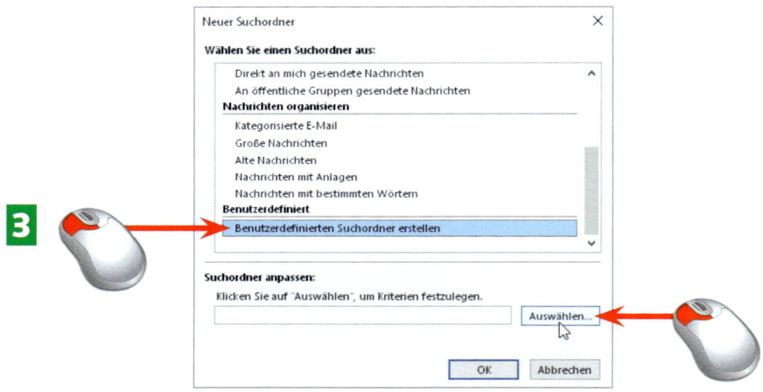

1 Entscheiden Sie sich im Menüband für den Reiter *Ordner*.

2 Klicken Sie im nächsten Schritt auf die Schaltfläche *Neuer Suchordner*.

3 Wählen Sie eine der Vorgaben aus oder klicken Sie, wie ich es hier tue, auf *Benutzerdefinierten Suchordner erstellen* und dann auf *Auswählen*.

Eine besondere Form von Ordnern sind die Suchordner. Sie dienen dazu, E-Mails zu versammeln, die bestimmten Kriterien entsprechen, und zwar unabhängig von deren tatsächlichem Speicherordner.

WISSEN

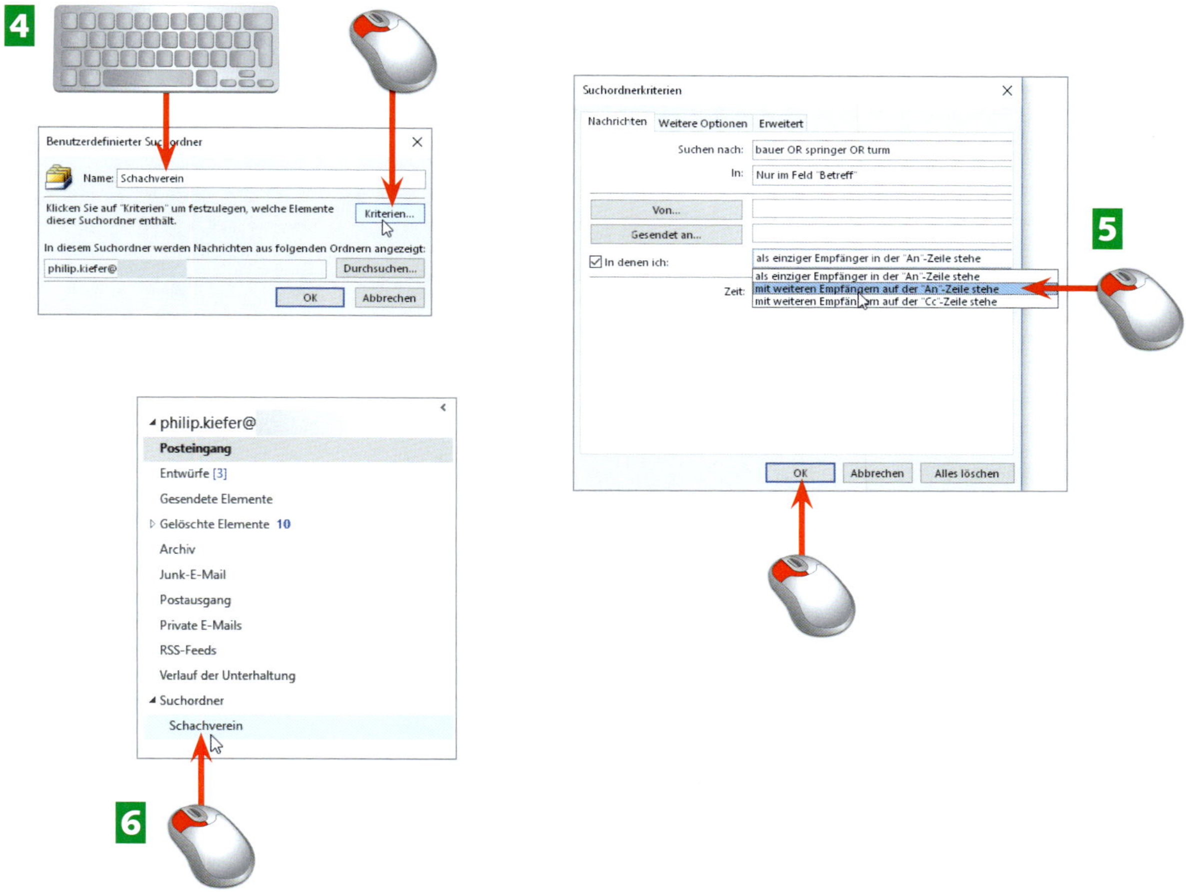

4 Geben Sie dem Suchordner eine schlüssige Bezeichnung und klicken Sie auf die Schaltfläche *Kriterien*.

5 Geben Sie Ihre individuellen Suchordnerkriterien an und bestätigen Sie in allen Fenstern mit *OK*.

6 Der Suchordner lässt sich nun im Ordnerbereich aufrufen, beim Anklicken wird die jeweils vorgegebene Suche gestartet.

Ende

Zum Erstellen eines neuen Suchordners können Sie auch die Tastenkombination Strg+⇧+P einsetzen.

TIPP

Alternativ oder zusätzlich zur Nutzung von Suchordnern können Sie auch auf der im Menüband eingeblendeten Registerkarte *Suchen* mit der Schaltfläche *Zuletzt verwendete Suchvorgänge* auf Ihre letzten Suchen zugreifen.

HINWEIS

Im Dialogfenster *Suchordnerkriterien* lassen sich unter dem Reiter *Erweitert* auch eigene Felder für Kriterien definieren.

TIPP

Start

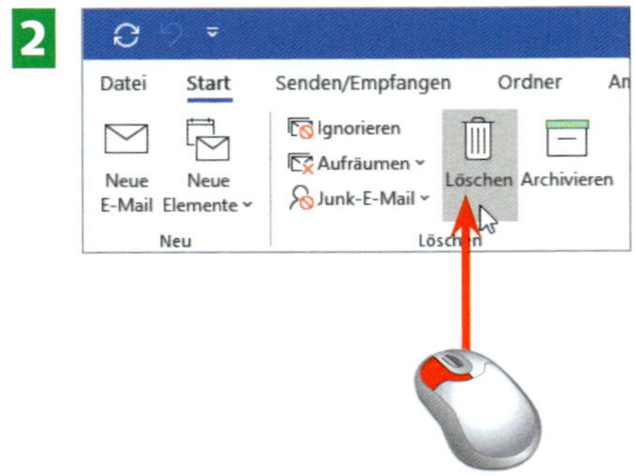

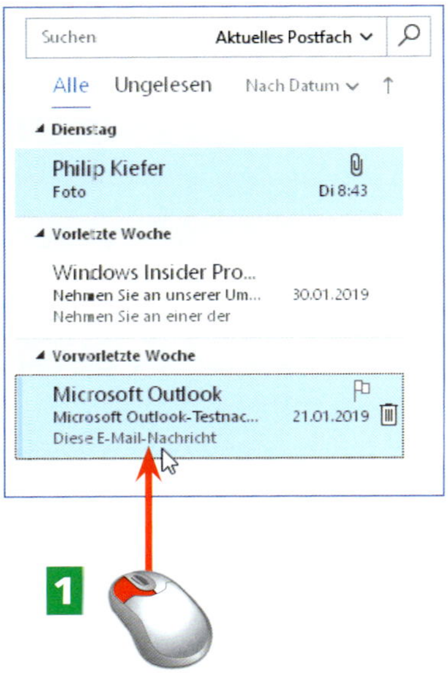

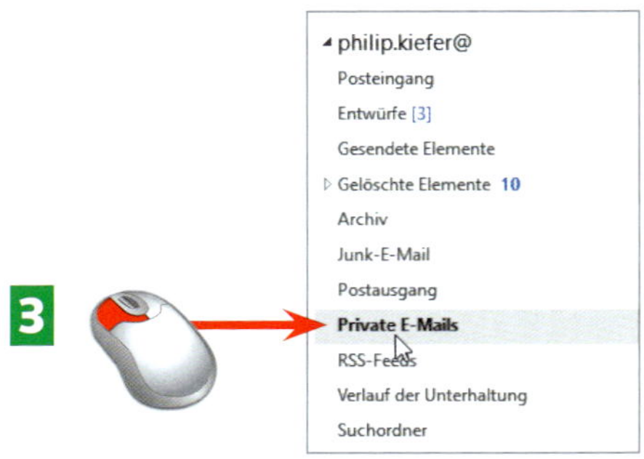

1 Sie möchten eine oder mehrere ausgewählte E-Mails löschen? Klicken Sie diese dazu im E-Mail-Ordner an (mehrere E-Mails bei gedrückter Strg-Taste).

2 Entscheiden Sie sich im Menüband unter *Start* für die Schaltfläche *Löschen*.

3 Oder möchten Sie sämtliche E-Mails in einem E-Mail-Ordner löschen? Wählen Sie den Ordner hierzu im Ordnerbereich aus.

Eine oder mehrere E-Mails lassen sich prinzipiell durch Markieren und Betätigen der Entf-Taste löschen, sprich: in den Ordner *Gelöschte Elemente* verschieben. Lassen Sie mich Ihnen auf dieser Doppelseite weitere Optionen vorstellen, die Sie diesbezüglich im Menüband finden. Denn das Löschen nicht mehr benötigter E-Mails ist ein wichtiger Gesichtspunkt im Zusammenhang mit dem Thema Übersicht und Ordnung in Outlook.

WISSEN

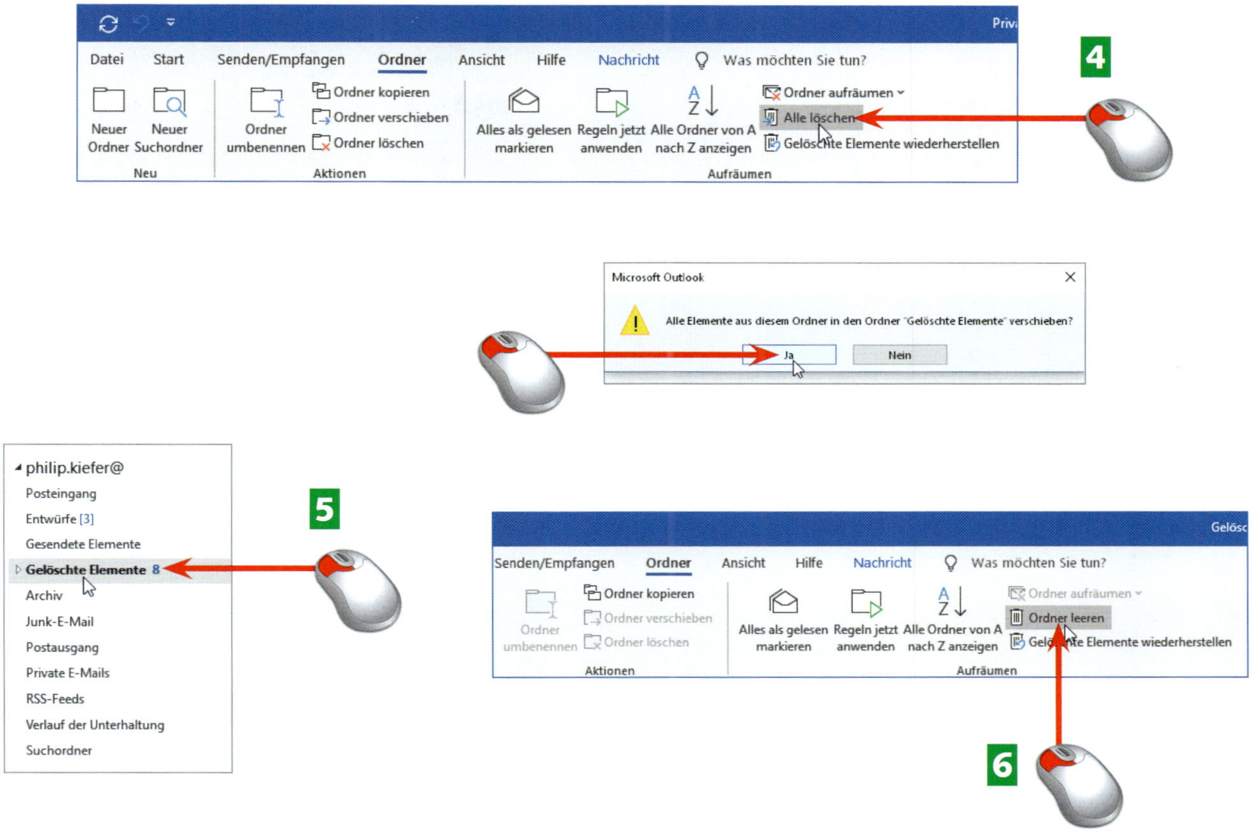

4 Im Menüband unter *Ordner* entscheiden Sie sich nun für die Schaltfläche *Alle löschen*. Im folgenden Hinweisfenster bestätigen Sie das Löschen mit *Ja*.

5 Wie schon erwähnt, werden die gelöschten E-Mails zunächst in den Ordner *Gelöschte Elemente* verschoben. Um diesen zu leeren, wählen Sie ihn im Ordnerbereich aus.

6 Klicken Sie dann im Menüband unter *Ordner* auf die Schaltfläche *Ordner leeren*.

Ende

Die Option zum Leeren des Ordners *Gelöschte Elemente* finden Sie auch unter *Datei*, indem Sie sich dort nach Anklicken der Schaltfläche *Tools* für den Eintrag *Ordner "Gelöschte Elemente" leeren* entscheiden.

HINWEIS

Den Ordner *Gelöschte Elemente* beim Beenden von Outlook automatisch leeren: Aktivieren Sie dazu in den Outlook-Optionen unter *Erweitert* im Abschnitt *Starten und Beenden von Outlook* das entsprechende Kontrollkästchen.

TIPP

Weitere wichtige E-Mail-Funktionen

4

Mit den Basisfunktionen rund um das Senden, Empfangen und Verwalten Ihrer E-Mails sind Sie nach dem Durcharbeiten der Kapitel 2 und 3 bestens vertraut. Lernen Sie im vierten Kapitel dieses Buches nun weitere wichtige E-Mail-Funktionen kennen, unter anderem das Bekämpfen unerwünschter Werbung, das Konfigurieren bombenfester Sicherheitseinstellungen, das Automatisieren von Aufgaben mit Quick-Steps oder das Verwenden von E-Mail-Vorlagen. Auch das Ändern der Eingabesprache sowie das Abonnieren von RSS-Meldungen werden Schritt für Schritt und Bild für Bild beschrieben.

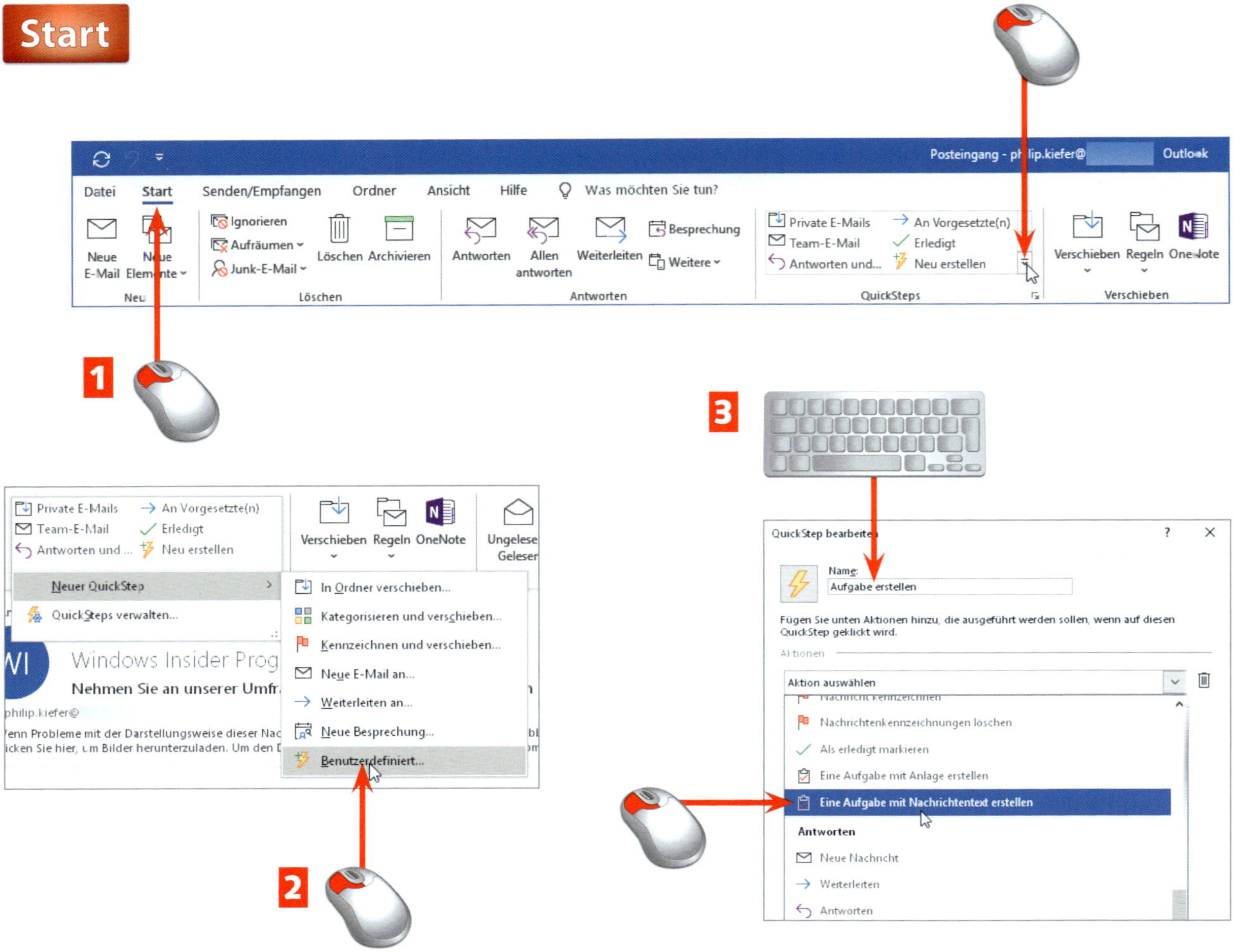

1 Sie finden im Menüband unter *Start* bereits eine Reihe von *QuickSteps* in der gleichnamigen Gruppe. Um einen neuen QuickStep zu erstellen, klicken Sie – je nach Fenstergröße – gegebenenfalls zunächst rechts unten im *QuickSteps*-Kasten auf das Symbol ▿.

2 Im sich öffnenden Menü entscheiden Sie sich für den Eintrag *Neuer QuickStep/Benutzerdefiniert*.

3 Geben Sie dem QuickStep im Feld *Name* eine schlüssige Bezeichnung und wählen Sie dann per Menü die durchzuführende Aktion aus.

QuickSteps sind so etwas Ähnliches wie die im vorherigen Kapitel kennengelernten Regeln. Nur dass Sie in diesem Fall keine Bedingung erstellen, sondern einen QuickStep manuell in Gang bringen. So können Sie mit einem oder zwei Mausklicks auf für Sie wichtige Aktionen zugreifen.

WISSEN

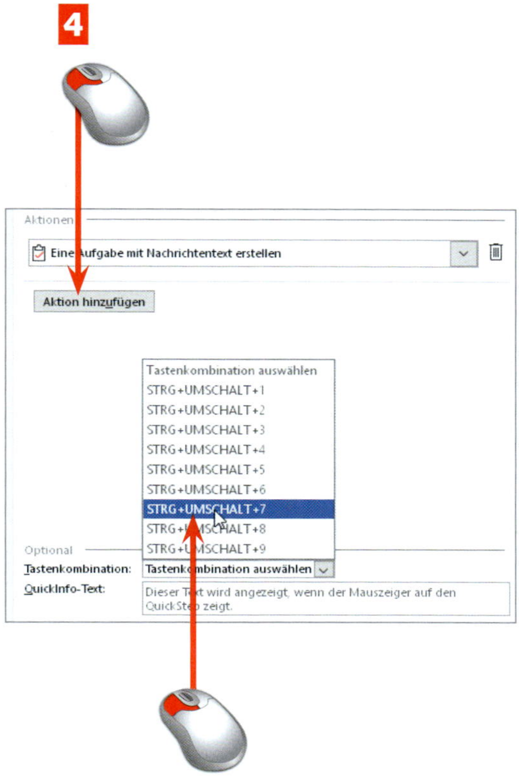

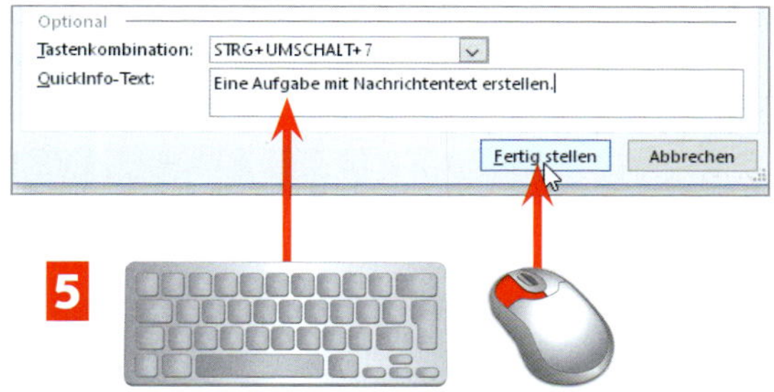

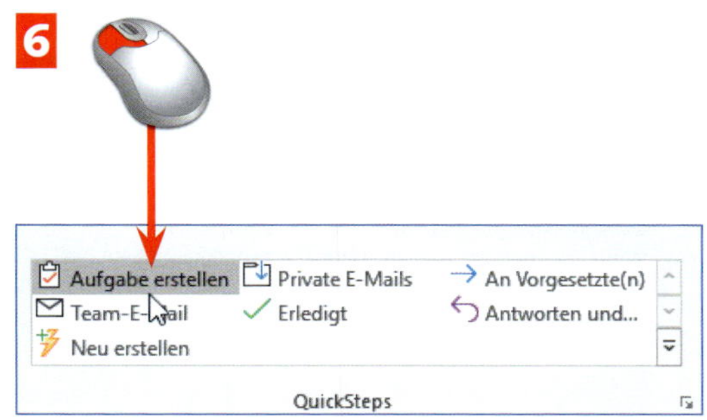

4 Klicken Sie auf die Schaltfläche *Aktion hinzufügen*, um bei Bedarf weitere Aktionen zu ergänzen. Im Menü *Tastenkombination* wählen Sie ein Tastenkürzel für den QuickStep aus.

5 Geben Sie zum Schluss noch einen QuickInfo-Text ein, der dann erscheint, wenn Sie den Mauszeiger auf einen QuickStep bewegen, und bestätigen Sie mit *Fertig stellen*.

6 Fertig! Der QuickStep kann ab sofort per Mausklick im *QuickSteps*-Kasten aufgerufen werden.

Ende

Auf die QuickSteps per Kontextmenü zugreifen: Klicken Sie eine E-Mail mit der rechten Maustaste an und entscheiden Sie sich unter *QuickSteps* für die gewünschte Aktion.

TIPP

Ihre QuickSteps verwalten: Klicken Sie dazu im Menüband rechts unten in der Gruppe *QuickSteps* auf das bereits bekannte Symbol ↗.

HINWEIS

Start

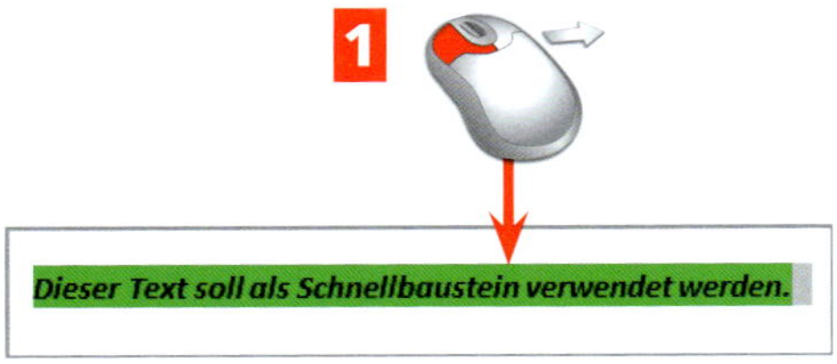

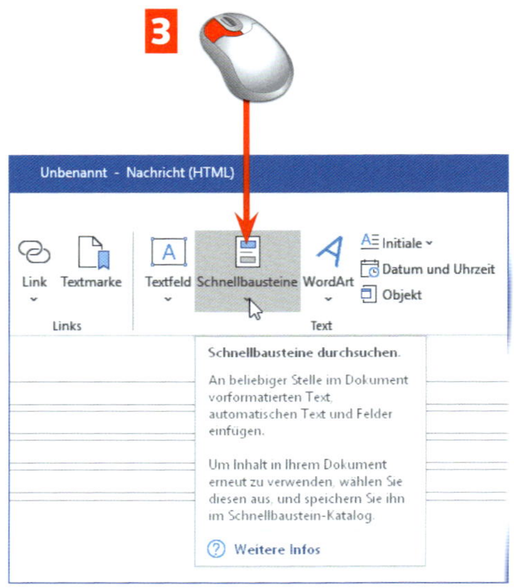

1 Markieren Sie in einer selbst erstellten E-Mail den Text, den Sie – inklusive Formatierung – als Schnellbaustein verwenden möchten.

2 Entscheiden Sie sich im Menüband des E-Mail-Fensters für die Registerkarte *Einfügen*.

3 Klicken Sie im nächsten Schritt auf die Schaltfläche *Schnellbausteine*.

Häufig genutzte Textpassagen, beispielsweise Grußformeln, Zitate oder Versandhinweise, lassen sich als Schnellbausteine speichern und später komfortabel erneut in eine E-Mail einbauen. Das spart auf Dauer eine Menge Tipparbeit – und es geht ganz einfach.

WISSEN

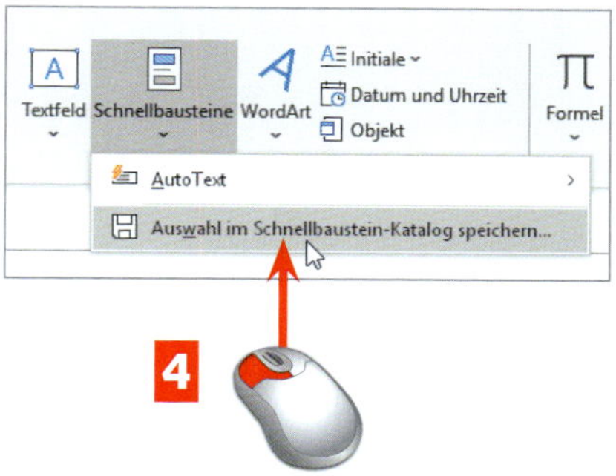

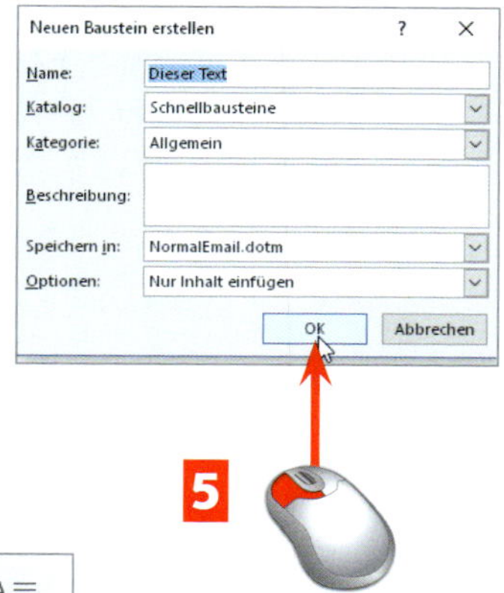

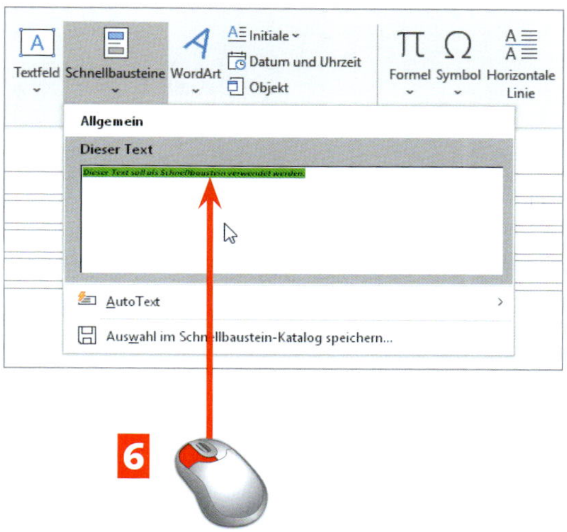

4 Im sich öffnenden Menü wählen Sie den Eintrag *Auswahl im Schnellbaustein-Katalog speichern.*

5 Bestätigen Sie im folgenden Fenster das Erstellen des Schnellbausteins mit *OK*. Sie können zuvor noch Name und Kategorie für den Schnellbaustein anpassen.

6 Der Schnellbaustein lässt sich ab sofort unter der Schaltfläche *Schnellbausteine* aufrufen und per Mausklick einfügen.

Ende

HINWEIS

Um Ihre Schnellbausteine zu verwalten, klicken Sie einen Schnellbaustein im Menü aus Schritt 6 mit der rechten Maustaste an und wählen im Kontextmenü *Organisieren und löschen.*

HINWEIS

Wenn Sie Text eintippen, der auch im Schnellbaustein verwendet wird, bietet Ihnen Outlook das Verwenden des Schnellbausteins durch Drücken der ↵-Taste automatisch an.

Start

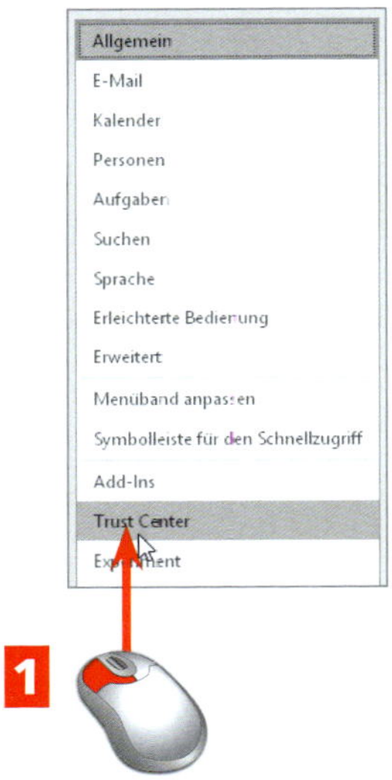

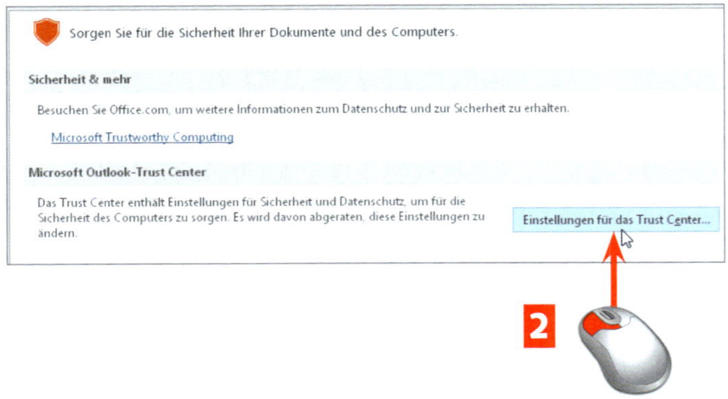

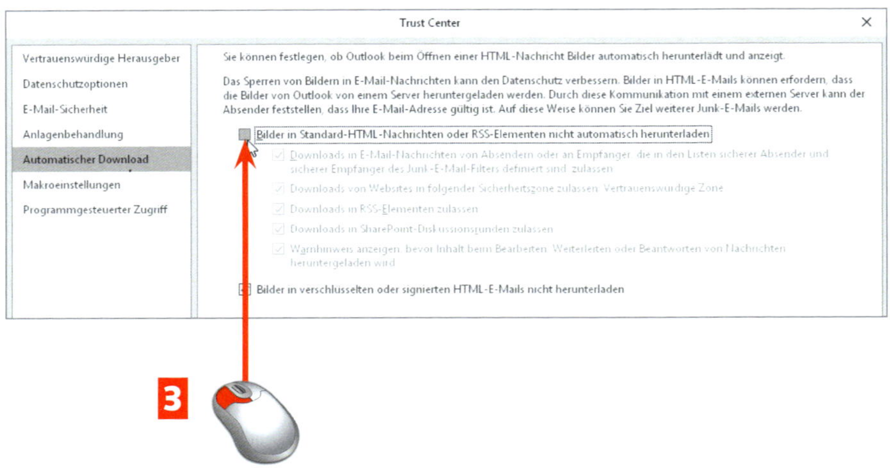

1 Öffnen Sie die Outlook-Optionen und klicken Sie links auf den Eintrag *Trust Center*.

2 Um die Sicherheitseinstellungen einzusehen bzw. zu ändern, klicken Sie auf die Schaltfläche *Einstellungen für das Trust Center*.

3 Ihnen wird zunächst die Einstellung *Automatischer Download* angezeigt. Bestimmen Sie hier per Kontrollkästchen, welche Elemente automatisch heruntergeladen werden sollen und welche nicht.

Outlook bietet eine ganze Reihe von Sicherheitseinstellungen für den E-Mail-Versand und -Empfang. Nehmen Sie diese Sicherheitseinstellungen gemäß Ihrem eigenen Sicherheitsbedürfnis vor. Als Faustregel gilt hierbei, dass ein Plus an Sicherheit den Komfort bei der E-Mail-Nutzung beeinträchtigen kann.

WISSEN

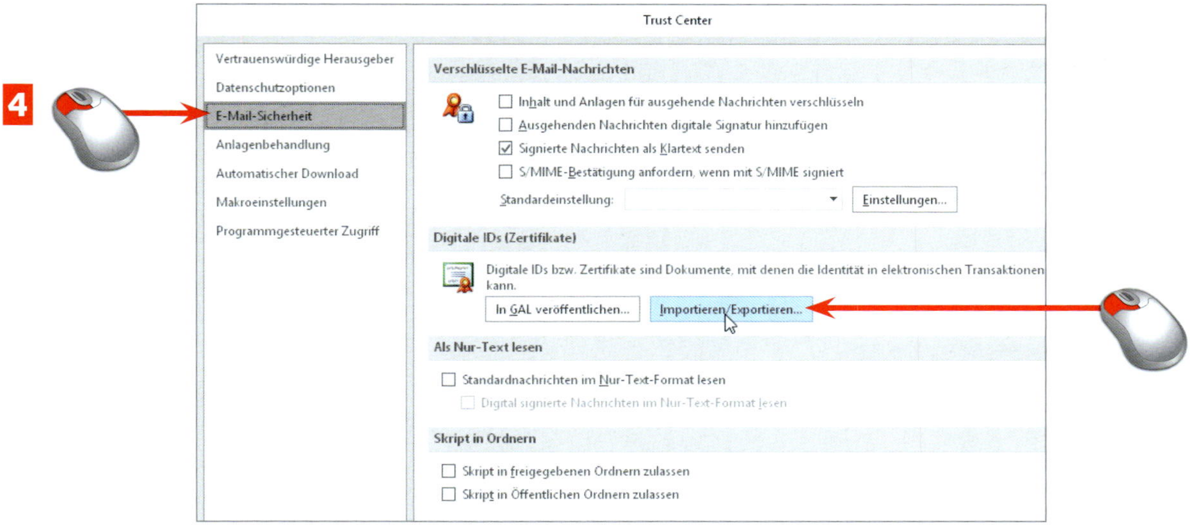

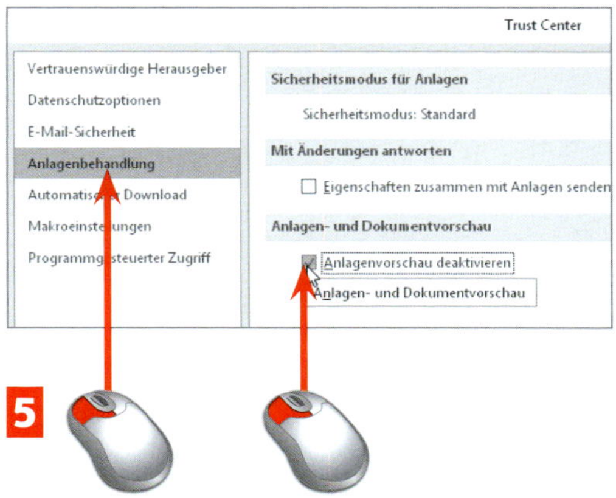

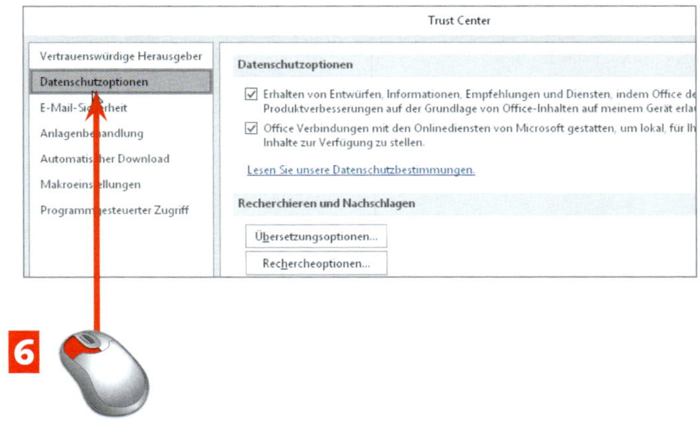

4 Unter *E-Mail-Sicherheit* finden Sie Optionen zum Importieren einer digitalen Signatur etc. Diese Optionen können im geschäftlichen E-Mail-Verkehr nützlich sein.

5 Klicken Sie auf *Anlagenbehandlung*, um verschiedene Optionen, die Dateianhänge betreffen, z. B. *Anlagenvorschau deaktivieren*, einzuschalten.

6 Ebenfalls interessant: Klicken Sie auf *Datenschutzoptionen*, um zu prüfen, welche Daten bei der Outlook-Nutzung an Microsoft gesendet werden.

Ende

Bestimmte Dateitypen, die Sie als E-Mail-Anlage erhalten, werden von Outlook automatisch blockiert, z. B. EXE-Dateien. Die Blockierung kann aber durch Änderung der Dateiendung umgangen werden.

HINWEIS

Start

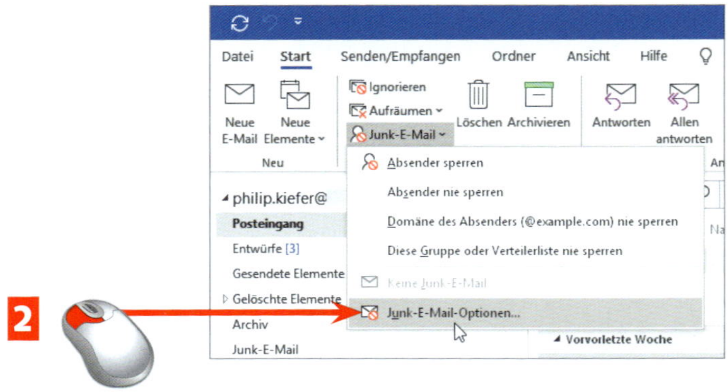

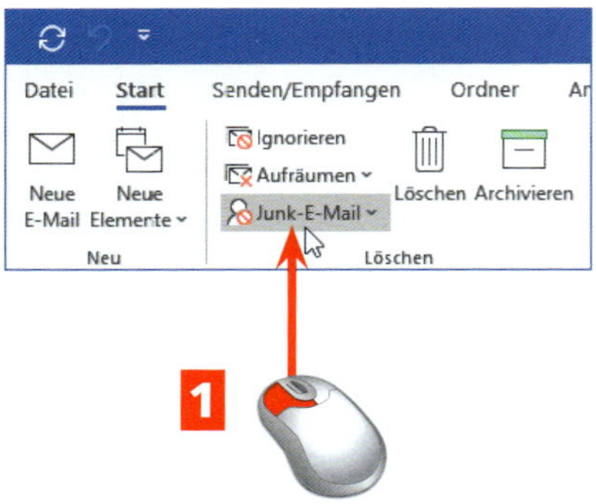

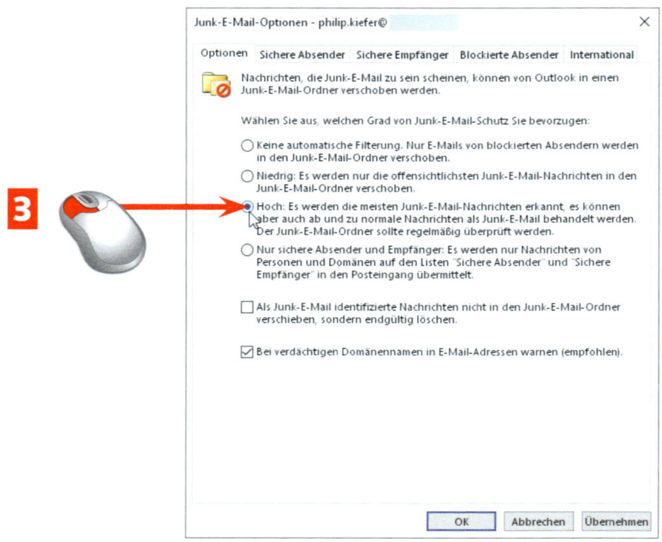

1 Um zunächst Ihre Junk-E-Mail-Einstellungen vorzunehmen, klicken Sie im Menüband unter *Start* auf die Schaltfläche *Junk-E-Mail*.

2 Klicken Sie unten im sich öffnenden Menü auf den Eintrag *Junk-E-Mail-Optionen*.

3 Wählen Sie im folgenden Fenster die Filterstufe aus. Es gilt: Je rigider die Filterung, desto wahrscheinlicher ist es, dass auch mal eine gewünschte E-Mail im Junk-E-Mail-Ordner landet.

Junk-E-Mails sind extrem lästig und kosten Zeit! Mit dem Begriff sind ungewünschte werbende E-Mails gemeint, die Sie z. B. ins Onlinekasino einladen oder Ihnen eine private Krankenversicherung verkaufen wollen. Wie Sie das nervenaufreibende Bombardement stoppen, erfahren Sie hier.

WISSEN

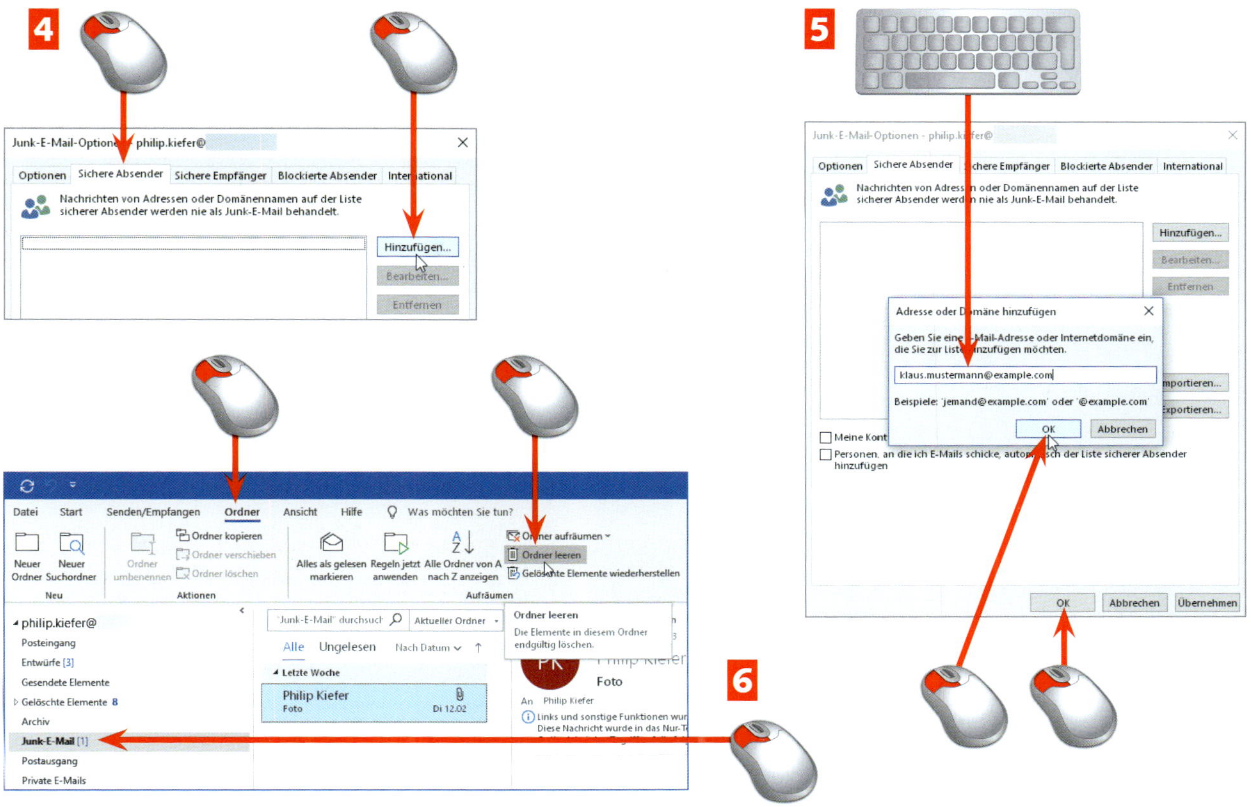

4 E-Mail-Adresse bzw. Domains von Freunden, Firma und Co. fügen Sie den sicheren Absendern hinzu, damit diese niemals ausgefiltert werden. Klicken Sie dazu unter dem Reiter *Sichere Absender* auf *Hinzufügen*.

5 Geben Sie die E-Mail-Adresse oder die Domain (z. B. *example.com*) ein und bestätigen Sie mit *OK*. Wenn Sie alle Einstellungen beendet haben, schließen Sie auch das Dialogfenster *Junk-E-Mail-Optionen* mit *OK*.

6 Um die Inhalte des Junk-E-Mail-Ordners zu prüfen, klicken Sie diesen im Ordnerbereich an. Zum Löschen wählen Sie im Menüband unter *Ordner* die Schaltfläche *Ordner leeren*.

Ende

TIPP

E-Mails bestimmter Absender immer in den Junk-E-Mail-Ordner verschieben: Klicken Sie dazu auf den Reiter *Blockierte Absender* und ergänzen Sie die E-Mail-Adressen oder Domains mit *Hinzufügen*.

HINWEIS

Wenn mal eine Junk-E-Mail im Posteingang landet, klicken Sie diese mit der rechten Maustaste an, um im Kontextmenü unter *Junk-E-Mail* die passenden Optionen zu erhalten.

Start

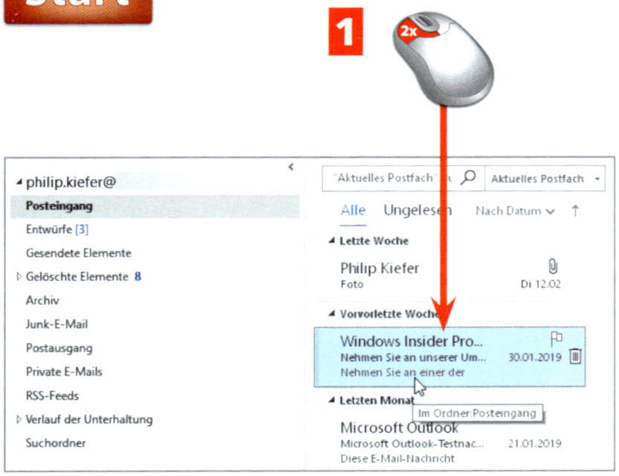

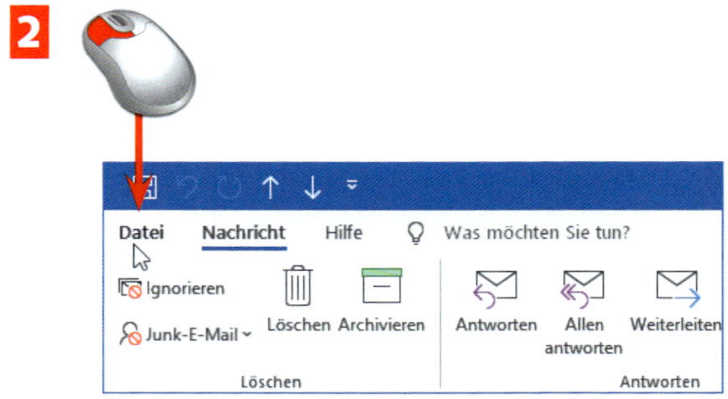

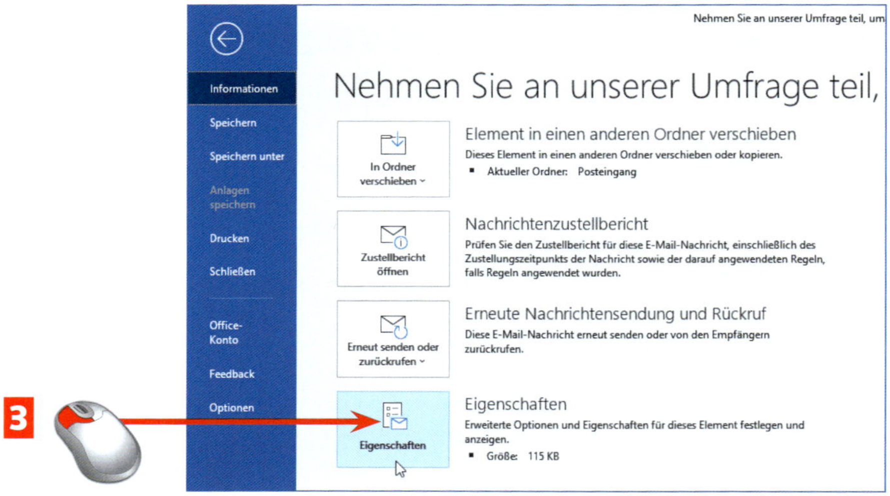

1 Doppelklicken Sie in der Nachrichtenliste auf eine E-Mail, um diese in einem eigenen Fenster zu öffnen.

2 Entscheiden Sie sich im Menüband des E-Mail-Fensters für den Reiter *Datei*.

3 Klicken Sie unter *Informationen* auf die Schaltfläche *Eigenschaften*.

Besonders dann, wenn eine E-Mail im Verdacht steht, eine gefälschte Absender-E-Mail-Adresse zu verwenden, lohnt sich ein Blick in den E-Mail-Header. Dort werden Ihnen die Meta-Informationen zu einer E-Mail angezeigt, z. B. der Server, über den eine E-Mail versandt wurde. Der E-Mail-Header ist in Outlook etwas versteckt, aber mit der Anleitung auf dieser Doppelseite finden Sie ihn schnell.

WISSEN

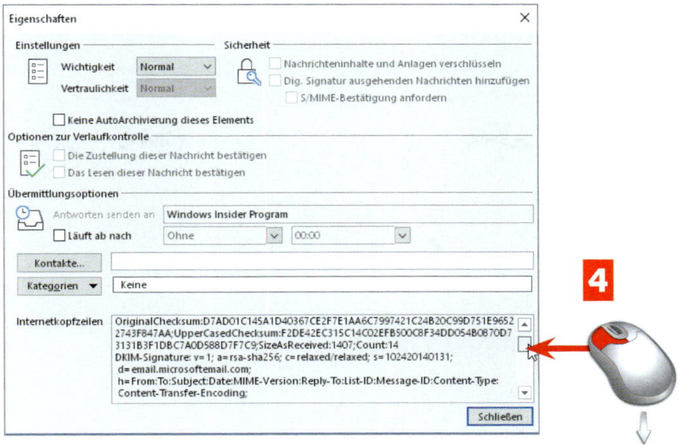

4

5

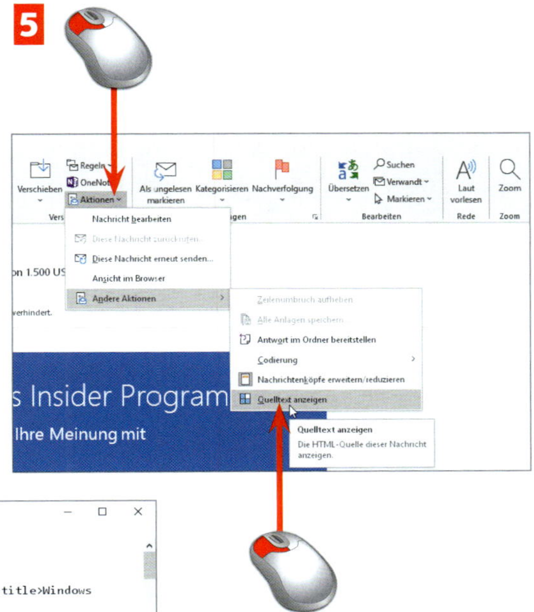

6

4 Im folgenden Fenster wird Ihnen der E-Mail-Header im Feld *Internetkopfzeilen* angezeigt. Per Bildlaufleiste blenden Sie den nicht sichtbaren Teil des Headers ein.

5 Sie möchten auch den Quelltext des E-Mail-Bodys betrachten? Klicken Sie dazu in der geöffneten E-Mail auf die Schaltfläche *Aktionen*. Wählen Sie im Menü unter *Andere Aktionen* den Eintrag *Quelltext anzeigen*.

6 Der Quelltext des E-Mail-Bodys wird im Windows-Zubehörprogramm Editor geöffnet.

Ende

E-Mails lassen sich auch im Webbrowser betrachten. Klicken Sie hierzu unter der Schaltfläche *Aktionen* auf den Menüeintrag *Ansicht im Browser*.

TIPP

Eine weitere spannende Funktion, die Sie unter der Schaltfläche *Aktionen* finden, ist der Menüeintrag *Diese Nachricht zurückrufen*: Wenn Sie nach dem Versand einer E-Mail einen Fehler entdecken, können Sie eine E-Mail, sofern noch nicht aufgerufen, vom E-Mail-Server des Empfängers löschen.

TIPP

Start

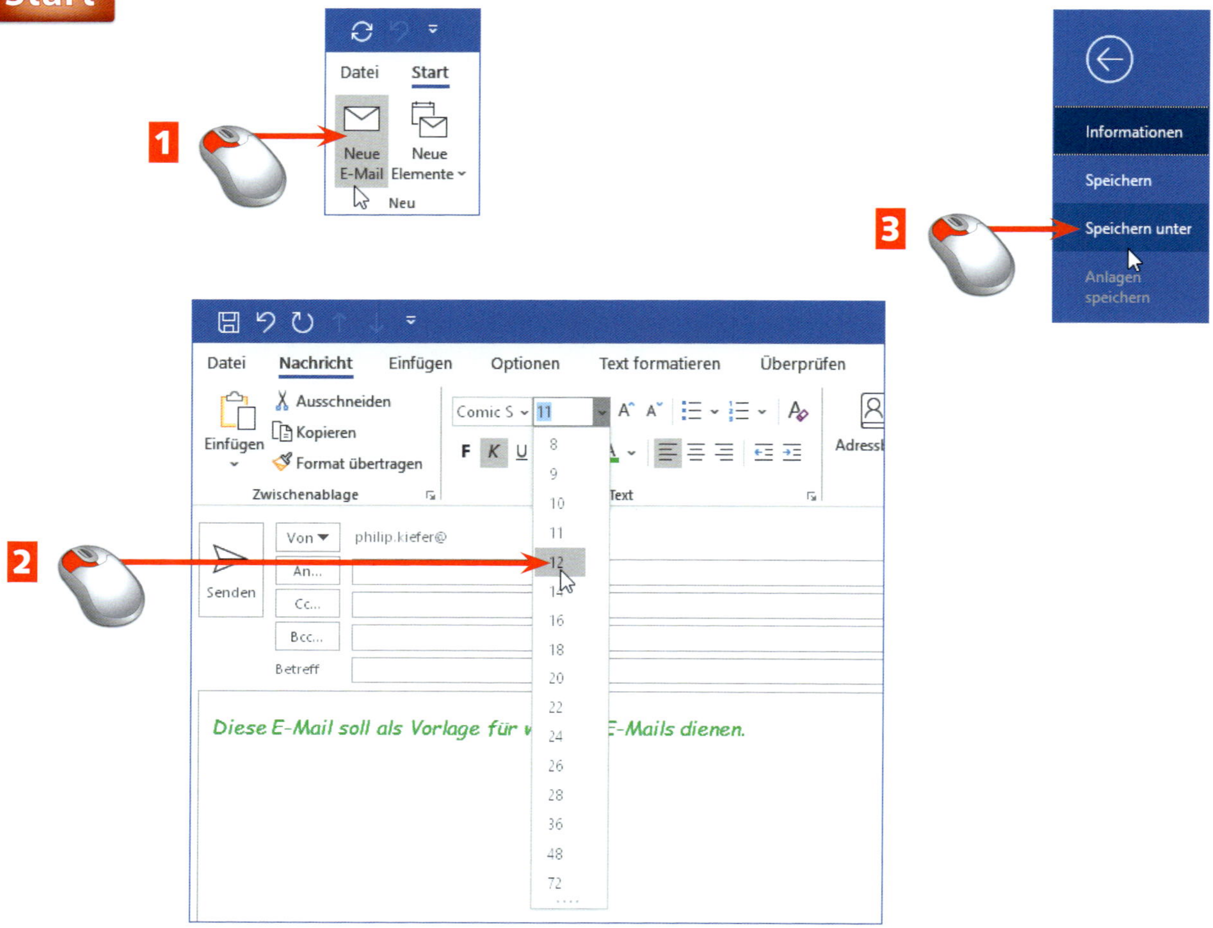

1 Erstellen Sie eine neue E-Mail.

2 Gestalten Sie die E-Mail mithilfe der in Kapitel 2 vorgestellten Funktionen ganz nach Ihren Vorstellungen.

3 Wenn Sie fertig sind, wählen Sie *Datei/Speichern unter*.

Sie haben in Kapitel 2 erfahren, wie Sie Briefpapiere zur Gestaltung Ihrer E-Mails einsetzen. Eine weitere Möglichkeit bietet das Erstellen von E-Mail-Vorlagen, wie ich es hier beschreibe.

WISSEN

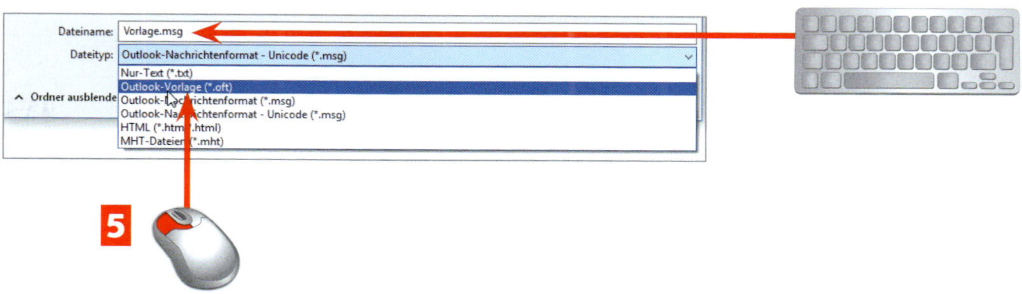

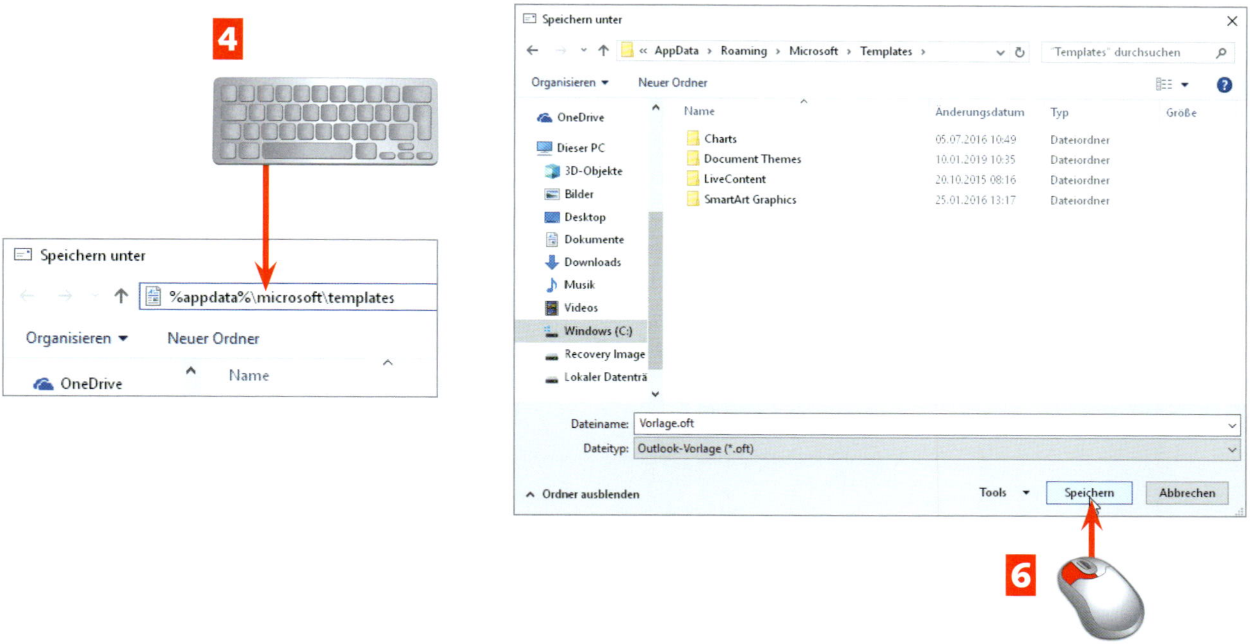

4 Tippen Sie in das Adressfeld Folgendes ein: *%appdata%\microsoft\templates*. Bestätigen Sie mit der [↵]-Taste.

5 Geben Sie der Vorlage eine sinnvolle Bezeichnung. Entscheiden Sie sich im Menü *Dateityp* für den Eintrag *Outlook-Vorlage*.

6 Klicken Sie auf *Speichern*, um die Vorlage im Vorlagenordner zu speichern.

Ende

Auch im Internet kursieren E-Mail-Vorlagen verschiedener Art. Suchen Sie beispielsweise mit Google danach.

TIPP

Outlook-Vorlagen werden im Format OFT gespeichert. Die Abkürzung steht für **O**utlook **F**orm **T**emplate.

FACHWORT

Start

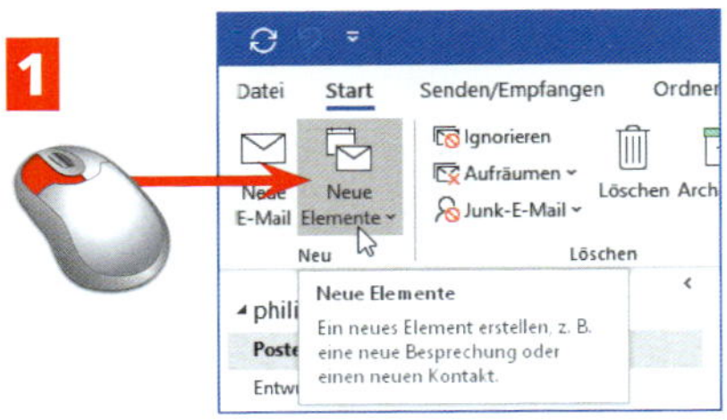

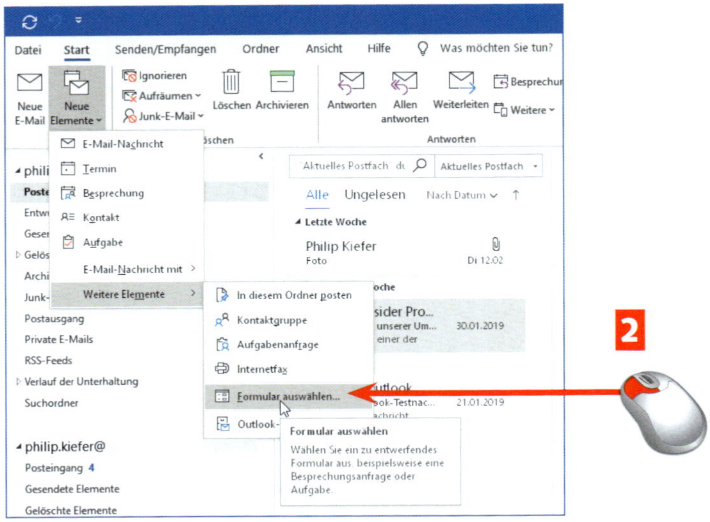

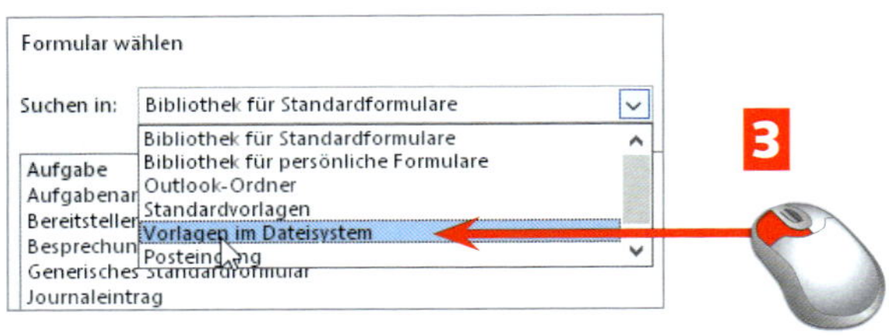

1 Um eine E-Mail-Vorlage zu verwenden, klicken Sie im Menüband unter *Start* auf die Schaltfläche *Neue Elemente*.

2 Im sich öffnenden Menü bewegen Sie den Mauszeiger auf *Weitere Elemente* und klicken schließlich auf den Eintrag *Formular auswählen*.

3 Im folgenden Dialogfenster öffnen Sie das Menü *Suchen in* und entscheiden sich für *Vorlagen im Dateisystem*.

Auf der vorherigen Doppelseite haben Sie gelernt, wie Sie Outlook-Vorlagen erstellen. Nun erfahren Sie, wie Sie eine Outlook-Vorlage als Basis für eine neue E-Mail verwenden, die sich dann ganz nach Ihren individuellen Bedürfnissen anpassen lässt.

WISSEN

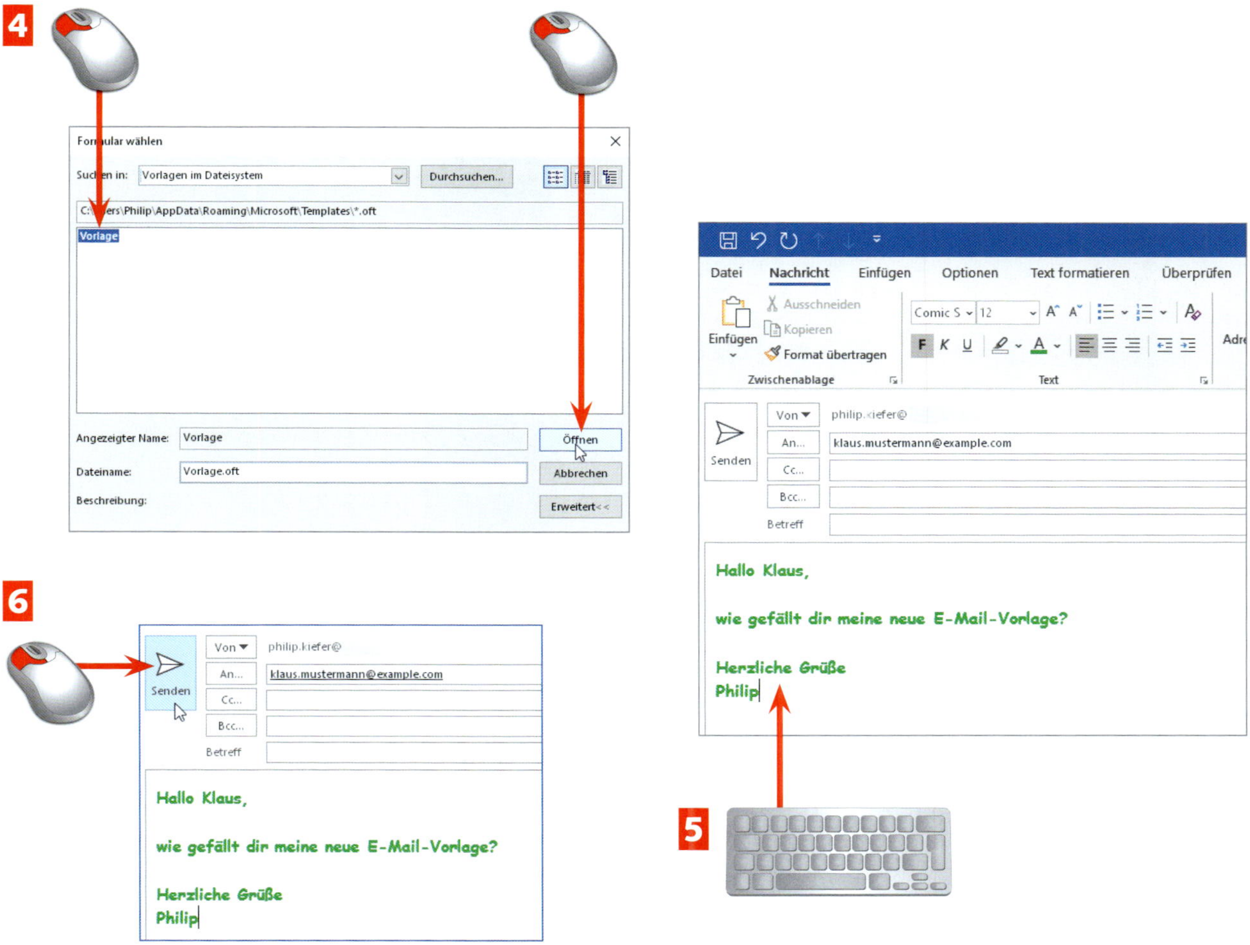

4 Wählen Sie die gewünschte Vorlage per Mausklick aus und bestätigen Sie mit *Öffnen*.

5 Passen Sie die Vorlage individuell an. Sie können den Text ändern, aber auch Bilder einbauen etc.

6 Bringen Sie die fertige E-Mail wie gewohnt mit *Senden* auf den Weg.

Ende

HINWEIS

Sie finden im Menü aus Schritt 2 auch eine Option zum Fax-Versand mit Outlook. Hierfür ist allerdings die Registrierung bei einem Fax-Dienst erforderlich.

TIPP

Übrigens: Bei einer Vorlage im Tabellenformat können Sie wie bei einer gewöhnlichen Tabelle auch auf den Rand klicken, um eine Spalte bei gedrückter linker Maustaste größer oder kleiner zu ziehen.

Start

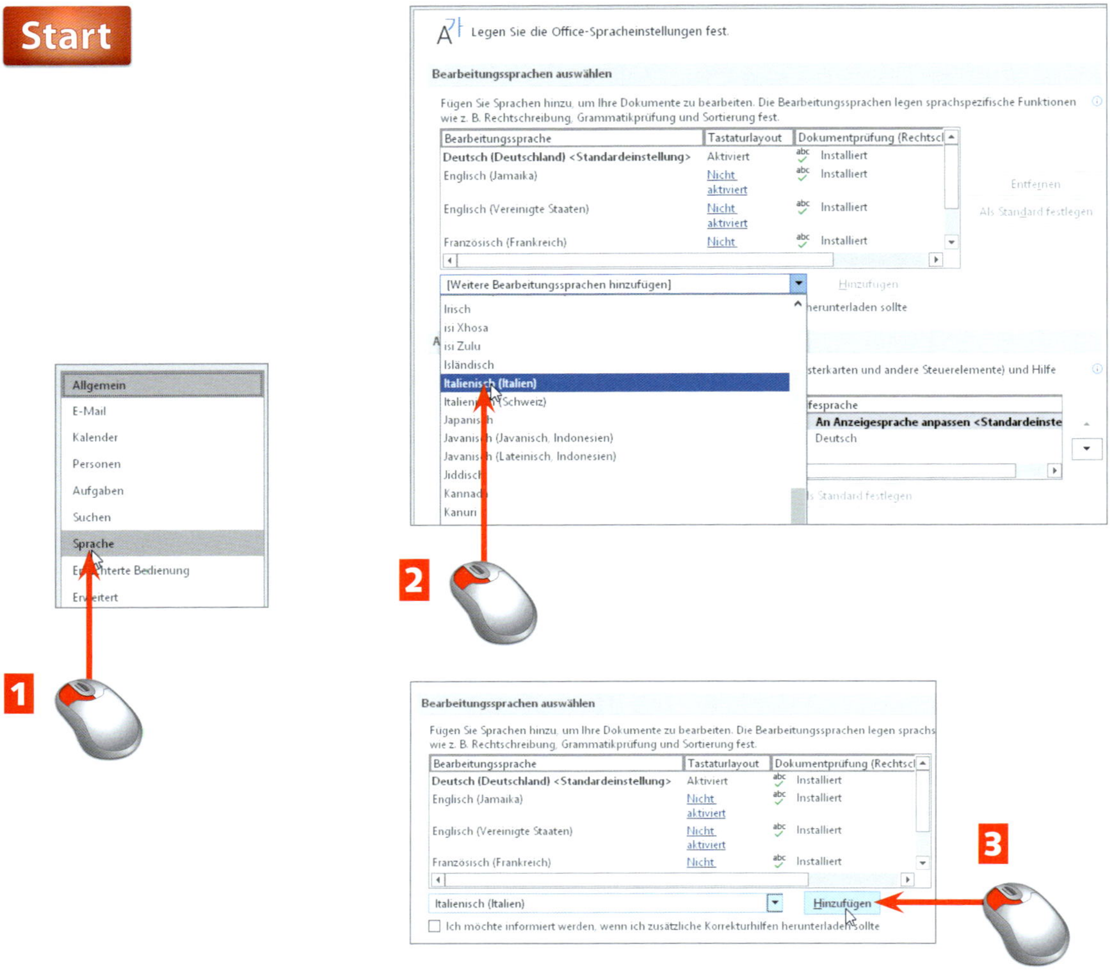

1 Öffnen Sie die Outlook-Optionen und entscheiden Sie sich links für den Eintrag *Sprache*.

2 Wählen Sie im Menü *Weitere Bearbeitungssprachen hinzufügen* eine Sprache aus.

3 Bestätigen Sie Ihre Auswahl per Mausklick auf die Schaltfläche *Hinzufügen*.

Wenn Sie sich auch mit Geschäftspartnern in China oder mit Freunden in Italien per E-Mail austauschen, empfiehlt es sich, die entsprechenden Sprachen zu installieren – um Rechtschreibfehler auch in diesen Sprachen korrigieren zu können und um die Eingabe insgesamt zu erleichtern.

WISSEN

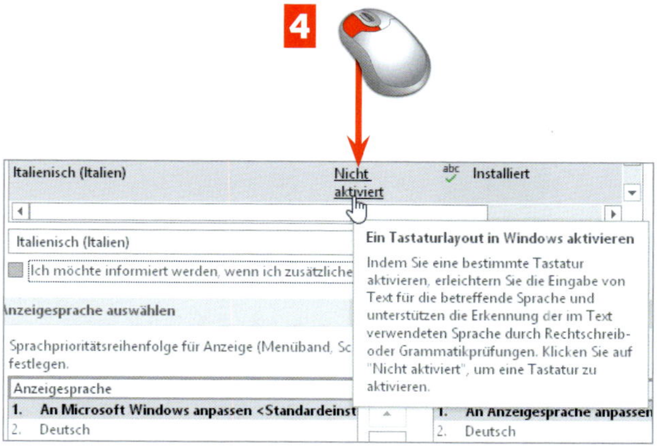

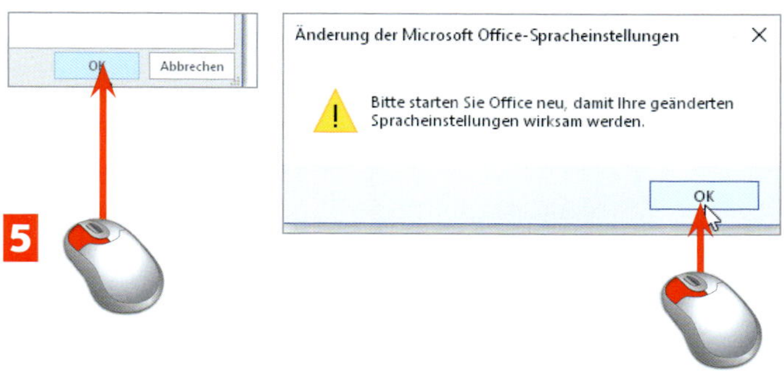

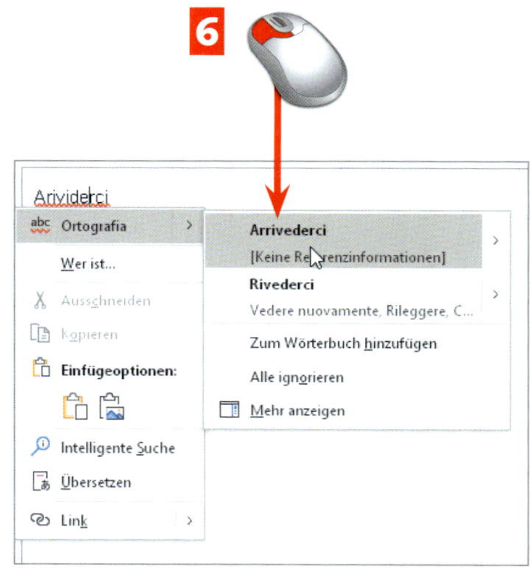

4 Sie können auch das entsprechende Tastaturlayout unter Windows aktivieren. Klicken Sie dazu bei der hinzugefügten Sprache auf den Link *Nicht aktiviert*, um zum entsprechenden Menü in den Windows-Einstellungen zu gelangen.

5 Bestätigen Sie Ihre Änderungen in den Outlook-Optionen mit *OK* und klicken Sie auch im folgenden Hinweisfenster auf *OK*. Schließen Sie alle Office-Programme und starten Sie Outlook erneut.

6 Die Bearbeitungssprache steht nun in Outlook zur Verfügung. Hier lasse ich einen italienischen Rechtschreibfehler korrigieren.

Ende

TIPP

Die Optionen zum Ändern des Tastaturlayouts können Sie in den Windows-Einstellungen auch direkt aufrufen, und zwar unter *Zeit und Sprache/Region und Sprache*.

HINWEIS

Um Outlook die Sprache einer E-Mail mitzuteilen, finden Sie im E-Mail-Fenster unter *Überprüfen* die Schaltfläche *Sprache*.

Start

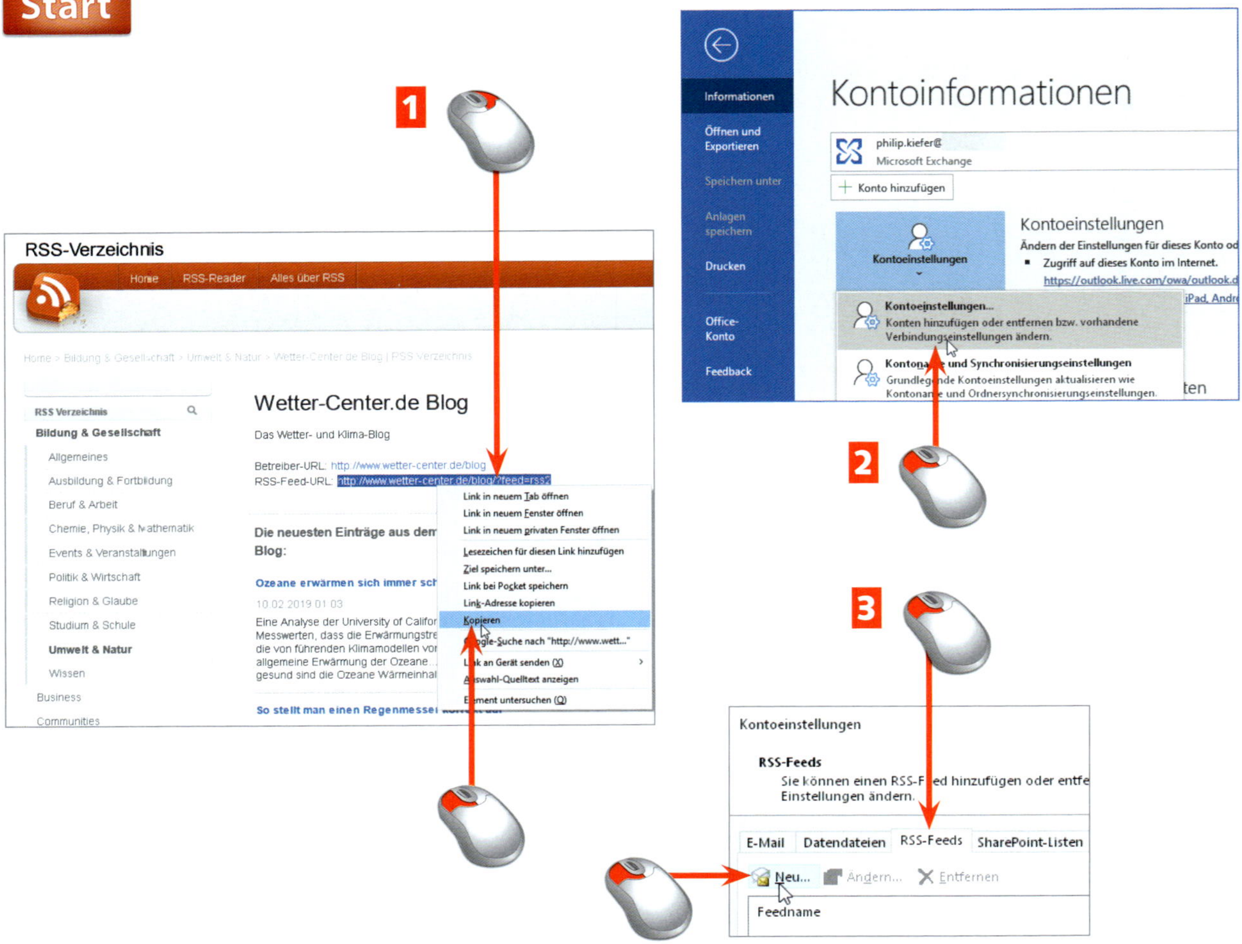

1 Zunächst mal benötigen Sie einen RSS-Feed. Hier kopiere ich eine Feed-Adresse auf der Webseite *www.rss-verzeichnis.de* in die Zwischenablage – durch Markieren, Rechtsklick, entsprechende Auswahl im Kontextmenü.

2 Entscheiden Sie sich unter *Datei* für *Kontoeinstellungen* und im sich öffenden Menü erneut für *Kontoeinstellungen*.

3 Klicken Sie unter dem Reiter *RSS-Feeds* auf die Schaltfläche *Neu*.

Die Abkürzung RSS steht für **R**eally **S**imple **S**yndication (»wirklich einfache Verbreitung«). Mit RSS-Feeds sind regelmäßige Meldungen gemeint, die auf den unterschiedlichsten Plattformen angezeigt werden können – beispielsweise auch in Outlook. Abonnieren Sie RSS-Feeds, um sich über Ihre Wunschthemen auf dem Laufenden zu halten.

WISSEN

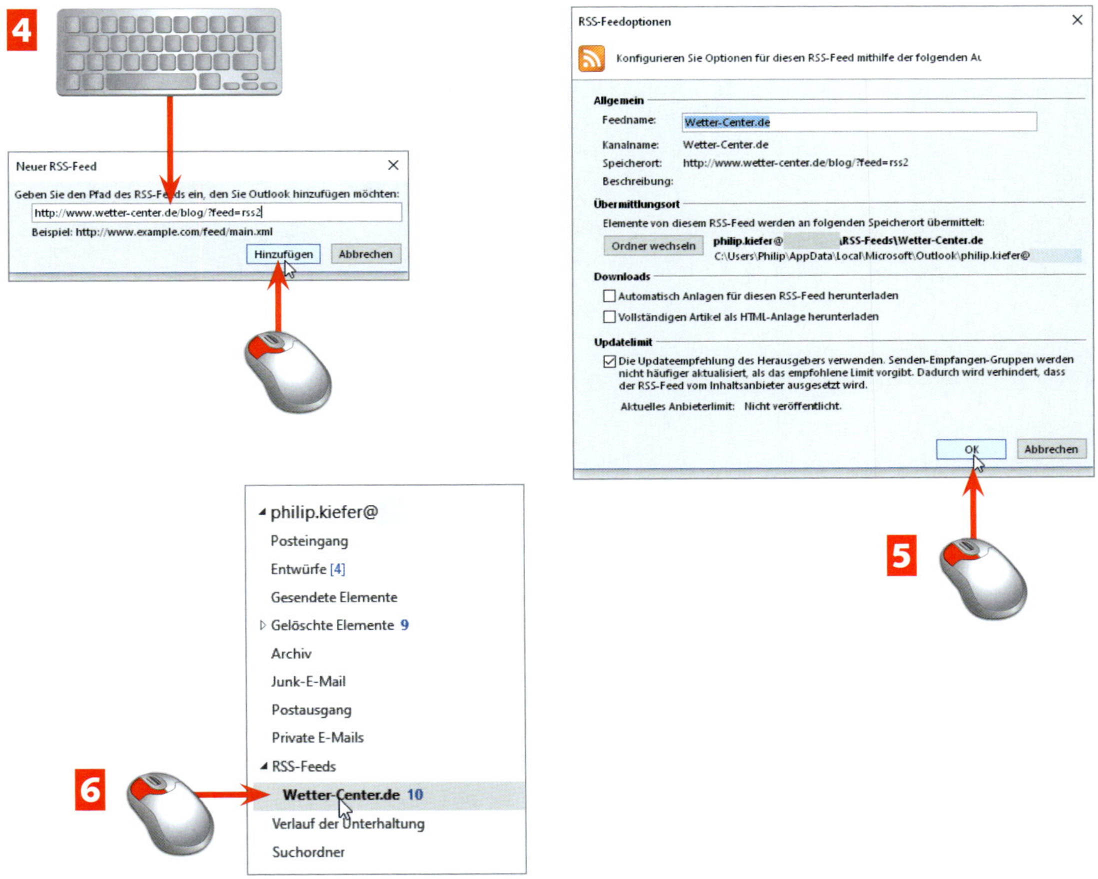

4 Tippen Sie die Adresse des RSS-Feeds in das Feld bzw. fügen Sie diese mit Strg+V aus der Zwischenablage ein. Bestätigen Sie mit *Hinzufügen*.

5 Bestätigen Sie im folgenden Fenster mit *OK*, um den RSS-Feed hinzuzufügen. Sie können zuvor noch verschiedene Einstellungen zum Feed vornehmen.

6 Der RSS-Feed lässt sich ab sofort im Ordnerbereich aufrufen. Das Lesen der Meldungen erfolgt praktisch genauso wie das Lesen von E-Mails.

Ende

Das Verwalten der RSS-Feeds erfolgt wie das Verwalten von E-Mails, d. h., Sie können diese in der Nachrichtenliste löschen, verschieben etc. Löschen Sie einen Feed-Ordner, wird damit gleichzeitig das Abonnement des RSS-Feeds beendet.

HINWEIS

Oder so: Klicken Sie den Eintrag *RSS-Feeds* im Ordnerbereich mit der rechten Maustaste an und wählen Sie *Neuen RSS-Feed hinzufügen*.

HINWEIS

Ihre Kontakte im Griff

5

Egal, ob Sie ein großes Netzwerk schmieden oder lediglich die Adressen Ihrer Freunde, Kollegen und Bekannten sicher verwahren möchten – Outlook unterstützt Sie auch hierbei!

Dieses Kapitel zeigt Ihnen, wie Sie Kontakte anlegen und jederzeit schnell auffinden, wie Sie Kontaktgruppen verwenden und noch viel mehr. Nutzen Sie Outlook als äußerst intelligente Adresskartei mit einer Menge Zusatzfunktionen!

Start

1

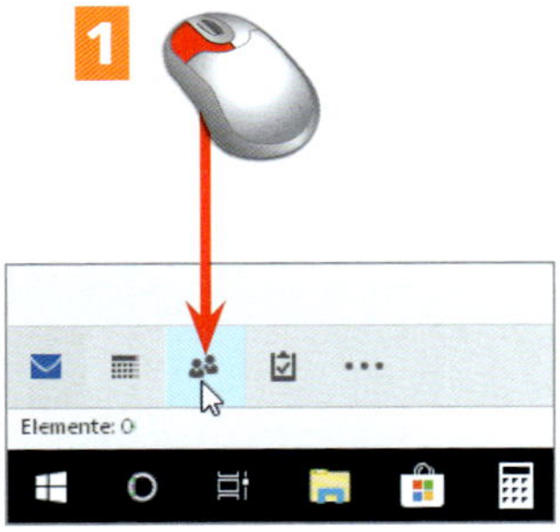

2

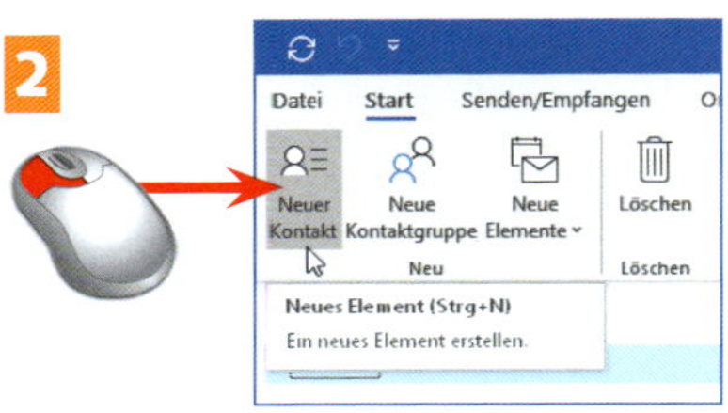

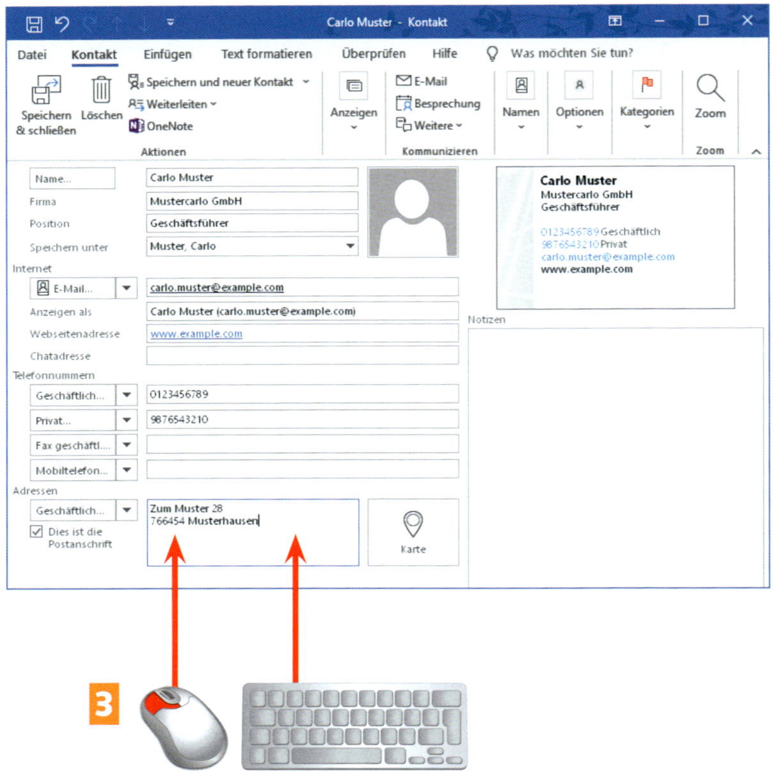

3

1 Klicken Sie im Navigationsbereich auf das Symbol 👥, um in Outlook zur Kontaktfunktion zu wechseln.

2 Entscheiden Sie sich im Menüband für die Schaltfläche *Neuer Kontakt*.

3 Es öffnet sich ein Fenster mit verschiedenen Eingabefeldern. Klicken Sie jeweils in ein Feld, um es auszufüllen.

Ihr Adressbuch aus Papier hat ausgedient! Neue Kontakte sind in Outlook schnell angelegt. Übertragen Sie die gesammelten Kontaktdaten nach und nach in das Programm, um sie komfortabel zu verwalten und für verschiedene Aktionen einzusetzen, z. B. für das Erstellen einer E-Mail. Auf dieser Doppelseite zeige ich Ihnen zunächst, wie Sie einen neuen Kontakt erstellen.

WISSEN

4

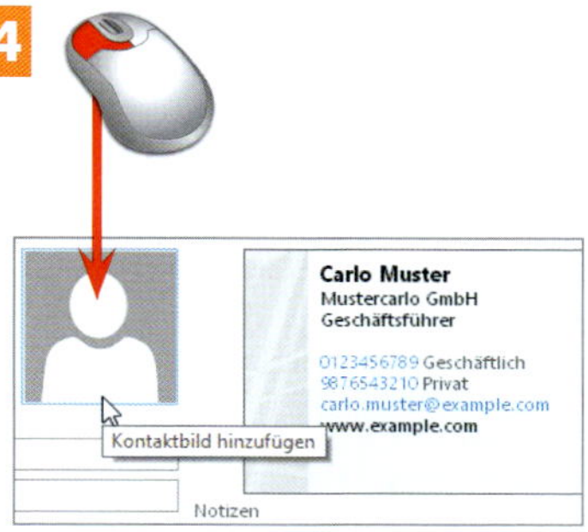

5

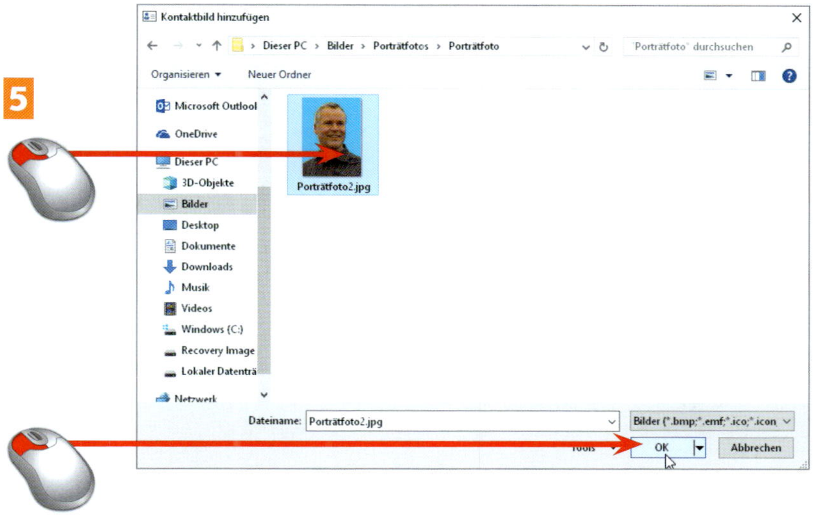

6

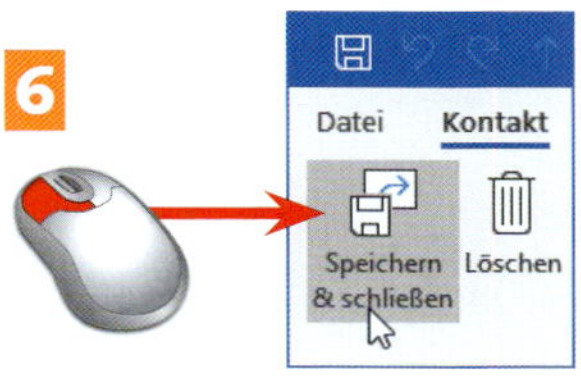

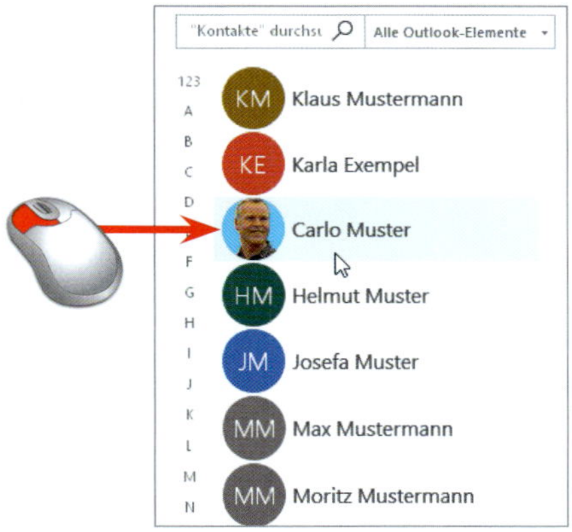

4 Möchten Sie den Kontakt mit einem Bild versehen? Klicken Sie dazu auf den Fotoplatzhalter.

5 Wählen Sie im folgenden Dialogfenster das Bild aus und bestätigen Sie mit *OK*.

6 Klicken Sie auf *Speichern & schließen*, um den Kontakt zu erstellen. Er steht anschließend in Ihrer Kontaktliste zur Auswahl zur Verfügung.

Ende

Bei einigen Formularfeldern finden Sie rechts neben dem Namen ein Pfeilsymbol ▾. Durch Anklicken erhalten Sie Optionen, um das Feld umzubenennen.

HINWEIS

Sie benötigen weitere Kontaktfelder? Im Kontaktfenster in der Gruppe *Anzeigen* lassen sich diese einblenden.

TIPP

Start

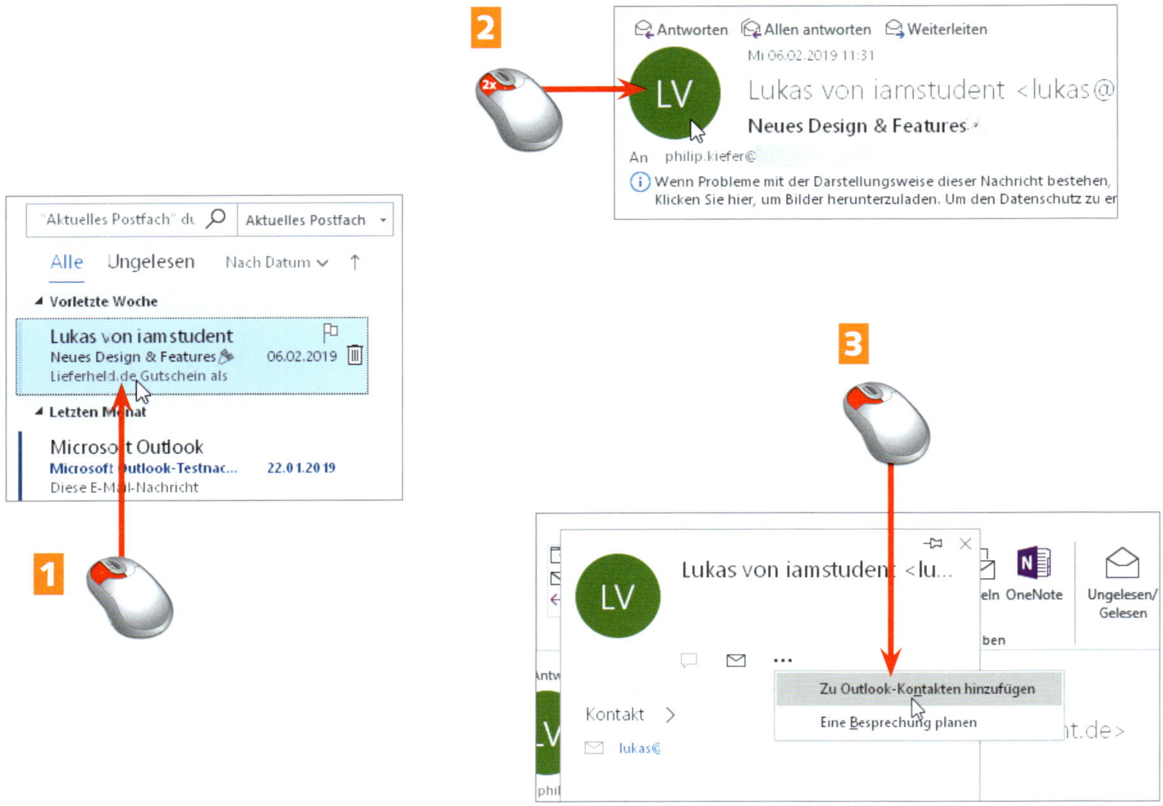

1 Entscheiden Sie sich im Navigationsbereich für die E-Mail-Funktion (Symbol ✉) und wählen Sie die E-Mail aus, deren Absender Sie den Kontakten hinzufügen möchten.

2 Doppelklicken Sie im Lesebereich oberhalb der E-Mail auf das Platzhalterbild (bzw. auf die E-Mail-Adresse des Absenders).

3 Klicken Sie im nächsten Schritt auf das Symbol ••• und wählen Sie im Menü *Zu Outlook-Kontakten hinzufügen*.

Kontakte müssen nicht komplett neu erstellt werden. Verwenden Sie als Basis für einen neuen Kontakt eine E-Mail, die Sie erhalten haben. Auch das gelingt ganz leicht, wie Sie auf dieser Doppelseite lesen.

WISSEN

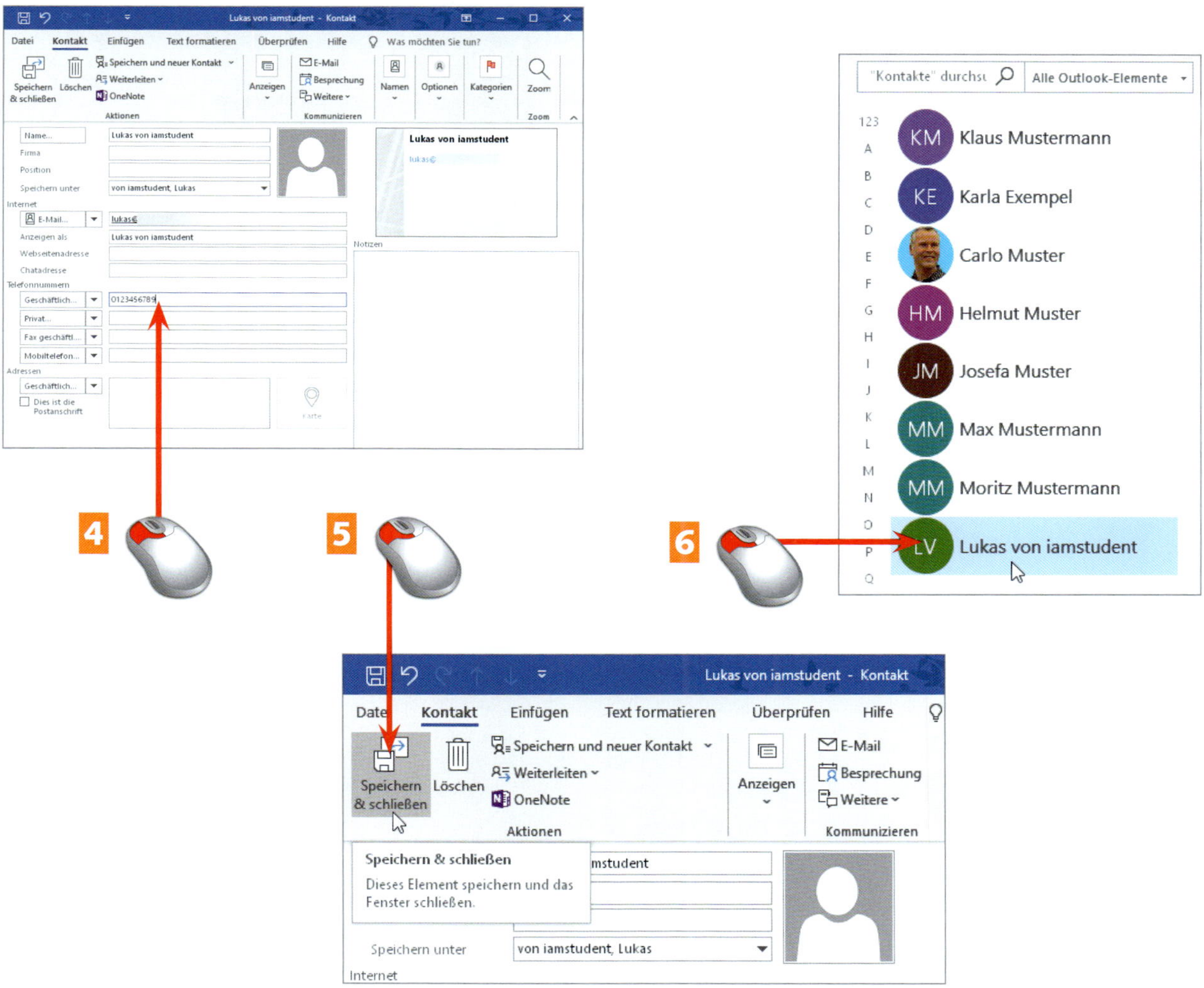

4 Fügen Sie im folgenden Fenster weitere Kontaktinformationen hinzu, z. B. eine Telefonnummer.

5 Klicken Sie, wenn Sie die gewünschten Angaben gemacht haben, auf *Speichern & schließen*.

6 Auch dieser Kontakt lässt sich nun per Mausklick aufrufen, wenn Sie sich in Outlook unter dem Symbol für die Kontaktfunktion entscheiden.

Ende

Wenn Sie den Mauszeiger auf das Platzhalterbild aus Schritt 2 bewegen, öffnet sich automatisch ein Pop-up mit verschiedenen Kontaktoptionen, z. B. das Verfassen einer E-Mail an den Kontakt.

TIPP

Personen lassen sich den Kontaktfavoriten hinzufügen, ohne einen Kontakt zu erstellen. Klicken Sie den Platzhalter aus Schritt 2 dazu mit der rechten Maustaste an und wählen Sie im Kontextmenü *Zu Favoriten hinzufügen*.

HINWEIS

Start

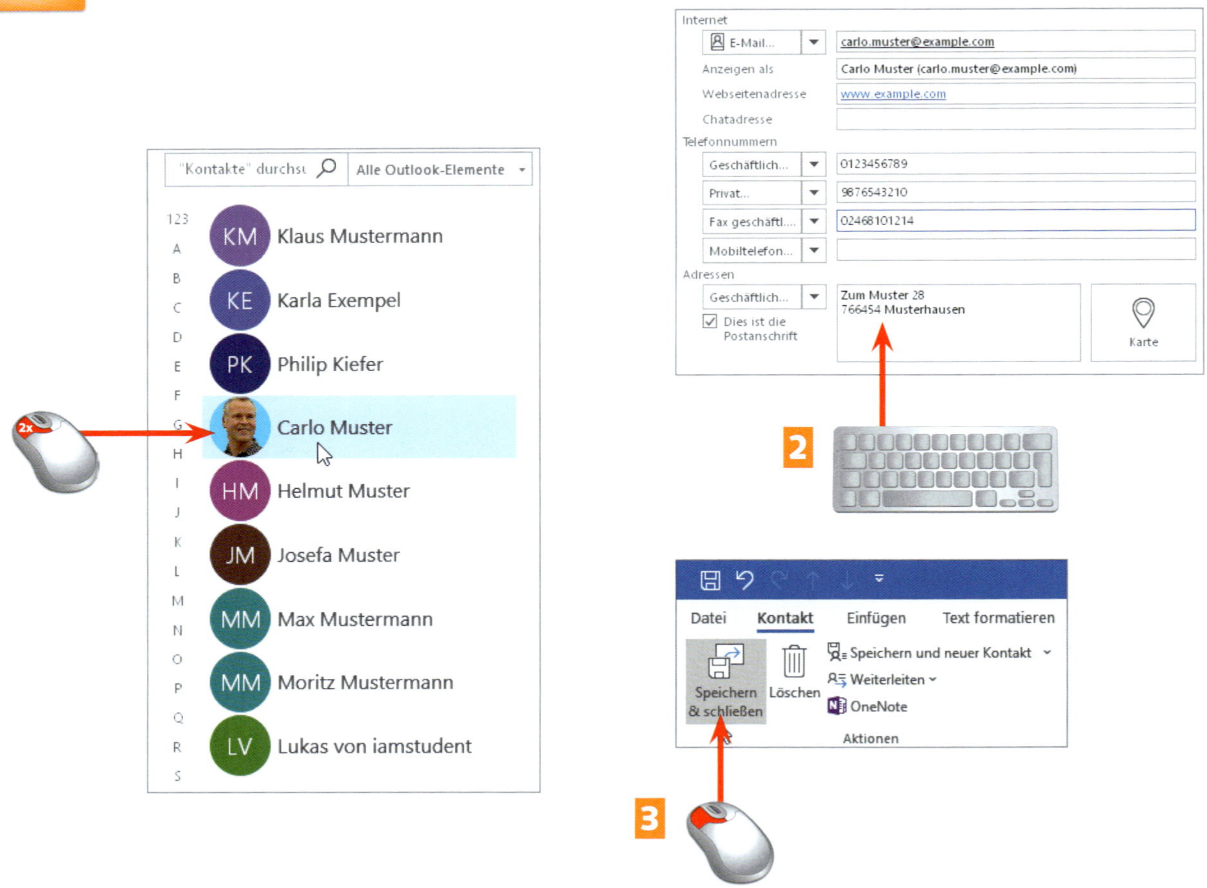

1 Um einen Kontakt nachträglich zu bearbeiten, doppelklicken Sie in der Kontaktliste darauf.

2 Sie erhalten wieder die Eingabefelder, die Sie bereits von der Kontakterstellung her kennen. Führen Sie die gewünschten Änderungen durch.

3 Bestätigen Sie mit der Schaltfläche *Speichern & schließen*, um die Änderungen zu übernehmen.

Kontakte nachträglich bearbeiten oder zwei Kontakte verknüpfen, um fehlende Kontaktdaten automatisch zu ergänzen – auch das ist in Outlook kein Problem. Im Gegensatz zum Adressbuch aus Papier lassen sich so Kontaktinformationen auf einfache Weise den neuesten Gegebenheiten anpassen.

WISSEN

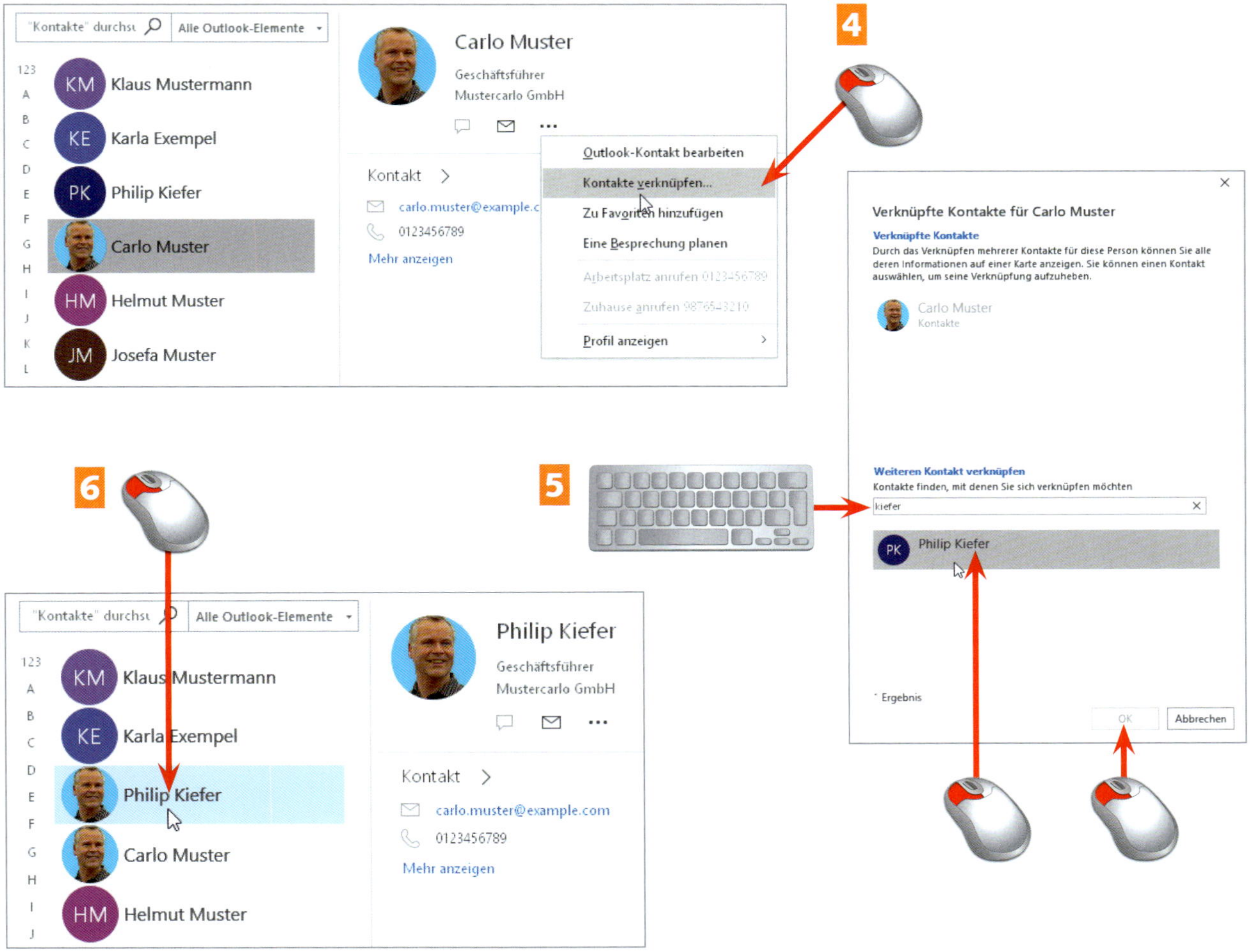

4 Kontakte lassen sich mit wenigen Handgriffen zusammenführen. Wählen Sie dazu einen Kontakt aus und klicken Sie rechts unter dem Symbol ••• auf *Kontakte verknüpfen*.

5 Geben Sie den Namen des zu verknüpfenden Kontaktes ein und klicken Sie den gefundenen Kontakt an. Bestätigen Sie das Verknüpfen mit *OK*.

6 Die Kontakte werden verknüpft, sprich: Die jeweils fehlenden Kontaktdaten werden beim anderen Kontakt ergänzt.

Ende

Um eine Verknüpfung wieder zu lösen, klicken Sie erneut auf *Kontakte verknüpfen* (vgl. Schritt 4) und entfernen die Verknüpfung per Mausklick auf einen Kontakt.

HINWEIS

Start

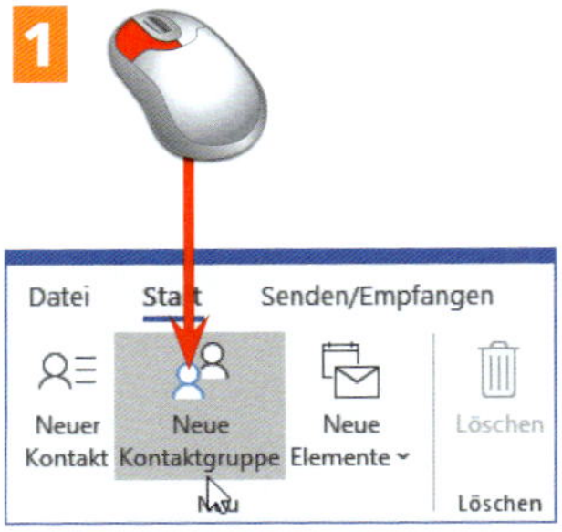

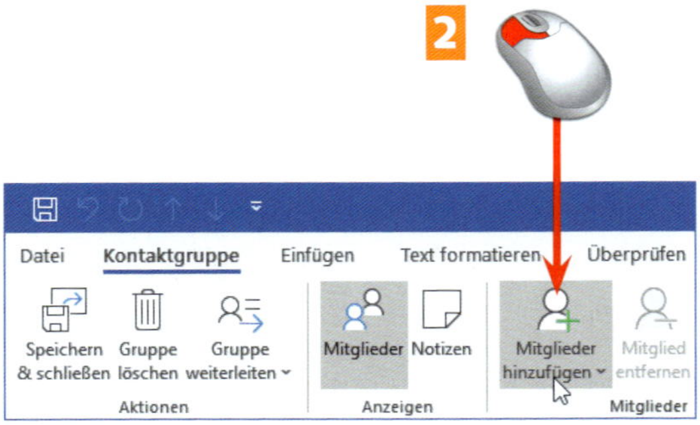

1 Klicken Sie im Menüband bei gewählter Kontaktfunktion auf die Schaltfläche *Neue Kontaktgruppe*.

2 Entscheiden Sie sich anschließend im sich öffnenden Fenster für die Schaltfläche *Mitglieder hinzufügen*.

3 In diesem Fall sollen der Kontaktgruppe bereits angelegte Kontakte hinzugefügt werden. Deshalb wähle ich im Menü *Aus Outlook-Kontakten*.

Mithilfe von Kontaktgruppen weisen Sie Kontakte unterschiedlichen Kategorien zu. So können Sie z. B. alle Mitarbeiter oder Vereinsmitglieder in einer Kontaktgruppe vereinigen. Kontakte lassen sich auch in mehrere Kontaktgruppen aufnehmen, falls ein Mitarbeiter gleichzeitig ein Vereinsmitglied ist.

WISSEN

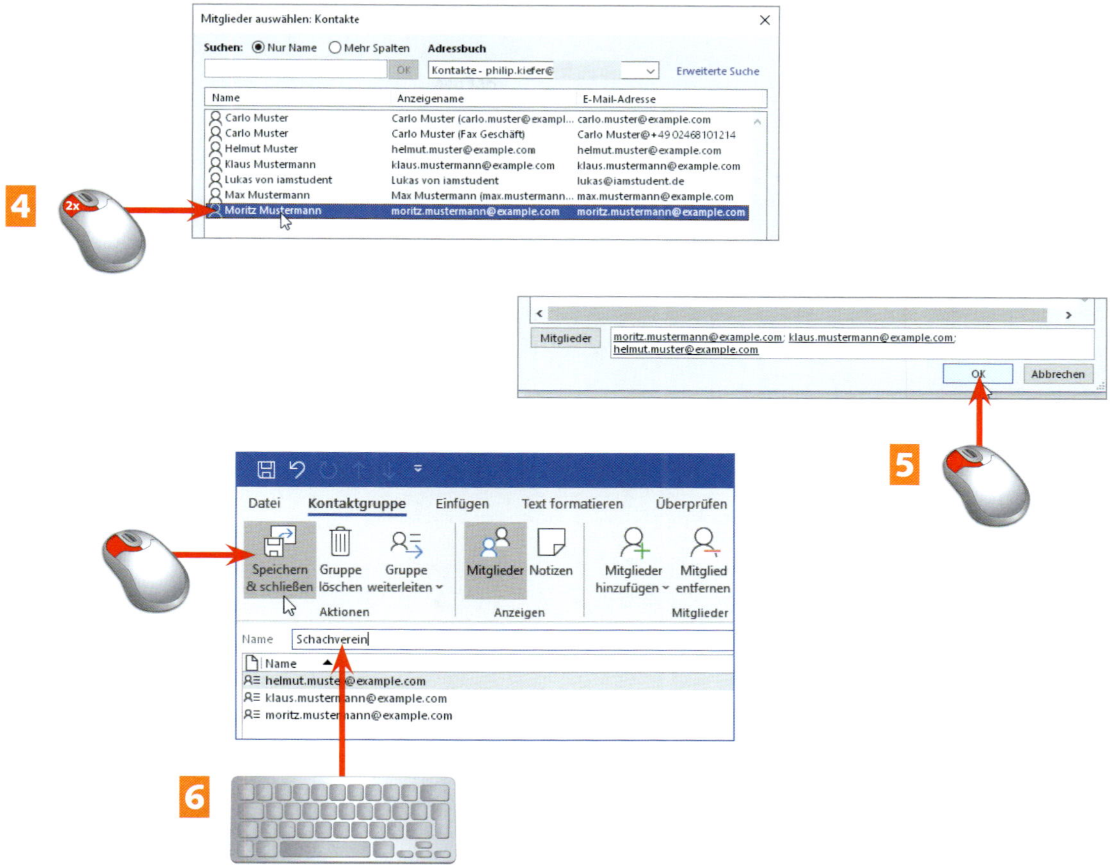

4 Doppelklicken Sie auf die Kontakte, die Sie der Kontaktgruppe hinzufügen möchten.

5 Die ausgewählten Kontakte werden unten im Fenster aufgeführt. Bestätigen Sie Ihre Auswahl mit *OK*. Später lassen sich auf gleiche Weise jederzeit noch weitere Mitglieder hinzufügen.

6 Geben Sie der Kontaktgruppe im Feld *Name* noch eine sinnvolle Bezeichnung, bevor Sie diese mit der Schaltfläche *Speichern & schließen* erstellen.

Ende

Einen Kontakt wieder aus der Kontaktgruppe entfernen: Wählen Sie ihn dazu im Kontaktgruppenfenster per Mausklick aus und entscheiden Sie sich im Menüband für die Schaltfläche *Mitglied entfernen*.

HINWEIS

Die gesamte Kontaktgruppe wieder löschen: Hierzu finden Sie im Kontaktgruppenfenster die Schaltfläche *Gruppe löschen*.

HINWEIS

Start

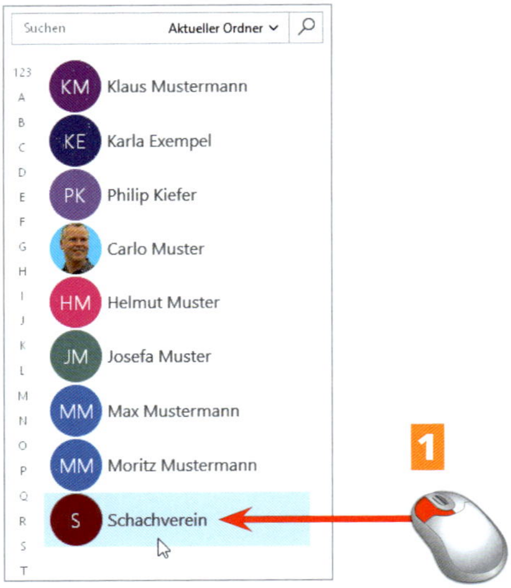

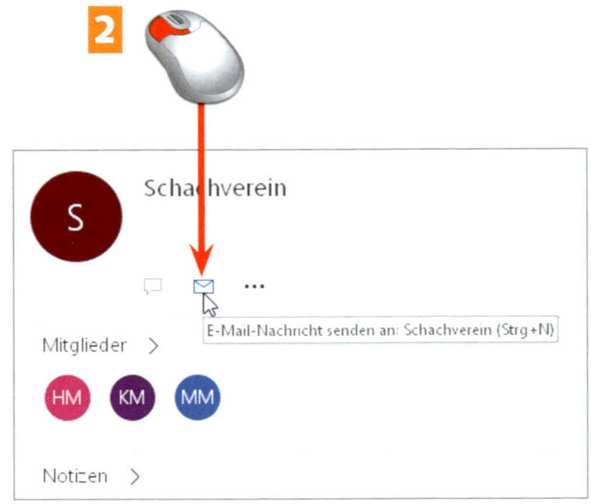

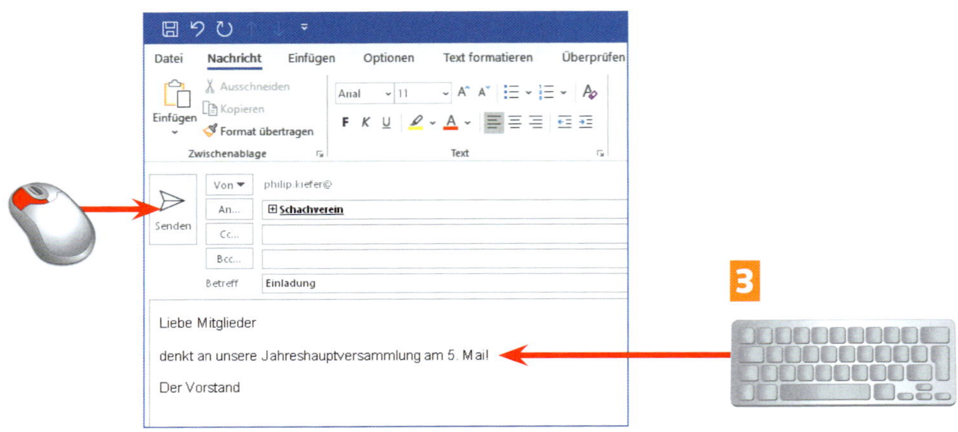

1 Eine E-Mail an eine Kontaktgruppe können Sie aus der Kontaktfunktion in Outlook heraus erstellen. Wählen Sie dazu die Kontaktgruppe aus.

2 Klicken Sie dann rechts auf das E-Mail-Symbol ✉.

3 Die Kontaktgruppe wird in das *An*-Feld eingefügt. Geben Sie noch den Betreff sowie den E-Mail-Text ein, bevor Sie die E-Mail mit *Senden* an alle Mitglieder der Kontaktgruppe schicken.

Sie möchten eine E-Mail an alle Mitglieder einer Kontaktgruppe schreiben? Dazu müssen Sie nicht alle Personen einzeln als E-Mail-Empfänger eintragen. Schicken Sie die E-Mail doch ganz einfach an die von Ihnen erstellte Kontaktgruppe.

WISSEN

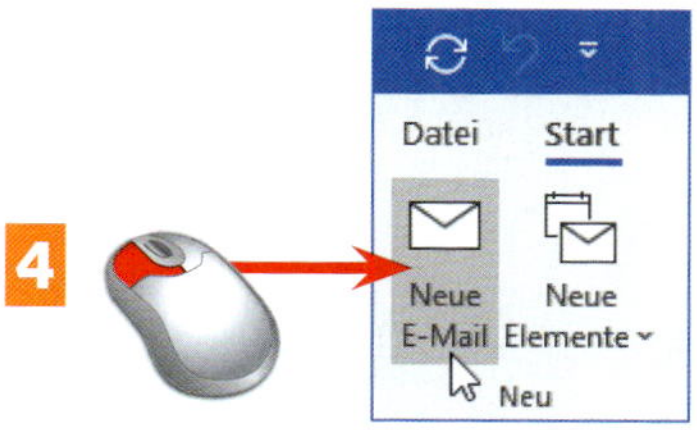

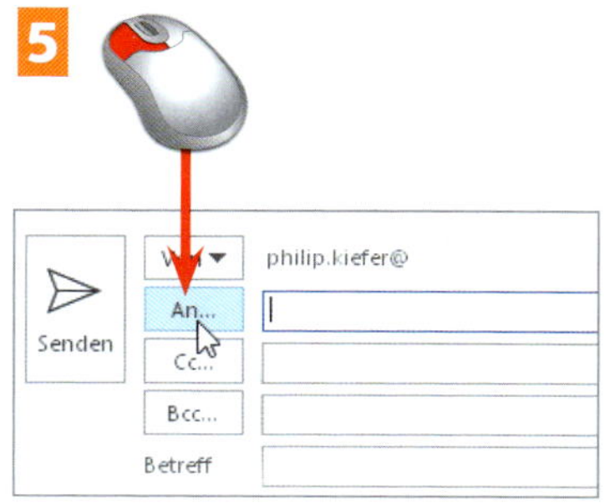

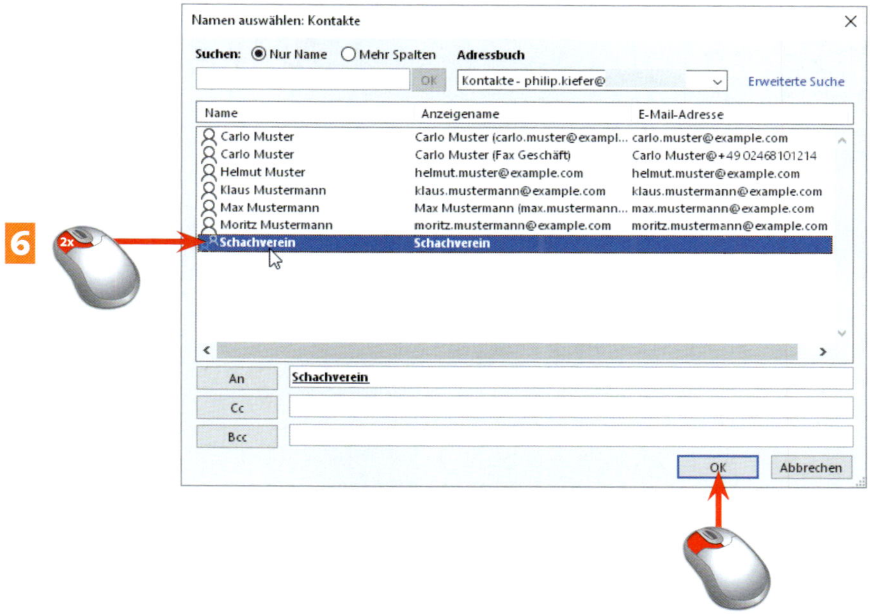

4 Eine Kontaktgruppe lässt sich auch direkt in einer neuen E-Mail auswählen. Klicken Sie bei aktiver E-Mail-Funktion auf die Schaltfläche *Neue E-Mail*.

5 Klicken Sie im nächsten Schritt auf die Schaltfläche *An* (bzw. alternativ auf *Cc* oder *Bcc*).

6 Doppelklicken Sie im folgenden Fenster auf die Kontaktgruppe und bestätigen Sie die Übernahme in das *An*-Feld mit *OK*.

Ende

Natürlich können Sie eine E-Mail auch an mehrere Kontaktgruppen gleichzeitig schicken oder an zusätzliche Kontakte, indem Sie diese in Schritt 6 auswählen.

HINWEIS

Bereits während der Eingabe in die Felder *An*, *Cc* sowie *Bcc* werden Ihnen passende Kontakte und Kontaktgruppen zur Auswahl angeboten.

TIPP

Start

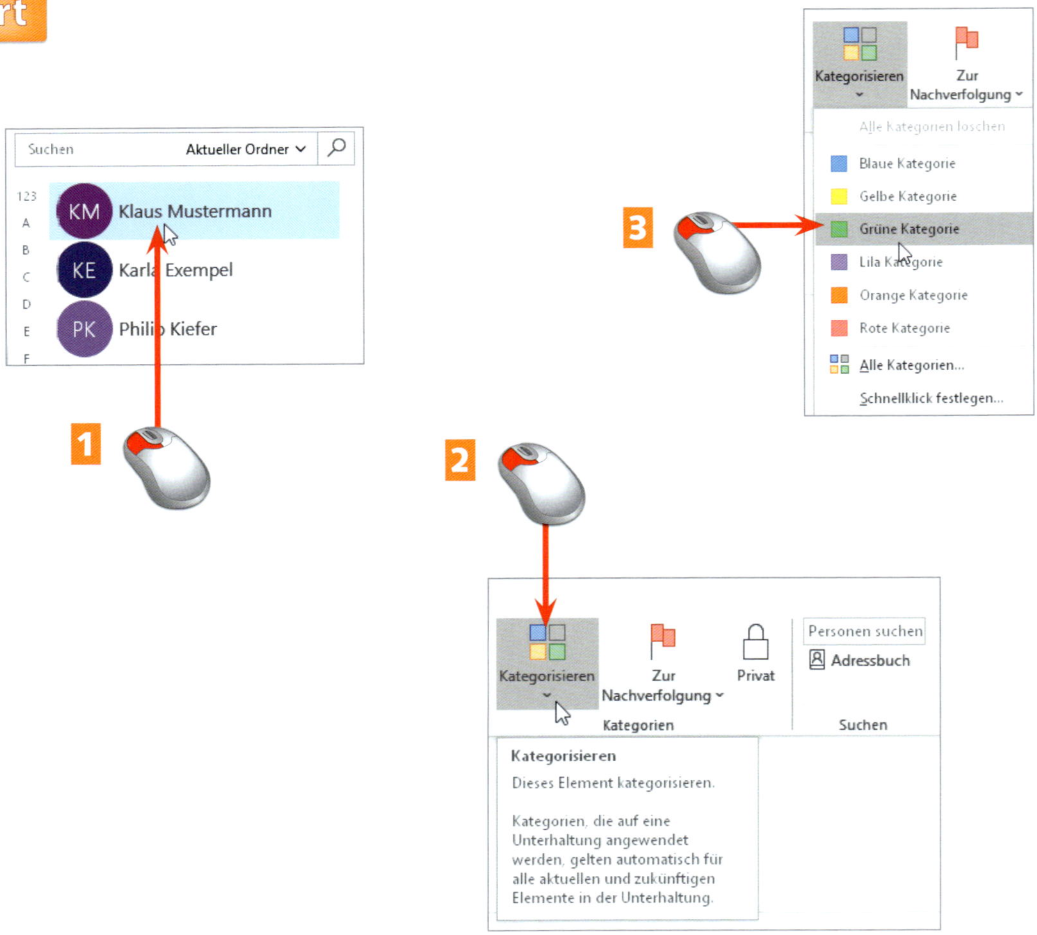

1 Wählen Sie einen Kontakt aus.

2 Klicken Sie im Menüband unter *Start* auf die Schaltfläche *Kategorisieren*.

3 Wählen Sie eine Farbkategorie aus. Einem Element können übrigens auch mehrere Farbkategorien zugewiesen werden.

Abhängig vom verwendeten E-Mail-Konto lassen sich Elemente (E-Mails, Kontakte etc.) auch Farbkategorien zuweisen und auf diese simple Weise gruppieren.

WISSEN

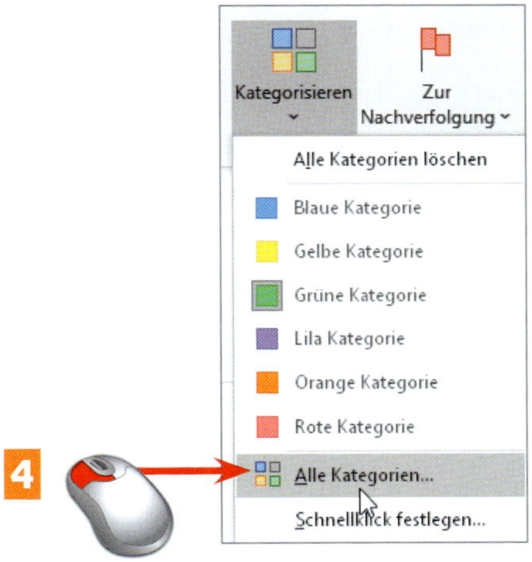

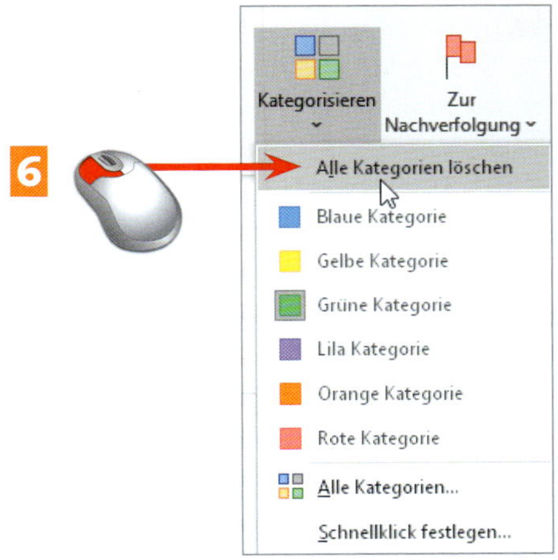

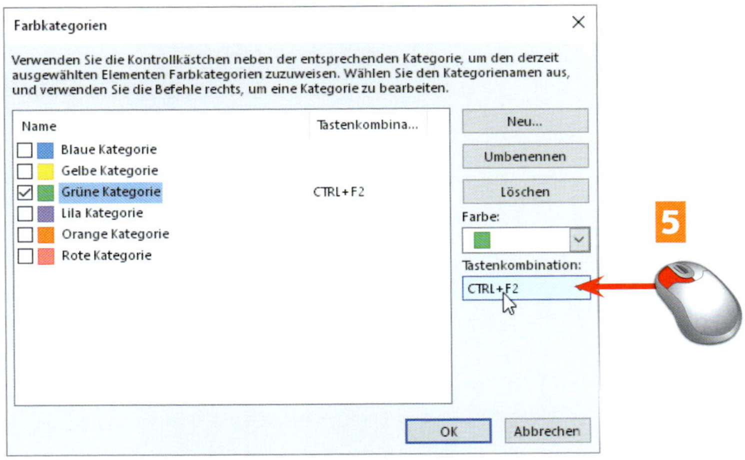

4 Um Ihre Kategorien zu verwalten, wählen Sie *Kategorisieren/Alle Kategorien*.

5 Im folgenden Fenster können Sie einer Kategorie beispielsweise eine Tastenkombination zuweisen.

6 Um ein Element wieder zu entkategorisieren, wählen Sie dieses aus und klicken unter der Schaltfläche *Kategorisieren* auf den Menüeintrag *Alle Kategorien löschen*.

Ende

Weitere Farbkategorien anlegen: Klicken Sie dazu unter der Schaltfläche *Kategorisieren* auf *Alle Kategorien* und dann auf *Neu*.

HINWEIS

Unter *Schnellklick festlegen* lässt sich eine Kategorie auswählen, die dann per Mausklick in die Spalte *Kategorien* – sofern eingeblendet – auf die jeweilige E-Mail angewendet wird.

HINWEIS

Start

2

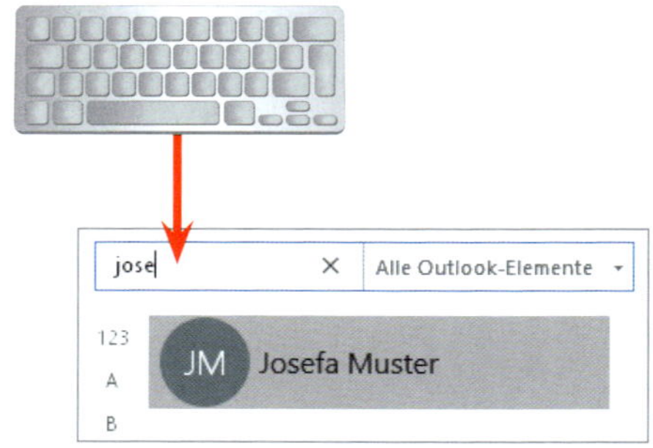

1

3

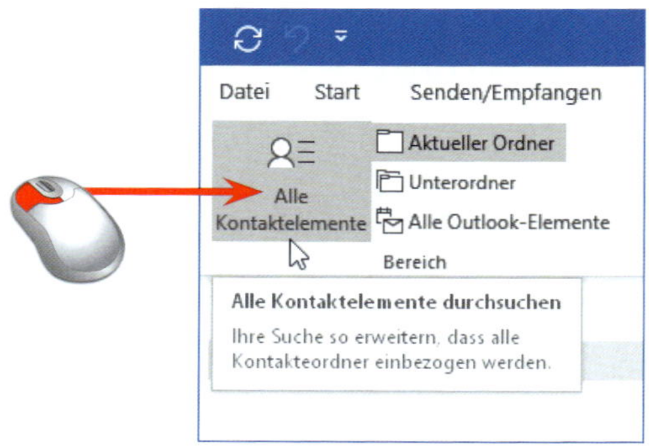

1 Klicken Sie oberhalb der Kontaktliste in das Suchfeld, um die Suchfunktion zu aktivieren.

2 Tippen Sie Ihren Suchbegriff ein bzw. kombinieren Sie – wie bei der E-Mail-Suche – mehrere Suchbegriffe. Bereits während der Eingabe werden Ihnen die passenden Treffer angezeigt.

3 Sofern mehrere Kontaktordner bestehen, klicken Sie auf der eingeblendeten Registerkarte *Suchen* auf *Alle Kontaktelemente*, um alle Kontakte zu durchforsten.

Sie haben die Outlook-Suchfunktion bereits im Zusammenhang mit dem Thema E-Mail kennengelernt. Auf dieser Doppelseite zeige ich Ihnen nun, wie Sie die Suchfunktion gezielt für die Suche nach Kontakten einsetzen.

WISSEN

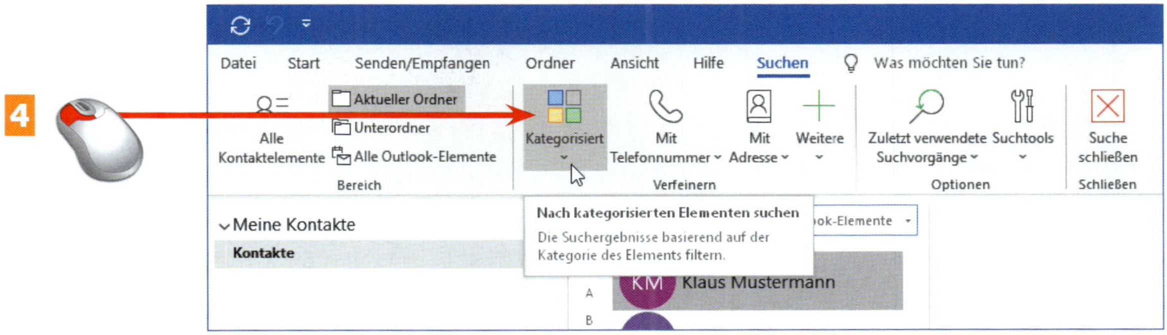

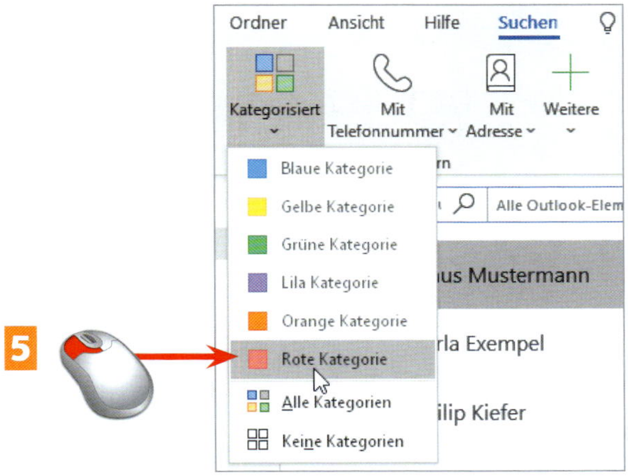

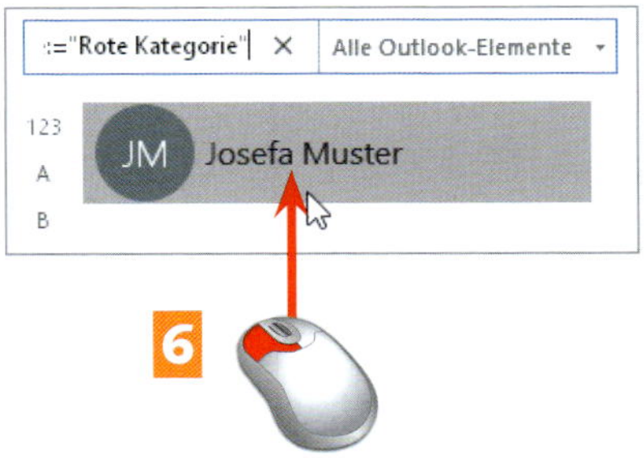

4 Wollen Sie ohne Suchbegriff nach von Ihnen kategorisierten Kontakten suchen? Klicken Sie dazu auf der Registerkarte *Suchen* auf die Schaltfläche *Kategorisiert*.

5 Wählen Sie per Mausklick die gewünschte Kategorie aus, um entsprechend kategorisierte Elemente zu suchen.

6 Die Suche wird prompt gestartet und die passenden Treffer werden Ihnen angezeigt. Klicken Sie einen Kontakt an, um ihn anzuwählen.

Ende

Suchen Sie bei vielen Kontakten gezielt in einzelnen Kontaktfeldern, um sicher fündig zu werden. Die Auswahl treffen Sie auf der Registerkarte *Suchen* unter der Schaltfläche *Weitere*.

TIPP

Für die schnelle Suche nach Kontakten unabhängig von der gerade gewählten Outlook-Funktion finden Sie im Menüband unter *Start* in der Gruppe *Suchen* jeweils ein praktisches Personensuchfeld.

TIPP

Start

1

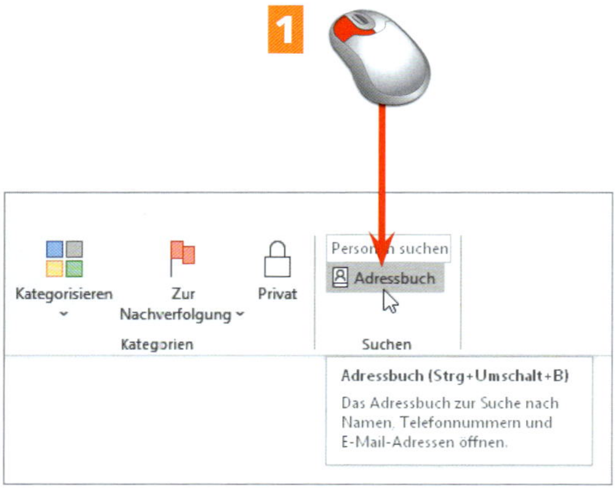

2

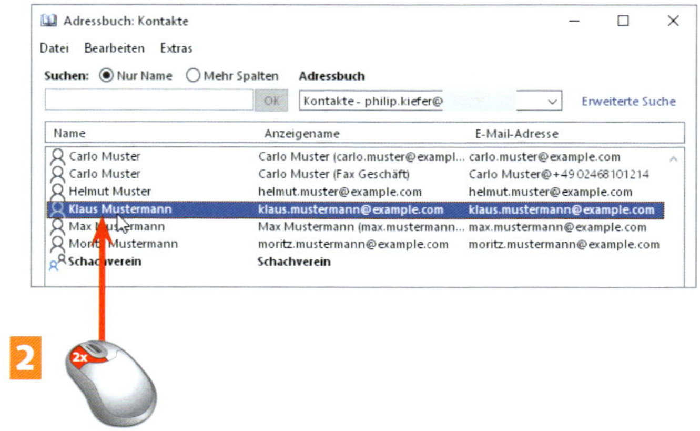

3

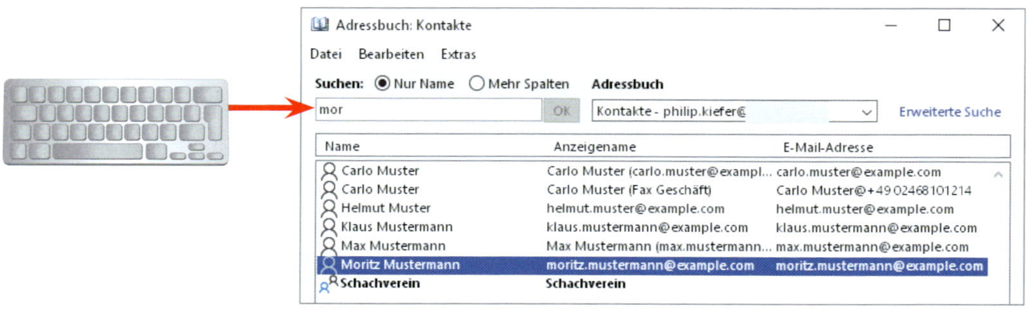

1 Klicken Sie zum Öffnen des Adressbuchs auf die Schaltfläche *Adressbuch*, die Sie unabhängig von der gerade gewählten Outlook-Funktion im Menüband unter *Start* finden.

2 Um einen angezeigten Kontakt zu öffnen, doppelklicken Sie darauf.

3 Zur Suche nach einem Kontakt verwenden Sie das eingebaute Suchfeld. Bereits während der Eingabe wird der passende Kontakt markiert.

Das Adressbuch ist ein eigenes Fenster, in dem die Kontakte aus unterschiedlichen Ordnern angezeigt, gesucht und ausgewählt werden können. Das ist besonders nützlich im Zusammenhang mit dem Einfügen von E-Mail-Adressen. Auf dieser Doppelseite stelle ich Ihnen die wichtigsten Funktionen des Adressbuchs vor.

WISSEN

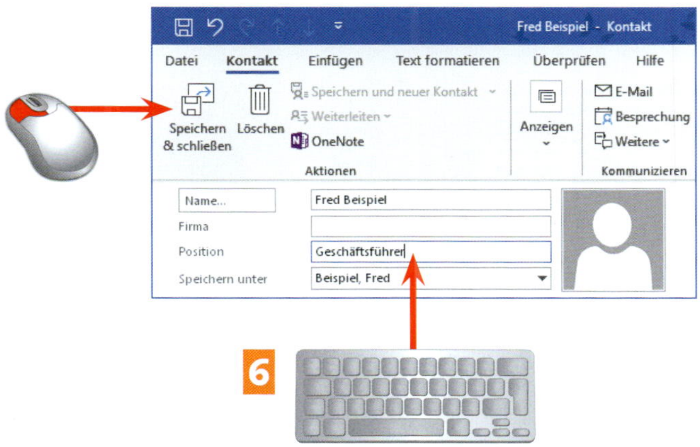

4 Um neue Kontakte direkt im Adressbuch anzulegen, klicken Sie in der Menüleiste auf *Datei* und wählen *Neuer Eintrag*.

5 Bestätigen Sie die Standardauswahl *Neuer Kontakt* mit *OK*.

6 Machen Sie wie gehabt Ihre Angaben zum Kontakt und bestätigen Sie zum Schluss mit *Speichern & schließen*.

Ende

TIPP

Das Adressbuch lässt sich jederzeit auch mit der Tastenkombination Strg+⇧+B aufrufen.

HINWEIS

Um auszuwählen, auf welche Kontakte im Adressbuch standardmäßig zugegriffen werden soll, wählen Sie in der Menüleiste *Extras/Optionen* und machen im folgenden Dialogfenster Ihre Angaben.

HINWEIS

Wichtig zu wissen: Im Adressbuch werden nur diejenigen Kontakte angezeigt, die über eine E-Mail-Adresse verfügen.

Start

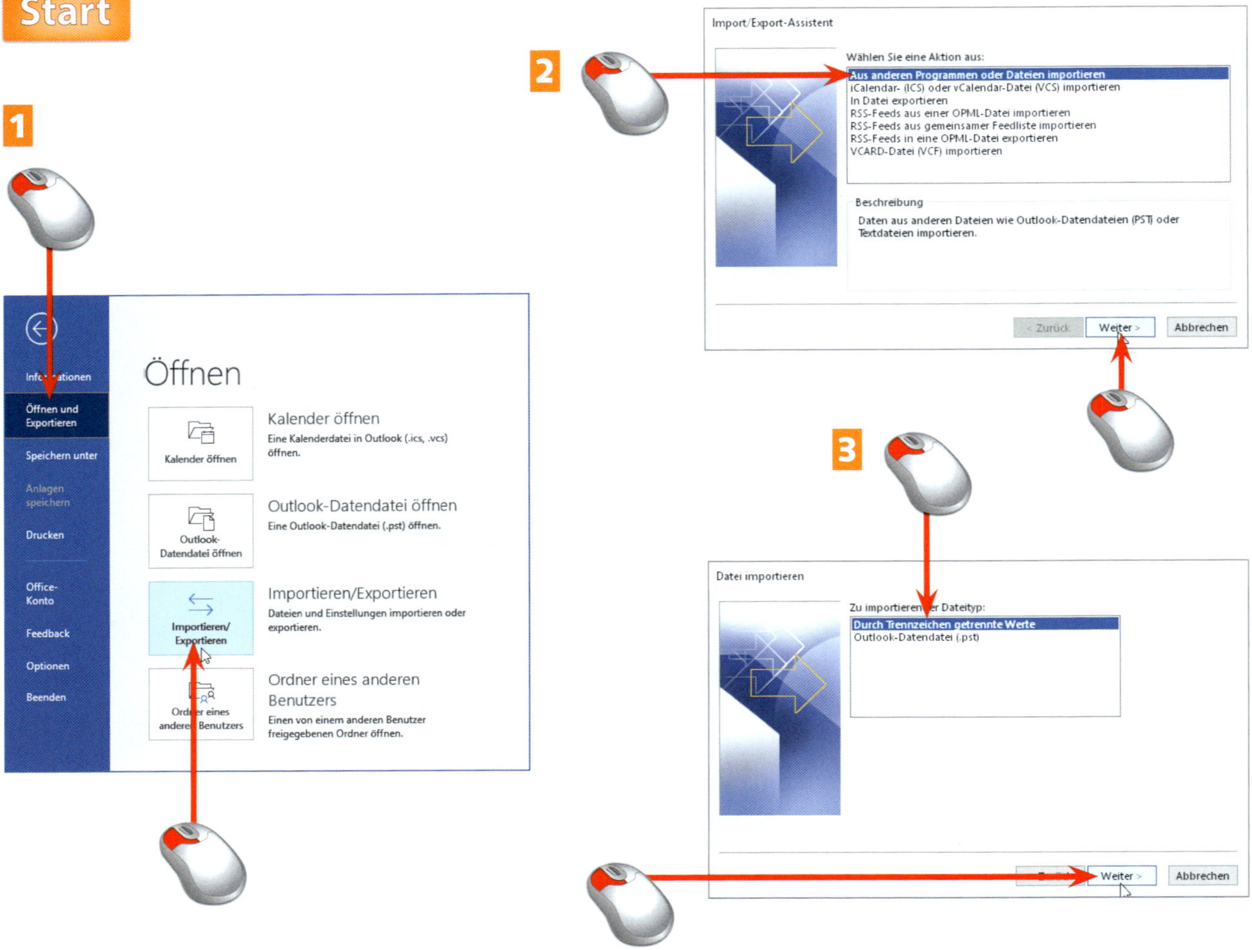

1 Um einen Datenimport zu starten, entscheiden Sie sich unter *Datei* für den Eintrag *Öffnen und Exportieren* und klicken auf *Importieren/Exportieren*.

2 Wählen Sie im folgenden Assistenten die Aktion *Aus anderen Programmen oder Dateien importieren* und bestätigen Sie mit *Weiter*.

3 Wählen Sie *Durch Trennzeichen getrennte Werte* und bestätigen Sie mit *Weiter*.

Wenn Sie vor der Outlook-Nutzung ein anderes Kontakte-Programm verwendet haben, müssen Sie Ihre Daten nicht alle neu eingeben. Exportieren Sie die Kontakte im CSV-Format, um sie mit wenigen Handgriffen in Outlook zu importieren.

WISSEN

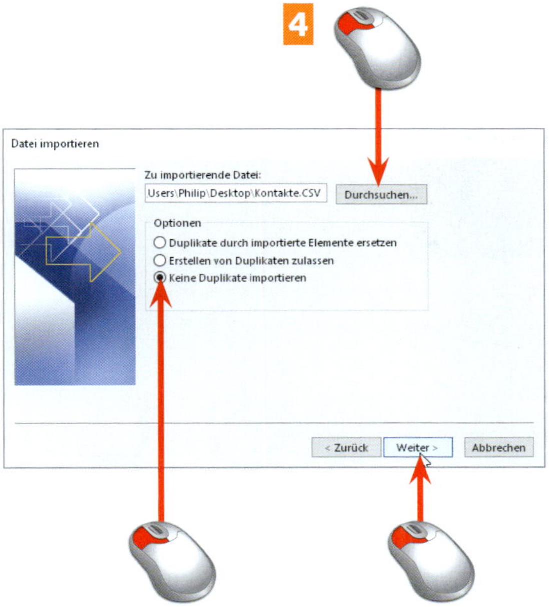

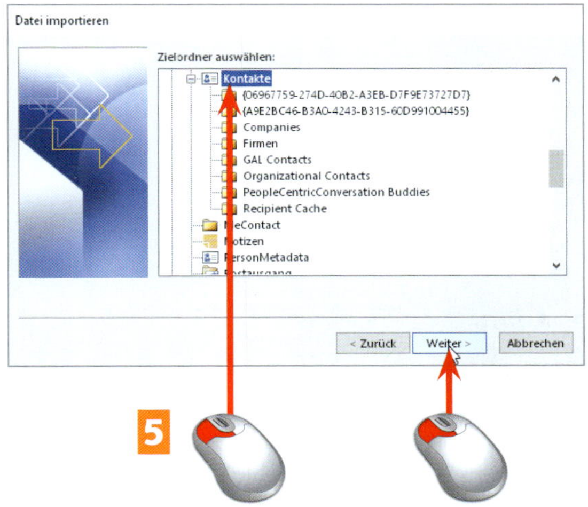

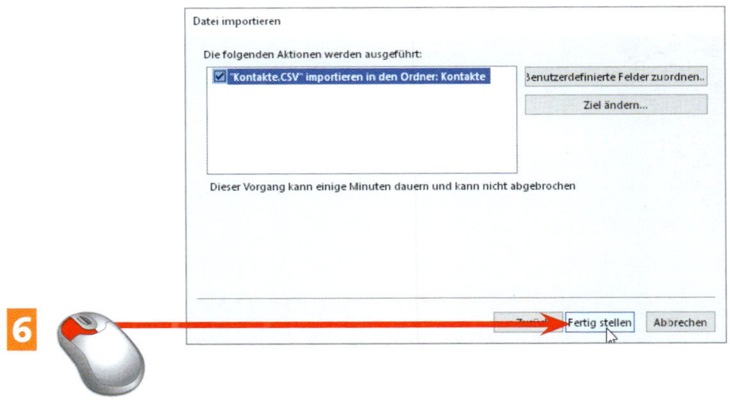

4 Wählen Sie mit *Durchsuchen* die zu importierende Datei aus. Bestimmen Sie anschließend per Radiobutton, wie mit Duplikaten verfahren werden soll, bevor Sie wiederum mit *Weiter* bestätigen.

5 Bestimmen Sie den Kontaktordner, in den die Kontakte übernommen werden sollen, und bestätigen Sie mit *Weiter.*

6 Klicken Sie zum Schluss auf *Fertig stellen*, um den Import der Kontakte zu starten.

Ende

Die Abkürzung CSV steht für **C**omma-**s**eparated **v**alues – »durch Kommata getrennte Werte«. Statt Kommata können aber auch andere Trennzeichen zum Einsatz kommen.

FACHWORT

Wie Sie im Assistenten sehen, lassen sich auch noch weitere Dateien importieren. Nutzen Sie die einzelnen Optionen ganz nach Bedarf.

HINWEIS

Aufgrund unterschiedlicher Formate kann es gut sein, dass Sie einzelne Kontaktinformationen nach dem Import noch anpassen müssen.

HINWEIS

Start

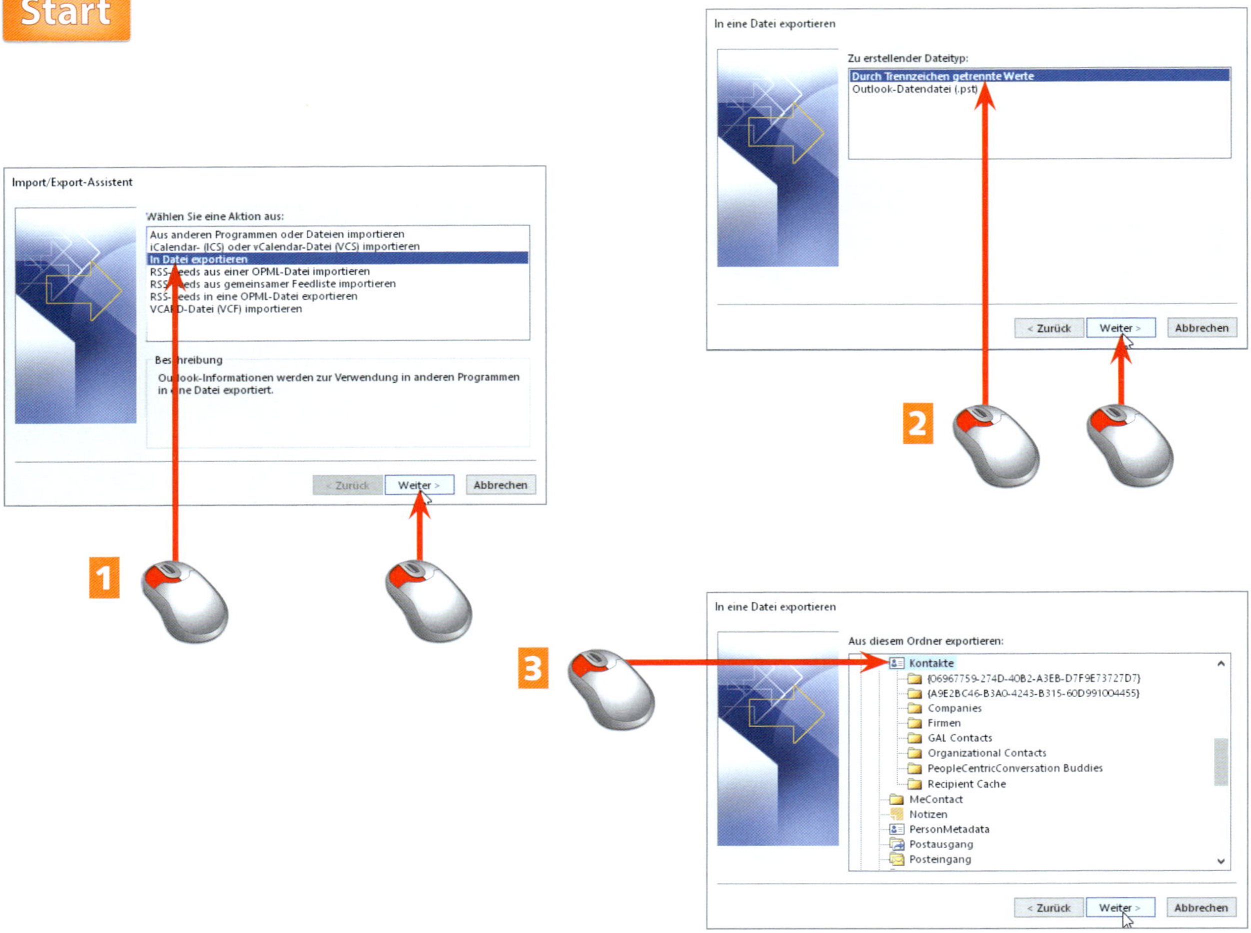

1 Wählen Sie im Assistenten, den Sie auf der vorherigen Doppelseite kennengelernt haben, die Aktion *In Datei exportieren* und bestätigen Sie mit *Weiter*.

2 Wählen Sie das Exportformat *Durch Trennzeichen getrennte Werte*. Bestätigen Sie mit *Weiter*.

3 Bestimmen Sie nun, welcher Kontaktordner exportiert werden soll, und bestätigen Sie erneut mit *Weiter*.

Kontakte zur Verwendung in anderen Programmen exportieren – auch das ist selbstverständlich kein Problem, wie Ihnen auf dieser Doppelseite Schritt für Schritt gezeigt wird.

WISSEN

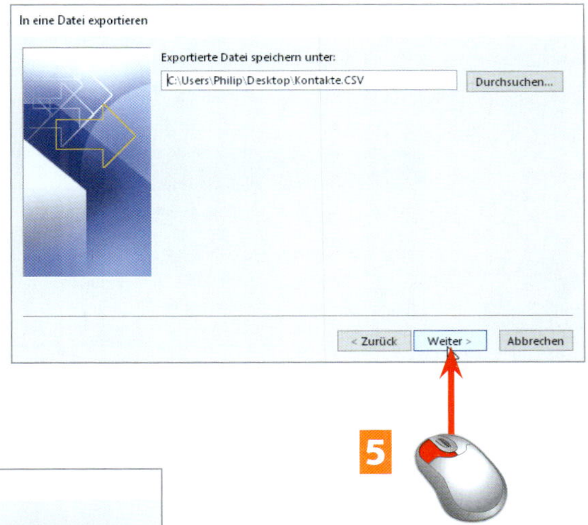

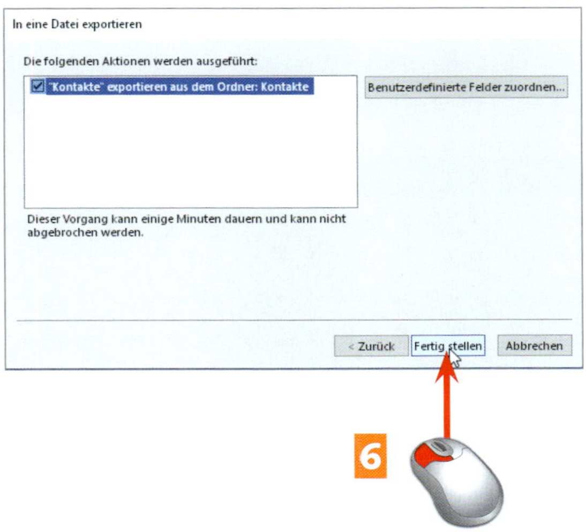

4 Klicken Sie im nächsten Schritt auf *Durchsuchen*, um den Dateinamen und den Speicherort für die zu exportierende Datei festzulegen.

5 Bestätigen Sie Ihre Auswahl mit *Weiter*.

6 Klicken Sie abschließend auf *Fertig stellen*, um den Export der Kontakte zu starten. Die CSV-Datei steht anschließend am in Schritt 2 gewählten Speicherort zur Verfügung.

Ende

Der Assistent zum Importieren und Exportieren lässt sich auch öffnen, indem Sie sich in den Outlook-Optionen unter *Erweitert* für die Schaltfläche *Exportieren* entscheiden.

HINWEIS

Verwenden Sie den in Kapitel 10 noch näher beschriebenen E-Mail-Dienst Outlook.com, um Ihre Kontakte automatisch auch online zu sichern.

HINWEIS

Die Sicherung sämtlicher Outlook-Daten erfolgt auf ähnliche Weise. Diesem wichtigen Thema widme ich aber noch eine eigene Anleitung in Kapitel 9.

HINWEIS

Start

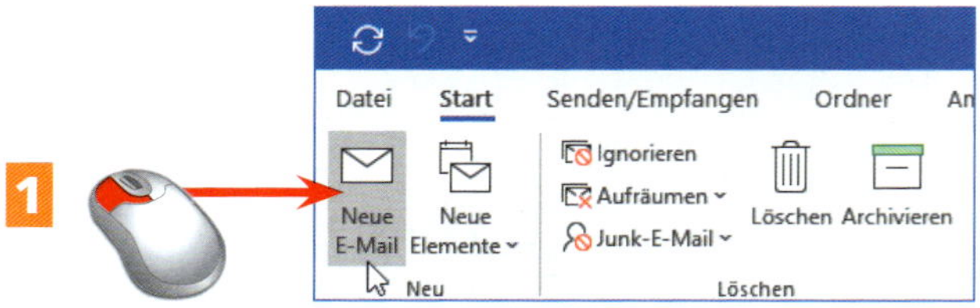

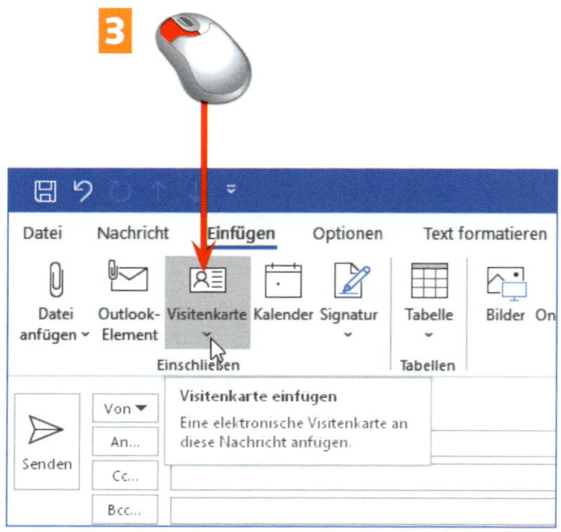

1 Wählen Sie in Outlook die E-Mail-Funktion und klicken Sie im Menüband unter *Start* auf die Schaltfläche *Neue E-Mail*.

2 Im Menüband des E-Mail-Fensters entscheiden Sie sich für den Reiter *Einfügen*.

3 Klicken Sie auf die Schaltfläche *Visitenkarte*.

Sie möchten nicht Ihre gesamten Kontakte exportieren, sondern lediglich einen einzelnen Kontakt – eine Visitenkarte – an eine andere Person weiterreichen? Hier stelle ich anschaulich dar, wie Sie eine Visitenkarte an eine E-Mail anhängen. Übermitteln Sie damit auch Ihre eigenen Kontaktdaten auf die Schnelle an eine andere Person!

WISSEN

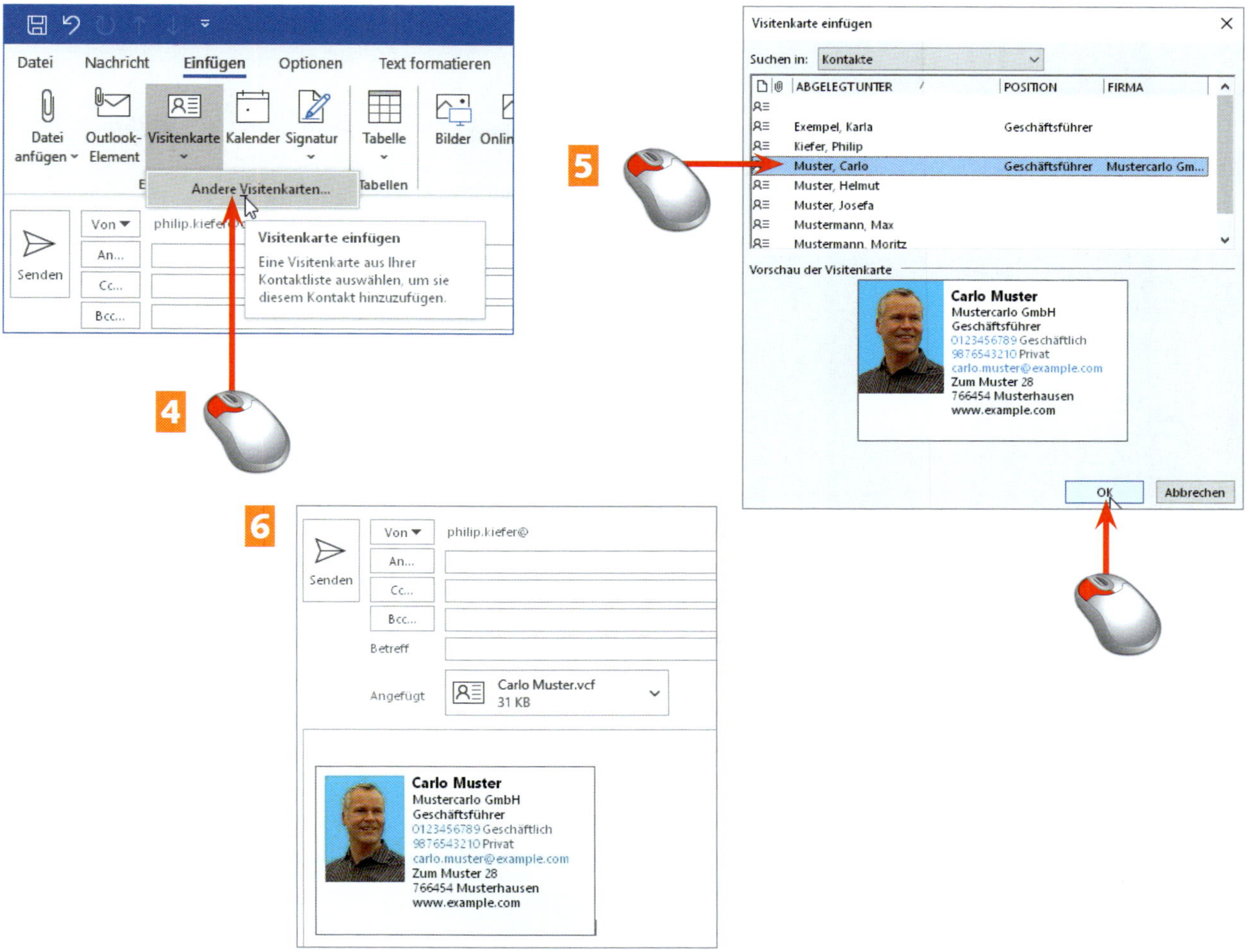

4 Im sich öffnenden Menü werden Ihnen später bereits verwendete Visitenkarten zur Auswahl angeboten. Beim ersten Mal klicken Sie auf *Andere Visitenkarten*.

5 Wählen Sie im folgenden Dialogfenster den gewünschten Kontakt aus und bestätigen Sie mit *OK*.

6 Die Visitenkarte wird direkt in die E-Mail eingefügt, aber auch als Dateianhang gelistet. Machen Sie in der E-Mail Ihre weiteren Angaben und versenden Sie sie.

Ende

Zum Versand bei gewählter Kontaktfunktion klicken Sie im Menü unter *Start* auf die Schaltfläche *Kontakt weiterleiten*.

HINWEIS

Der Versand der Visitenkarte erfolgt im gängigen vCard-Format mit der Dateiendung *.vcf*. Das Format wird von allen großen Kontakte-Programmen verstanden.

HINWEIS

Eine zugesandte Visitenkarte in die Kontakte übernehmen: Die Visitenkarte wird z. B. per Doppelklick auf den Dateianhang geöffnet und dann mit *Speichern & schließen* in den Kontakten gespeichert.

HINWEIS

Start

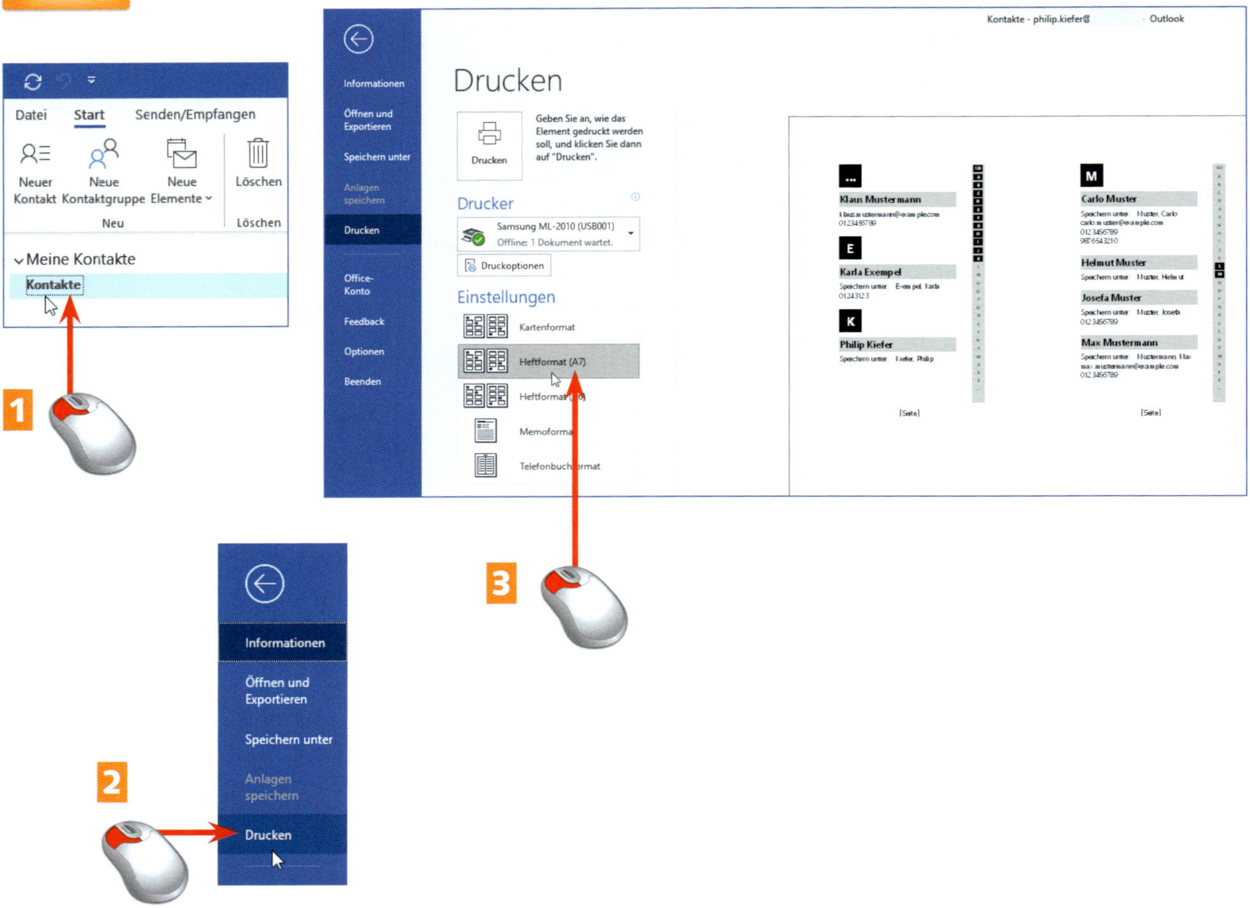

1 Entscheiden Sie sich im Ordnerbereich für den Kontaktordner, den Sie ausdrucken möchten.

2 Klicken Sie unter *Datei* auf den Eintrag *Drucken*.

3 Sie erhalten eine wie bereits im Zusammenhang mit dem E-Mail-Ausdruck kennengelernte Druckvorschau. Wählen Sie im Abschnitt *Einstellungen* ein Druckformat für die Kontakte aus.

Sie möchten Ihre Kontakte unbedingt auch in ausgedruckter Form parat haben – z. B. weil Sie Computern nicht so ganz vertrauen oder weil Sie eine Liste zum Abhaken vor sich liegen haben möchten? Das Ausdrucken der Kontakte ist gar kein Problem, und Sie haben dabei eine Menge Anpassungsmöglichkeiten.

WISSEN

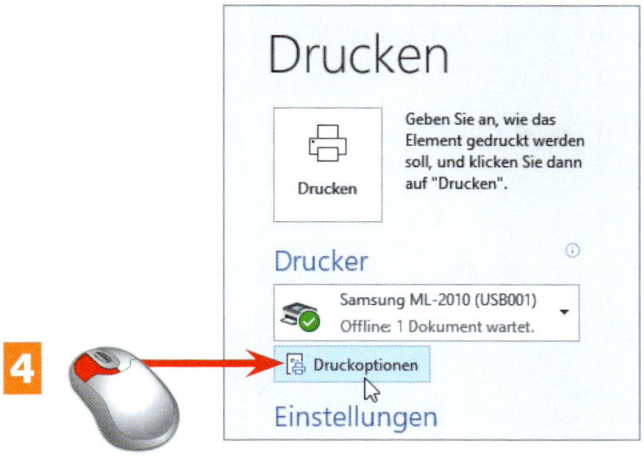

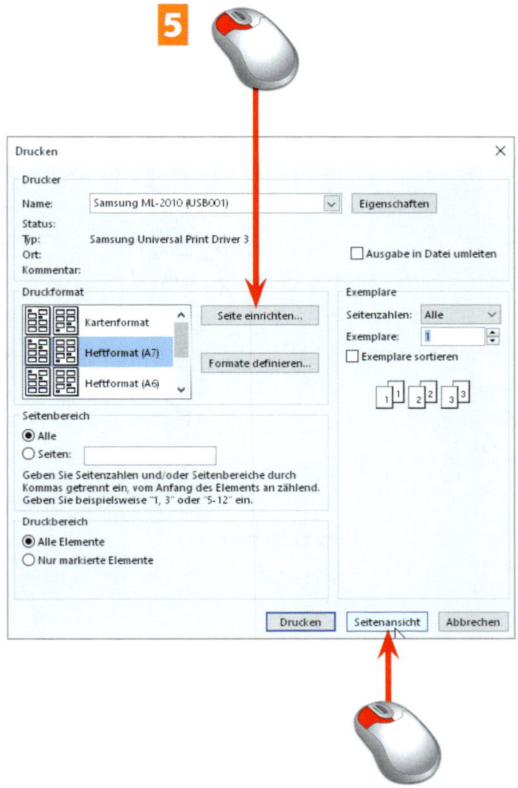

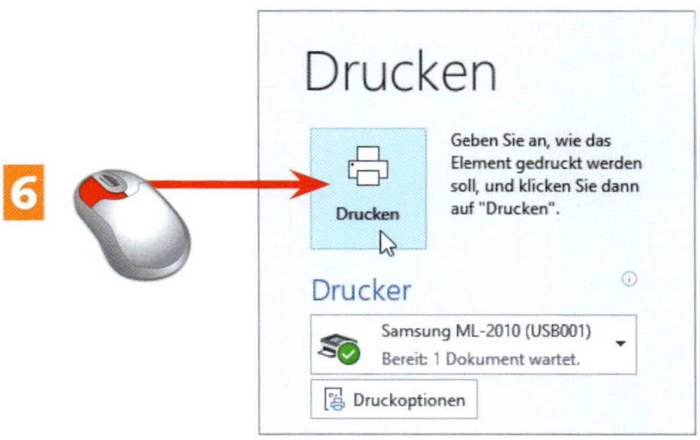

4 Für erweiterte Einstellungen klicken Sie im Abschnitt *Drucker* auf die Schaltfläche *Druckoptionen*.

5 Klicken Sie im folgenden Fenster z. B. auf die Schaltfläche *Seite einrichten*, um die Schriftart etc. festzulegen. Mit *Seitenansicht* gelangen Sie zurück zur Druckvorschau.

6 Klicken Sie auf die Schaltfläche *Drucken*, um Ihre Kontakte zu Papier zu bringen.

Ende

Sie können auch einen einzelnen ausgewählten Kontakt drucken, in diesem Fall entscheiden Sie sich in Schritt 3 für das *Memoformat*.

HINWEIS

Falls ein Exchange-Konto genutzt wird: Entscheiden Sie sich bei gewählter Kontaktfunktion unter *Start* für die Schaltfläche *Kontakte freigeben*, um Kontakte an andere Nutzer freizugeben.

HINWEIS

Terminverwaltung leicht gemacht

6

Mit Outlook behalten Sie anstehende Termine immer im Blick – und das Programm wird Sie auch rechtzeitig an anstehende Termine erinnern.

Wie Sie einfache Termine oder Serientermine erstellen, mehrere Kalender anlegen, einen Kalender für mehrere Personen freigeben oder einen Kalender aus dem Internet abonnieren – das alles lesen und erlernen Sie in diesem Kapitel.

Start

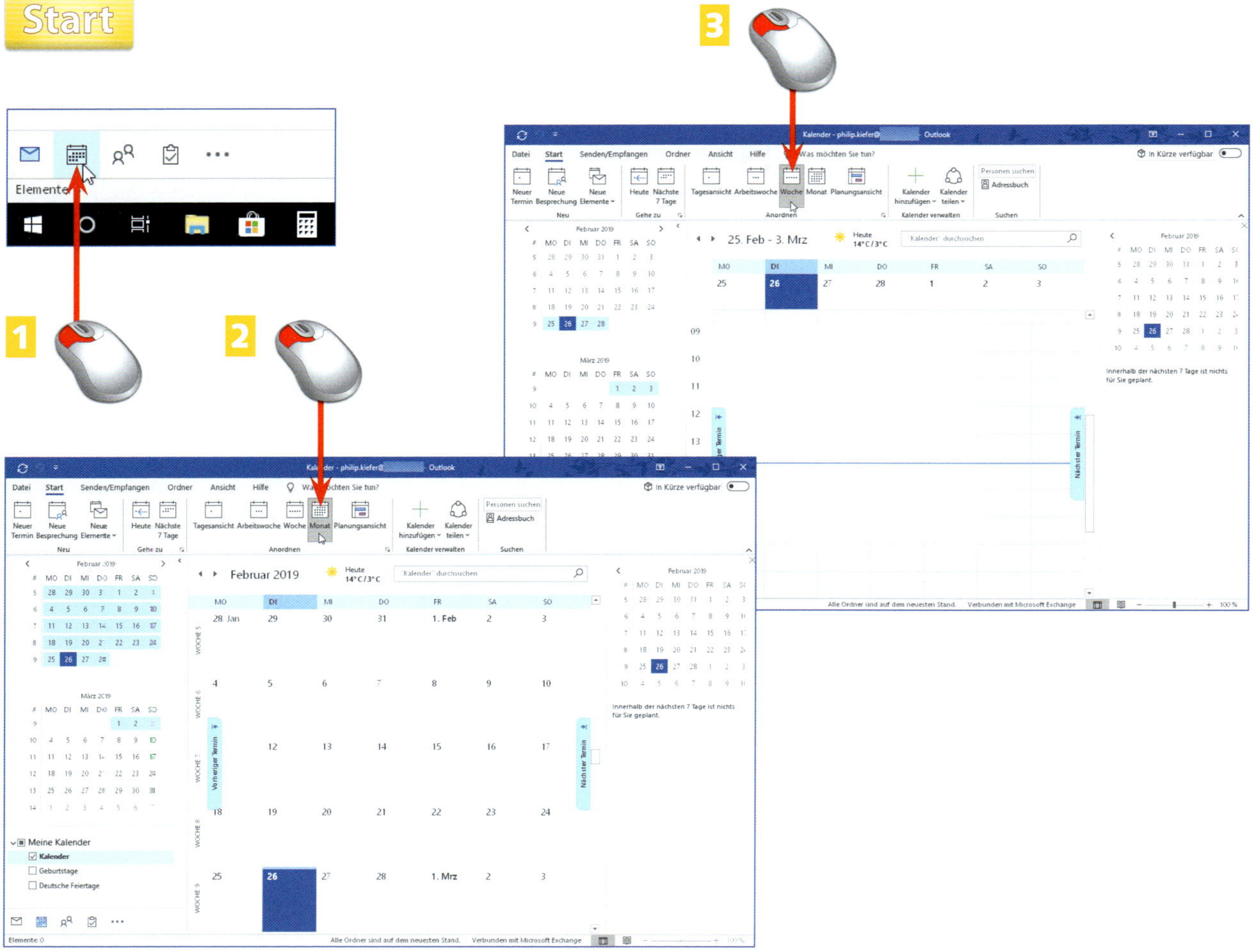

1 Um in Outlook zur Kalenderfunktion zu wechseln, klicken Sie im Navigationsbereich auf das Symbol ▦.

2 Bestimmen Sie zunächst die Ansicht. Diese lässt sich im Menüband unter *Start* auswählen, etwa die Ansicht *Monat*.

3 Mehr Platz zum Eintragen Ihrer Termine erhalten Sie in der Wochenansicht, die Sie per Mausklick auf die Schaltfläche *Woche* auswählen.

Der Outlook-Kalender bietet mehrere Ansichten, die sich jeweils nach Bedarf per Mausklick wechseln lassen. Gestatten Sie mir, Ihnen die verschiedenen Ansichten auf dieser Doppelseite vorzustellen. Als Faustregel gilt dabei: Je mehr Tage im Kalender angezeigt werden, desto weniger Platz bleibt für die Anzeige der Termine.

WISSEN

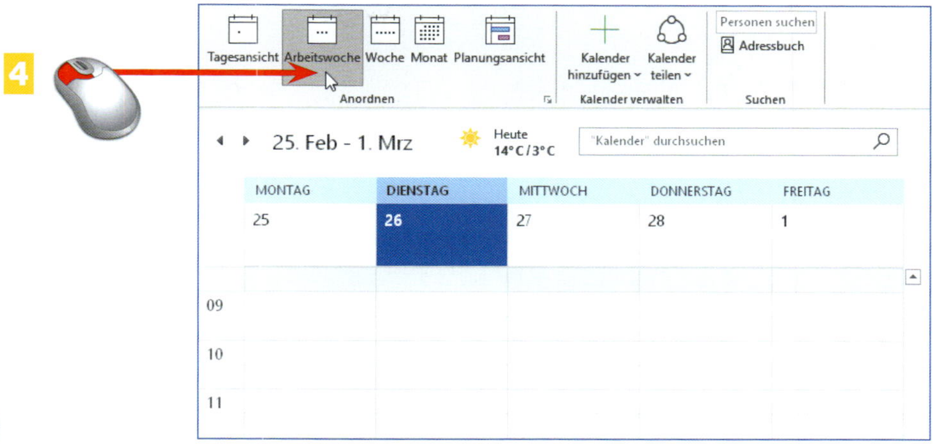

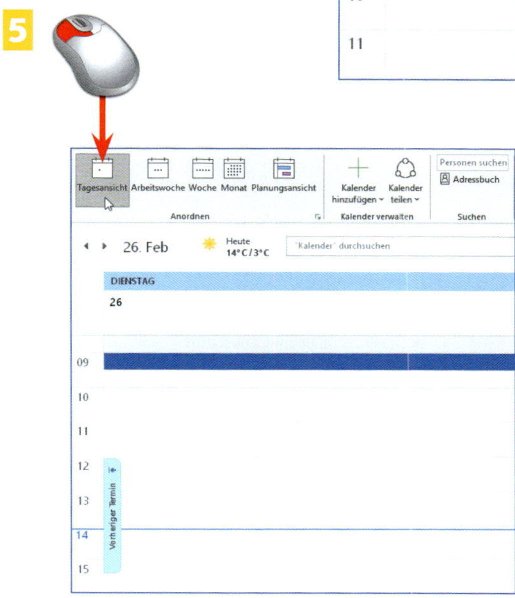

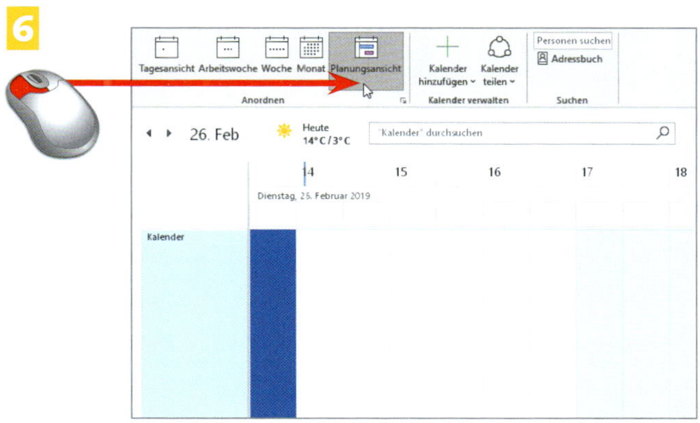

4 Bei einem Business-Kalender genügt häufig die Anzeige der Arbeitswoche von Montag bis Freitag. Um diese zu erhalten, klicken Sie auf die Schaltfläche *Arbeitswoche*.

5 Viel Platz für Ihre Termine: Klicken Sie auf die Schaltfläche *Tagesansicht*, um sich die Termine eines Tages anzusehen.

6 Die *Planungsansicht*, die Sie mit der gleichlautenden Schaltfläche aufrufen, erlaubt es schließlich, die Termine anderer Personen mit dem eigenen Kalender abzugleichen.

Ende

Praktisch für Außentermine: Oben im Kalender wird Ihnen das aktuelle Wetter angezeigt. Klicken Sie auf den Ortsnamen, um Ihren eigenen Ort hinzuzufügen.

TIPP

Unabhängig von der Kalenderansicht zum aktuellen Tag zurückwechseln: Klicken Sie dazu auf die Schaltfläche *Heute*.

HINWEIS

Start

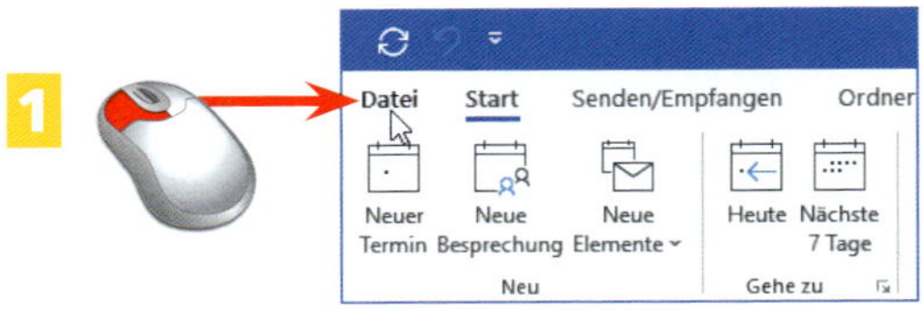

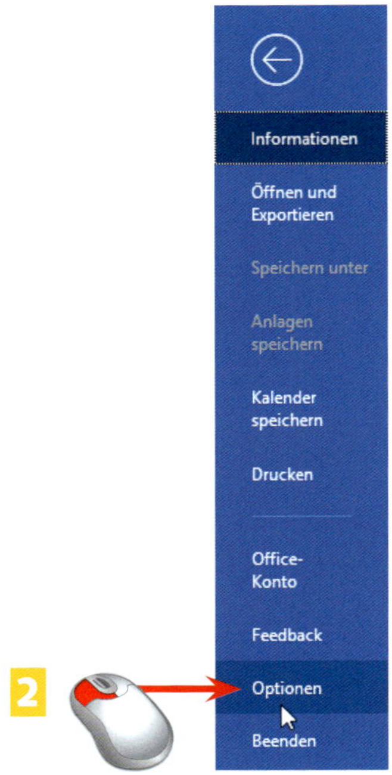

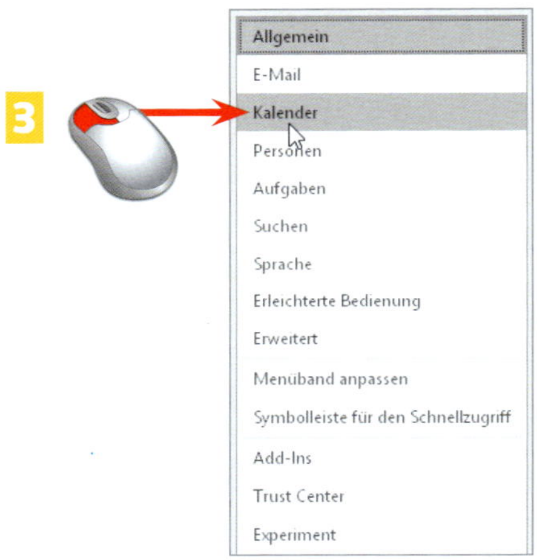

1 Um die Arbeitszeiten festzulegen, klicken Sie im Menüband auf den Reiter *Datei*.

2 Entscheiden Sie sich für den Eintrag *Optionen*, um die Outlook-Optionen aufzurufen.

3 In den Outlook-Optionen wählen Sie in der Leiste links den Eintrag *Kalender*.

Ein Arbeitstag beginnt im Outlook-Kalender standardmäßig relativ spät morgens und endet am späten Nachmittag. Selbstverständlich lassen sich auch individuelle Arbeitszeiten konfigurieren. Wie Sie dazu vorgehen, erfahren Sie auf dieser Doppelseite.

WISSEN

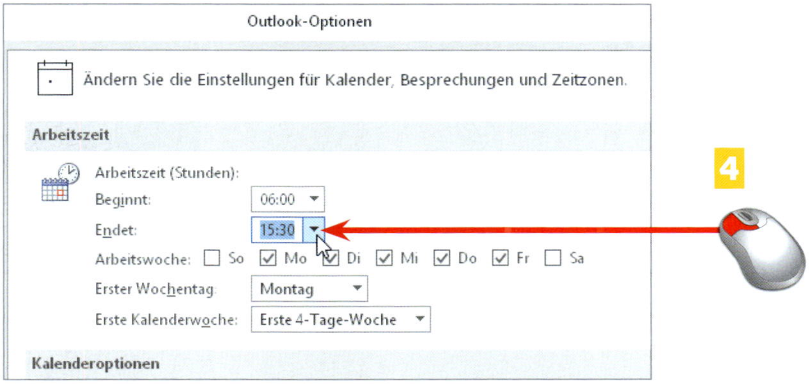

4 Verwenden Sie die Menüs *Beginnt* und *Endet*, um den Arbeitstag zu definieren. Per Kontrollkästchen und Menüs darunter lässt sich auch die Arbeitswoche individuell definieren.

5 Bestätigen Sie die neuen Einstellungen unten in den Outlook-Optionen mit *OK*.

6 Sie erkennen die Arbeitszeiten im Kalender an den weißen Flächen, während für die Nicht-Arbeitszeiten graue Flächen zum Einsatz kommen.

Ende

Als Zeitskala werden standardmäßig 30 Minuten verwendet. Auch dies lässt sich ändern, und zwar im Menüband unter *Ansicht*, indem Sie dort auf die Schaltfläche *Zeitskala* klicken und eine andere Auswahl treffen.

HINWEIS

Detailinfos zu einem gewählten Termin unter dem Kalender anzeigen: Blenden Sie dazu den Lesebereich ein, und zwar unter *Ansicht* in der Gruppe *Layout* unter der Schaltfläche *Lesebereich*.

HINWEIS

Start

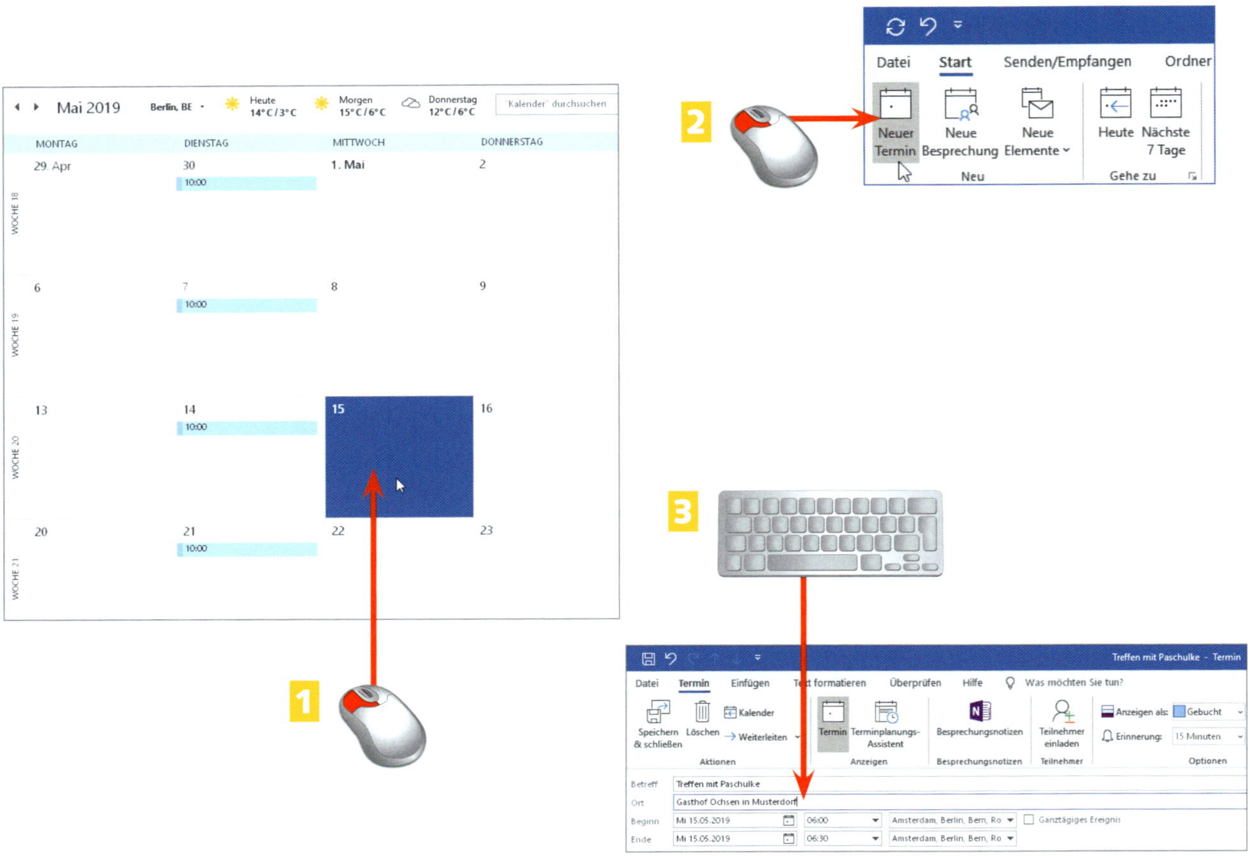

1 Markieren Sie im Kalender per Mausklick Tag und gegebenenfalls Uhrzeit des Termins.

2 Entscheiden Sie sich im Menüband unter *Start* für die Schaltfläche *Neuer Termin*.

3 Tippen Sie einen Betreff für den Termin ein und machen Sie eine Ortsangabe.

Sie haben in diesem Buch bereits einige neue Elemente wie E-Mails oder Kontakte erstellt. Das Erstellen von Terminen funktioniert ähnlich. Hier erkläre ich das einfache Anlegen eines Termins.

WISSEN

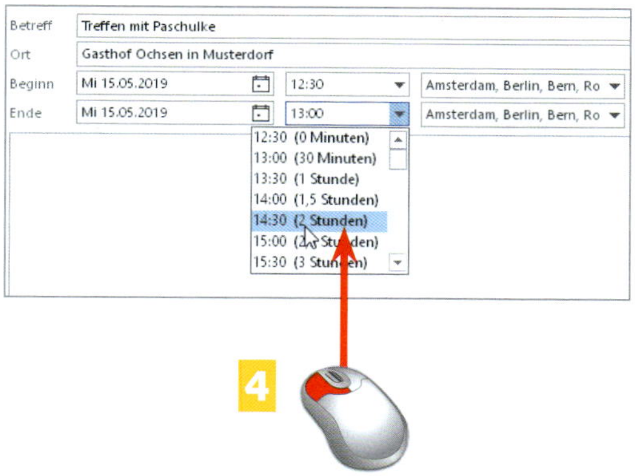

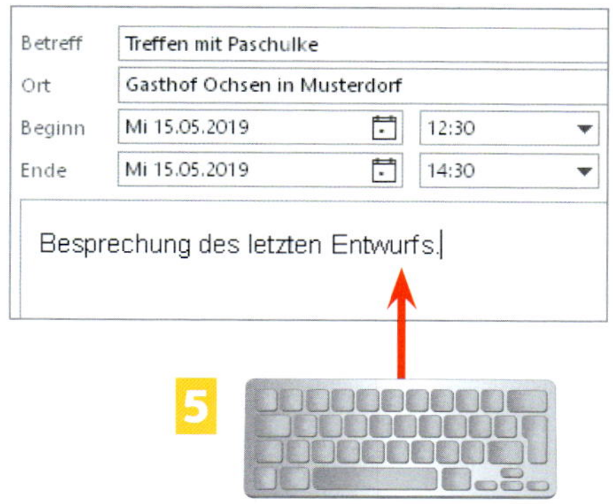

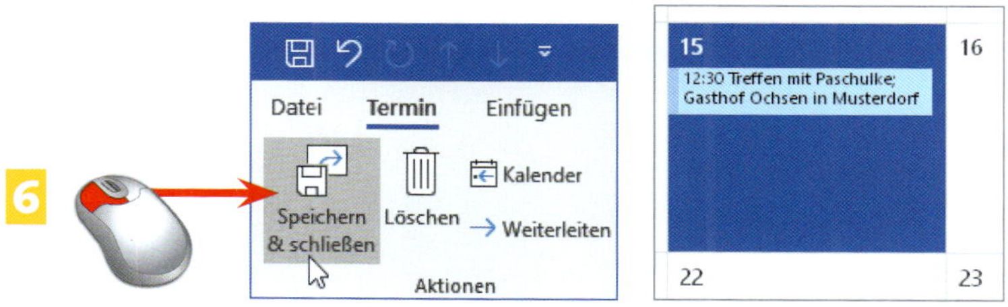

4 Machen Sie anschließend in den Feldern *Beginn* und *Ende* eine genaue Zeitangabe. Bei einem ganztägigen Termin aktivieren Sie einfach das entsprechende Kontrollkästchen.

5 Geben Sie in das große Textfeld bei Bedarf noch Detailinformationen zum Termin ein. Hier können Sie z. B. notieren, was Sie bei einem Meeting besprechen wollen.

6 Klicken Sie im Menüband auf die Schaltfläche *Speichern & schließen* – der Termin wird prompt mit Betreff und Ortsangabe im Kalender angezeigt.

Ende

Auch so geht's: Doppelklicken Sie auf ein Kalenderfeld, um einen neuen Termin zu erstellen.

TIPP

Ein Termin lässt sich jederzeit bearbeiten und ändern. Doppelklicken Sie im Kalender einfach auf einen Termin, um wieder das entsprechende Fenster aufzurufen.

HINWEIS

Schnelle Terminerstellung: Klicken Sie zweimal langsam hintereinander in ein Kalenderfeld, um einen Termin zunächst nur mit Betreff zu erstellen.

TIPP

Start

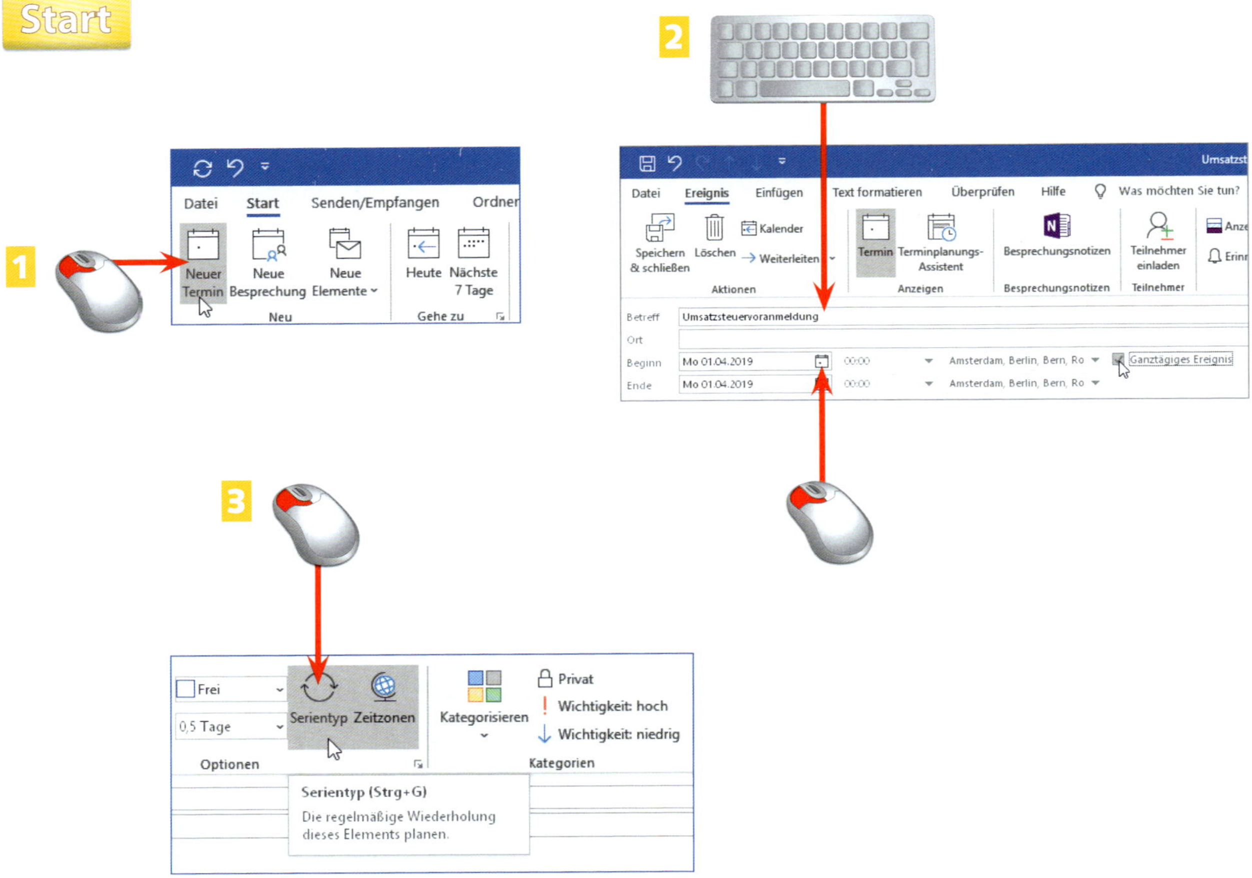

1 Erstellen Sie einen ganz normalen Termin, indem Sie sich im Menüband für die Schaltfläche *Neuer Termin* entscheiden.

2 Machen Sie wieder die gewünschten Angaben, insbesondere zu Betreff und Zeit.

3 Klicken Sie nun im Menüband unter *Termin* bzw. (ganztägigem) *Ereignis* – wird standardmäßig angezeigt – auf die Schaltfläche *Serientyp*.

Dank Serientermin müssen Sie auch regelmäßig wiederkehrende Ereignisse – z. B. Steuertermine oder Geburtstage – nur einmalig in den Kalender eintragen. Die zukünftigen Termine trägt Outlook dann automatisch ein. Auf dieser Doppelseite wird beschrieben, wie aus einem Termin ein Serientermin entsteht.

WISSEN

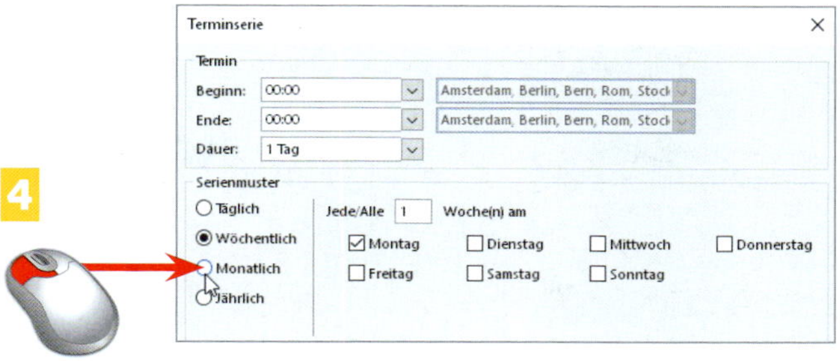

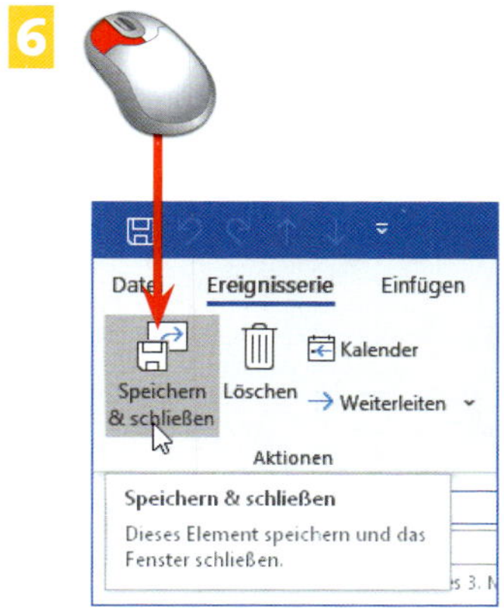

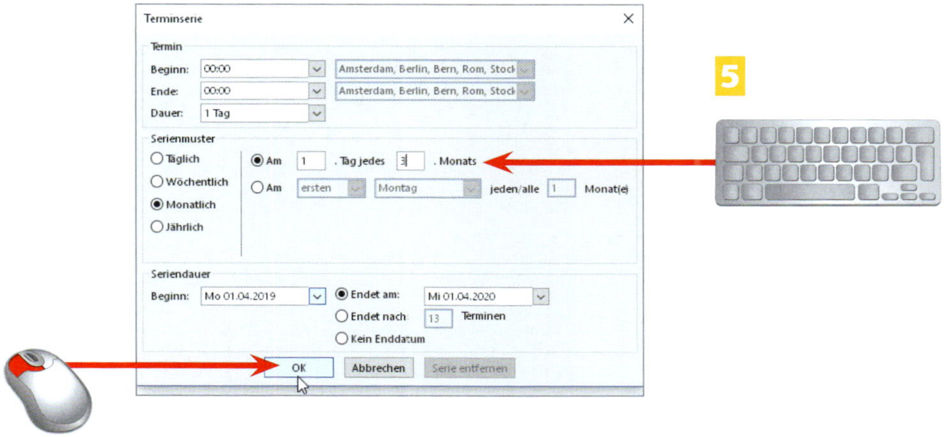

4 Im Dialogfenster *Terminserie* wählen Sie den gewünschten Turnus aus. Hier im Beispiel wird ein vierteljährlicher Turnus konfiguriert und daher die Option *Monatlich* gewählt.

5 Anschließend legen Sie fest, dass der Termin nur jeden dritten Monat eingetragen werden soll, und bestätigen mit *OK*.

6 Bestätigen Sie zum Schluss mit *Speichern & schließen*, um den Serientermin zu erstellen.

Ende

In der Gruppe *Optionen* finden Sie ein Menü, um einen Termin mit einem Hinweis auf Ihren Status zu verknüpfen, z. B. *Beschäftigt*. Diese Funktion ist bei der Freigabe eines Kalenders für andere Personen nützlich.

HINWEIS

Viel unterwegs? Beim Erstellen eines Termins können Sie per Schaltfläche *Zeitzonen* auch Zeitzonen-Menüs für die Zeitbestimmung einblenden.

TIPP

Start

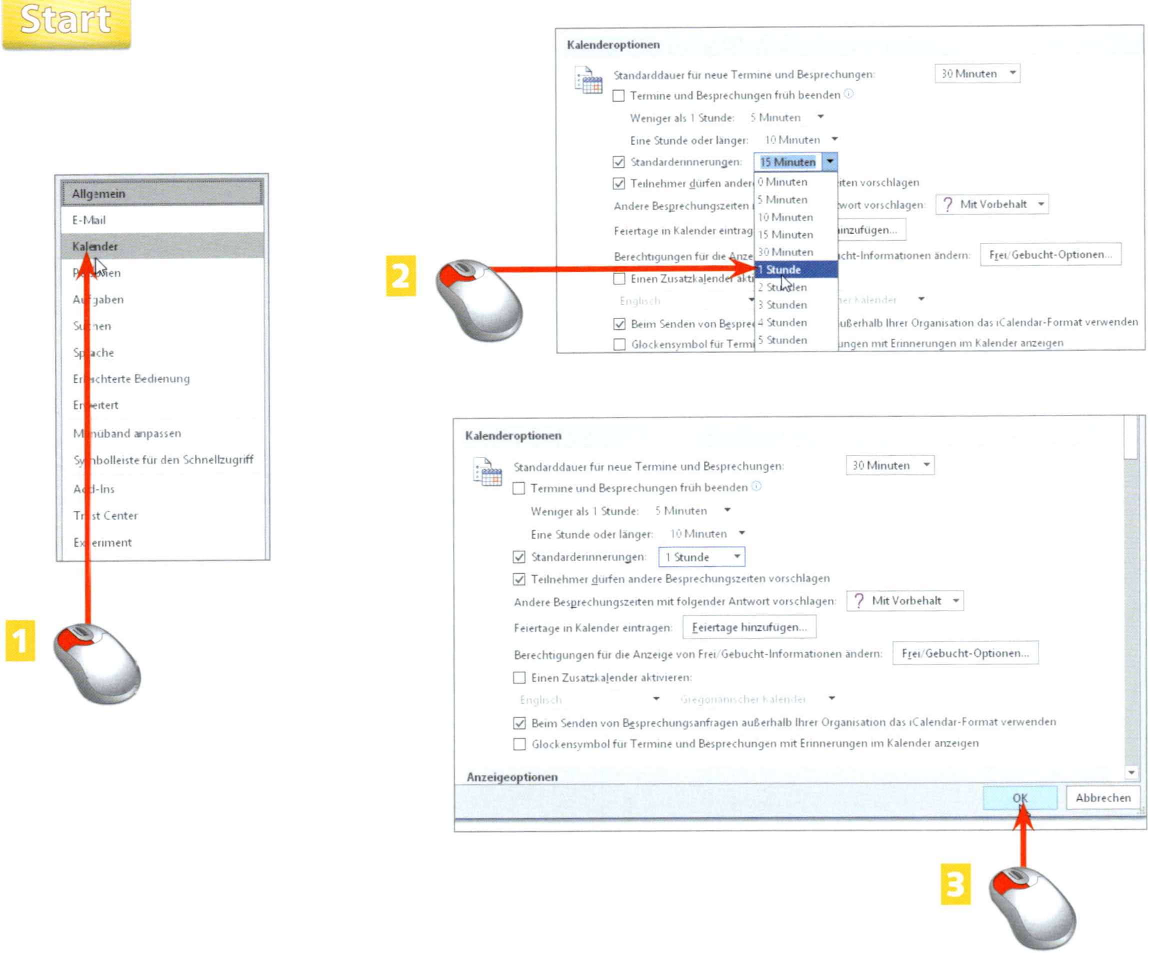

1 Wählen Sie in den Outlook-Optionen wieder den Eintrag *Kalender*.

2 Im Abschnitt *Kalenderoptionen* machen Sie im Menü *Standarderinnerungen* die gewünschte Angabe.

3 Bestätigen Sie die neue Einstellung mit *OK*. Sehen Sie sich zuvor gerne die weiteren angebotenen Einstellungen an.

Standardmäßig werden Sie von Outlook 15 Minuten vor einem Termin an den Termin erinnert. Das kann unter Umständen viel zu wenig sein, z. B. wenn Sie noch eine längere Autofahrt zum Ort des Termins unternehmen müssen. Hier zeige ich Ihnen, wie Sie die Standard-Erinnerungszeit festlegen oder bei einem Termin eine individuelle Erinnerungszeit konfigurieren.

WISSEN

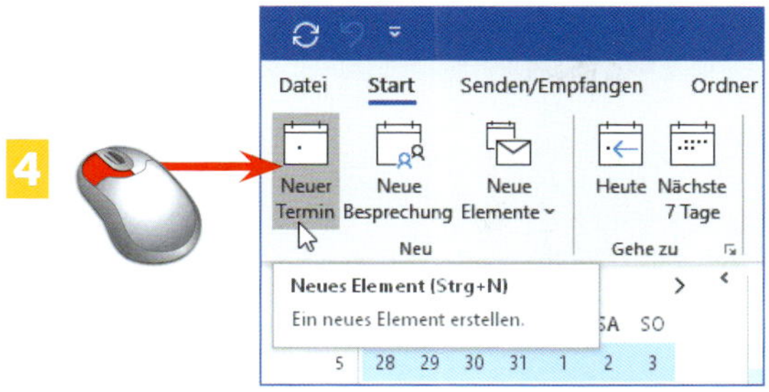

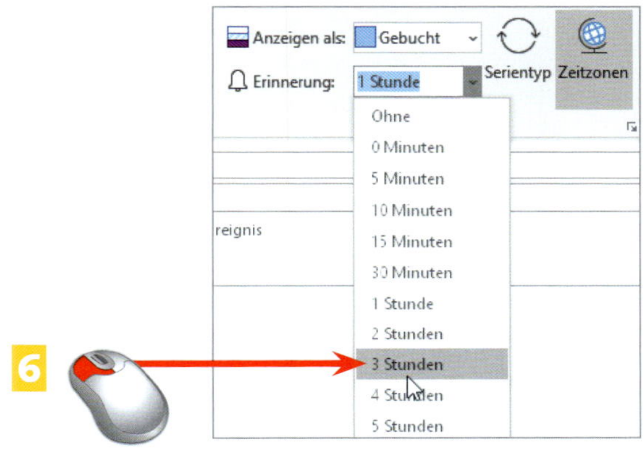

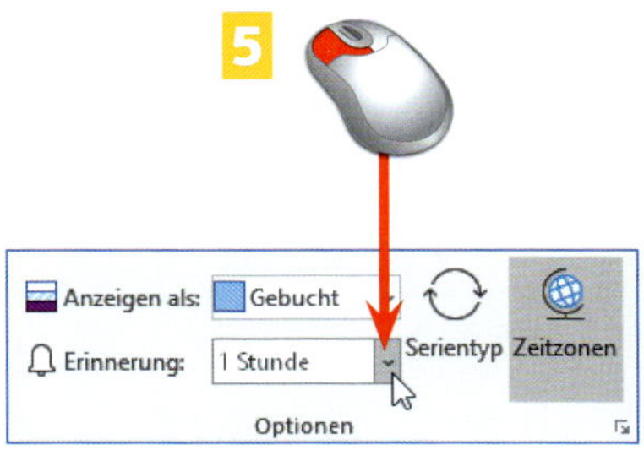

4 Die Standard-Erinnerung gilt nicht für bereits bestehende, sondern nur für neue Termine. Sie können aber jederzeit andere Erinnerungszeiten festlegen. Wählen Sie im Menüband *Neuer Termin*.

5 Die Standard-Erinnerung wird in der Gruppe *Optionen* angezeigt. Um die Erinnerungszeit zu ändern, klicken Sie auf das zugehörige Pfeilsymbol ⌄.

6 Entscheiden Sie sich im Drop-down-Menü für die gewünschte Erinnerungszeit, hier z. B. *3 Stunden* vor dem Termin.

Ende

In das Feld aus Schritt 5 können Sie auch eine individuelle Erinnerungszeit eintragen, also z. B. *22 Minuten*.

TIPP

Wichtig zu wissen: Outlook gibt nur dann eine Erinnerung aus, wenn das Programm gestartet wurde.

HINWEIS

Start

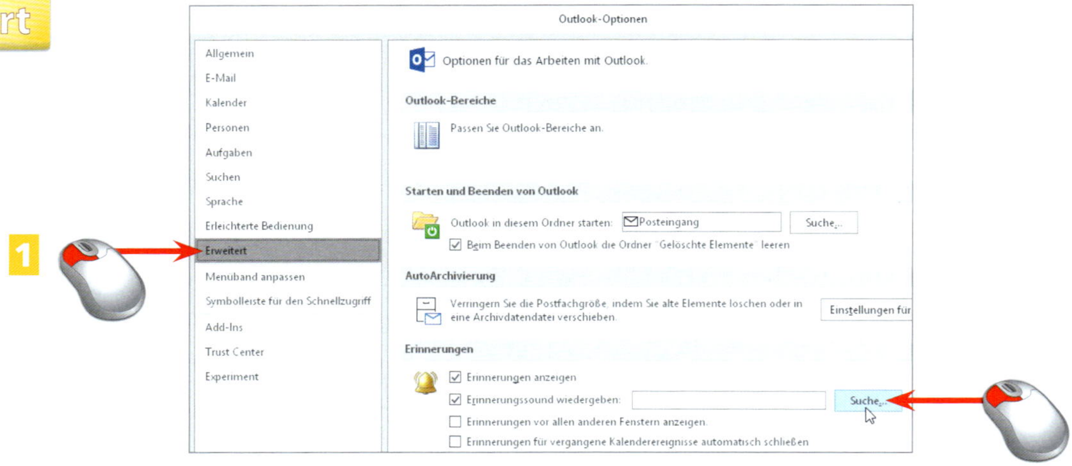

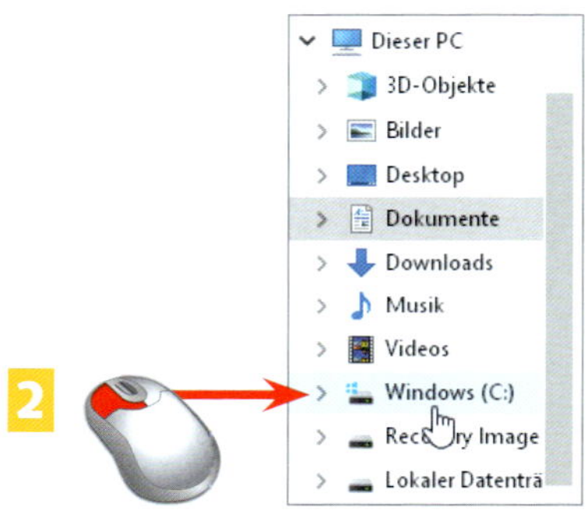

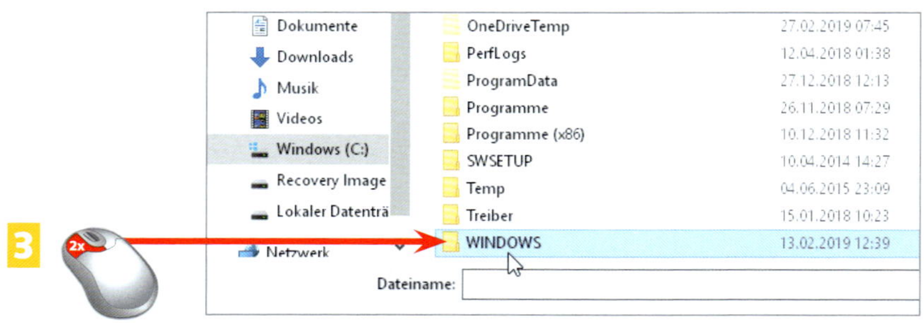

1 Klicken Sie in den Outlook-Optionen unter *Erweitert* im Abschnitt *Erinnerungen* auf die Schaltfläche *Suche*.

2 Im folgenden Dialogfenster wählen Sie zunächst das Systemlaufwerk aus, in den meisten Fällen ist das *C:*.

3 Doppelklicken Sie im nächsten Schritt auf den Ordner *WINDOWS*, um diesen zu öffnen.

Der Erinnerungshinweis von Outlook ist recht dezent. Es lässt sich aber ein individueller Erinnerungssound im WAV-Format auswählen. Windows hat eine ganze Reihe von Sounds mit an Bord, die Sie als Erinnerungssound verwenden können. Auf dieser Doppelseite stelle ich Ihnen die Methode vor.

WISSEN

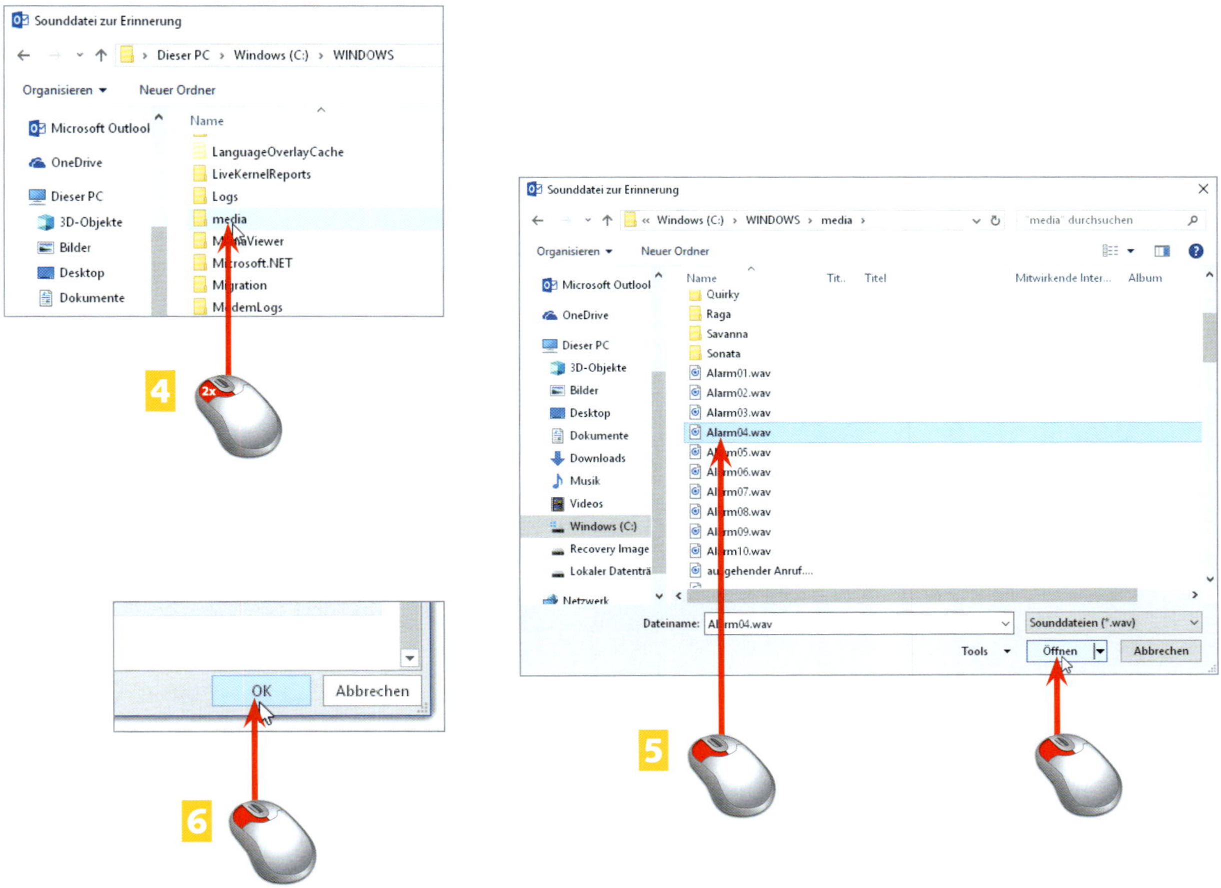

4 Im Ordner *WINDOWS* öffnen Sie per Doppelklick den Ordner *media*.

5 Nun haben Sie die freie Wahl. Klicken Sie eine Sounddatei an und bestätigen Sie mit *Öffnen*.

6 Bestätigen Sie Ihre Auswahl schließlich noch in den Outlook-Optionen mit *OK*. Erinnerungshinweise erfolgen zukünftig mit dem neuen Sound.

Ende

Klicken Sie eine Sounddatei mit der rechten Maustaste an, um Optionen für die Wiedergabe – also zum Probehören – zu erhalten.

TIPP

Pro Termin lässt sich nur eine Erinnerung festlegen. Im Fenster, das Sie an einen Termin erinnert, lässt sich jedoch eine weitere Erinnerung anfordern.

HINWEIS

Start

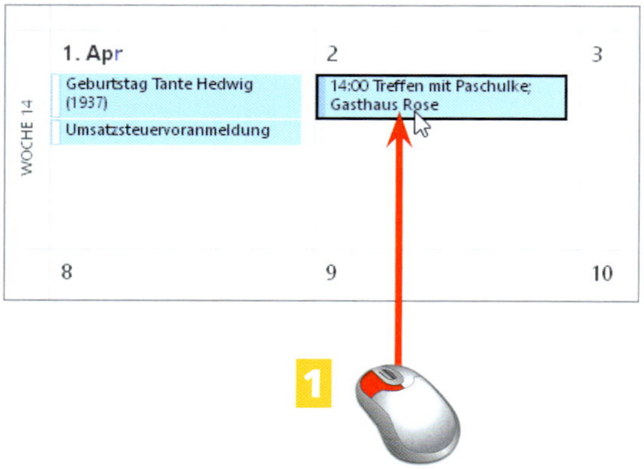

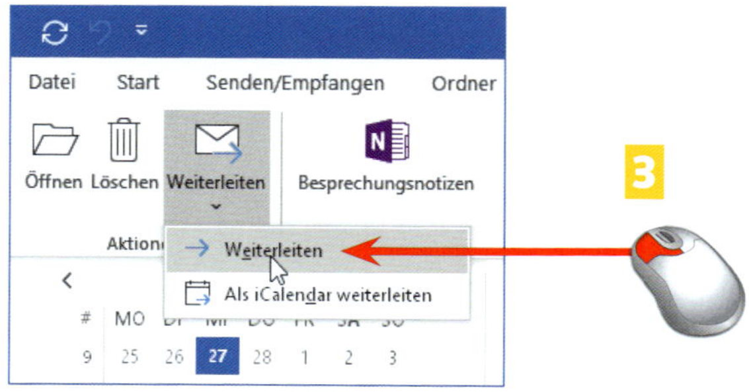

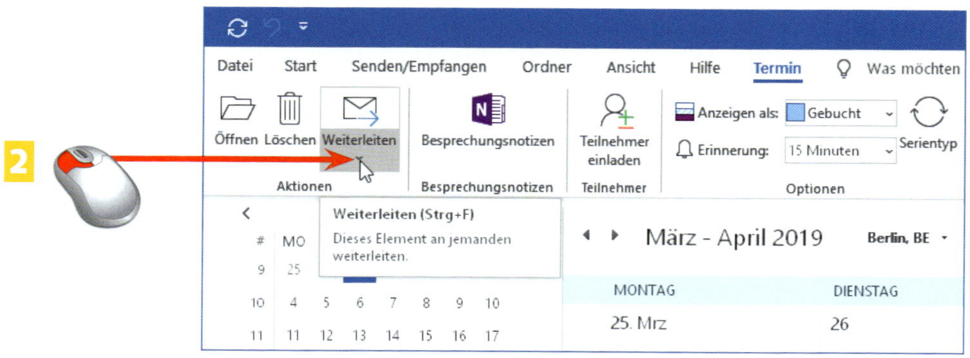

1 Klicken Sie einen Termin, den Sie weiterleiten möchten, im Kalender an, um ihn auszuwählen.

2 Im Menüband wird die zusätzliche Registerkarte *Termin* eingeblendet. Um eine Formatwahl treffen zu können, klicken Sie auf den unteren Teil der Schaltfläche *Weiterleiten*.

3 In diesem Fall wähle ich die Standardoption *Weiterleiten* für das Weiterleiten als Outlook-Datei. Für die plattformübergreifende Weiterleitung verwenden Sie das iCalendar-Format.

Um auf die Schnelle einen Termin auszutauschen, ist keine Kalenderfreigabe erforderlich. Versenden Sie den Termin stattdessen per E-Mail – der Empfänger kann ihn dann auf einfache Weise in den eigenen Kalender übernehmen. Die Vorgehensweise lernen Sie auf dieser Doppelseite kennen.

WISSEN

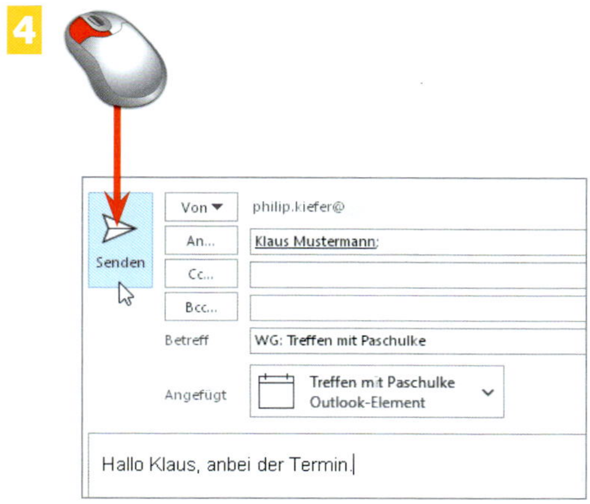

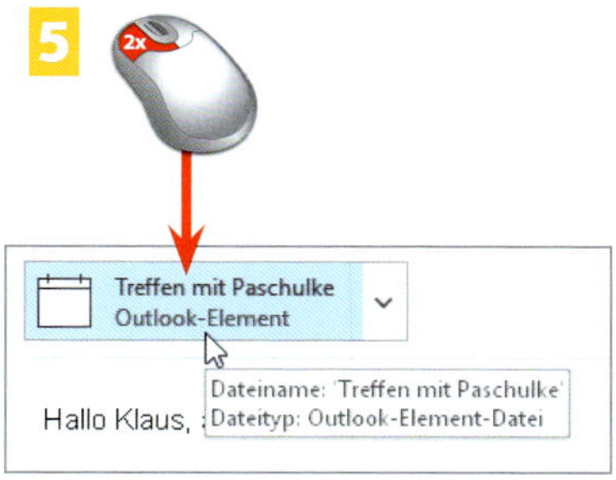

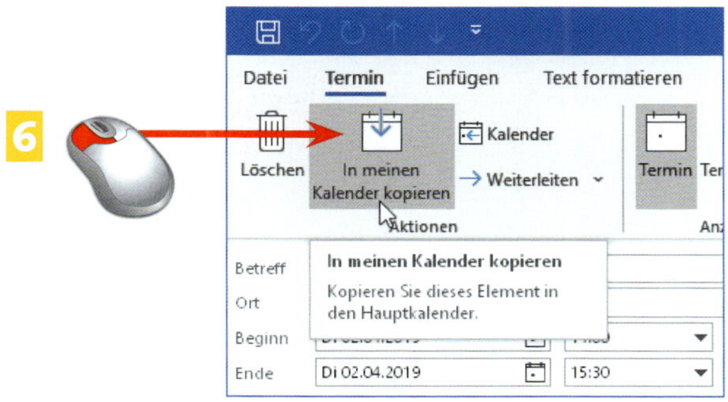

4 Der Termin wird an die E-Mail angehängt. Machen Sie Ihre Angaben zu Empfänger und Co. und bringen Sie die E-Mail mit *Senden* auf den Weg.

5 Der Empfänger öffnet den zugesandten Termin per Doppelklick darauf.

6 Mit der Schaltfläche *In meinen Kalender kopieren* kann er ihn in den eigenen Kalender übernehmen.

Ende

HINWEIS

iCalendar ist ein gängiges Format, um im Internet Kalenderdaten auszutauschen. Die Dateiendung von iCalendardateien lautet meist *.ics*.

HINWEIS

Beim Empfang von iCalendar-Terminen muss noch ein Hinweis mit *Ja* bestätigt werden, ansonsten ist die Vorgehensweise die gleiche wie in Schritt 5 und 6 beschrieben.

TIPP

Eine E-Mail als Termin speichern: Ziehen Sie diese einfach bei gedrückter Maustaste aus der Nachrichtenliste auf das ▦-Symbol im Navigationsbereich. Auch aus ausgewähltem Text lässt sich auf diese Weise ein Termin anlegen.

Start

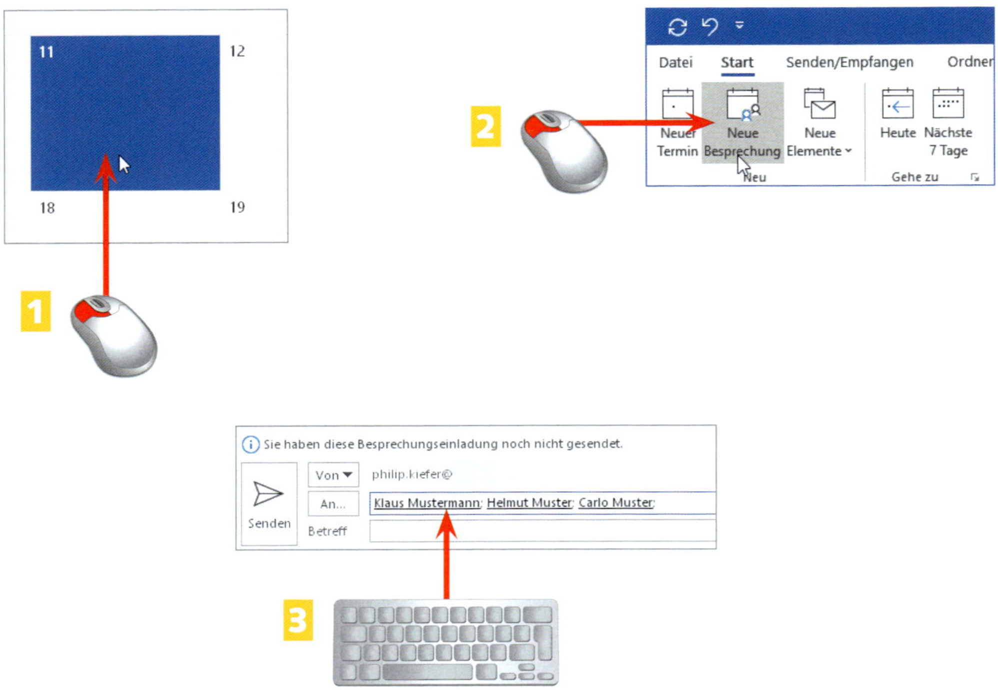

1 Wie zum Erstellen eines neuen Termins: Klicken Sie dort in das Kalenderfeld, wo die Besprechung eingetragen werden soll.

2 Entscheiden Sie sich im Menüband für die Schaltfläche *Neue Besprechung*.

3 Geben Sie in das *An*-Feld die Empfänger-E-Mail-Adressen ein bzw. wählen Sie die Empfänger per Mausklick auf die *An*-Schaltfläche aus Ihren Kontakten aus.

Neben herkömmlichen Terminen lassen sich in Outlook auch Besprechungen anlegen. So werden Termine bezeichnet, zu denen Sie noch andere Teilnehmer einladen, egal, ob es sich um ein wichtiges Meeting handelt oder die Geburtstagsfeier. Auch in diesem Fall kann der Empfänger den Termin in den eigenen Kalender übernehmen, wie ich Ihnen hier zeige.

WISSEN

4

5

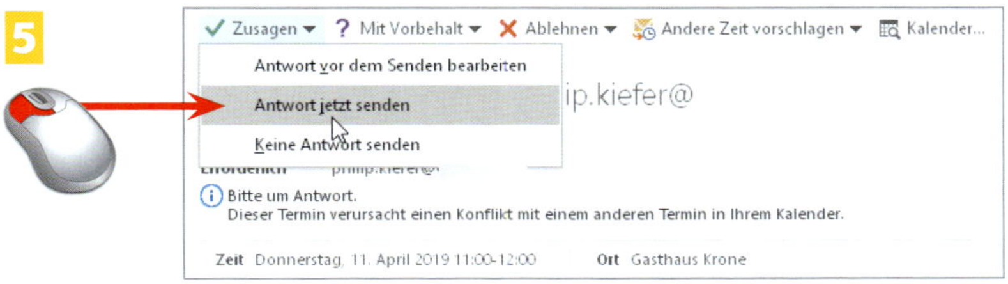

6

4 Machen Sie Ihre weiteren Angaben zum Termin und bringen Sie die Besprechungsanfrage mit *Senden* auf den Weg.

5 Wenn der E-Mail-Empfänger ebenfalls Outlook verwendet, kann er direkt per Klick auf eine Schaltfläche (z. B. *Zusagen*) auf die Besprechungsanfrage antworten. Andere E-Mail-Empfänger erhalten jeweils eine iCalendar-Datei im Dateianhang.

6 Bei einer Zusage erhält der »Besprechungsorganisator« eine entsprechende E-Mail, gleichzeitig wird beim Zusagenden der Besprechungstermin in den Kalender eingetragen.

Ende

Einen Termin in eine Besprechung umwandeln: Wählen Sie den Termin dazu im Kalender aus und klicken Sie auf der im Menüband eingeblendeten Registerkarte *Termin* auf die Schaltfläche *Teilnehmer einladen*.

HINWEIS

Klicken Sie eine Besprechung im Kalender an, und gehen Sie auf der im Menüband eingeblendeten Registerkarte *Termin* auf die Schaltfläche *Nachverfolgung*, um sich über den Status der eingeladenen Teilnehmer in Kenntnis zu setzen.

HINWEIS

Start

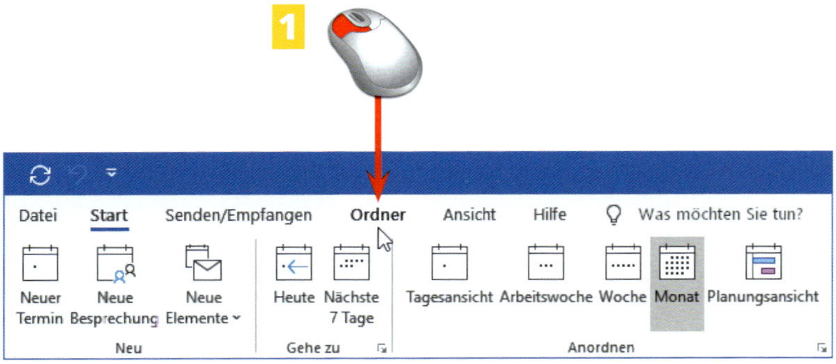

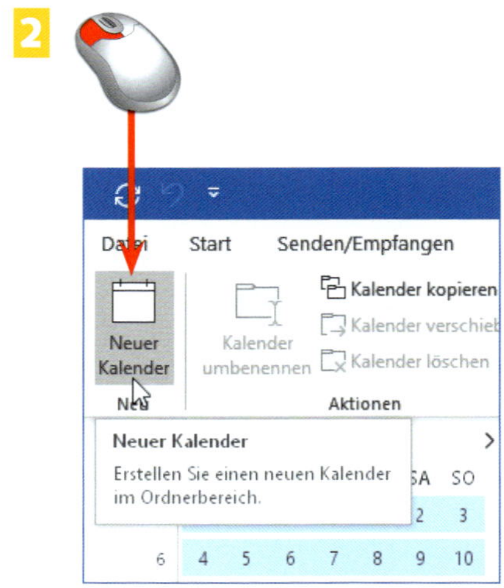

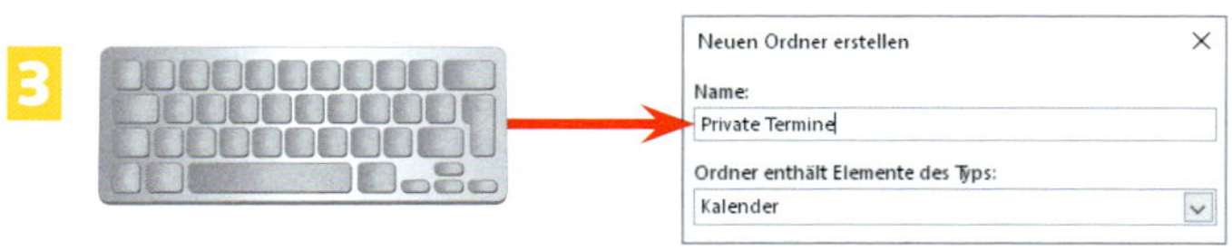

1 Entscheiden Sie sich im Menüband, bei gewählter Kalenderfunktion, für den Reiter *Ordner*.

2 Klicken Sie im nächsten Schritt auf die Schaltfläche *Neuer Kalender*.

3 Geben Sie dem neuen Kalender im folgenden Fenster im Feld *Name* eine sinnvolle Bezeichnung.

Mit Outlook lässt sich nicht nur ein einziger Kalender verwalten. Legen Sie mehrere Kalender an, z. B. um Berufliches und Privates zu trennen. Sie können die Kalender dann parallel ansehen, haben aber auch die Möglichkeit, einzelne Kalender auszublenden. Mit mehreren Kalendern können Sie einfacher steuern, welche Termine Sie für andere Personen freigeben möchten.

WISSEN

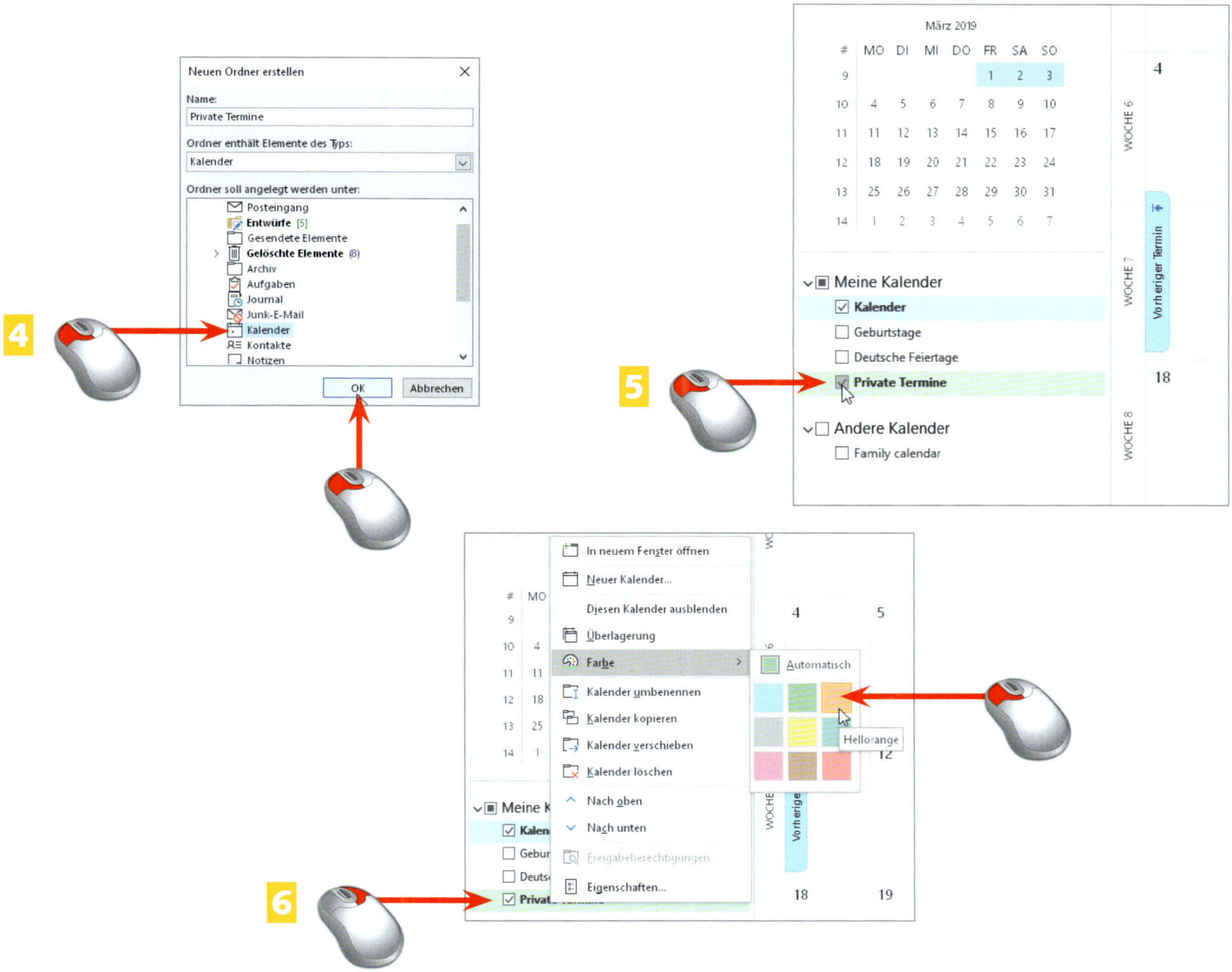

4 Passen Sie gegebenenfalls noch an, wo der Kalender angelegt werden soll, und bestätigen Sie mit *OK*.

5 Der Kalender wird angelegt. Per Kontrollkästchen im Ordnerbereich aktivieren bzw. deaktivieren Sie einen Kalender.

6 Weitere Optionen, z. B. das Ändern der Kalenderfarbe, erhalten Sie per Kontextmenü, wenn Sie den Kalender mit der rechten Maustaste anklicken.

Ende

Klicken Sie oben im neuen Kalender auf das Symbol ←, um die Kalender zu überlagern; per Symbol → lösen Sie die Überlagerung wieder.

HINWEIS

Um einen Kalender auszublenden, deaktivieren Sie das zugehörige Kontrollkästchen. Zum Löschen eines Kalenders klicken Sie diesen mit der rechten Maustaste an und wählen *Kalender löschen*.

TIPP

Start

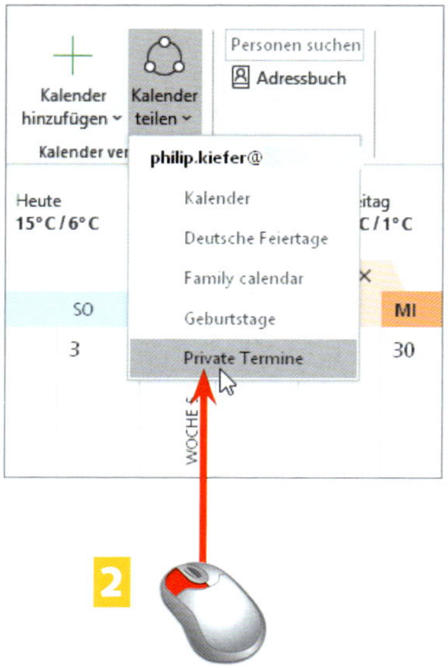

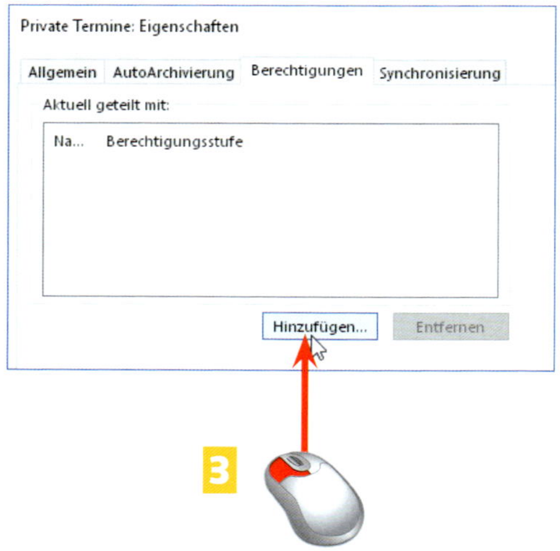

1 Klicken Sie im Menüband unter *Start* auf die Schaltfläche *Kalender teilen*.

2 Wählen Sie im Menü den Kalender aus, den Sie freigeben möchten.

3 Klicken Sie im folgenden Fenster auf die Schaltfläche *Hinzufügen*.

Einen Kalender freizugeben, gelingt mit Outlook 2019 ganz leicht. Die Vorgehensweise wird Ihnen hier am Beispiel eines Outlook.com-Kalenders vorgestellt.

WISSEN

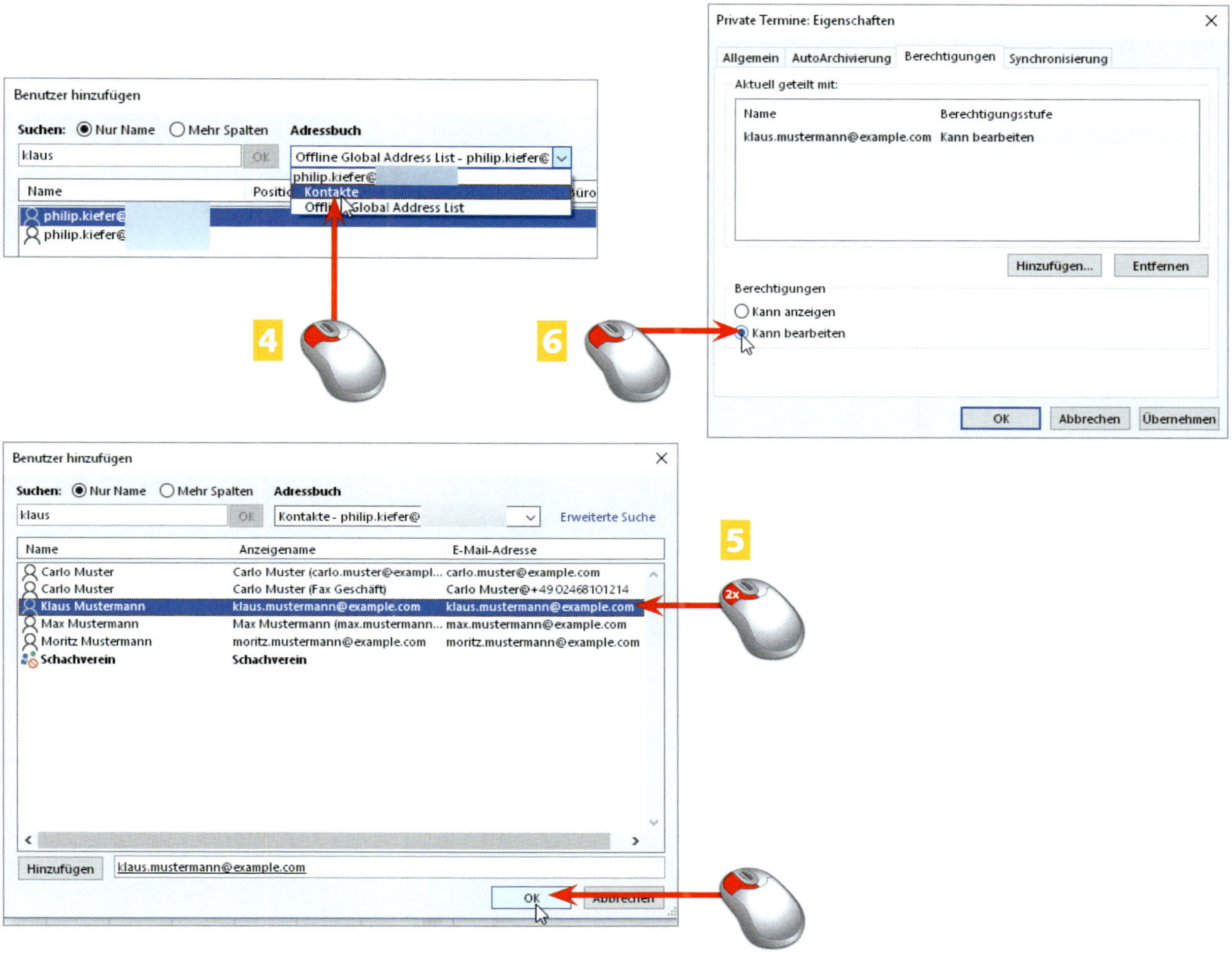

4 Entscheiden Sie sich per Menü für das Anzeigen Ihrer Kontakte.

5 Doppelklicken Sie auf einen Kontakt, um diesen auszuwählen. Bestätigen Sie Ihre Auswahl mit *OK*.

6 Entscheiden Sie zum Schluss, ob der Kontakt den Kalender lediglich anzeigen oder auch bearbeiten darf. Bestätigen Sie erneut mit *OK*.

Ende

Möchten Sie eine Freigabe wieder beenden, wählen Sie den Kontakt im Fenster aus Schritt 3 bzw. 6 aus und klicken auf *Entfernen*.

HINWEIS

Sie erhalten die Optionen zur Freigabe eines Kalenders auch in einem Kontextmenü, wenn Sie den Kalender mit der rechten Maustaste anklicken.

TIPP

Start

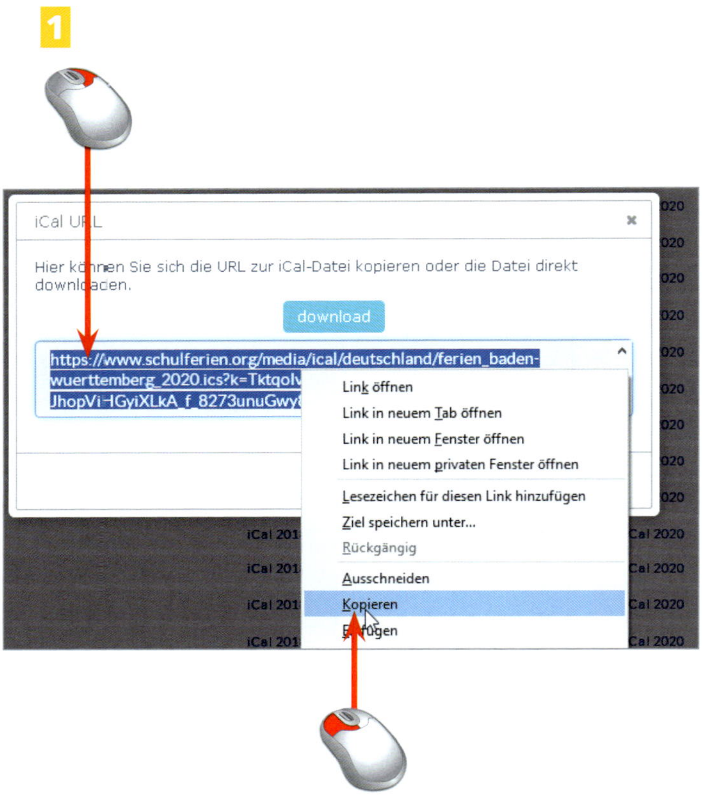

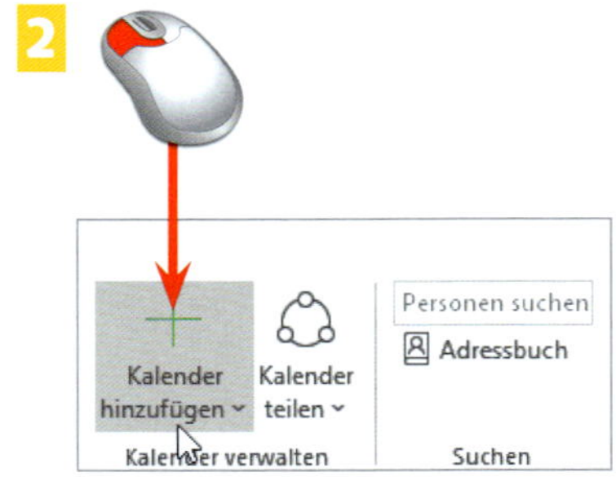

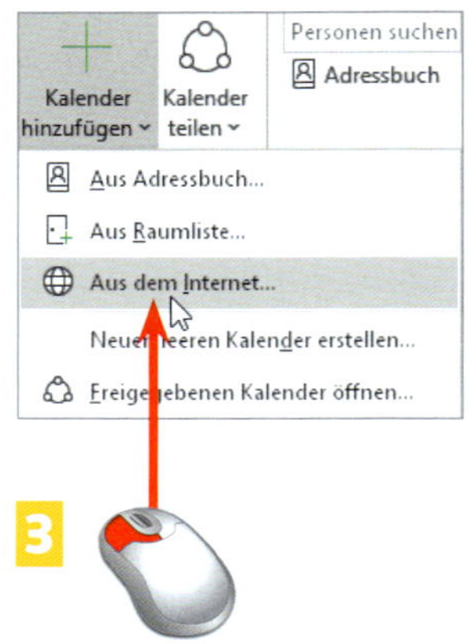

1 Zunächst mal eine Kalenderadresse. Hier klicke ich eine Adresse unter *www.schulferien.org* mit der rechten Maustaste an und wähle die Option, sie in die Zwischenablage zu kopieren.

2 Im Menüband unter *Start* klicken Sie nun – bei ausgewähltem Kalenderbereich – auf die Schaltfläche *Kalender hinzufügen*.

3 Wie üblich haben Sie mehrere Optionen. In diesem Fall wählen Sie im Menü den Eintrag *Aus dem Internet*.

Messetermine, Schulferien, Bundesligaspielplan, Veranstaltungen – im Internet kursieren die verschiedensten Kalender. Auf dieser Doppelseite stelle ich Ihnen den Weg vor, einen solchen Kalender mit Outlook zu abonnieren – also als zusätzlichen Ordner zu integrieren und, wenn gewünscht, die Termine automatisch aktualisieren zu lassen.

WISSEN

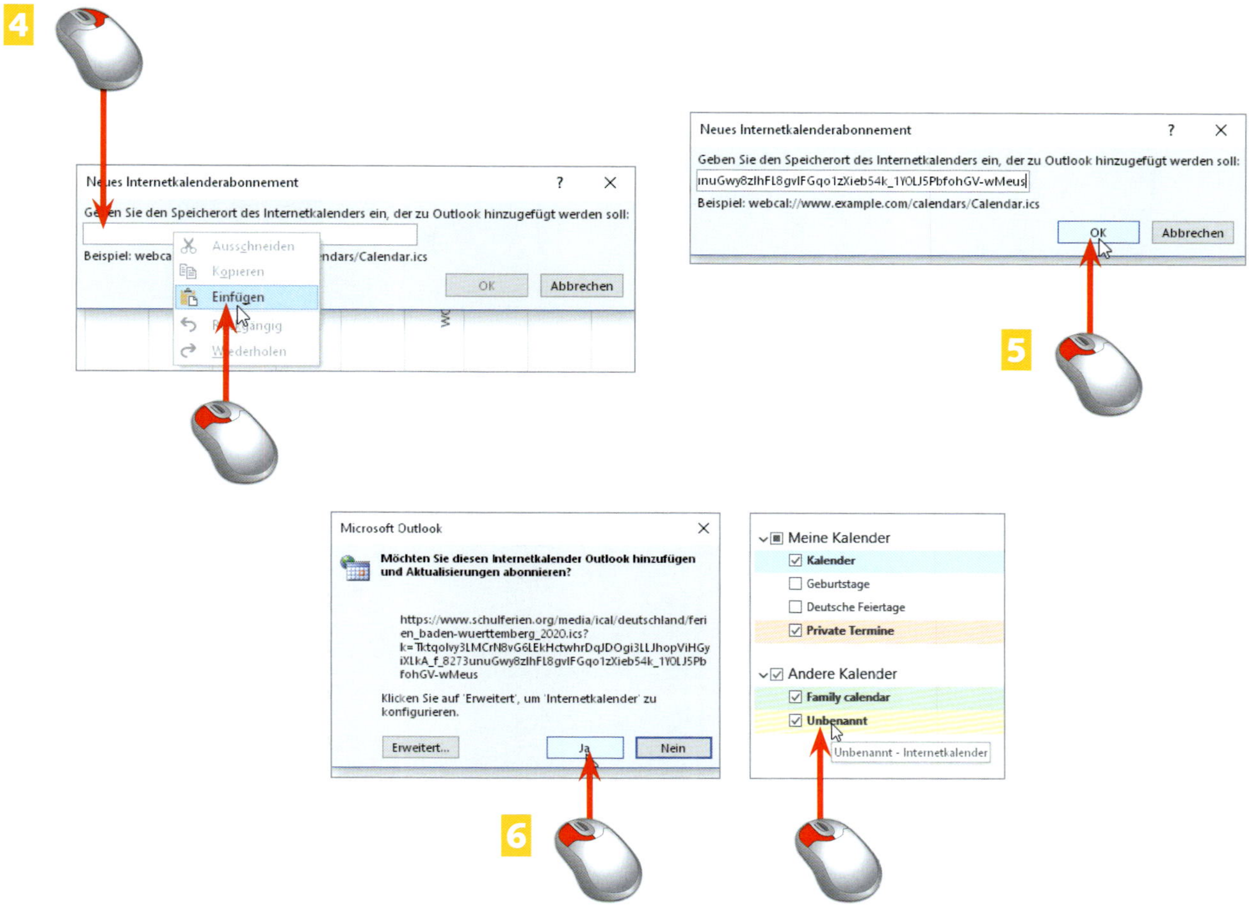

4 Klicken Sie mit der rechten Maustaste in das Eingabefeld und wählen Sie *Einfügen*, um die Kalenderadresse aus der Zwischenablage einzufügen.

5 Bestätigen Sie die Verwendung der Kalenderadresse mit *OK*.

6 Klicken Sie schließlich auf *Ja*, um den Kalender zu abonnieren. Er lässt sich wie Ihre anderen Kalender im Ordnerbereich auswählen.

Ende

Klicken Sie im Dialogfenster aus Schritt 6 auf die Schaltfläche *Erweitert*, um noch Kalendernamen und Abonnementoptionen festzulegen.

HINWEIS

Einen abonnierten Kalender umbenennen, löschen etc.: Klicken Sie ihn hierzu wie einen lokalen Kalender mit der rechten Maustaste an, um im Kontextmenü die verschiedenen Optionen zu erhalten.

HINWEIS

Start

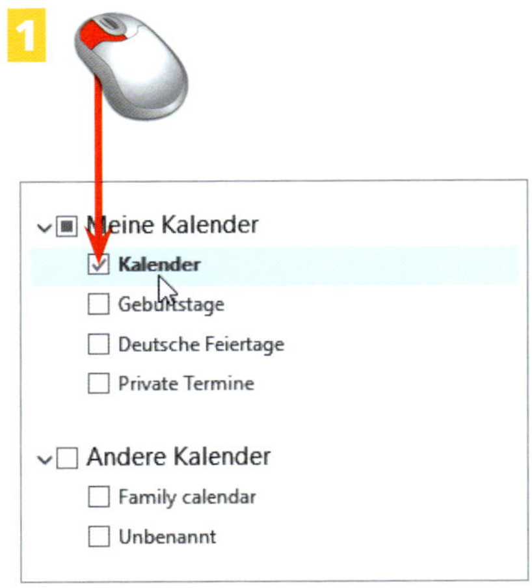

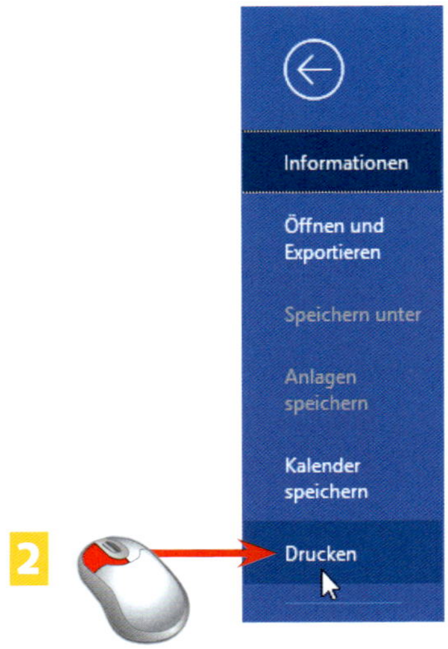

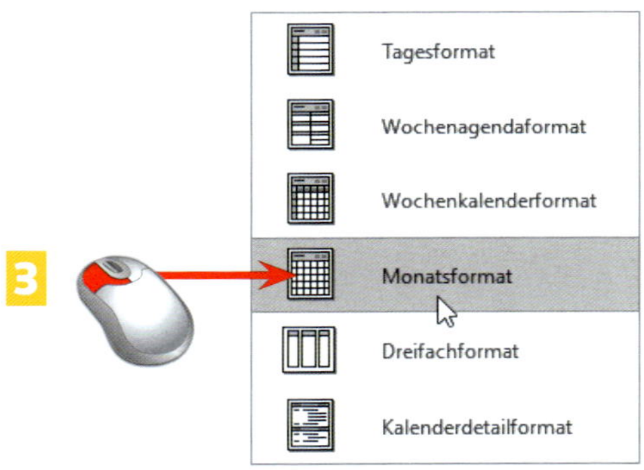

1 Wählen Sie im Ordnerbereich den Kalender aus, den Sie zu Papier bringen möchten.

2 Wie schon in anderem Zusammenhang gehabt: Entscheiden Sie sich unter *Datei* für den Eintrag *Drucken*.

3 Die Druckvorschau wird angezeigt. Bestimmen Sie im Abschnitt *Einstellungen* das gewünschte Kalenderformat.

Selbstverständlich lassen sich auch Ihre Kalender inklusive aller Termine zu Papier bringen. Wie Sie dazu vorgehen, stelle ich Schritt für Schritt auf dieser Doppelseite dar.

WISSEN

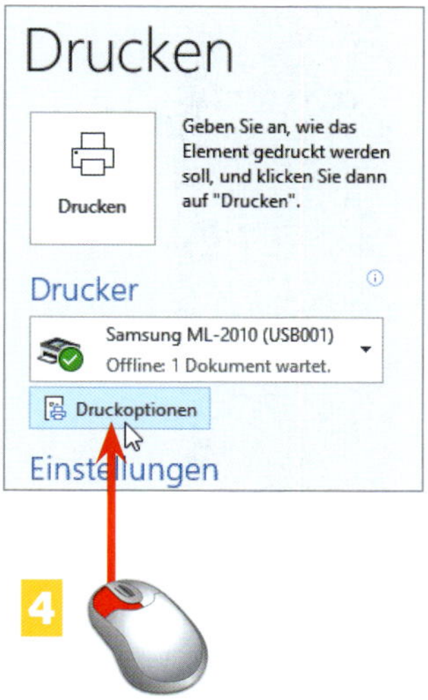

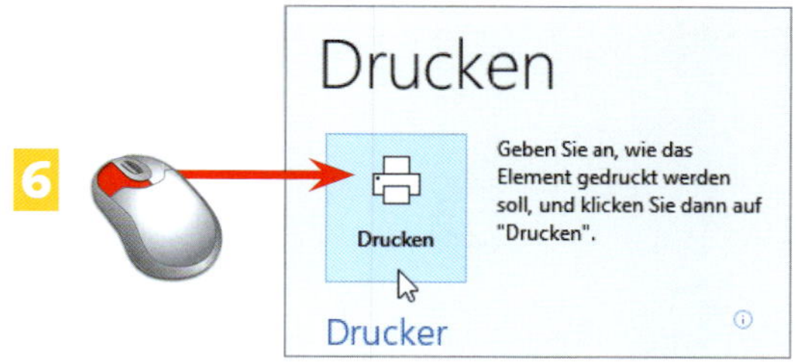

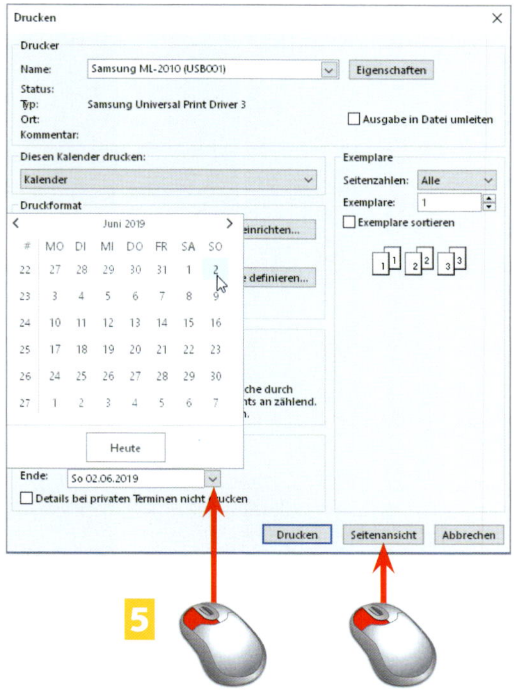

4 Entscheiden Sie sich nun noch im Abschnitt *Drucker* für die Schaltfläche *Druckoptionen*.

5 Nehmen Sie im folgenden Fenster weitere Einstellungen zum Ausdruck vor, legen Sie insbesondere den Druckbereich fest. Per Schaltfläche *Seitenansicht* gelangen Sie zurück zur Druckvorschau.

6 Prüfen Sie noch mal die Druckvorschau, bevor Sie die Schaltfläche *Drucken* betätigen, um den Ausdruck zu starten.

Ende

Sie möchten lediglich einen einzelnen Termin ausdrucken? Klicken Sie ihn im Kalender mit der rechten Maustaste an und wählen Sie im Kontextmenü *Schnelldruck* für den Ausdruck im Memoformat.

HINWEIS

Für den Ausdruck wird zunächst die von Ihnen gewählte Kalenderansicht verwendet. Wie in Schritt 3 beschrieben, lässt sich jedoch auch eine andere Auswahl treffen.

HINWEIS

Aufgabenplanung mit Outlook 7

Der Planung Ihrer Aufgaben – auch To-dos genannt – sollten Sie besondere Aufmerksamkeit schenken. Denn jede erledigte Aufgabe bringt Sie weiter! Outlook ermöglicht es Ihnen, alle Ihre größeren und kleineren Aufgaben übersichtlich zu verwalten und mit einer Priorität und einem Termin zu versehen. Sie wissen dadurch immer, was Sie gerade Wichtiges oder Dringendes zu erledigen haben, und beugen dem ständigen Verschieben wirksam vor.

Start

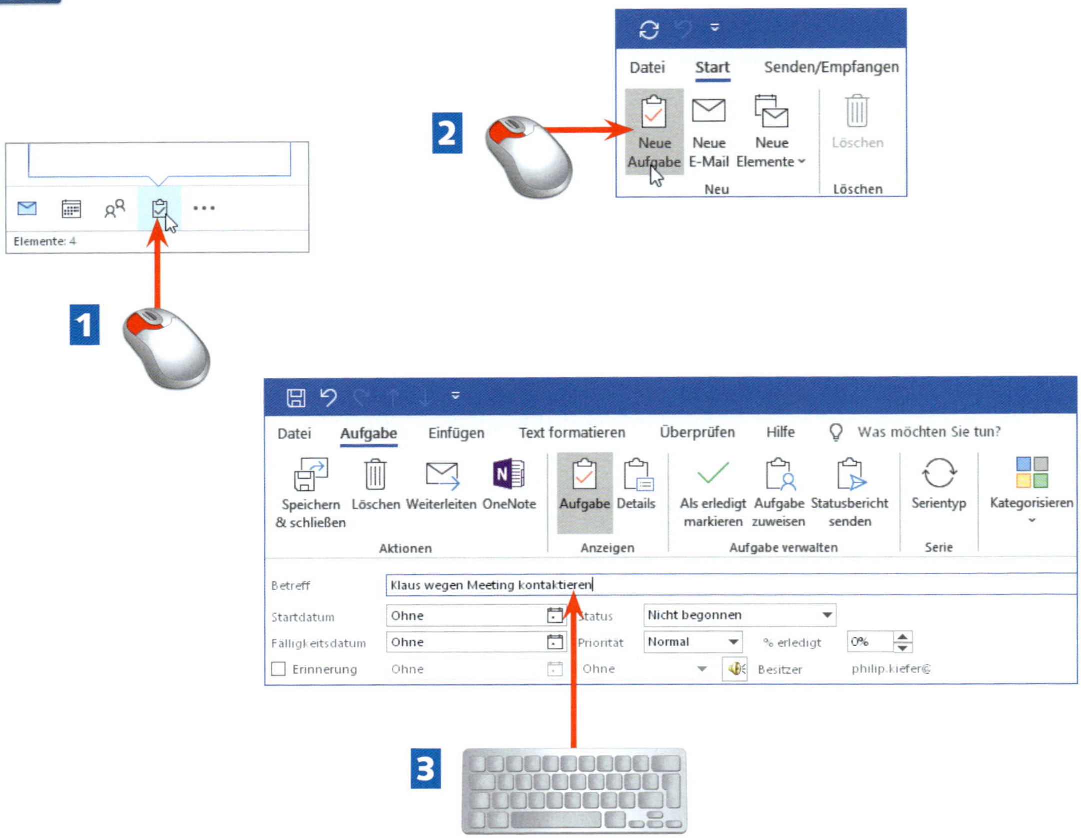

1 Klicken Sie im Navigationsbereich auf das Symbol , um in Outlook die Aufgabenfunktion aufzurufen.

2 Entscheiden Sie sich nun im Menüband unter *Start* für die Schaltfläche *Neue Aufgabe*.

3 Tippen Sie im folgenden Fenster zunächst in das Feld *Betreff* die Aufgabe ein. Dieses Feld erscheint auch im Aufgaben-Pop-up sowie oberhalb der Vorgangsliste.

Ihre Aufgaben sind gewissermaßen Termine, die Sie mit sich selbst haben. Auf der ersten Doppelseite in diesem Kapitel zeige ich Ihnen zunächst, wie Sie neue Aufgaben anlegen und diese mit einem Fälligkeitsdatum sowie mit einem Erinnerungshinweis versehen.

WISSEN

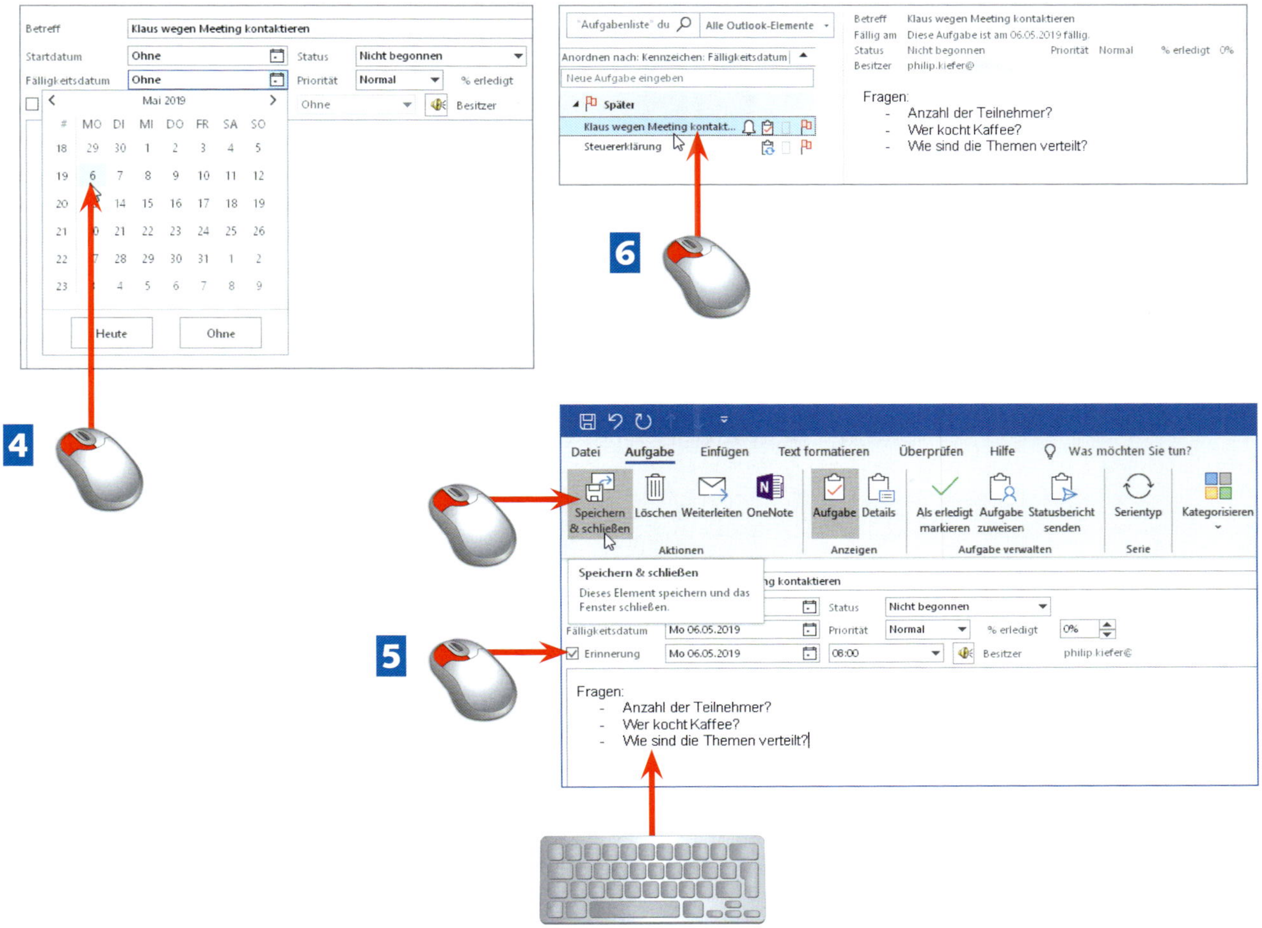

4 In diesem Fall versehen Sie die Aufgabe noch, per Auswahl im Menü *Fälligkeitsdatum*, mit einem Fälligkeitsdatum.

5 Außerdem aktivieren Sie einen Erinnerungshinweis und machen einige Detailangaben zur Aufgabe, bevor Sie diese mit *Speichern & schließen* erstellen.

6 Die erstellte Aufgabe wird in der Vorgangsliste angezeigt. Durch Anklicken lassen sich im Lesebereich die Details dazu einblenden.

Ende

Um Ihre Aufgaben jederzeit im Blick zu haben, blenden Sie diese rechts in einer Aufgabenleiste ein. Sie erinnern sich: Registerkarte *Ansicht*, Schaltfläche *Aufgabenleiste*.

TIPP

Um das Bearbeitungsfenster einer Aufgabe zu öffnen, doppelklicken Sie in der Vorgangsliste auf die Aufgabe.

HINWEIS

Eine Aufgabe ohne zusätzliche Informationen erstellen: Tippen Sie diese dazu einfach in das Feld im Aufgaben-Pop-up ein und drücken Sie die [↵]-Taste.

HINWEIS

Start

1

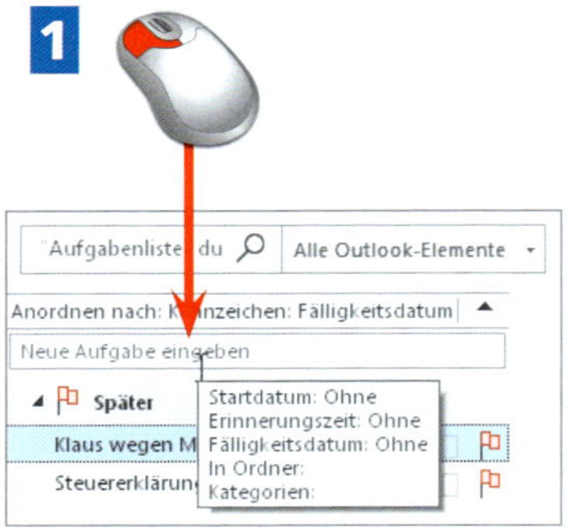

2

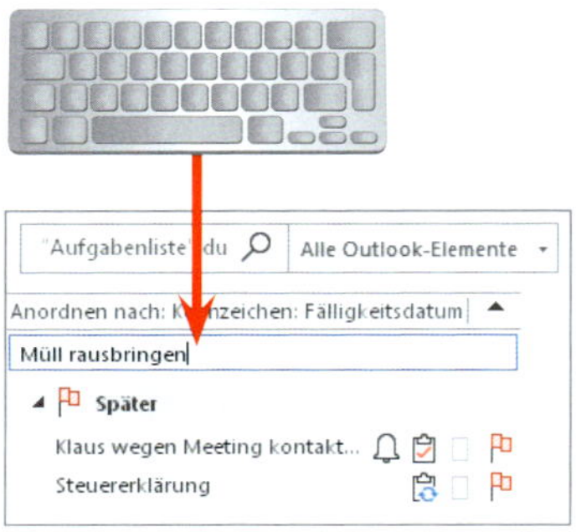

3

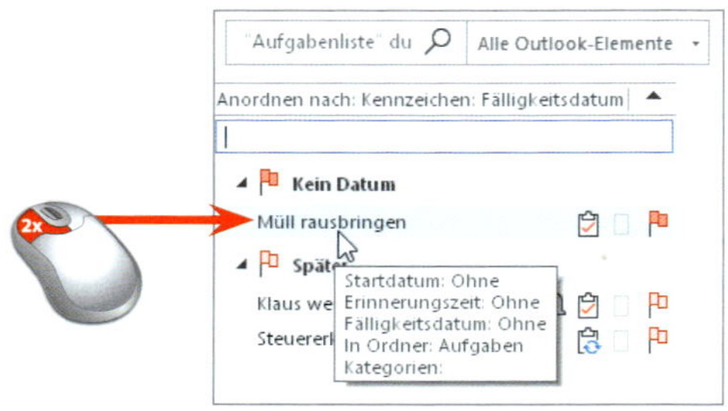

1 Wie bereits erwähnt, lässt sich eine Aufgabe auch so erstellen: Klicken Sie in das Eingabefeld oberhalb der Vorgangsliste.

2 Tippen Sie den Betreff der Aufgabe ein und drücken Sie die [Enter]-Taste.

3 Um die Aufgabe im Bearbeitungsfenster zu öffnen, doppelklicken Sie darauf.

Ähnlich wie Termine lassen sich auch Aufgaben in Serie erstellen. Die Aufgaben werden hierbei aber nur einmal eingetragen und regelmäßig erneuert. Hier stelle ich das Ganze am simplen Beispiel »Müll rausbringen« dar.

WISSEN

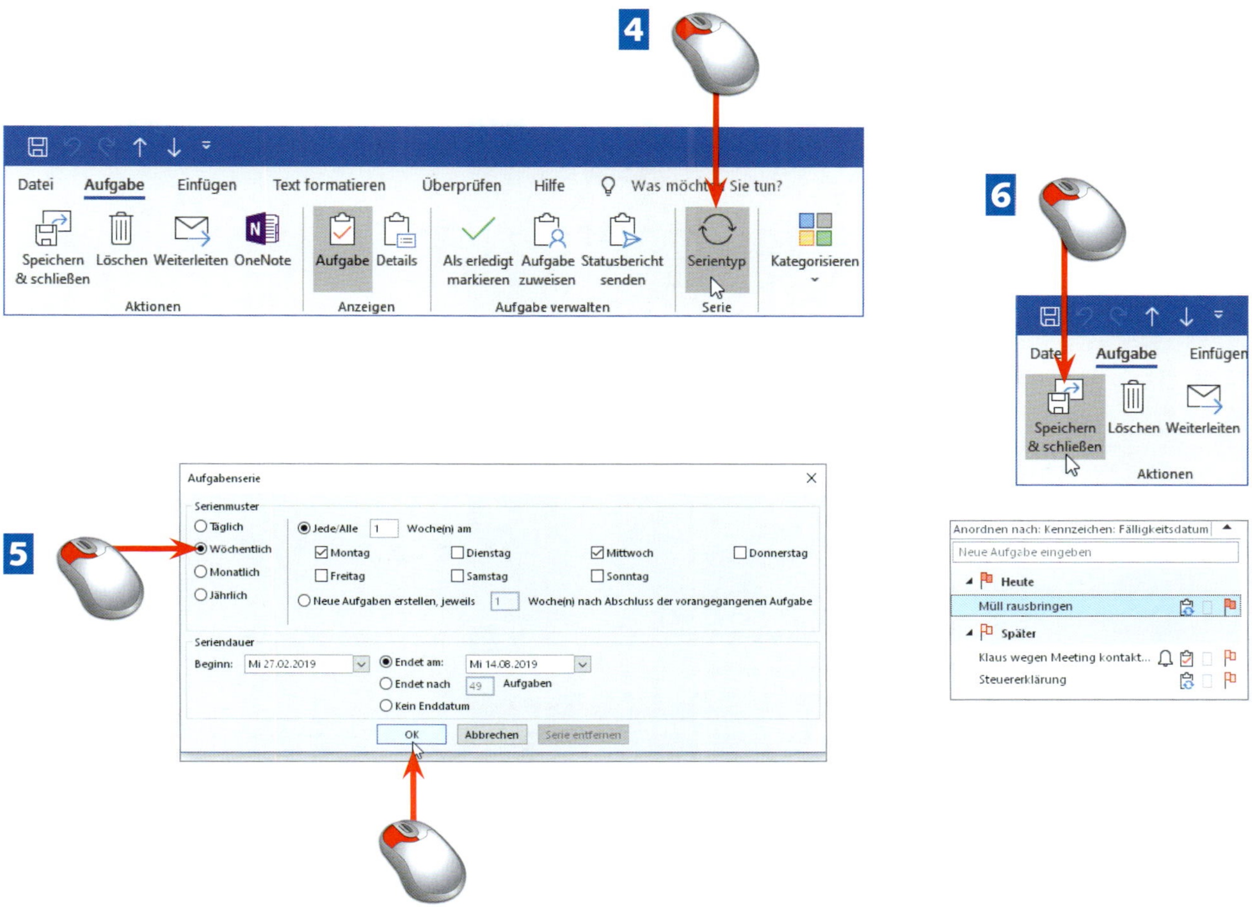

4 Das bereits bekannte Bearbeitungsfenster öffnet sich. Wählen Sie im Menüband die Schaltfläche *Serientyp*.

5 Bestimmen Sie den gewünschten Turnus und machen Sie weitere Angaben zur Serie, bevor Sie mit *OK* bestätigen.

6 Machen Sie gegebenenfalls noch weitere Angaben zur Aufgabe. Mit *Speichern & schließen* speichern Sie die Änderungen ab. Eine Serienaufgabe erkennen Sie am Symbol 🔁.

Ende

Standard-Erinnerungszeit, Farben etc. anpassen: Öffnen Sie dazu die Outlook-Optionen und entscheiden Sie sich für den Eintrag *Aufgaben*.

TIPP

Selbstverständlich lassen sich auch Ihre Aufgaben durchsuchen, indem Sie das eingebaute Suchfeld oberhalb der Vorgangsliste verwenden.

HINWEIS

Start

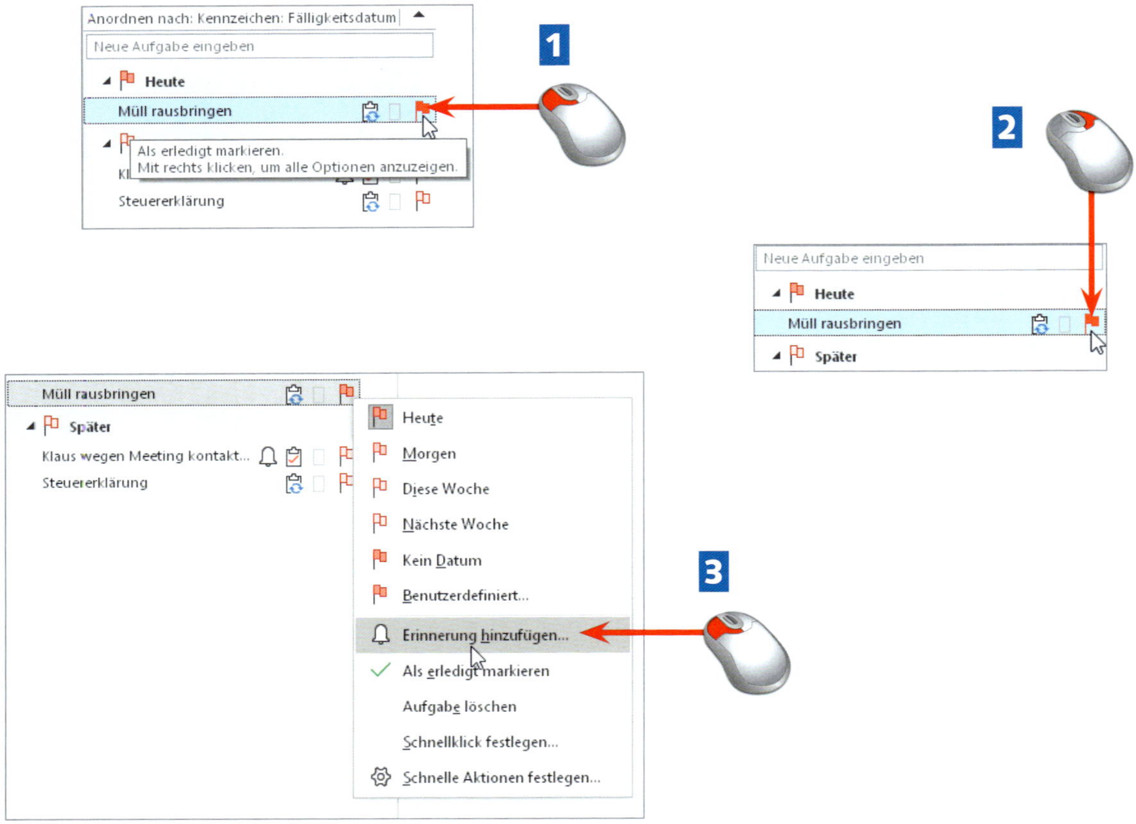

1 Sie finden bei jeder Aufgabe ein Flaggensymbol. Klicken Sie es mit der linken Maustaste an, um die jeweilige Aufgabe als erledigt zu markieren.

2 Für weitere Optionen klicken Sie das Flaggensymbol mit der rechten Maustaste an. Sie finden die Optionen alternativ auch im Menüband.

3 Wählen Sie im Kontextmenü die gewünschte Option, etwa das Hinzufügen einer Erinnerung.

Aufgaben als erledigt markieren, löschen oder kennzeichnen – wie Sie Ihre Aufgaben clever verwalten, erfahren Sie auf dieser Doppelseite.

WISSEN

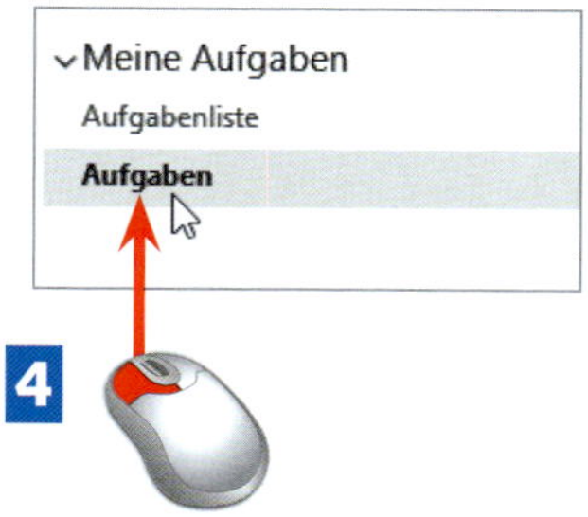

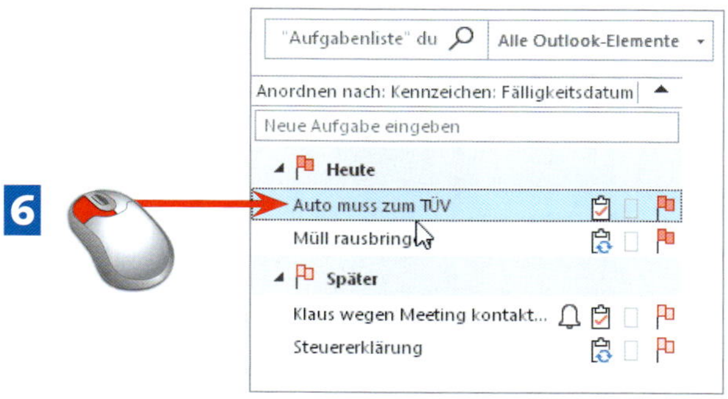

4 Um sich auch die erledigten Aufgaben anzusehen, wählen Sie per Mausklick statt der Vorgangsliste den *Aufgaben*-Ordner aus.

5 Sie erhalten die entsprechende Aufgabenliste. Um eine als erledigt markierte Aufgabe wieder in die Vorgangsliste zu übernehmen, deaktivieren Sie einfach das zugehörige Kontrollkästchen.

6 Die entsprechende Aufgabe steht danach wieder in der Vorgangsliste zur Verfügung.

Ende

Eine Aufgabe mit einer anderen Priorität versehen: Verwenden Sie dazu für die ausgewählte Aufgabe im Menüband die Symbole ! (hohe Priorität) bzw. ↓ (niedrige Priorität).

TIPP

In der Aufgabenliste aus Schritt 6 finden Sie eine Sortierleiste für Ihre Aufgaben. Per Rechtsklick auf die Leiste lässt sich diese individuell einrichten.

TIPP

Start

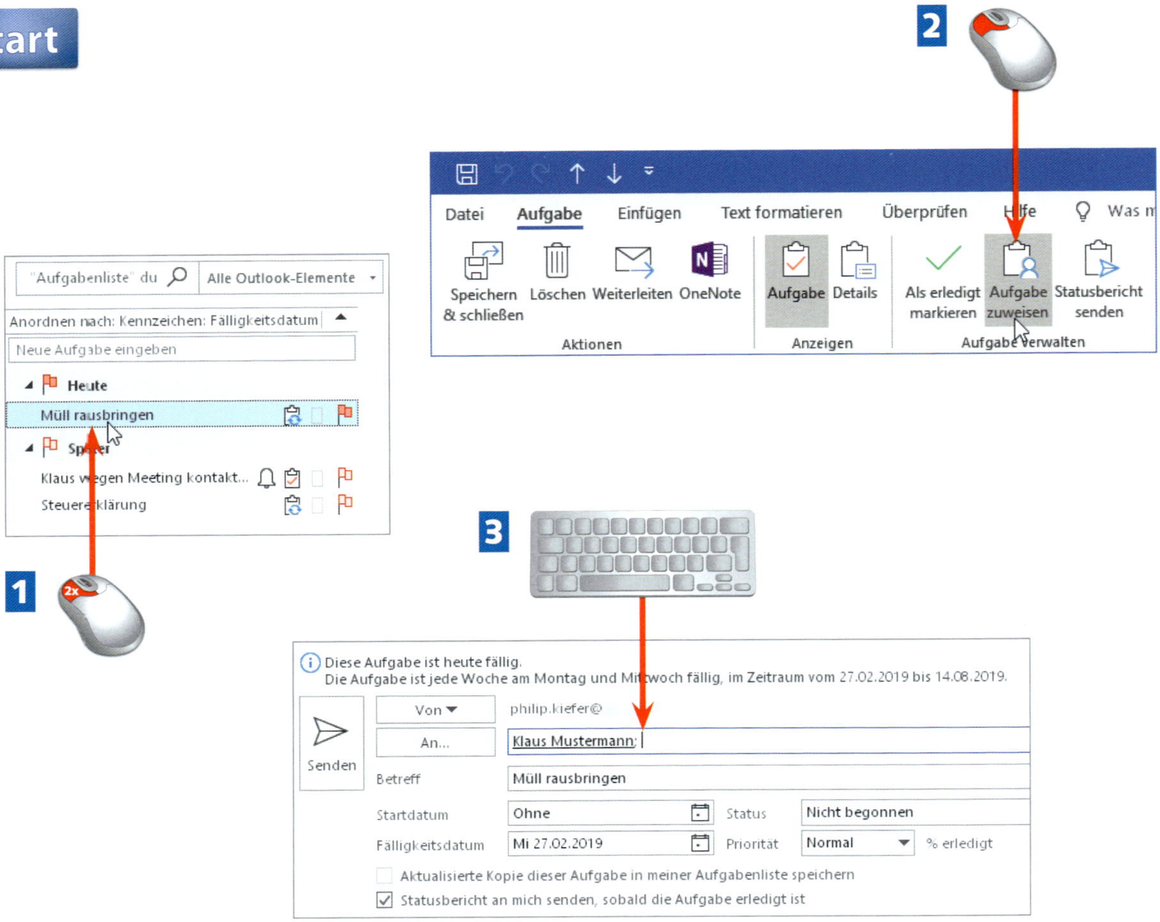

1 Doppelklicken Sie auf eine Aufgabe, um das Bearbeitungsfenster zu öffnen.

2 Klicken Sie im Menüband auf die Schaltfläche *Aufgabe zuweisen*.

3 Geben Sie in das *An*-Feld die E-Mail-Adresse der Person ein, die die Aufgabe übernehmen soll.

Delegieren Sie bestimmte Aufgaben an Mitarbeiter oder auch Familienmitglieder, um selbst mehr Zeit für die Erledigung wirklich wichtiger Aufgaben zu haben. Auch zum Delegieren können Sie Outlook einsetzen, wie Sie auf dieser Doppelseite lesen.

WISSEN

4

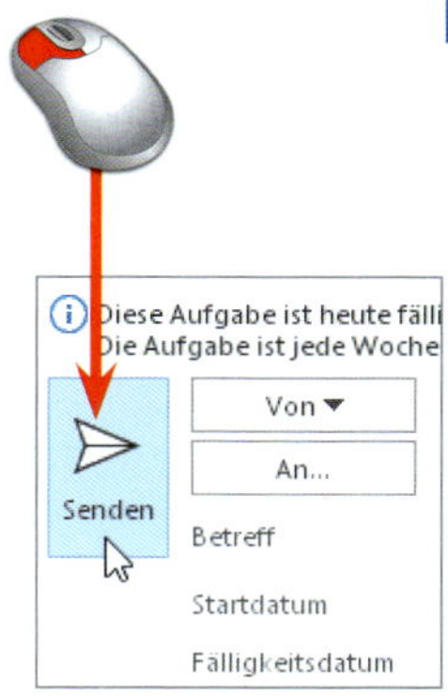

5

6

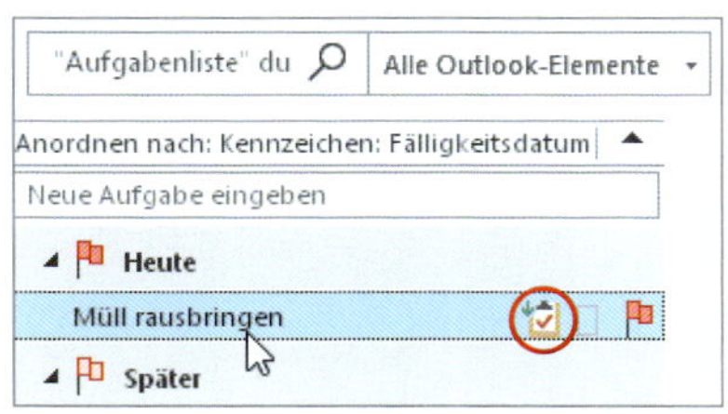

4 Machen Sie gegebenenfalls noch weitere Angaben, bevor Sie die Aufgabenanfrage mit *Senden* auf den Weg bringen.

5 Die andere Person erhält eine E-Mail und kann die Übernahme der Aufgabe per Schaltfläche entweder zusagen oder ablehnen. (Voraussetzung ist natürlich, dass die andere Person ebenfalls Outlook verwendet.)

6 Übernommene Aufgaben werden in der Vorgangsliste durch das Symbol gekennzeichnet.

Ende

Oder so: Versenden Sie eine Aufgabe als Dateianhang, indem Sie die Aufgabe auswählen und sich dann im Menüband für die Schaltfläche *Weiterleiten* entscheiden.

TIPP

Eine Statusmeldung kann auch manuell auf den Weg gebracht werden. Hierzu dient im Bearbeitungsfenster einer Aufgabe die Schaltfläche *Statusbericht senden*.

HINWEIS

Sie möchten, wenn Sie selbst eine zugewiesene Aufgabe erledigen, Statusmeldungen nicht automatisch senden? Dann deaktivieren Sie das Kontrollkästchen *Statusbericht senden* in den Outlook-Optionen unter *Aufgaben*.

HINWEIS

Start

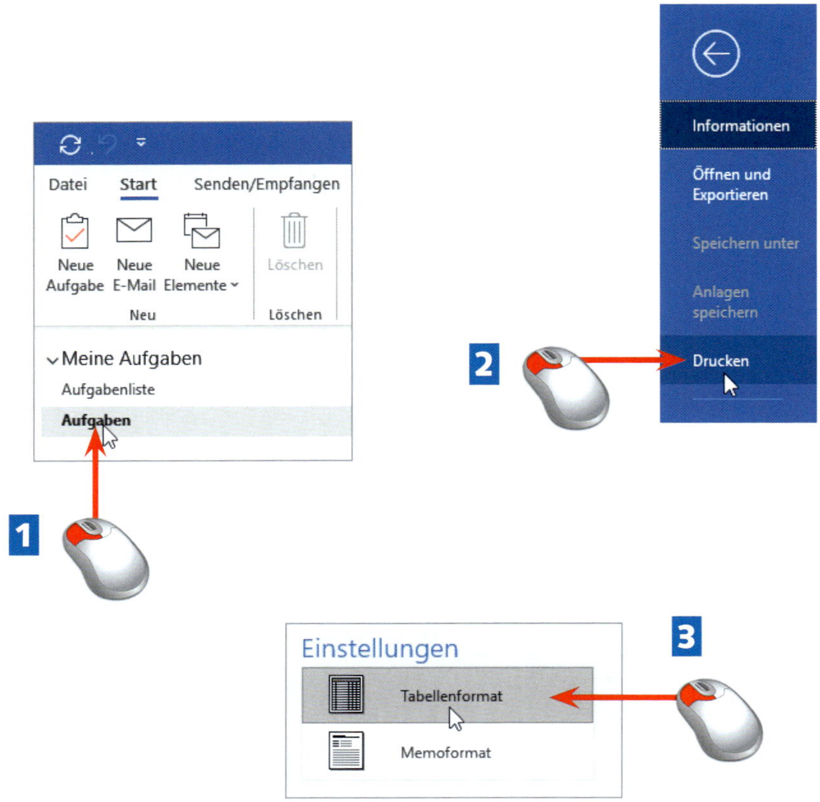

1 Wählen Sie gegebenenfalls zunächst im Ordnerbereich den Aufgabenordner aus, den Sie ausdrucken möchten. Für den Ausdruck im Memoformat können Sie auch einzelne Aufgaben innerhalb eines Ordners auswählen.

2 Klicken Sie unter *Datei* auf den Eintrag *Drucken*.

3 Die Druckvorschau wird angezeigt. Entscheiden Sie sich im Abschnitt *Einstellungen* für ein Druckformat. Zur Auswahl stehen die Formate *Tabellenformat* (Aufgaben als Liste) sowie *Memoformat* (Aufgaben mit Details, pro Aufgabe eine Seite).

Mit der Druckfunktion in Outlook habe ich Sie bereits vertraut gemacht. Doch auch im Zusammenhang mit Aufgaben gibt es spezielle Druckoptionen, die Sie kennen sollten und die ich Ihnen auf dieser Doppelseite näherbringe.

WISSEN

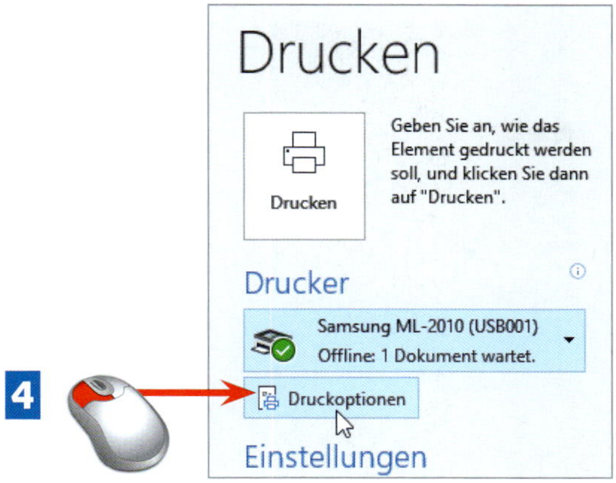

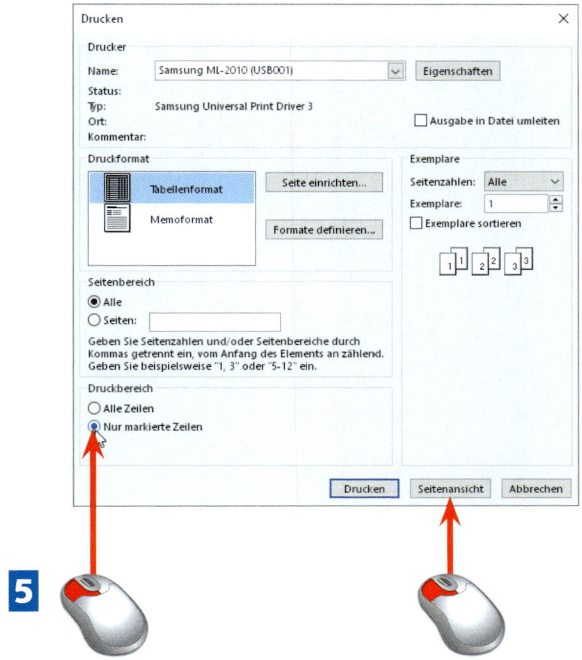

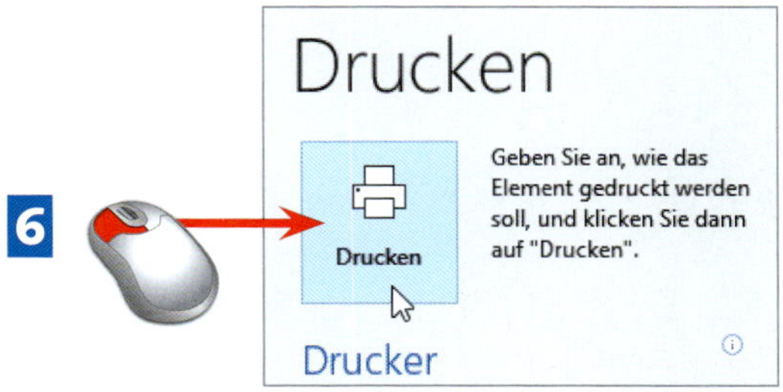

4 Für weitere Einstellungen zum Ausdruck klicken Sie anschließend im Abschnitt *Drucker* auf die Schaltfläche *Druckoptionen*.

5 Nehmen Sie verschiedene Einstellungen zum Ausdruck vor, legen Sie beispielsweise den Druckbereich fest. Mit der Schaltfläche *Seitenansicht* gelangen Sie zurück zur Druckvorschau.

6 Prüfen Sie noch einmal die Druckvorschau. Um Ihre Aufgaben schließlich zu Papier zu bringen, klicken Sie auf die Schaltfläche *Drucken*.

Ende

Sie können Ihre Aufgaben oder andere Outlook-Elemente mit der »Drucker«-Auswahl *Microsoft Print to PDF* beispielsweise auch als PDF-Datei speichern.

TIPP

Wenn Sie im Abschnitt *Einstellungen* auf ein Druckformat doppelklicken, öffnet sich ein Fenster zur individuellen Anpassung des Formates.

TIPP

Mit Outlook Notizen machen

8

Eine Outlook-Funktion, die gerne unterschätzt wird, ist die Notizenfunktion: Machen Sie sich Notizen aller Art und erhalten Sie dadurch jederzeit Zugriff auf Ihre Einfälle, Ideen oder Anmerkungen. Die Notizen lassen sich nach bestimmten Begriffen durchsuchen und auch an eine E-Mail anhängen, um etwa einen Gedanken anderen Personen mitzuteilen. Mit der Notizenfunktion schafft Outlook Platz für Ihre kreative Entfaltung.

Start

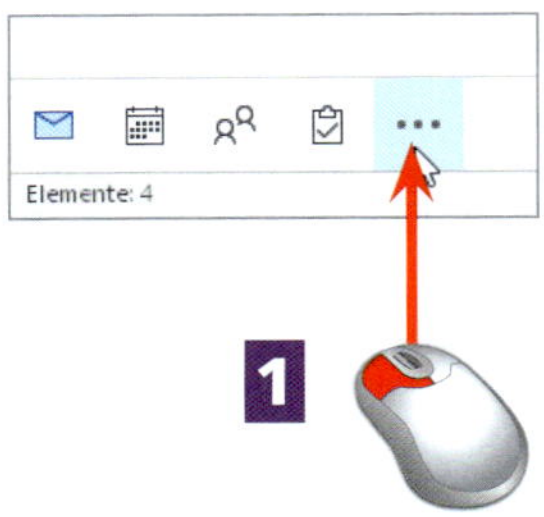

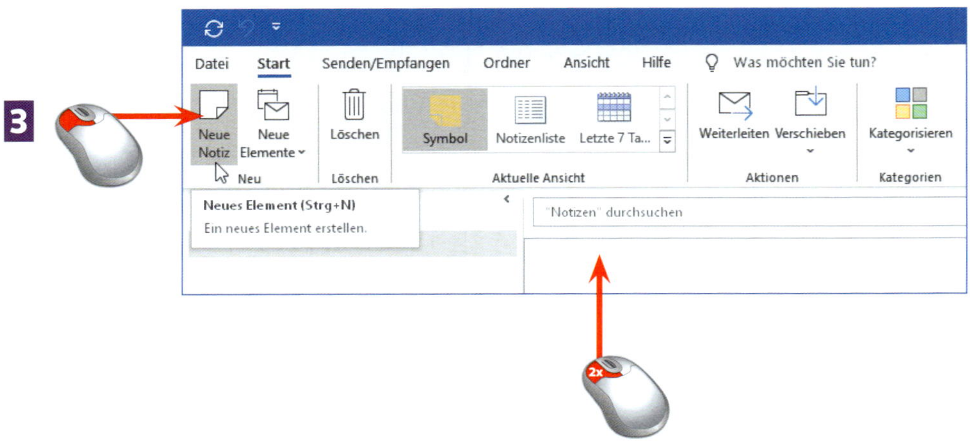

1 Um in Outlook zur Notizenfunktion zu wechseln, klicken Sie im Navigationsbereich zunächst auf das Symbol •••. Ich empfehle eine Anpassung des Navigationsbereichs wie in Kapitel 1 beschrieben.

2 Im sich öffnenden Menü entscheiden Sie sich für den Eintrag *Notizen*. Noch schneller wechseln Sie zur Notizenfunktion mit der Tastenkombination Strg+5.

3 Klicken Sie im Menüband auf die Schaltfläche *Neue Notiz*. Alternativ doppelklicken Sie auf eine freie Fläche des Notizenfeldes, das klappt übrigens auch bei E-Mails und Aufgaben.

Nachdem Sie bereits wissen, wie Sie neue E-Mails, Kontakte, Termine und Aufgaben anlegen, ist das Erstellen von Notizen für Sie ein Kinderspiel. Diese Doppelseite hält allerdings einige Tipps für Sie bereit, die Sie bisher nicht kannten!

WISSEN

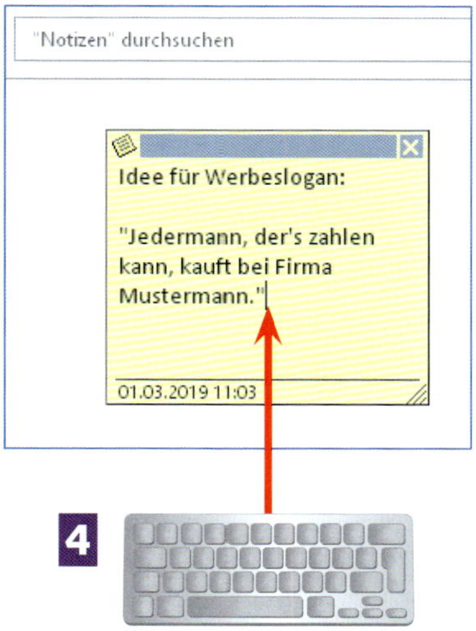

4

5

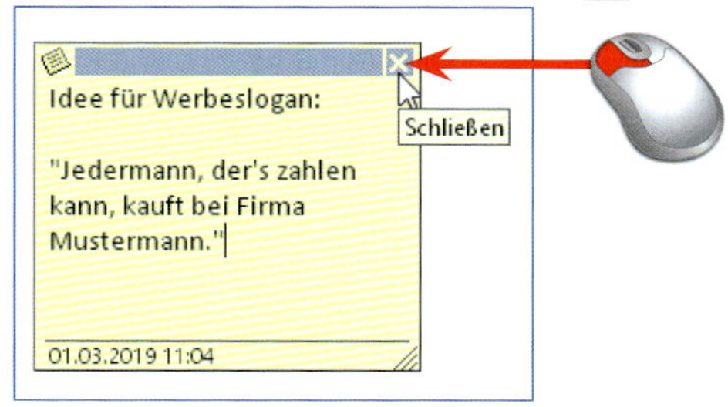

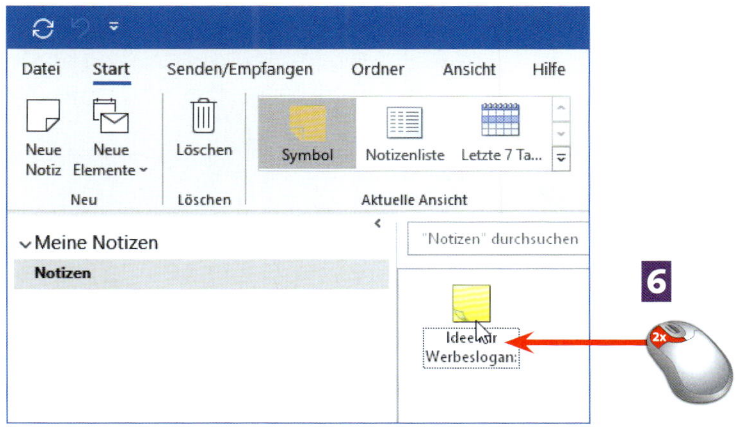

6

4 Ein leerer Notizzettel wird angezeigt. Tippen Sie dort Ihre Notiz ein.

5 Wenn Sie Ihre Eingabe beendet haben, klicken Sie auf das Kreuzsymbol ☒ rechts oben im Notizzettel, um diesen zu schließen.

6 Die Notiz wird im Notizenfeld aufgelistet und lässt sich per Doppelklick darauf jederzeit wieder aufrufen.

Ende

Egal, welche Funktion in Outlook gerade genutzt wird: Mit der Tastenkombination Strg+⇧+N lässt sich jederzeit eine neue Notiz erstellen.

TIPP

Um eine Notiz auf der Outlook-Bedienoberfläche zu verschieben, klicken Sie auf den Balken oben im Notizzettel und ziehen den Zettel bei gedrückter linker Maustaste in die gewünschte Position.

HINWEIS

Klicken Sie auf einen Rand oder eine Ecke des Notizzettels, um diesen bei gedrückter linker Maustaste größer zu ziehen.

HINWEIS

Start

1

Chronologische Reihenfolge der Notizen

2

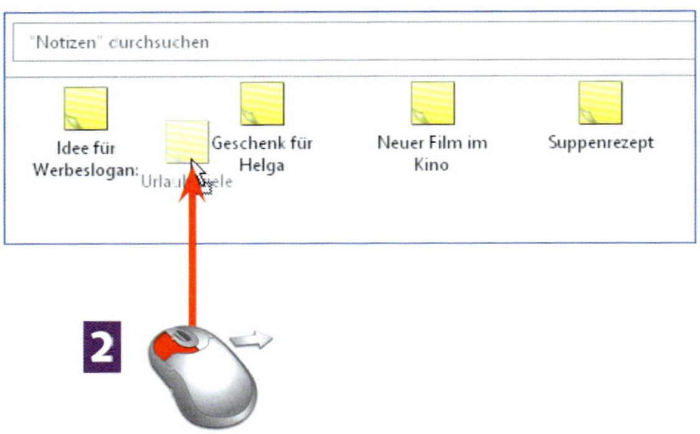

3

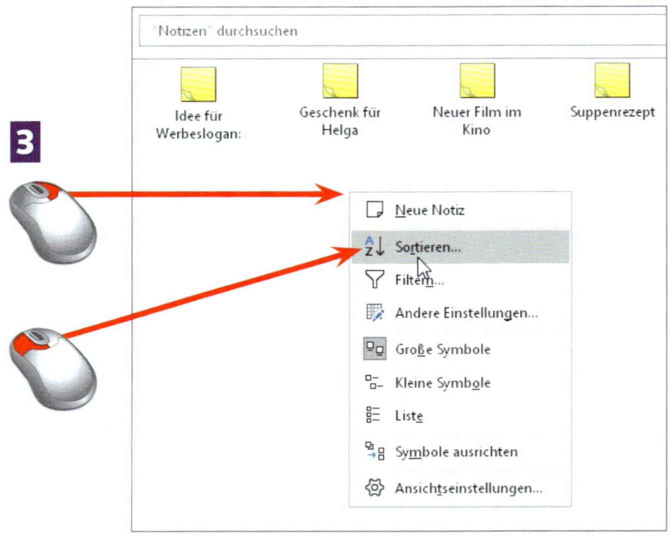

1 Ihre Notizen werden standardmäßig in der Reihenfolge des Erstellens im Notizenfeld (Ansicht *Symbol*) dargestellt.

2 Zum Umsortieren können Sie einfach eine Notiz bei gedrückter linker Maustaste in eine andere Position ziehen.

3 Um die Notizen nach bestimmten Kriterien zu sortieren, klicken Sie mit der rechten Maustaste in das Notizenfeld und wählen im Kontextmenü den Eintrag *Sortieren*.

Um auch bei sehr vielen Notizen den Überblick zu behalten, ist es gut, die zugehörigen Sortierfunktionen zu kennen. Ich stelle sie Ihnen auf dieser Doppelseite in aller Kürze vor.

WISSEN

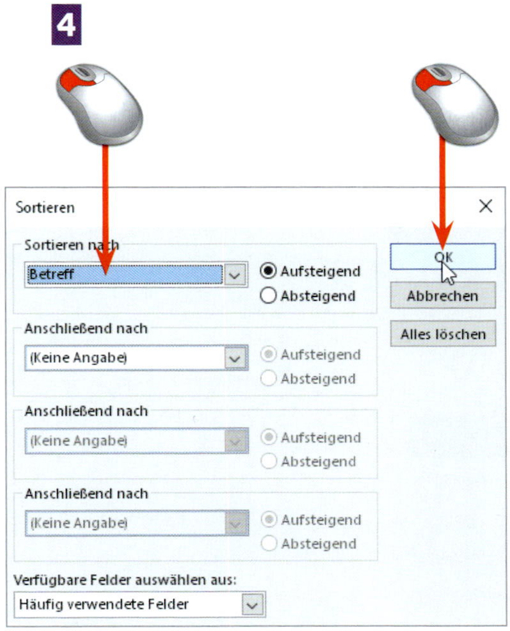

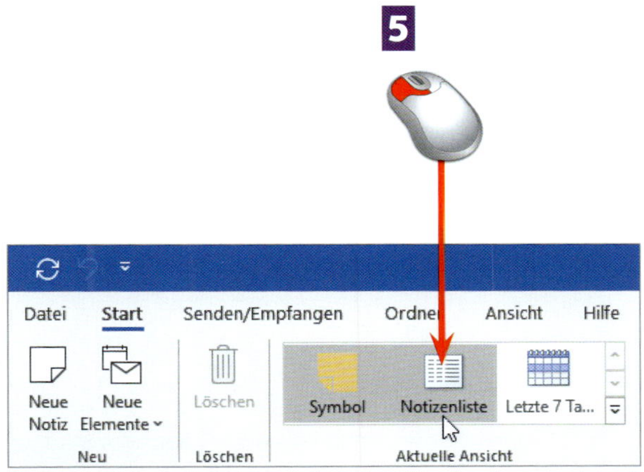

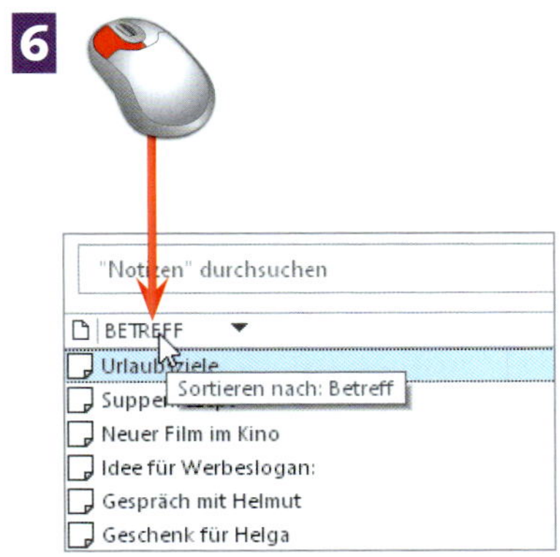

4 Wählen Sie eines oder mehrere Sortierkriterien aus und bestätigen Sie mit *OK*. In diesem Fall entscheide ich mich für eine alphabetische Sortierung nach *Betreff*.

5 Eine alternative Methode: Klicken Sie im Menüband unter *Start* auf die Ansichtsoption *Notizenliste*.

6 Klicken Sie auf eine Spalte in der nun angezeigten Sortierleiste, um eine entsprechende Sortierung vorzunehmen. Per Rechtsklick auf die Leiste erhalten Sie weitere Sortieroptionen.

Ende

Sie erstellen viele Notizen zu unterschiedlichen Themen? Dann empfehle ich Ihnen, im Ordnerbereich weitere Ordner dafür anzulegen (im Menüband *Ordner* wählen und dann auf *Neuer Ordner* klicken).

TIPP

Die Notizensymbole sollen in der Symbolansicht nicht automatisch angeordnet werden? Klicken Sie mit der rechten Maustaste in das Notizenfeld und wählen Sie *Andere Einstellungen*, um eine andere Option zu wählen.

HINWEIS

Bei gewählter Ansichtsoption *Symbol* finden Sie im Menüband unter *Ansicht* noch die weiteren Ansichtsoptionen *Kleine Symbole* sowie *Liste*.

HINWEIS

Start

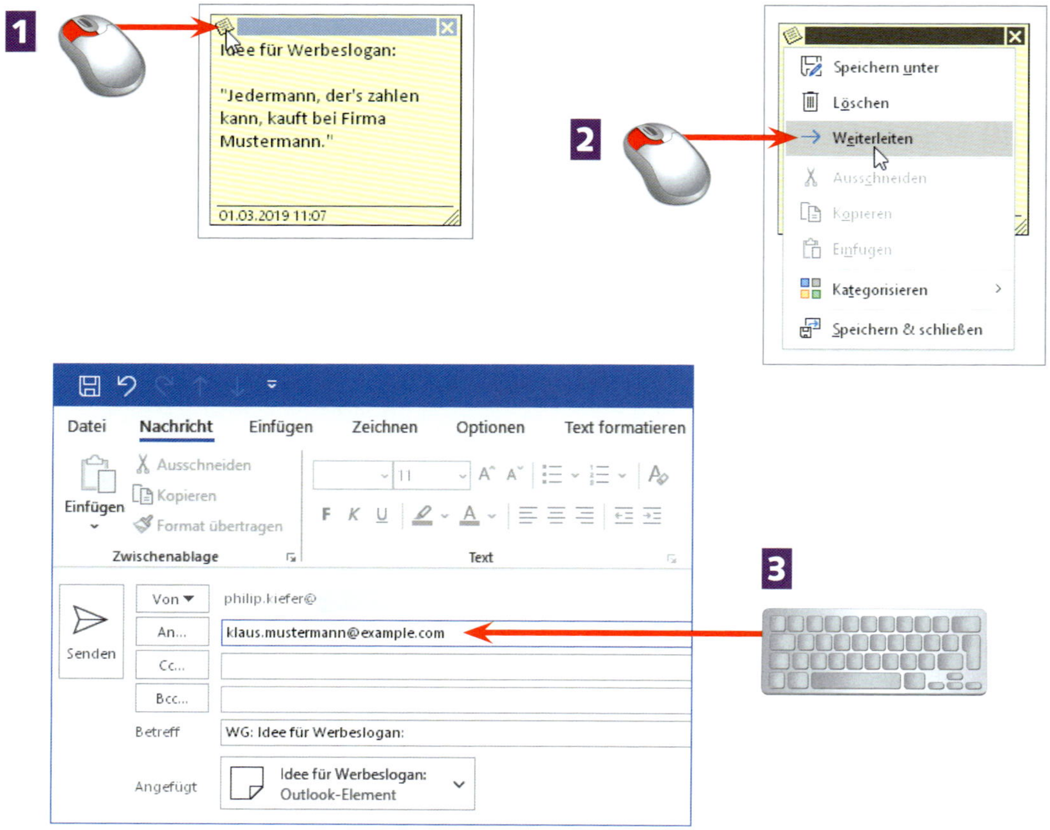

1 Klicken Sie links oben auf einem Notizzettel auf das Symbol . Per Rechtsklick auf das Symbol erhalten Sie verschiedene Fensteroptionen, z. B. das *Maximieren*.

2 Entscheiden Sie sich im Menü für den Eintrag *Weiterleiten*. Alternativ können Sie für eine ausgewählte Notiz auch die Schaltfläche *Weiterleiten* im Menüband verwenden.

3 Die Notiz wird als E-Mail-Anhang an eine neue E-Mail angefügt. Geben Sie die E-Mail-Adresse des Empfängers bzw. mehrerer Empfänger ein.

Den Begriff »Weiterleiten« haben Sie bereits im Zusammenhang mit dem Weiterleiten von E-Mails kennengelernt. Auf dieser Doppelseite geht es nun darum, eine Notiz weiterzuleiten – sie wird hierbei einer neuen E-Mail hinzugefügt, und als Betreff wird automatisch die erste Zeile der Notiz verwendet.

WISSEN

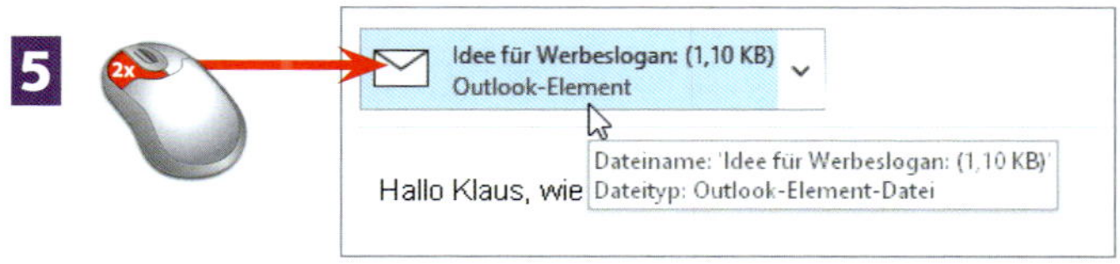

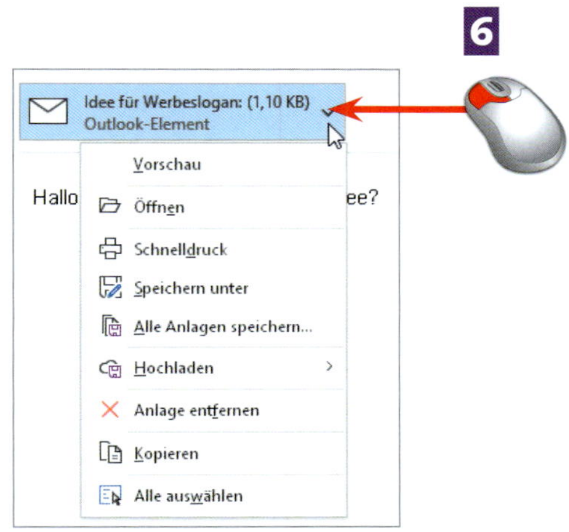

4 Verfassen Sie nun noch Ihren E-Mail-Text und schicken Sie die Mail mit einem Klick auf *Senden* ab.

5 Der Empfänger öffnet die ihm zugesandte Notiz per Doppelklick darauf.

6 Weitere Optionen, etwa *Speichern unter*, erhalten Sie, wenn Sie auf den zum Dateianhang gehörenden Pfeil klicken.

Ende

Ein Notizenanhang lässt sich bei gedrückter Maustaste in einen passenden Ordner im Ordnerbereich ziehen.

HINWEIS

Eine Notiz lässt sich auch außerhalb der Bedienoberfläche von Outlook 2019 darstellen.

HINWEIS

Start

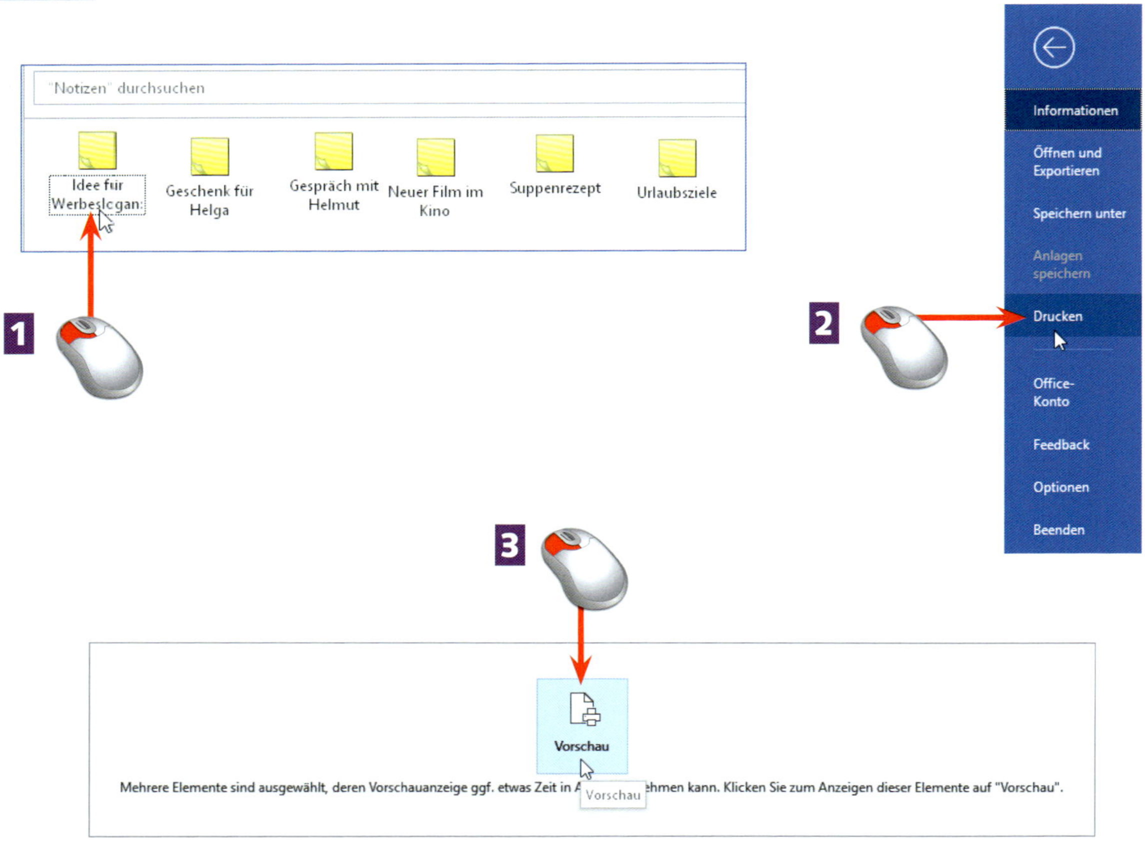

1 Mehrere auszudruckende Notizen wählen Sie mit gedrückter [Strg]-Taste und Mausklick aus.

2 Entscheiden Sie sich im Menüband für *Datei* und klicken Sie in der Backstage-Ansicht auf den Eintrag *Drucken*.

3 Im Abschnitt *Einstellungen* steht nur die Auswahl *Memoformat* zur Verfügung. Bei mehreren gewählten Notizen rufen Sie die Druckvorschau per Schaltfläche *Vorschau* auf.

Besonders dann, wenn Sie auch mal umfangreichere Notizen erstellen – Sie können einen Notizzettel beliebig vergrößern –, möchten Sie diese vielleicht auch ausdrucken. Auf dieser Doppelseite beschreibe ich die Vorgehensweise.

WISSEN

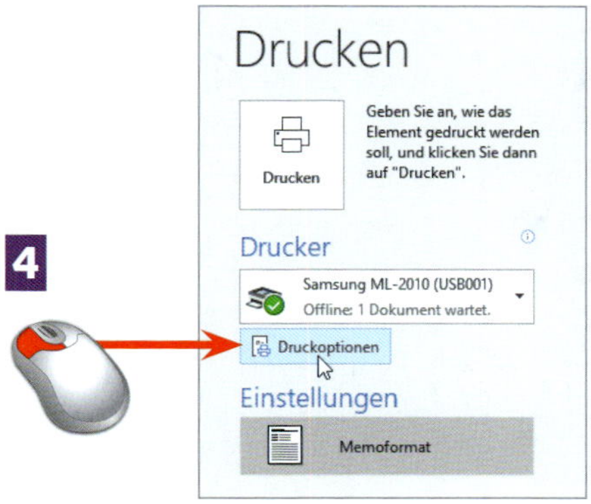

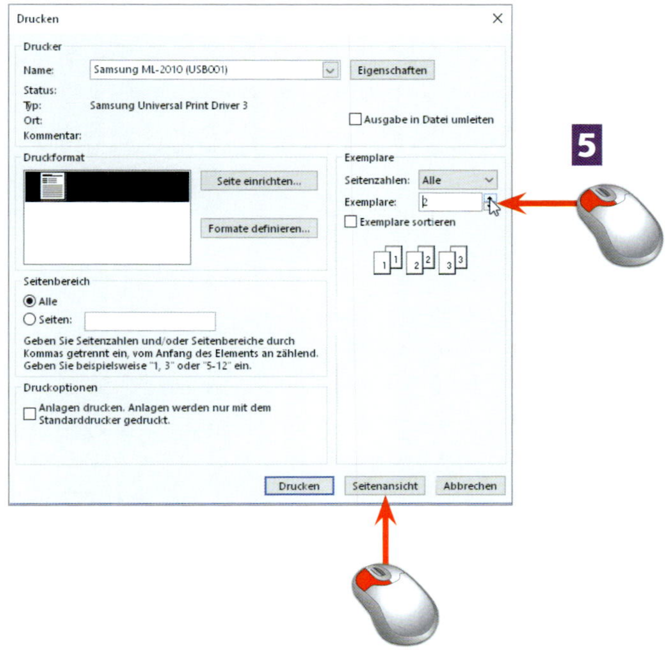

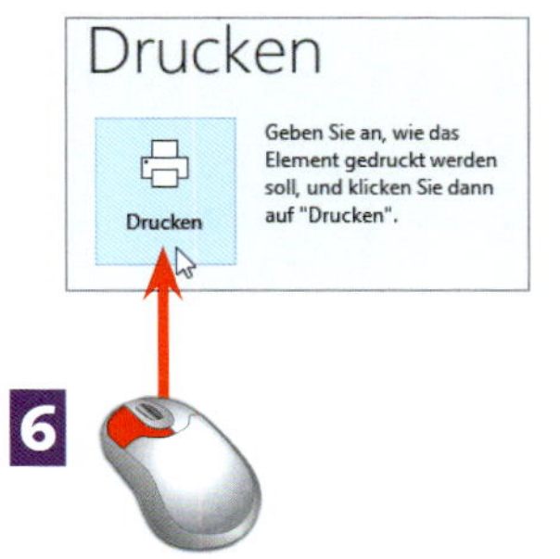

4 Auch beim Ausdrucken von Notizen können Sie die *Druckoptionen* anpassen, indem Sie im Abschnitt *Drucker* auf die gleichlautende Schaltfläche klicken.

5 Hier lege ich beispielsweise fest, dass die Notizen mehrfach ausgedruckt werden sollen, bevor ich mit der Schaltfläche *Seitenansicht* zur Druckvorschau zurückkehre.

6 Sind alle Einstellungen so wie von Ihnen gewünscht? Dann bringen Sie Ihre Notizen per Klick auf die Schaltfläche *Drucken* zu Papier.

Ende

Die Notizen werden im Nur-Text-Format erstellt. Die Texte lassen sich per Copy-and-paste (vgl. Kapitel 2) auch in E-Mails und andere Dokumente transferieren.

HINWEIS

Für den Schnelldruck ohne weitere Einstellungen markieren Sie die gewünschten Notizen bei gedrückter Strg-Taste, klicken sie anschließend mit der rechten Maustaste an und wählen im Kontextmenü den Eintrag *Schnelldruck*.

HINWEIS

Einstellungen zum Drucker direkt aus Outlook heraus vornehmen: Klicken Sie dazu in den in Schritt 5 gezeigten *Druckoptionen* auf die Schaltfläche *Eigenschaften*.

HINWEIS

Datenaustausch und Co.

9

Im neunten Kapitel dieses Buches vermittle ich Ihnen Kenntnisse und Fertigkeiten rund um den Umgang mit den in Outlook erstellten Daten. Ich zeige Ihnen, wie Sie Ihre Daten sichern und bei Bedarf wiederherstellen, wie Outlook mit anderen Office-Programmen interagieren kann und wie Sie mit Zusatztools Outlook noch erweitern.

Start

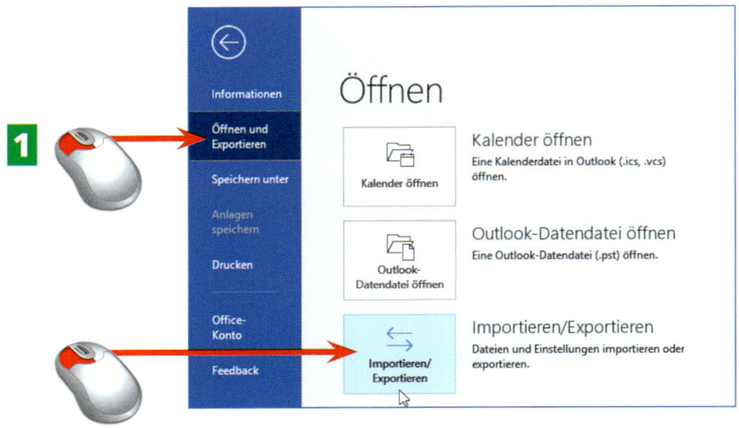

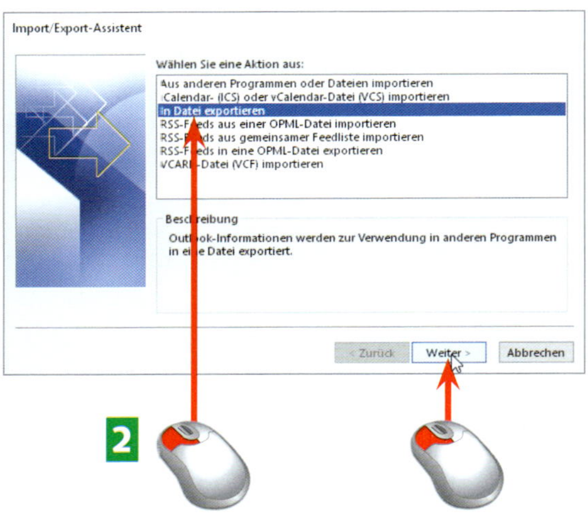

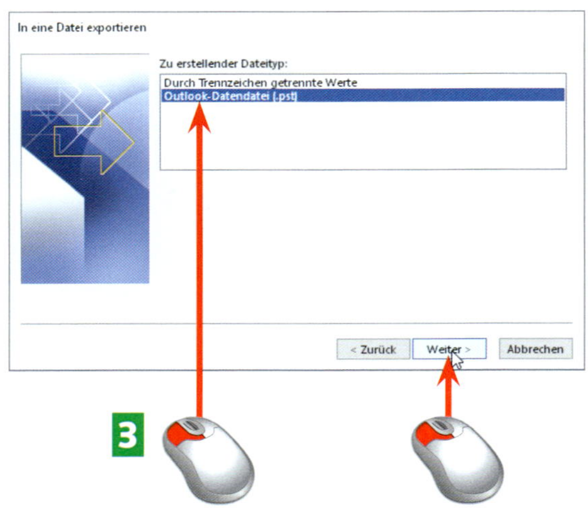

1 Klicken Sie im Menüband auf *Datei*, wählen Sie den Eintrag *Öffnen und Exportieren* und entscheiden Sie sich dann für *Importieren/Exportieren*.

2 Im sich öffnenden Assistenten wählen Sie *In Datei exportieren* und bestätigen mit *Weiter*.

3 Im nächsten Schritt entscheiden Sie sich für den Dateityp *Outlook-Datendatei (.pst)*. Bestätigen Sie mit *Weiter*.

Sie speichern in Outlook eine ganze Menge wichtiger Daten. Deshalb ist die Datensicherung bei diesem Programm ein besonders wichtiges Thema. Lassen Sie mich auf dieser Doppelseite Schritt für Schritt zeigen, wie Sie eine Sicherungsdatei anlegen bzw. eine Sicherungsdatei für jedes in Outlook angelegte Konto.

WISSEN

4

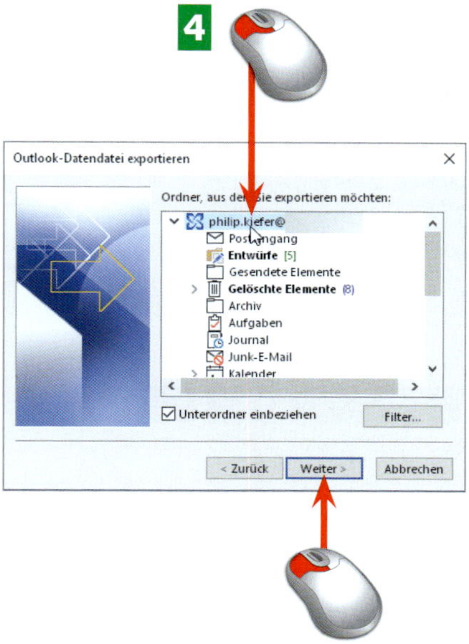

5

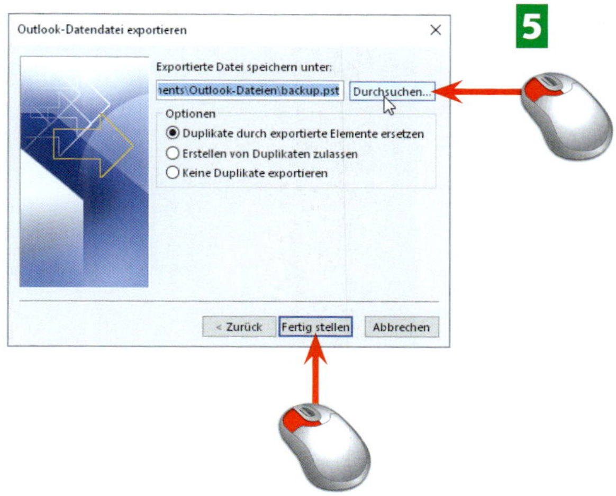

6

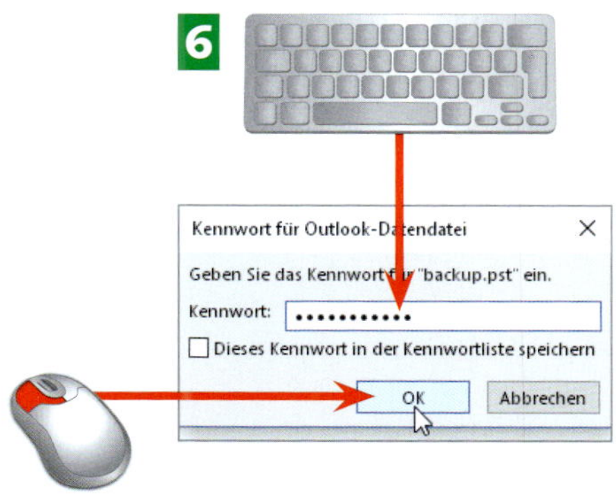

4 Wählen Sie das zu sichernde Konto aus (oder auch nur einen einzelnen Ordner) und bestätigen Sie wiederum mit *Weiter*.

5 Klicken Sie auf die Schaltfläche *Durchsuchen*, um den Speicherort für die Sicherungsdatei zu bestimmen. Bestätigen Sie mit *Fertig stellen*.

6 Schützen Sie die Sicherungsdatei zum Schluss noch mit einem Passwort gegen unbefugte Zugriffe und klicken Sie auf *OK*.

Ende

Erstellen Sie am besten eine Serienaufgabe, um sich von Outlook in einem regelmäßigen Turnus an die Datensicherung erinnern zu lassen.

TIPP

Automatische Datensicherung gewünscht? Unter der Webadresse *https://www.mobackup.de/download.php* wird für diesen Zweck ein Tool angeboten, das allerdings nur in der Testversion kostenlos ist.

TIPP

Start

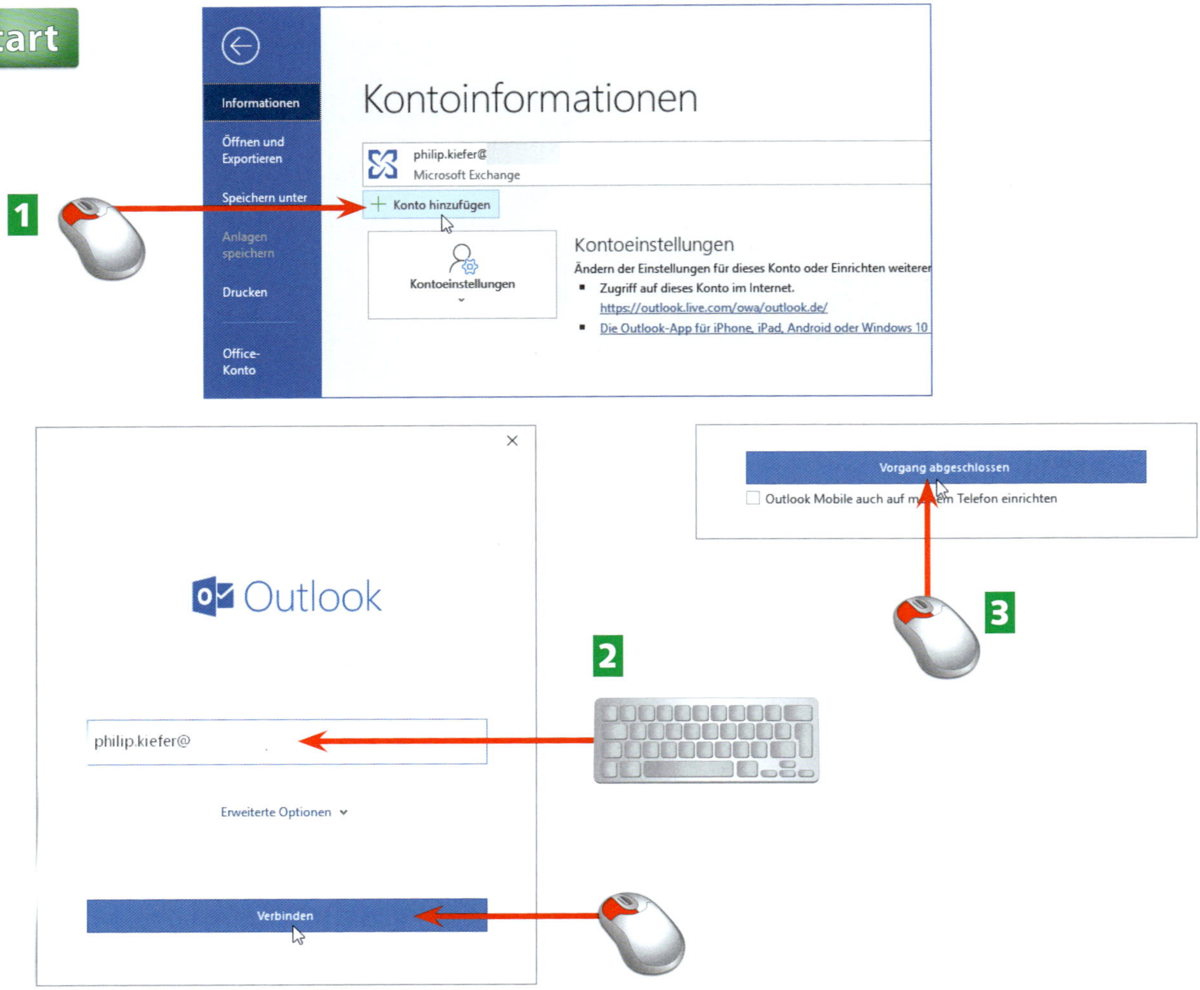

1 Ihr E-Mail-Konto wird nicht automatisch importiert. Starten Sie deshalb die Wiederherstellung Ihrer Daten damit, das E-Mail-Konto anzulegen. Wählen Sie dazu unter *Datei* und dort unter *Informationen* die Schaltfläche *Konto hinzufügen*.

2 Wie bereits vorne in diesem Buch kennengelernt: Machen Sie Ihre Angaben zum E-Mail-Konto und bestätigen Sie mit *Weiter*.

3 Die Serverdaten werden automatisch abgerufen. Bestätigen Sie mit *Vorgang abgeschlossen*.

Ihre Daten sind durch versehentliches Löschen verloren gegangen oder Sie wollen die Daten einfach auf einem anderen Computer weiterverwenden? Hier stelle ich Schritt für Schritt und Bild für Bild dar, wie Sie die gesicherten Daten wieder in Outlook importieren. Das ist eine Sache weniger Handgriffe.

WISSEN

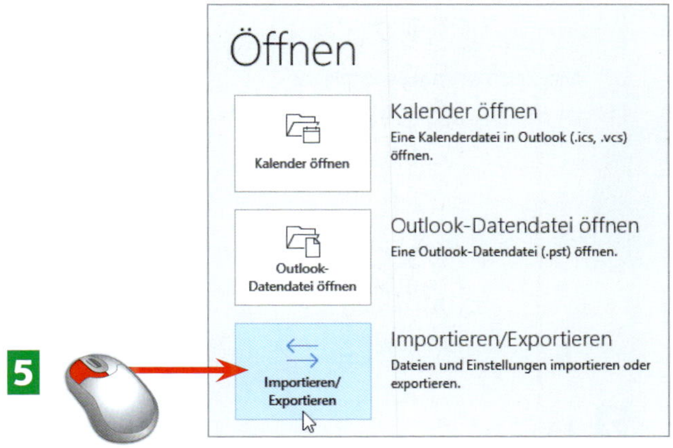

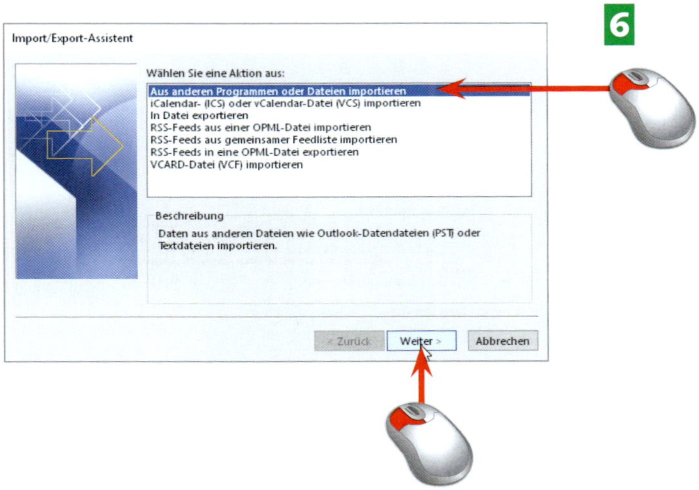

4 Entscheiden Sie sich in Outlook nun für den Reiter *Datei* und wählen Sie in der Backstage-Ansicht den Eintrag *Öffnen und Exportieren.*

5 Entscheiden Sie sich für die Option *Importieren/Exportieren.*

6 Wählen Sie *Aus anderen Programmen oder Dateien importieren* und bestätigen Sie mit *OK.*

Um lediglich die gesicherten Daten zu übernehmen, können Sie in Schritt 5 auch die Option *Outlook-Datendatei öffnen.*

HINWEIS

Im Fenster aus Schritt 6 finden Sie auch Optionen zum Importieren einzelner Kalender-, vCard- sowie RSS-Feed-Dateien.

HINWEIS

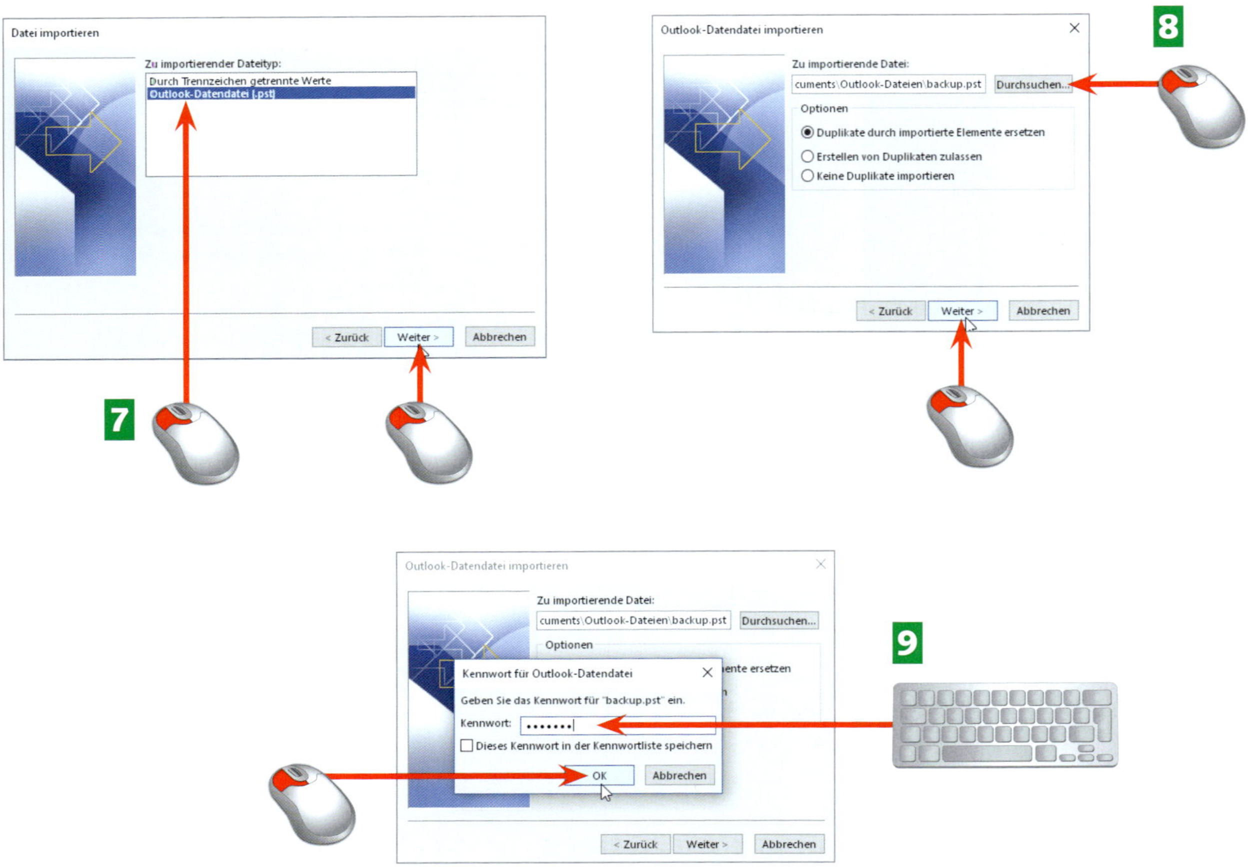

7 Entscheiden Sie sich im nächsten Schritt für *Outlook-Datendatei (pst.)* und bestätigen Sie wiederum mit *Weiter*.

8 Wählen Sie unter der Schaltfläche *Durchsuchen* die zu importierende Datei aus. Klicken Sie auf *Weiter*.

9 Geben Sie das zur Outlook-Dateiendatei gehörende Passwort ein und bestätigen Sie mit *OK*.

Beachten Sie in Schritt 8 auch die Optionen zum Import von Duplikaten: Sollen die importierten Dateien die alten ersetzen oder möchten Sie im Duplikatsfall lieber die alten Dateien behalten?

WISSEN

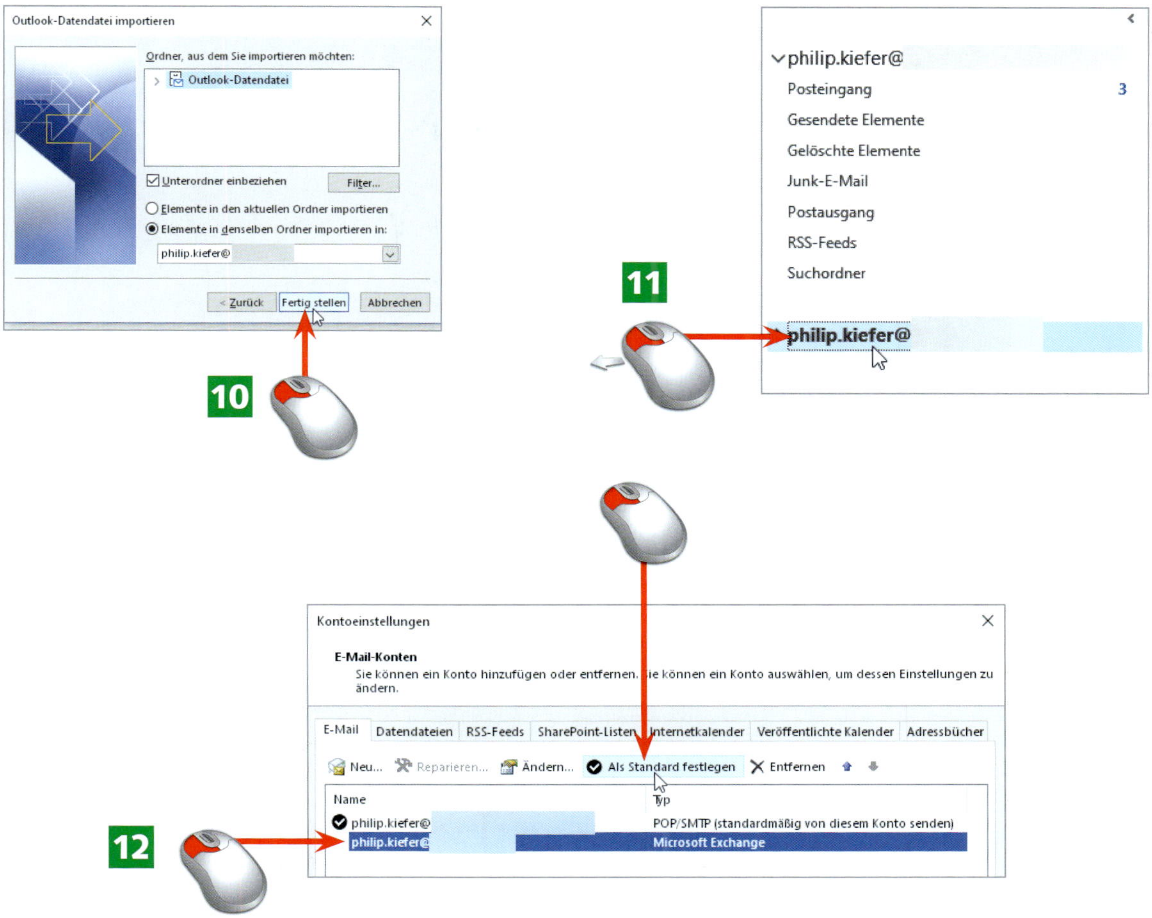

10 Bestätigen Sie nun den Import in das E-Mail-Konto mit *Fertig stellen*.

11 Bringen Sie das Konto nun noch im Ordnerbereich durch Ziehen bei gedrückter linker Maustaste in die gewünschte Position.

12 Möchten Sie das importierte Konto als Standard festlegen, öffnen Sie unter *Datei/ Informationen* die *Kontoeinstellungen*. Wählen Sie das E-Mail-Konto aus und klicken Sie auf *Als Standard festlegen*.

Ende

TIPP

Es empfiehlt sich in jedem Fall, Ihre gesicherten Daten auf einem externen Medium zu speichern, z. B. auf einem USB-Speicherstick, einer externen Festplatte oder auf einer CD-ROM.

TIPP

Eine PST-Datei mit einem Passwort sichern: Klicken Sie die Datei dazu im Fenster aus Schritt 12 unter dem Reiter *Datendateien* an, wählen Sie *Einstellungen* und dann *Kennwort ändern*.

HINWEIS

Sie können auch Datendateien ohne E-Mail-Konto anlegen, und zwar im Fenster aus Schritt 12 unter *Datendateien*, indem Sie dort *Hinzufügen* wählen.

Start

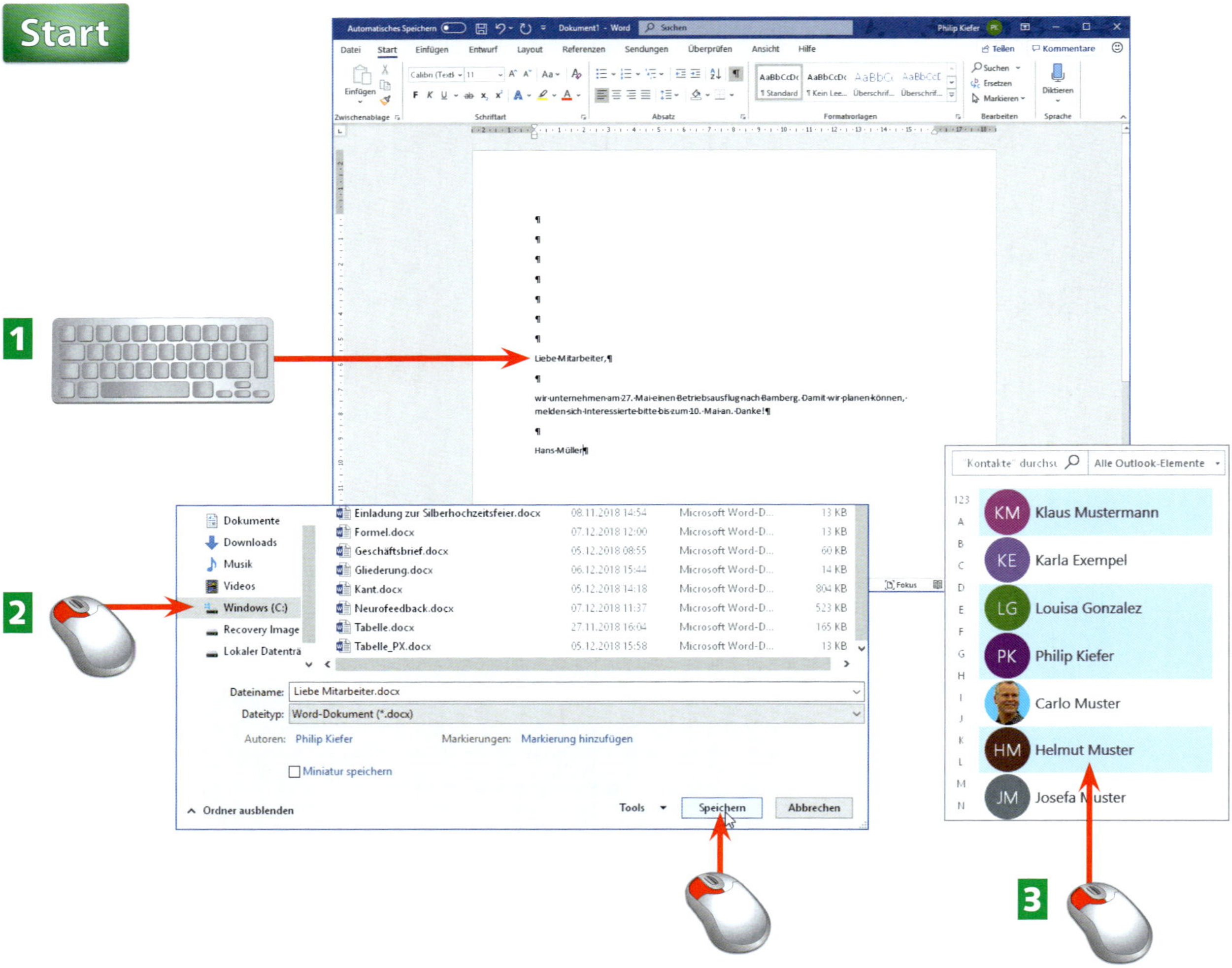

1 Verfassen Sie zunächst mit dem Programm Microsoft Word Ihren Brief. Für das spätere Einfügen der Adressen können Sie an der gewünschten Stelle schon mal Platz lassen bzw. ein Textfeld erstellen.

2 Wählen Sie in Word unter *Datei/Speichern unter* den Speicherort für das Dokument aus.

3 Wählen Sie nun in Outlook die Kontakte aus, die Sie für Ihren Serienbrief einsetzen möchten. Mehrere Kontakte klicken Sie dazu bei gedrückter Strg-Taste an.

Serienbriefe sind Briefe, die Sie an mehrere Personen senden möchten. Sie müssen die Adressen dabei allerdings nicht jedes Mal von Hand eintippen, da Outlook perfekt mit Word agiert. Übernehmen Sie in Word die Adressen Ihrer Outlook-Kontakte. Voraussetzung ist lediglich, dass Sie in Outlook Kontakte mit den entsprechenden Angaben angelegt haben.

WISSEN

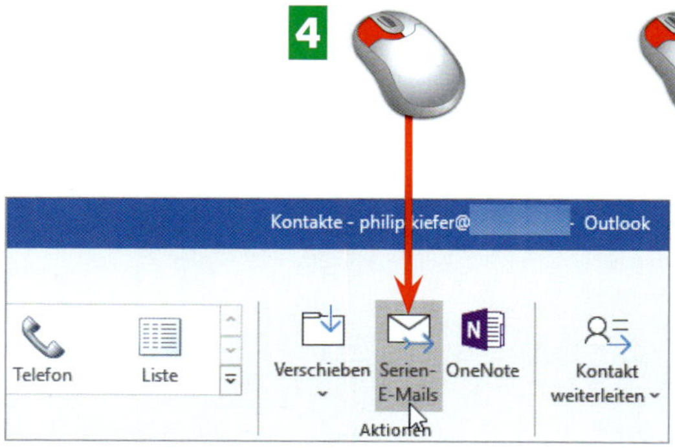

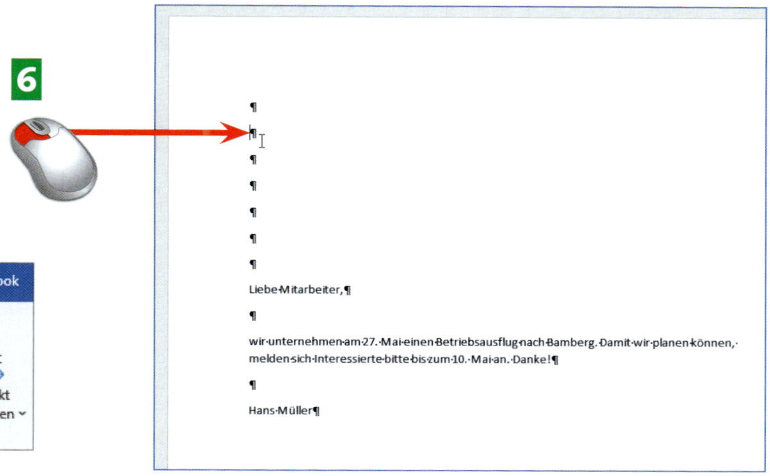

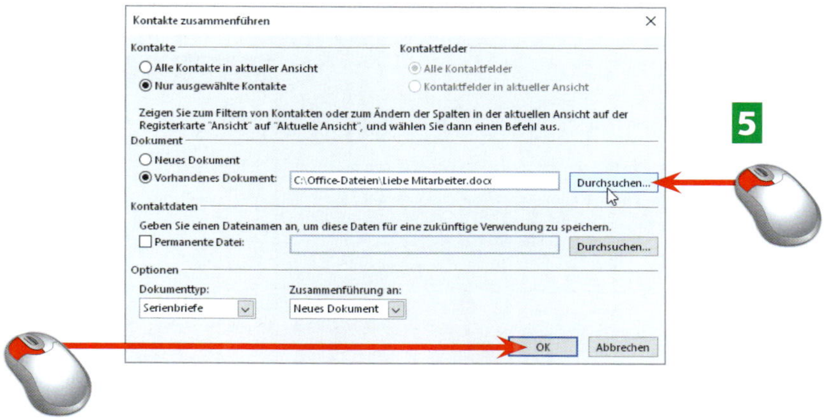

4 Klicken Sie im Menüband unter *Start* auf die Schaltfläche *Serien-E-Mails*.

5 Wählen Sie unter der Schaltfläche *Durchsuchen* das zuvor erstellte Word-Dokument aus. Bestätigen Sie mit *OK*.

6 Das Word-Dokument wird geöffnet. Setzen Sie den Cursor – per Mausklick oder Tastatur – an die Stelle, an der die Adressen eingefügt werden sollen.

Sie können Ihren Serienbrief auch erst nachträglich erstellen. In diesem Fall belassen Sie in Schritt 5 einfach die Option *Neues Dokument* aktiviert und bestätigen mit *OK*.

HINWEIS

Im Fenster aus Schritt 5 haben Sie im Menü *Dokumenttyp* die Möglichkeit, Ihre Adressen auch für andere Zwecke einzusetzen, z. B. für den Etikettendruck.

HINWEIS

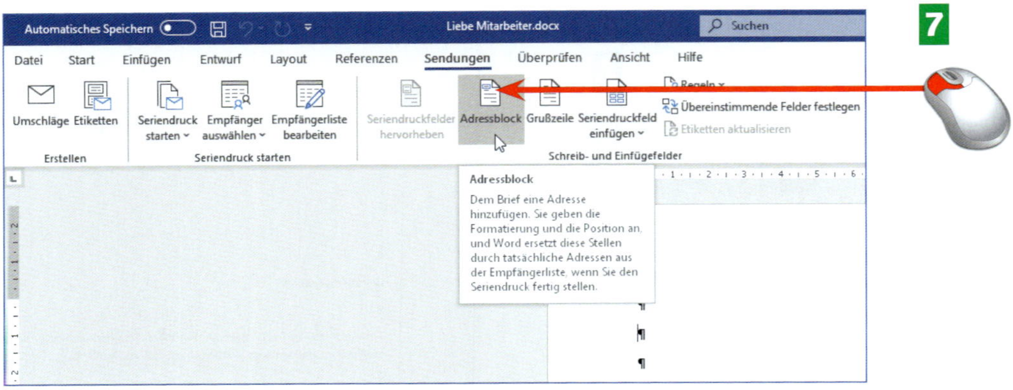

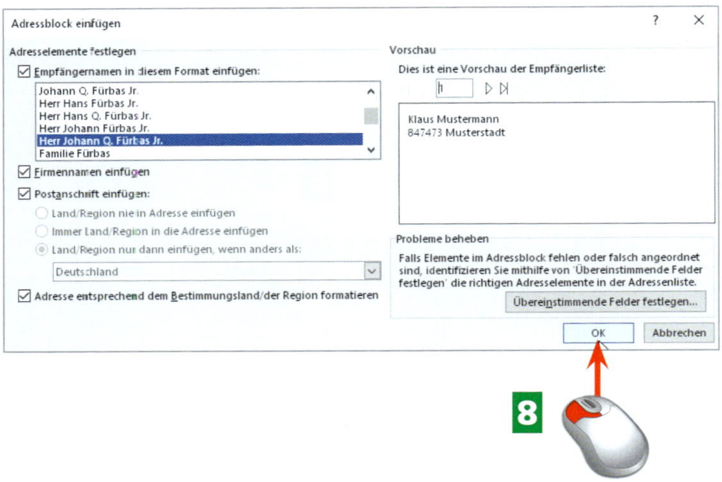

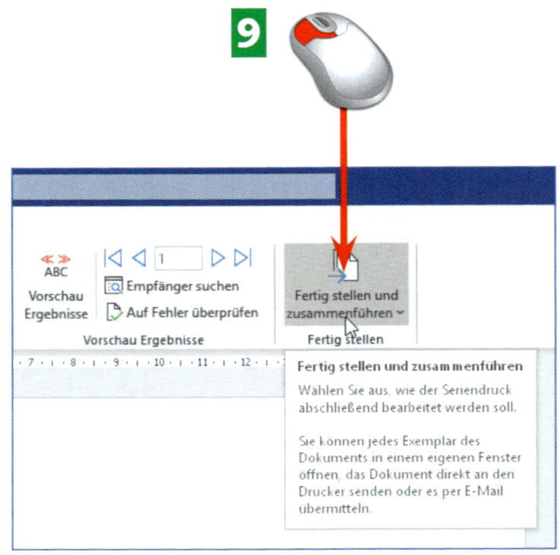

7 Klicken Sie im Menüband unter *Sendungen* auf die Schaltfläche *Adressblock*.

8 Im folgenden Dialogfenster lässt sich das Adressformat noch anpassen oder Sie bestätigen einfach mit *OK*.

9 Klicken Sie anschließend rechts oben im Menüband auf die Schaltfläche *Fertig stellen und zusammenführen*.

Alternativ zum Senden aus Outlook lassen sich die Kontakte auch direkt in Word auswählen, und zwar im Menüband unter *Sendungen*, indem Sie dort auf die Schaltfläche *Empfänger auswählen* klicken und sich dann für *Aus Outlook-Kontakten auswählen* entscheiden.

WISSEN

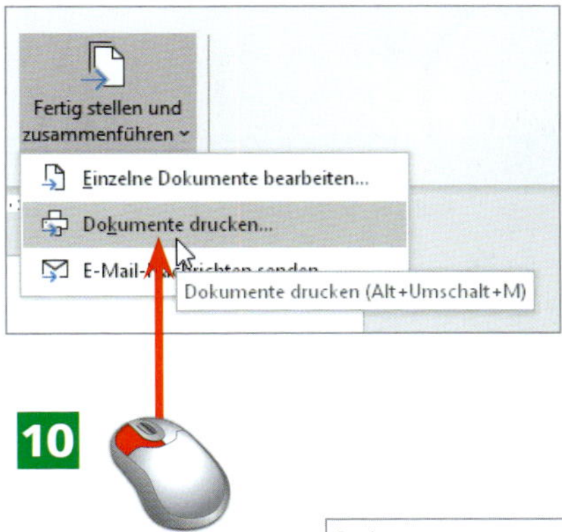

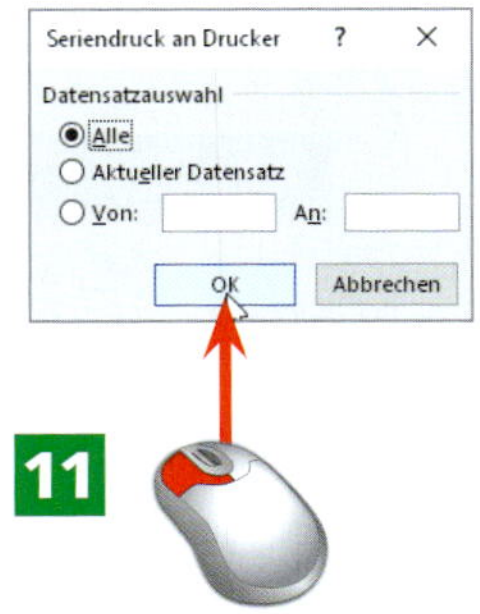

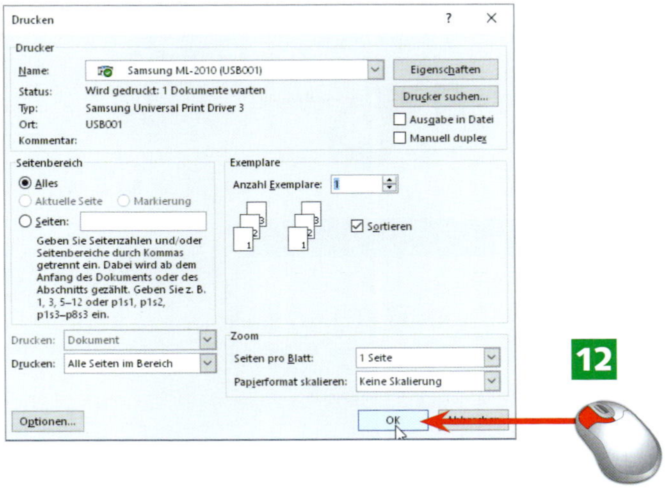

10 Im sich öffnenden Menü wählen Sie in diesem Fall den Eintrag *Dokumente drucken*.

11 Bestätigen Sie die Datensatzauswahl mit *OK*.

12 Bestätigen Sie schließlich noch das Ausdrucken der Briefe mit *OK*, um diese zu Papier zu bringen.

Ende

TIPP

Fügen Sie in Word auch noch eine individualisierte Grußzeile ein, und zwar im Menüband unter *Sendungen* unter der Schaltfläche *Grußzeile*.

HINWEIS

Einen Überblick über die Serienbrief-Empfänger erhalten Sie – mit Deaktivierungsoption – unter der Schaltfläche *Empfängerliste bearbeiten*.

TIPP

Vor einem umfangreicheren Serienbrief-Ausdruck wählen Sie vor dem Drucken zunächst die Schaltfläche *Auf Fehler überprüfen* und lassen das Zusammenführen simulieren.

Start

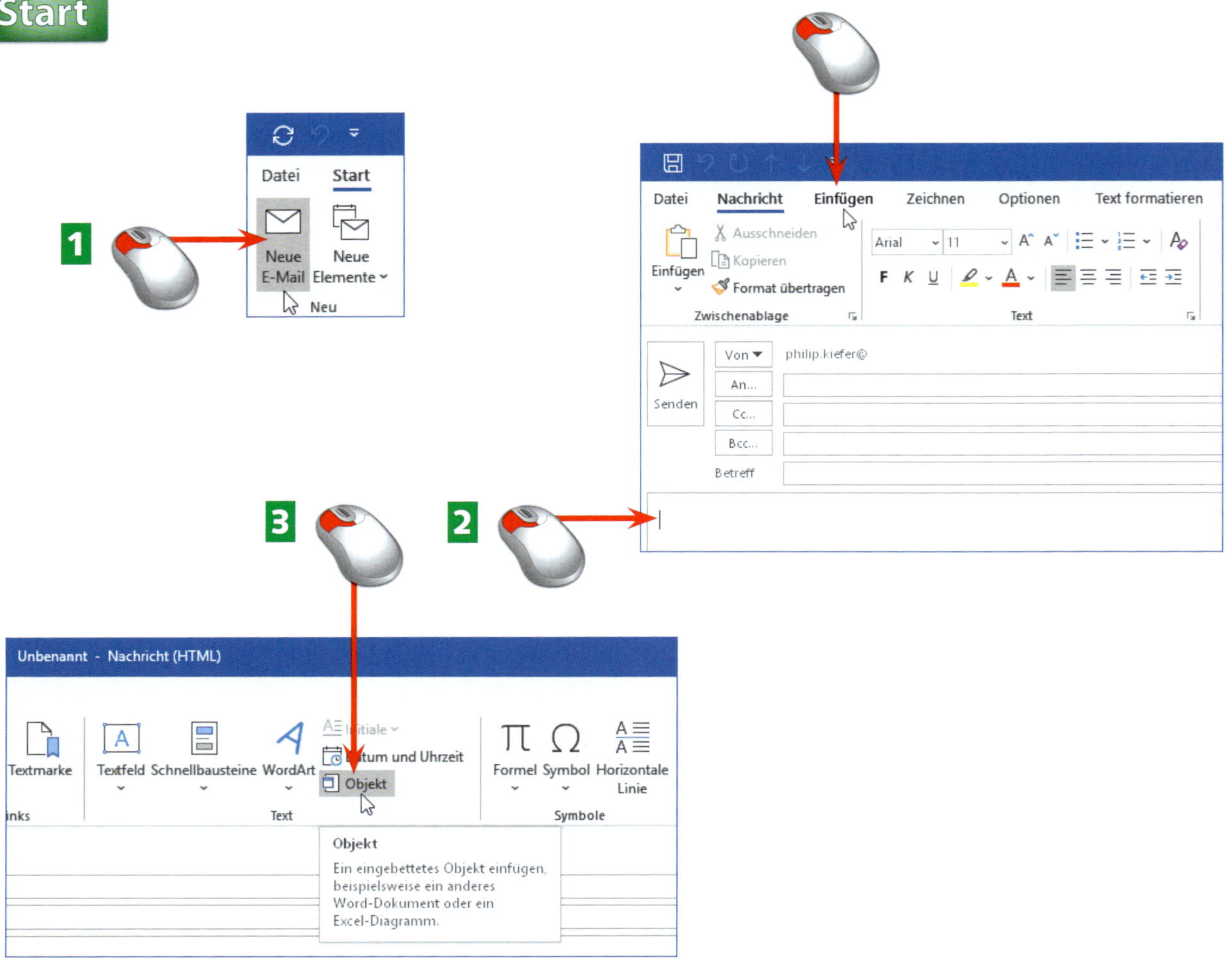

1 Erstellen Sie eine neue E-Mail, indem Sie bei gewählter E-Mail-Funktion auf die Schaltfläche *Neue E-Mail* klicken.

2 Klicken Sie in das Textfeld bzw. setzen Sie den Cursor an die Stelle, an der das Objekt eingefügt werden soll. Im Menüband klicken Sie auf den Reiter *Einfügen*.

3 Entscheiden Sie sich im nächsten Schritt für die Schaltfläche *Objekt*.

Office-Dateien in eine E-Mail einfügen und direkt in der E-Mail bearbeiten – selbst das geht, wie ich Ihnen auf dieser Doppelseite am Beispiel einer Excel-Datei zeige.

WISSEN

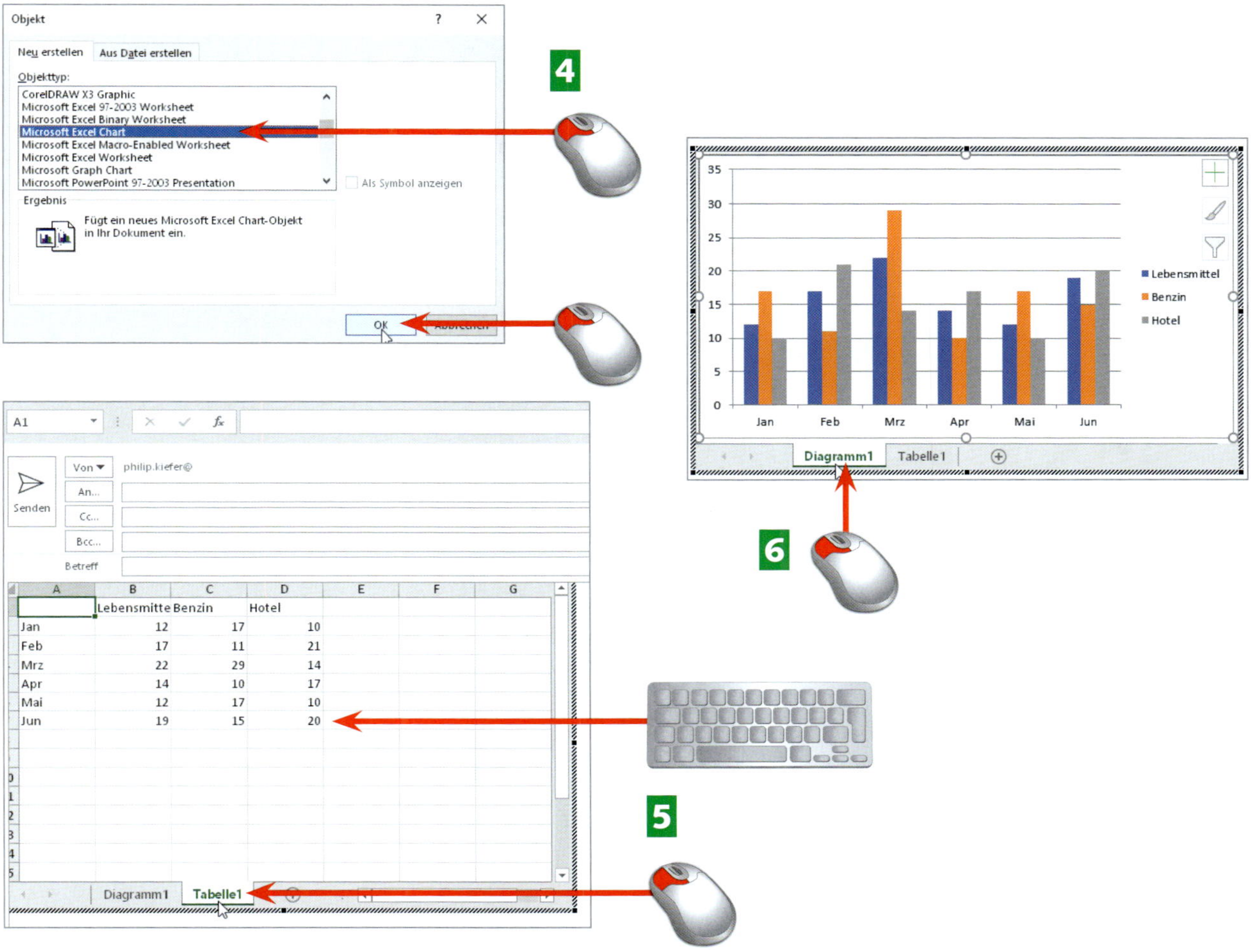

4 Wählen Sie per Mausklick den gewünschten Objekttyp aus – in diesem Fall wähle ich *Microsoft Excel Chart* (= Diagramm) – und bestätigen Sie mit *OK*.

5 Entscheiden Sie sich zunächst für *Tabelle*, um die Daten für das Diagramm einzutippen. Die Auswahl wird jeweils per Doppelklick auf ein Objekt wieder aktiviert.

6 Nachdem Sie die Angaben gemacht haben, wechseln Sie zurück zum *Diagramm*. Was jeweils angezeigt wird, wird dann auch per E-Mail versandt.

Ende

Wählen Sie in Schritt 4 den Reiter *Aus Datei erstellen*, um eine bereits vorhandene Datei in die E-Mail einzufügen.

HINWEIS

Bei ausgewähltem Objekt werden im Menüband entsprechende Registerkarten zur Formatierung eingeblendet, in diesem Fall *Diagrammentwurf* und *Format*.

HINWEIS

Start

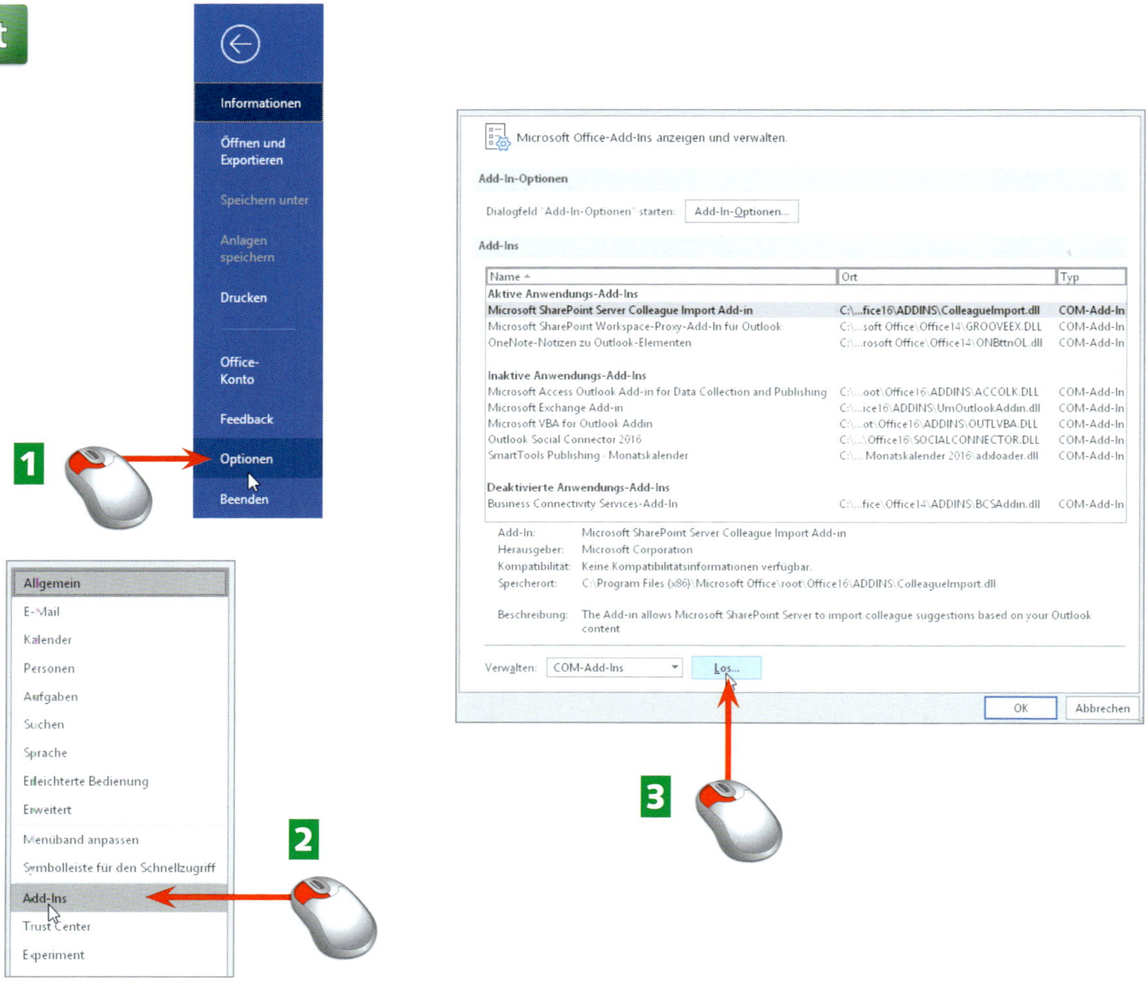

1 Öffnen Sie die Outlook-Optionen, indem Sie sich unter *Datei* für den Eintrag *Optionen* entscheiden.

2 Wählen Sie in den Outlook-Optionen den Eintrag *Add-Ins*.

3 Die verfügbaren Add-ins werden aufgeführt. Zur Verwaltung der Add-ins klicken Sie unten auf die Schaltfläche *Los*.

Mithilfe von Add-ins lässt sich der Funktionsumfang von Outlook erweitern. Einige Add-ins sind bereits standardmäßig mit an Bord. Wie Sie einzelne Add-ins deaktivieren bzw. aktivieren, lesen Sie auf dieser Doppelseite.

WISSEN

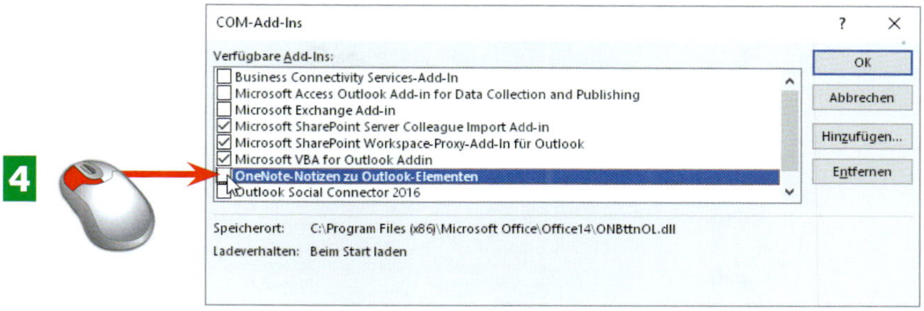

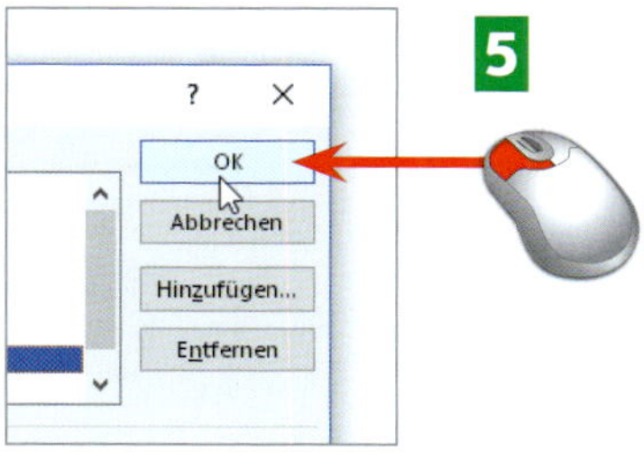

4 Bestimmen Sie per Kontrollkästchen, welche Add-ins deaktiviert bzw. aktiviert werden sollen. Hier deaktiviere ich z. B. das nicht benötigte OneNote-Add-in.

5 Bestätigen Sie Ihre Auswahl mit *OK*.

6 Der Effekt in diesem Fall ist, dass die *OneNote*-Schaltfläche aus dem Menüband verschwindet.

Ende

FACHWORT

Die Abkürzung COM bei der Bezeichnung COM-Add-ins steht übrigens für **C**omponent **O**bject **M**odel. Es handelt sich hierbei um eine von Microsoft selbst entwickelte Technologie.

HINWEIS

Sie wollen ein Add-in ganz entfernen? Dann markieren Sie es im Fenster aus Schritt 4 und klicken auf die Schaltfläche *Entfernen*.

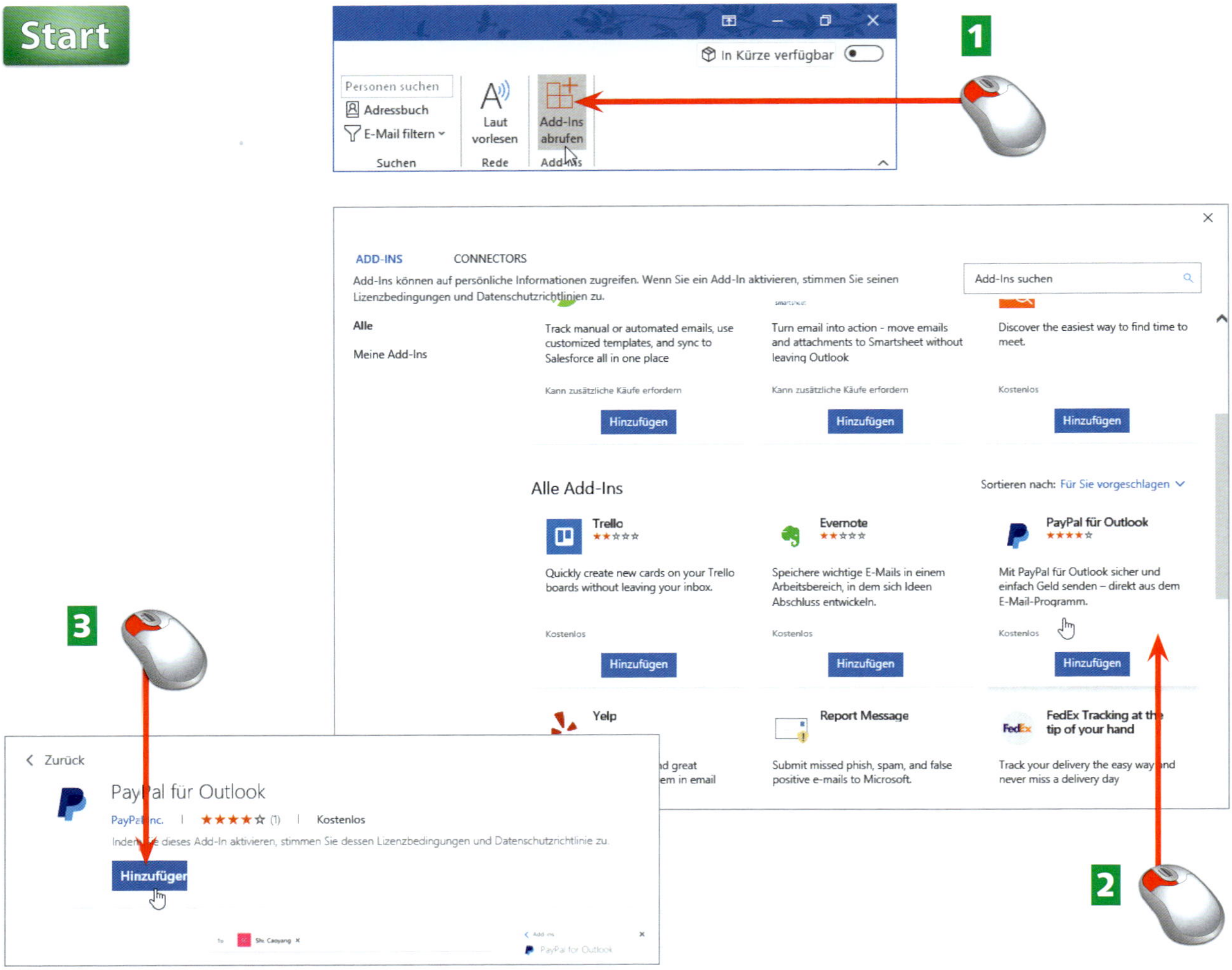

1 Entscheiden Sie sich auf der Registerkarte *Start* für die Schaltfläche *Add-Ins abrufen*.

2 Klicken Sie im Store ein Add-in zunächst an, um sich nähere Informationen dazu anzusehen.

3 Möchten Sie das Add-in in Outlook verwenden, klicken Sie auf die Schaltfläche *Hinzufügen*.

In Outlook 2019 ist ein Add-in-Store integriert, aus dem Sie zusätzliche Add-ins beziehen können. Auf dieser Doppelseite zeige ich Ihnen am Beispiel des Zahlungsdienstleisters PayPal, wie Sie bei der Installation vorgehen.

WISSEN

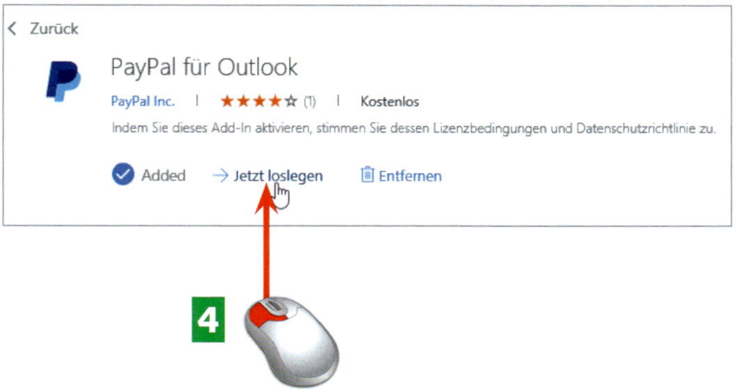

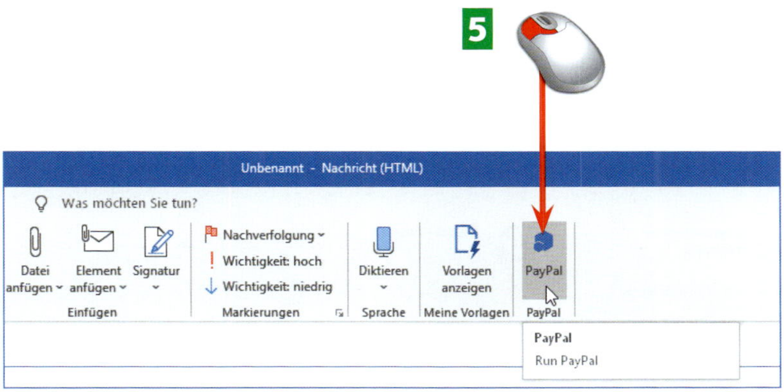

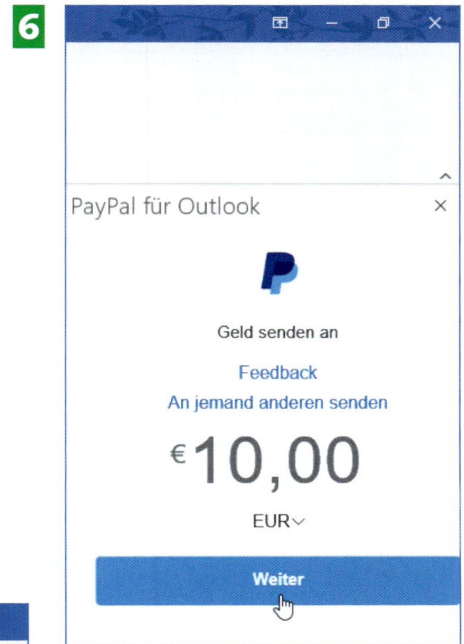

4 Klicken Sie nach der Installation des Add-ins auf *Jetzt loslegen*, um sich mit den Funktionen des Add-ins vertraut zu machen. Anschließend können Sie den Store schließen.

5 In diesem Fall wird das Add-in *PayPal* per Schaltfläche im Nachrichtenfenster aufgerufen.

6 Rechts wird nun ein zusätzliches Fenster zum Versenden eines Geldbetrags eingeblendet.

Ende

Suchen Sie nach Add-ins zu einem bestimmten Thema, nutzen Sie das rechts oben in den Add-in-Store eingebaute Suchfeld.

TIPP

Eine spezielle Form der Add-ins sind die sogenannten Connectors, dank derer sich mit Outlook Inhalte anderer Dienste beziehen lassen.

HINWEIS

Start

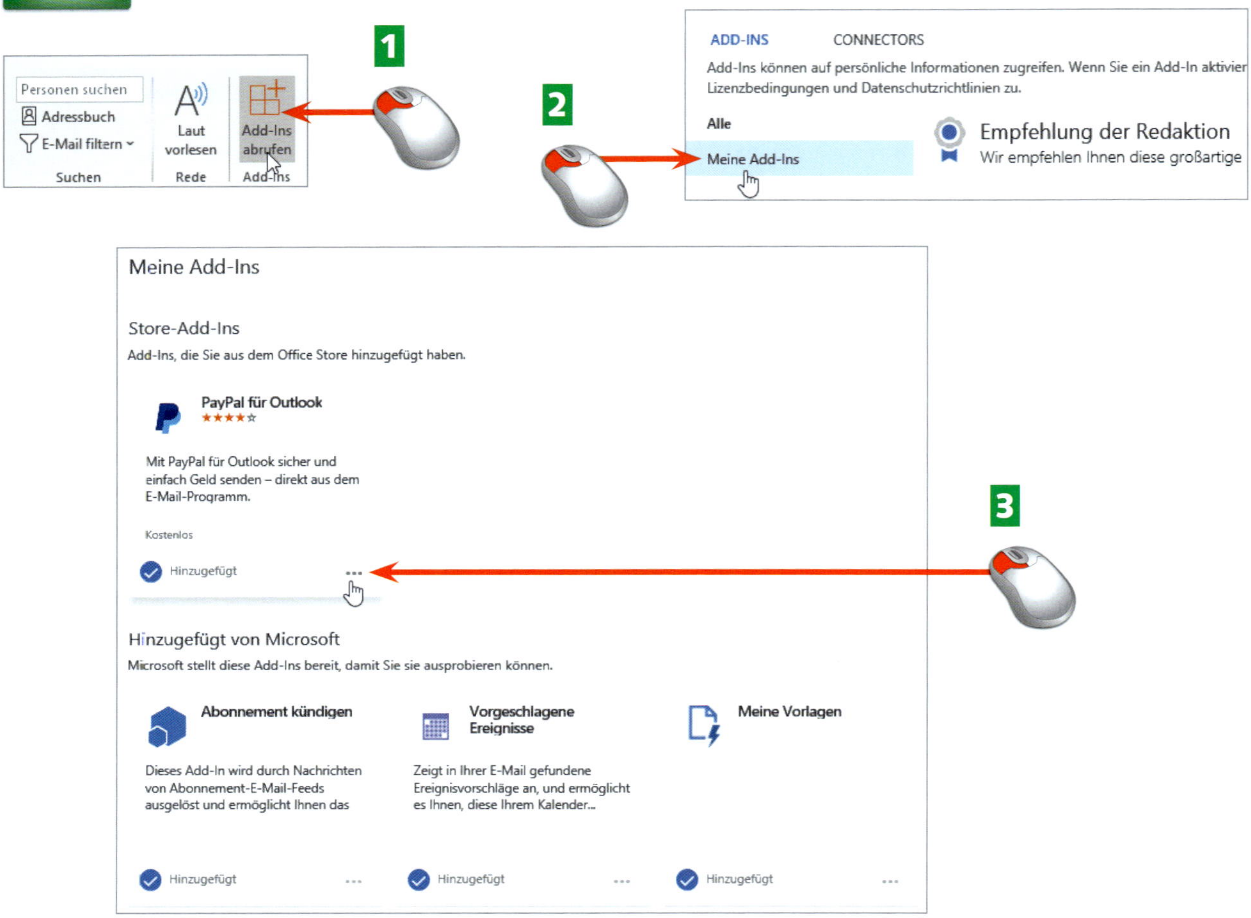

1 Entscheiden Sie sich auf der Registerkarte *Start* erneut für die Schaltfläche *Add-Ins abrufen.*

2 Klicken Sie in der Leiste links auf *Meine Add-Ins.*

3 Wählen Sie bei dem Add-in, das Sie deinstallieren möchten, das Symbol •••.

Nun möchte ich Ihnen zeigen, wie Sie nicht mehr benötigte Store-Add-ins auch wieder entfernen können.

WISSEN

4 Entscheiden Sie sich im sich öffnenden Menü für den Eintrag *Entfernen*.

5 Das Add-in wird ohne weitere Rückfrage deinstalliert.

6 Es kann aber über die Schaltfläche *Hinzufügen* jederzeit erneut installiert werden.

Ende

Wenn Sie unter *Meine Add-Ins* ganz nach unten scrollen, finden Sie die Option *Benutzerdefiniertes Add-In hinzufügen*, um einen eigenen Dateipfad bzw. eine URL zum Add-in anzugeben.

TIPP

Statt auf den integrierten Store zuzugreifen, können Sie auch über Google Add-ins aufspüren und diese auf Ihrem PC installieren. Suchen Sie beispielsweise nach *outlook tools* oder *outlook add-ins*.

HINWEIS

Start

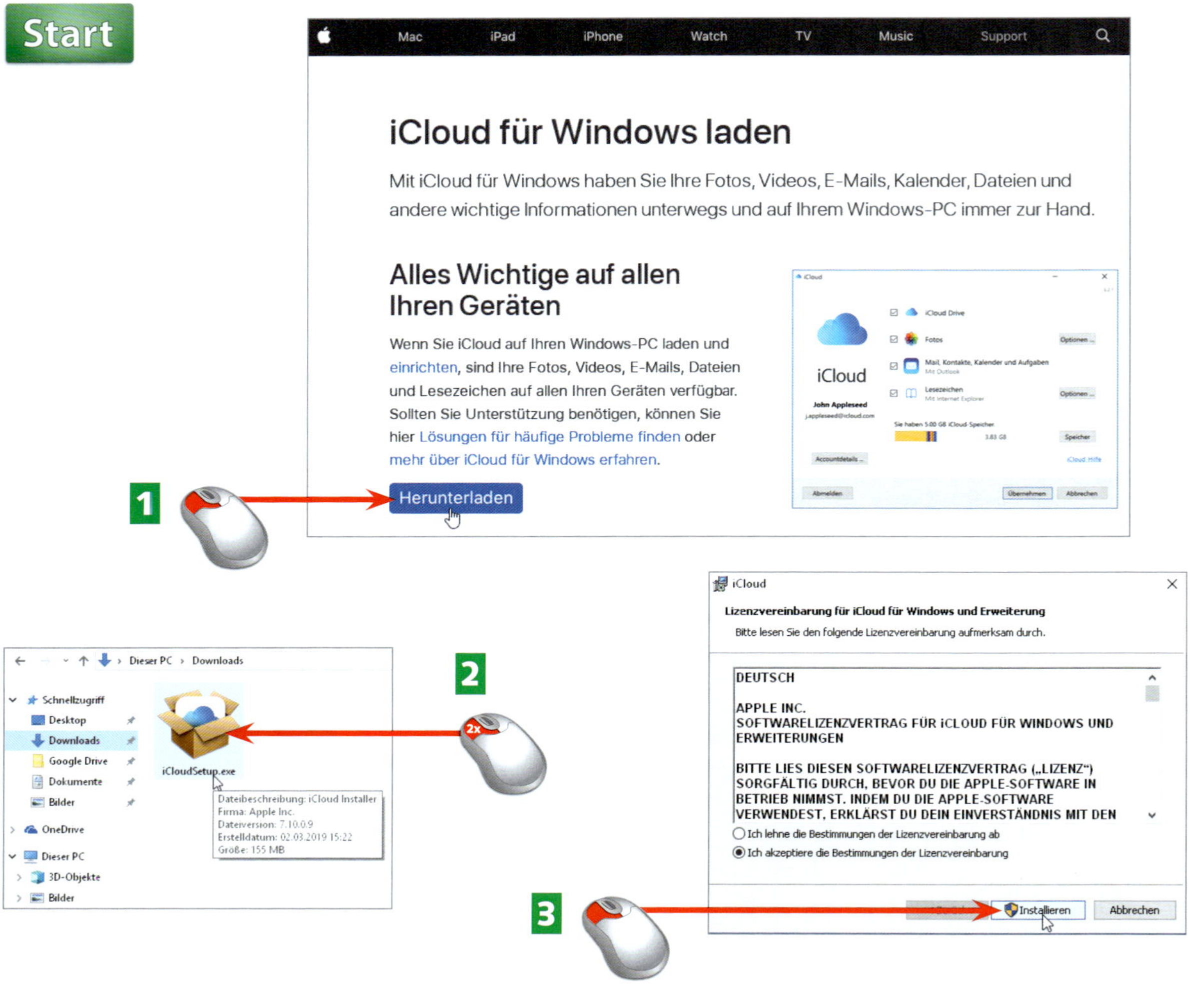

1 Laden Sie unter der Webadresse *support.apple.com/de-de/HT204283* iCloud für Windows aus dem Internet.

2 Doppelklicken Sie auf die heruntergeladene Datei, um den Installationsassistenten aufzurufen.

3 Führen Sie anschließend die Programminstallation durch.

Wer über ein Apple-Gerät wie iPhone, iPad oder Mac verfügt, kann den Dienst iCloud zur Verwaltung von E-Mails, Kontakten, Terminen und Aufgaben nutzen. Wie die Integration in Outlook auf einem Windows-Rechner erfolgt, zeige ich Ihnen auf dieser Doppelseite.

WISSEN

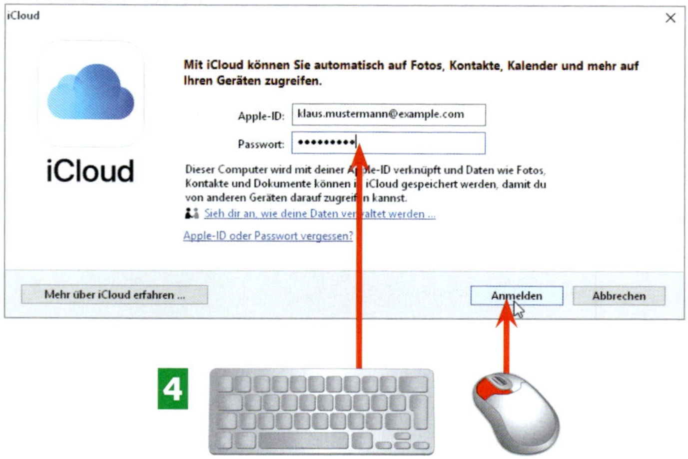

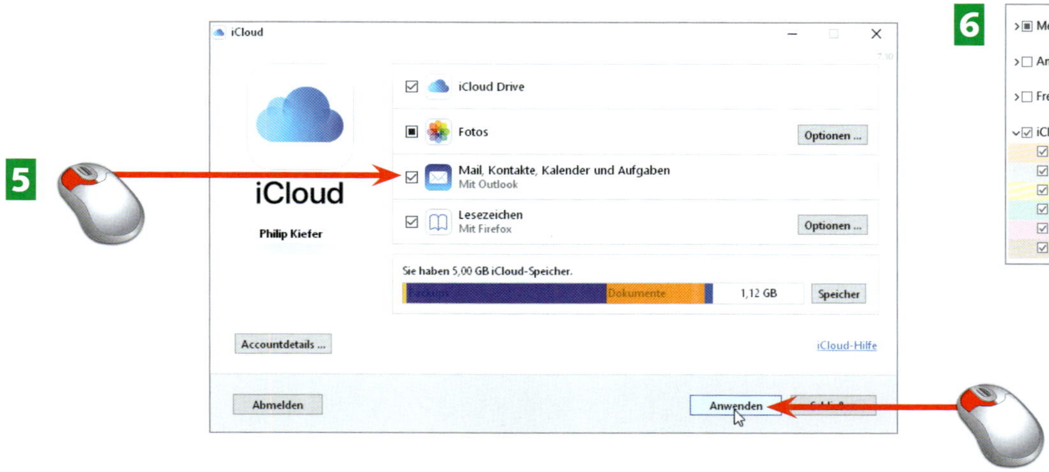

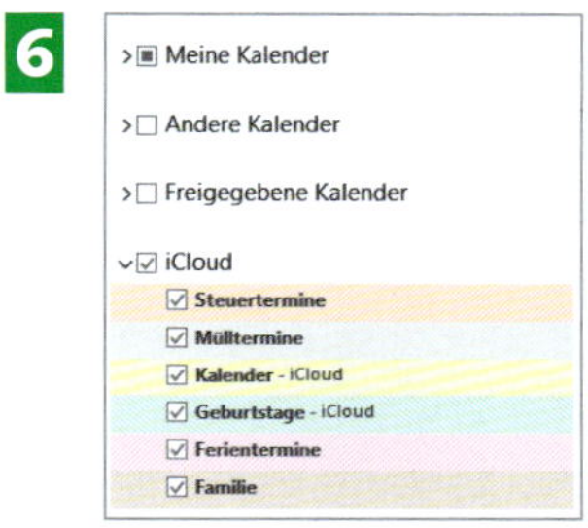

4 Starten Sie den PC nach der Installation neu und melden Sie sich mit Ihren iCloud-Zugangsdaten – Ihrer Apple-ID – an.

5 Bestimmen Sie per Kontrollkästchen, welche Daten Sie synchronisieren möchten, also unter anderem *Mail, Kontakte, Kalender und Aufgaben*. Bestätigen Sie mit *Anwenden*.

6 Ab sofort kann in Outlook auch auf die iCloud-Daten zugegriffen werden, hier beispielsweise auf die in iCloud angelegten Kalender.

Ende

Auf die iCloud-Daten im Webbrowser zugreifen: Dies gelingt unter der Webadresse *www.icloud.com*.

HINWEIS

Sie möchten die Einstellungen von iCloud für Windows anpassen? Klicken Sie dazu im Infobereich auf das Symbol und wählen Sie *iCloud-Einstellungen öffnen*.

HINWEIS

Webmail mit Outlook.com

10

Microsofts E-Mail-Dienst Outlook.com hat im Jahr 2013 den seit 1995 bestehenden Dienst Hotmail abgelöst. Gerade als Nutzer von Office 2019 ist dieser Dienst für Sie sehr interessant: durch die clevere Synchronisation, durch die Option, direkt im Posteingang zu chatten, die Möglichkeit, Office-Dokumente online zu bearbeiten, oder die Option, Dateien über den Onlinespeicherdienst OneDrive auszutauschen. Lernen Sie Outlook.com und das damit verbundene Microsoft-Konto in diesem Kapitel ausführlich kennen!

Start

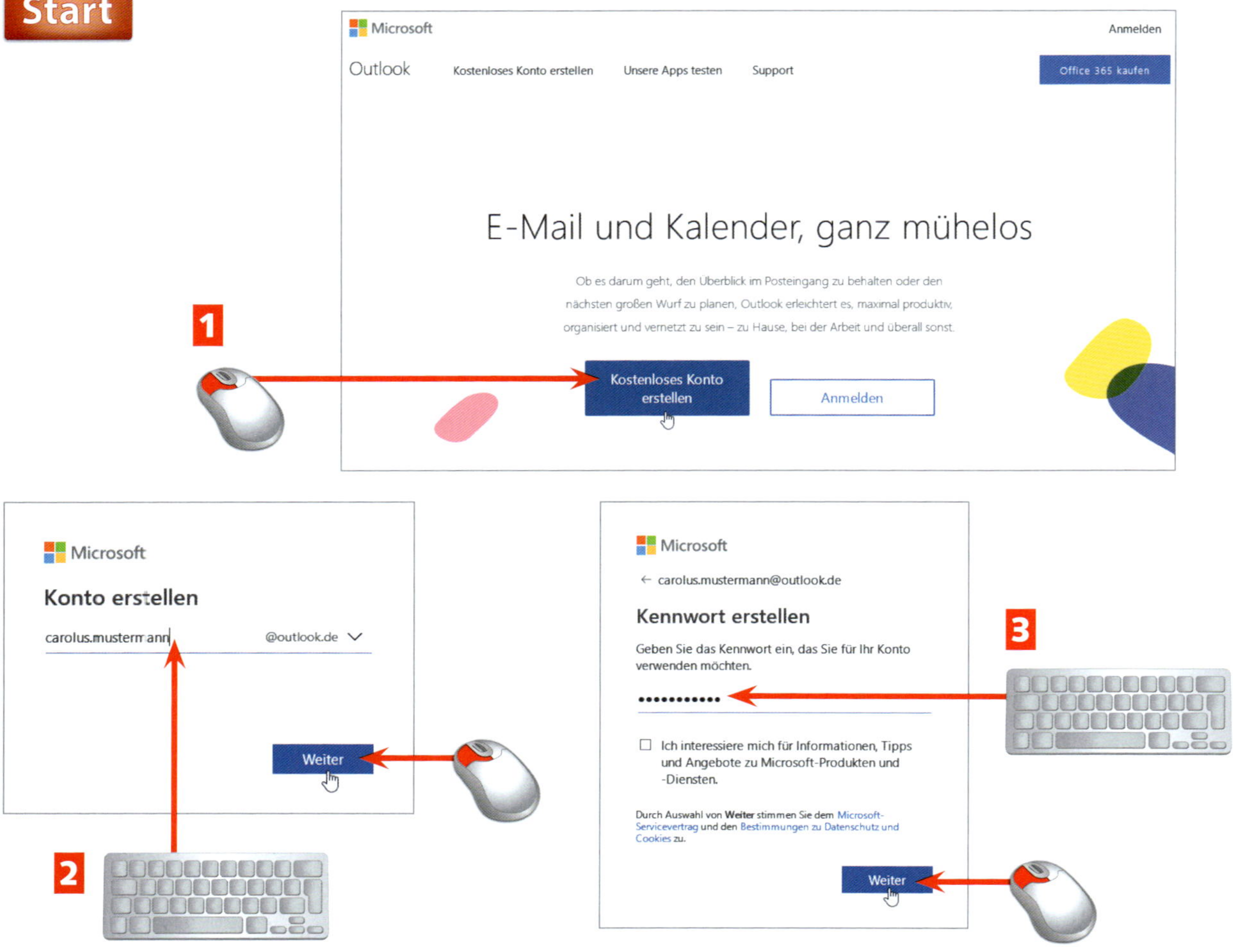

1 Öffnen Sie die Webadresse *www.outlook.de* und klicken Sie auf die Schaltfläche *Kostenloses Konto erstellen*. Später melden Sie sich hier mit den noch anzulegenden Zugangsdaten an.

2 Wählen Sie zunächst eine E-Mail-Adresse und bestätigen Sie mit *Weiter*.

3 Geben Sie anschließend ein sicheres Kennwort für Ihr E-Mail-Konto ein (bestehend aus einer willkürlichen Folge aus Buchstaben, Ziffern und Sonderzeichen) und bestätigen Sie erneut mit *Weiter*.

Das Anlegen eines Outlook.com-Mailkontos erfolgt im Webbrowser. Das Ganze ist kostenlos, sodass Sie bei Bedarf problemlos auch mehrere Konten anlegen können. Denken Sie aber daran, dass die Konten auch verwaltet werden wollen!

WISSEN

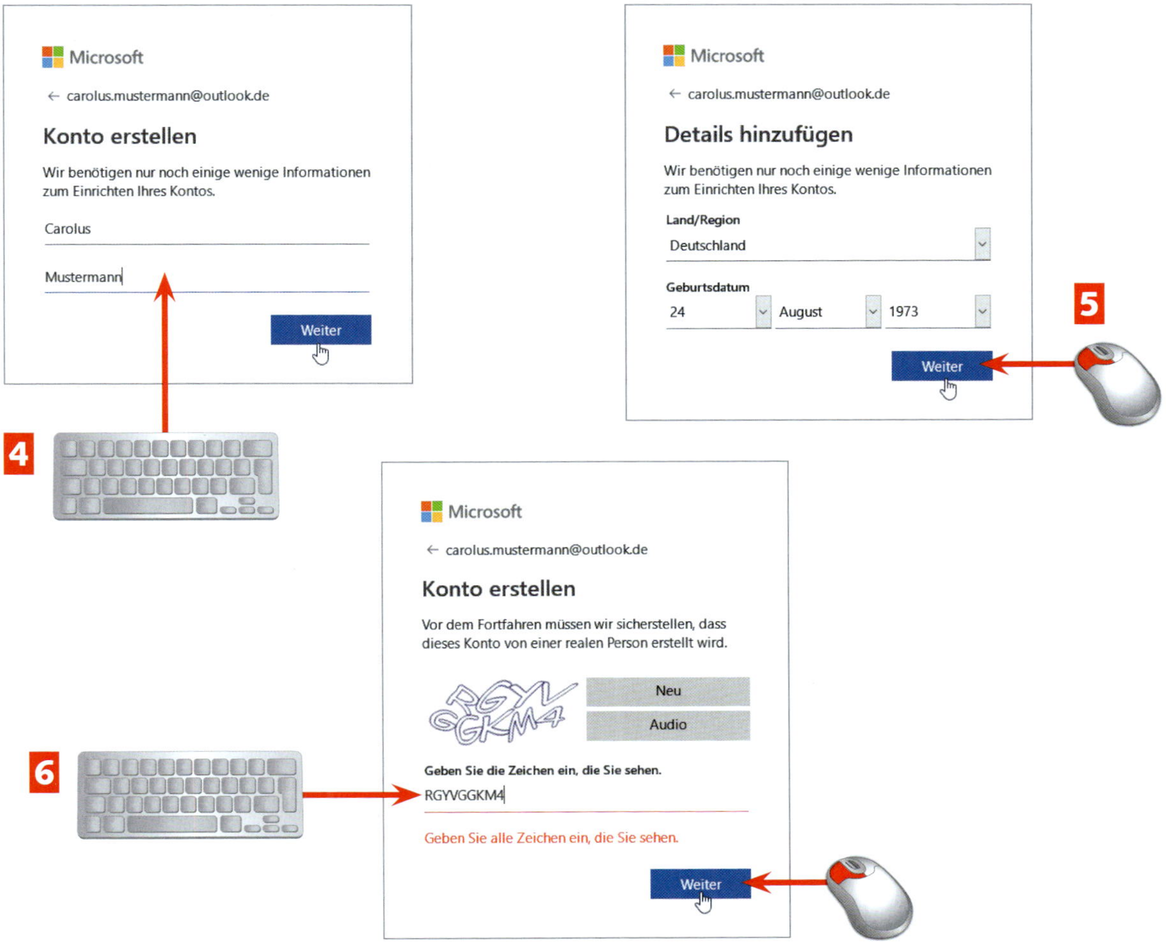

4 Geben Sie jetzt Ihren Vor- und Nachnamen ein und klicken Sie zur Bestätigung auf die Schaltfläche *Weiter*.

5 Machen Sie Angaben zu Ihrem Land und Geburtsdatum und bestätigen Sie diese mit *Weiter*.

6 Tippen Sie zum Schluss das angezeigte Captcha ein und klicken Sie wiederum auf die Schaltfläche *Weiter*.

Ende

Das Captcha (vgl. Schritt 6) ist eine kleine Abfrage, die verhindern soll, dass ein Formular automatisiert genutzt wird. Die Eingabe ist zwar lästig, aber zum Schutz gegen Missbrauch notwendig.

HINWEIS

Falls Sie später mal Ihre Zugangsdaten vergessen sollten: Wenn Sie unter *www.outlook.de* auf *Anmelden* klicken, finden Sie jeweils Optionen zum Wiederherstellen des Benutzernamens bzw. des Passworts.

HINWEIS

Start

1

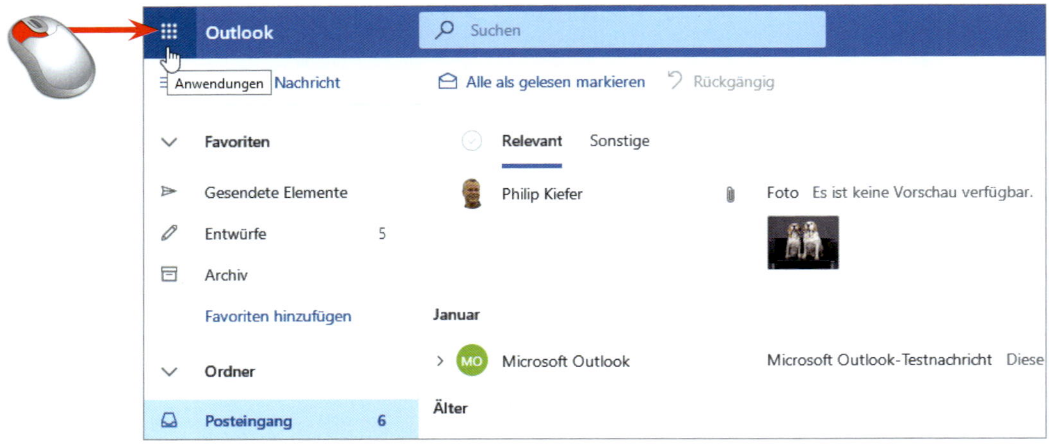

2

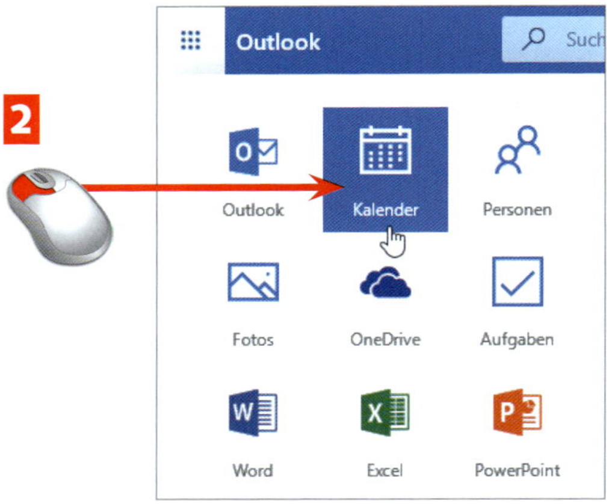

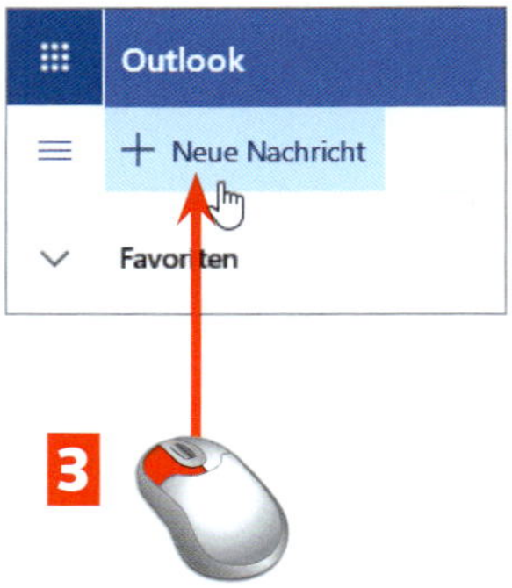

3

1 Der Posteingang ist einfach aufgebaut. Sie sehen links die E-Mail-Ordner und rechts die im ausgewählten Ordner enthaltenen E-Mails. Für weitere Funktionen klicken Sie auf das App-Symbol links neben dem Outlook.com-Logo.

2 Nun können Sie per Mausklick eine der angebotenen Funktionen auswählen, z. B. den *Kalender*. Die Web-Apps werden jeweils in einem neuen Fenster aufgerufen.

3 Zurück zum Posteingang. Um eine neue E-Mail zu erstellen, entscheiden Sie sich hier für die Schaltfläche *Neue Nachricht*.

Machen Sie sich auf dieser Doppelseite mit der Bedienoberfläche von Outlook.com vertraut, die sich deutlich von der Outlook-Bedienoberfläche unterscheidet. Doch, wie Sie sehen werden, gibt es auch Gemeinsamkeiten.

WISSEN

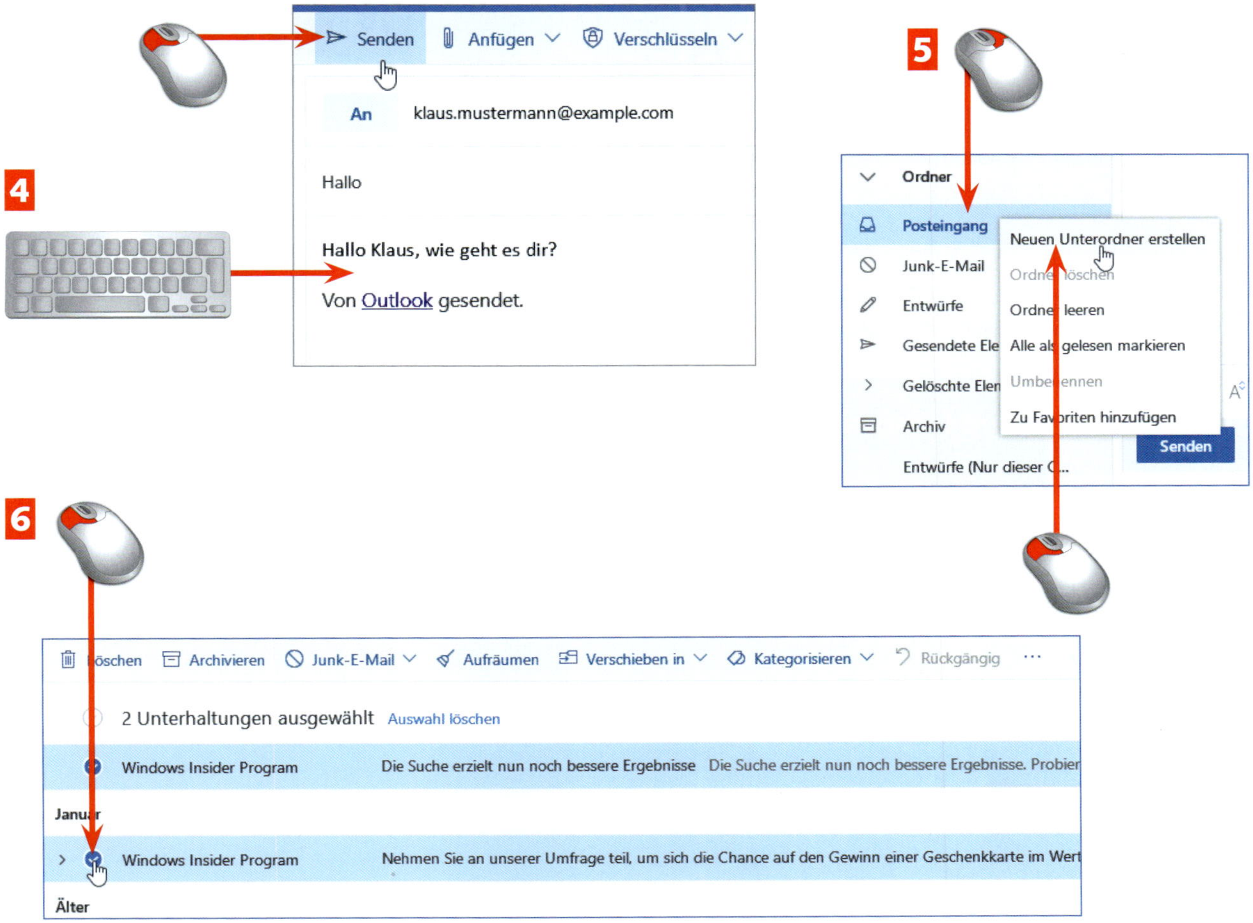

4 Verfassen Sie eine E-Mail unter Zuhilfenahme der verschiedenen Schaltflächen und Felder; auch das Anhängen von Dateien ist kein Problem. Mit *Senden* bringen Sie eine E-Mail auf den Weg.

5 Um neue Ordner zu erstellen, klicken Sie auf *Neuer Ordner* bzw. klicken Sie einen bestehenden Ordner mit der rechten Maustaste an und wählen *Neuen Unterordner erstellen*.

6 Wenn Sie eines oder mehrere Elemente per Radio-Button auswählen, erscheinen automatisch verschiedene Schaltflächen mit Verwaltungsoptionen, z. B. zum Verschieben in einen anderen Ordner.

Ende

Wie im lokal installierten Outlook finden Sie auch auf Outlook.com links unten Symbole zum Wechseln zwischen den verschiedenen Outlook-Funktionen.

TIPP

Richten Sie, wie in Kapitel 1 beschrieben, ein Outlook.com-Konto in Outlook ein, um E-Mail-Ordner, Kontakte und Co. synchron zu halten!

HINWEIS

Start

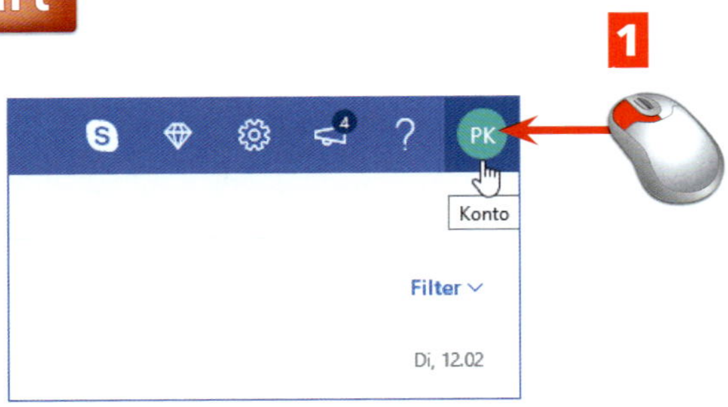

1 Um ein Profilbild hinzuzufügen, klicken Sie rechts oben auf der Outlook.com-Seite auf den Platzhalter, der Ihre Initialen anzeigt.

2 Im sich öffnenden Menü klicken Sie auf *Profil bearbeiten*.

3 Klicken Sie auf der nun geöffneten Webseite auf *Bild hinzufügen*.

Durch ein Profilbild versehen Sie Ihr Outlook.com-Konto bzw. Ihr gesamtes Microsoft-Konto mit einem Porträtfoto. Das ist zwar nicht zwingend erforderlich, sieht aber doch besser aus als der Platzhalter. Auf dieser Doppelseite erfahren Sie, wie Sie ein auf Ihrem PC gespeichertes Foto auf Outlook.com einsetzen.

WISSEN

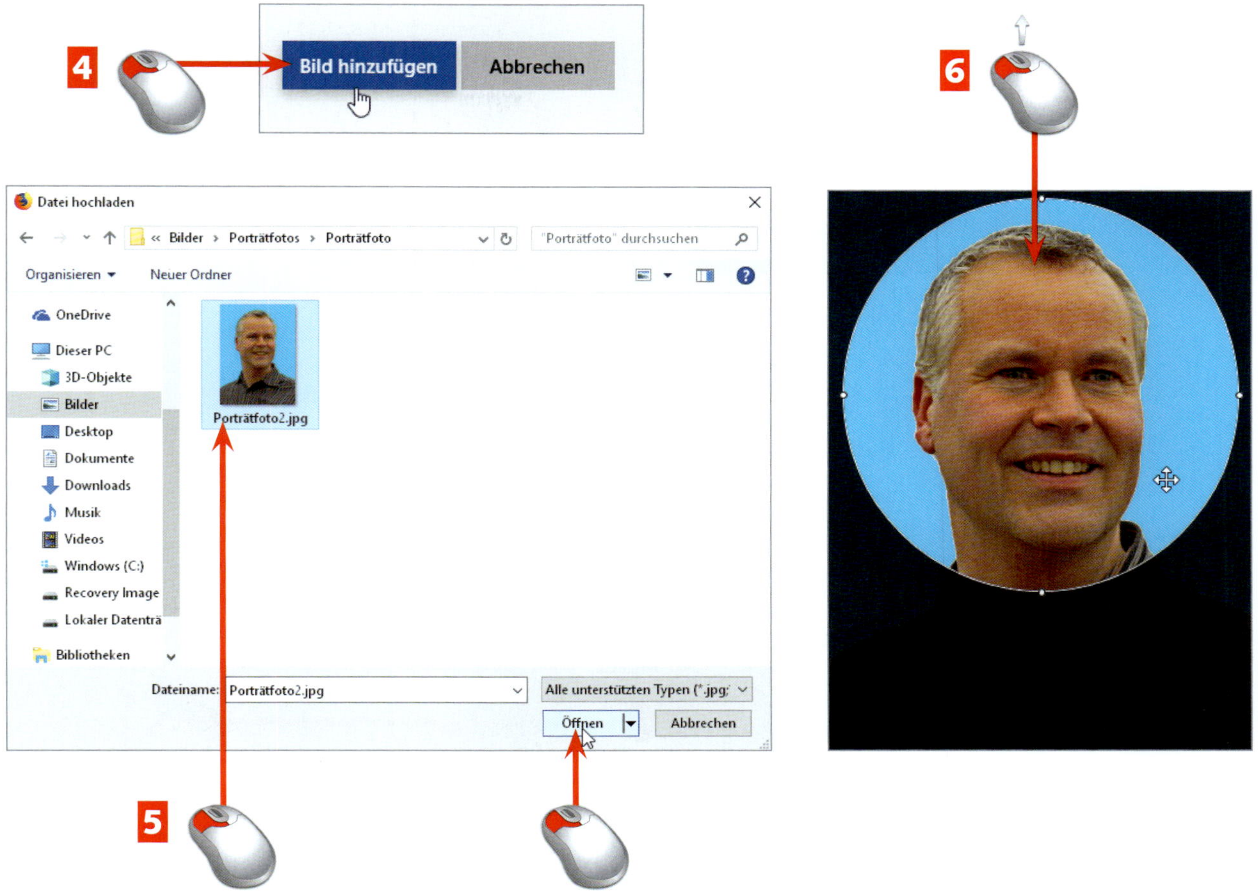

4 Klicken Sie im nächsten Schritt erneut auf die Schaltfläche *Bild hinzufügen*.

5 Wählen Sie das Bild im folgenden Dialogfenster aus und bestätigen Sie Ihre Auswahl mit *Öffnen*.

6 Bringen Sie nach dem Hochladen den Auswahlrahmen bei gedrückter linker Maustaste in die gewünschte Position und Größe. Bestätigen Sie mit *Speichern*, um das Profilbild zu übernehmen.

Ende

Achten Sie darauf, dass das Bild, das Sie verwenden, nicht allzu groß ist, damit die Anpassung als Profilbild leicht gelingt.

HINWEIS

Besonders dann, wenn Sie Outlook.com auf fremden Computern nutzen: Denken Sie daran, sich auszuloggen, indem Sie auf Ihr Profilbild bzw. den Platzhalter klicken und dann *Abmelden* wählen.

HINWEIS

Start

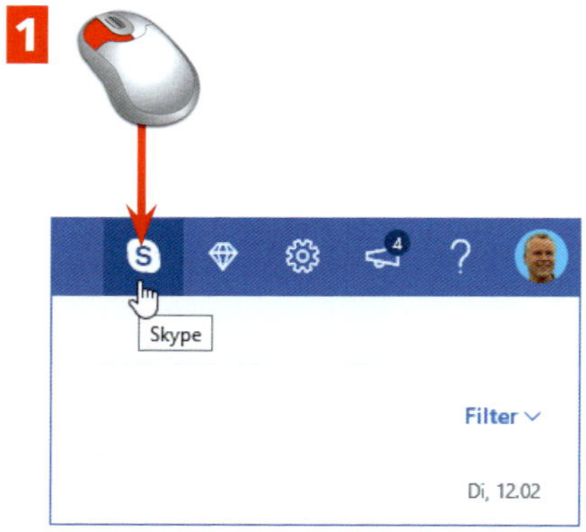

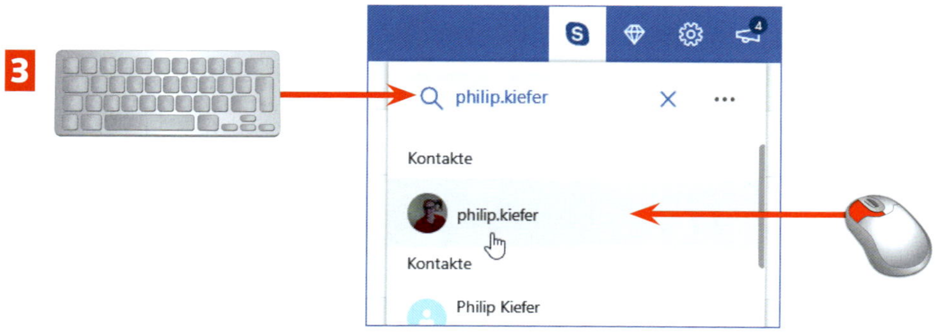

1 Klicken Sie rechts oben auf der Outlook.com-Seite auf das Skype-Symbol S.

2 Nutzen Sie das Suchfeld, um nach einer Person zu suchen, die Sie kontaktieren möchten. Später können Sie in dem Fenster auch auf die zuletzt geführten Unterhaltungen zugreifen..

3 Klicken Sie den gewünschten Kontakt an. Sofern ein Kontakt noch nicht hinzugefügt wurde, müssen Sie diesem zunächst eine Skype-Anfrage senden.

Wenn Sie Microsofts Telefonie- und Chatdienst Skype verwenden, können Sie diesen auch in Outlook.com nutzen – die Basisfunktionen sind sogar direkt in der Bedienoberfläche abrufbar.

WISSEN

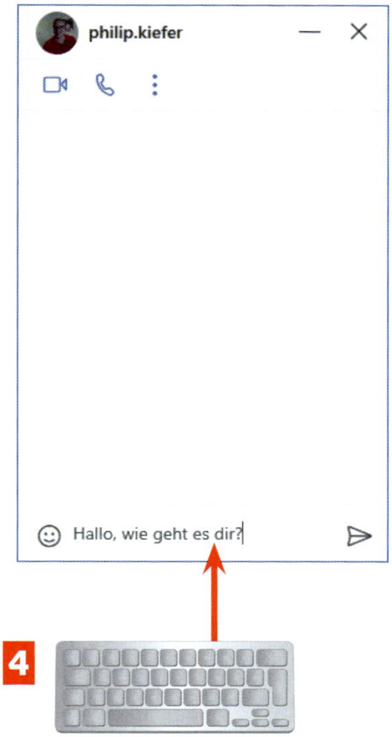

4

5

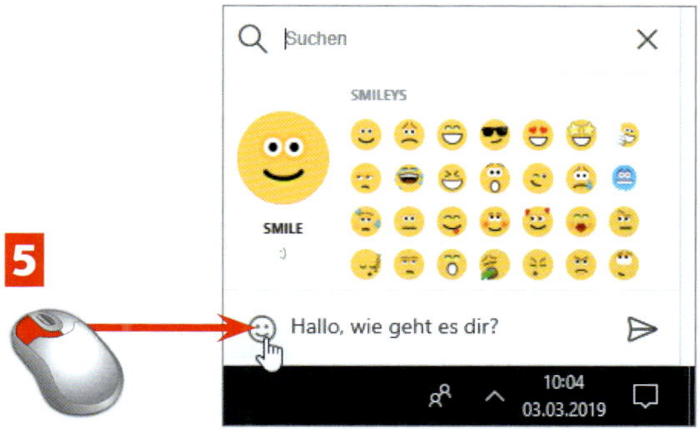

6

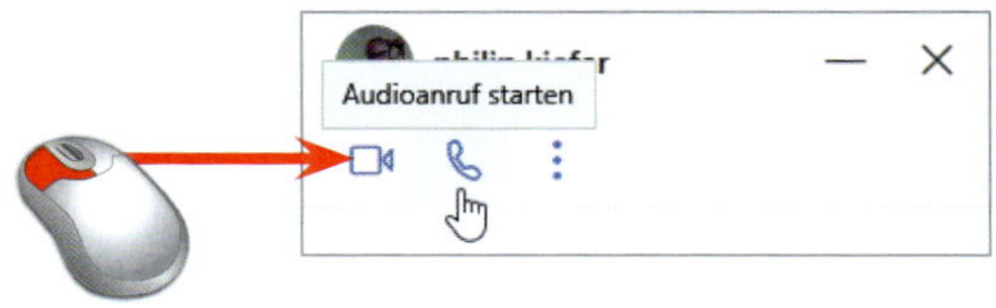

4 Rechts unten wird nun das Skype-Fenster eingeblendet. Tippen Sie eine Nachricht in das Eingabefeld und senden Sie diese per ↵-Taste ab.

5 Auch Emoticons sind im Angebot. Diese wählen Sie unter dem Symbol ☺ aus.

6 Schließlich können Sie mit Skype – entsprechende Hardware vorausgesetzt – auch ein Telefonat starten, entweder mit Videoübertragung (Symbol 📹) oder ohne Videoübertragung (Symbol 📞).

Ende

Auf Ihr Skype-Konto aus Outlook.com heraus zugreifen: Klicken Sie dazu unter dem Symbol ▦ auf *Skype*.

HINWEIS

Um das Chatfenster wieder zu schließen, klicken Sie rechts oben im Fenster auf das Symbol S.

HINWEIS

Start

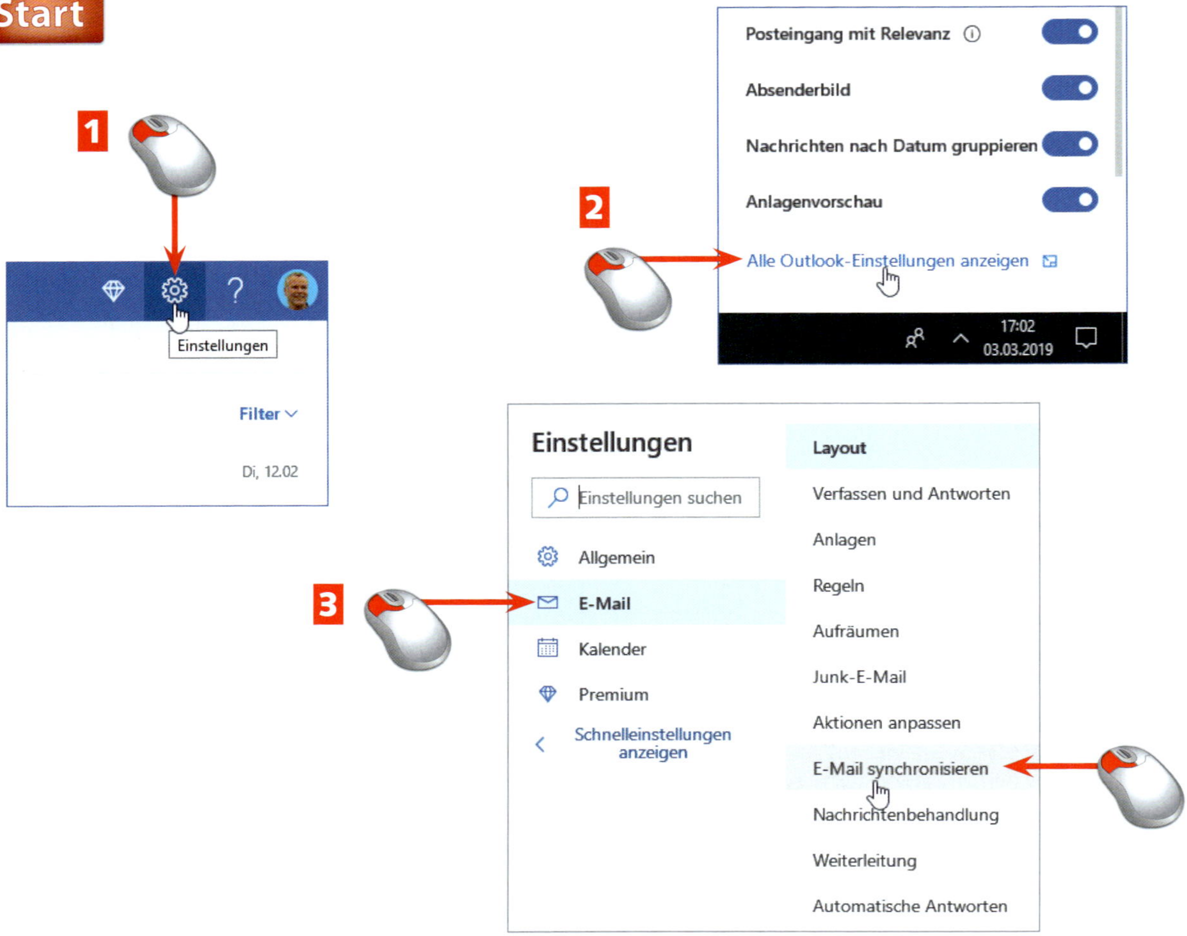

1 Klicken Sie oben in Outlook.com auf das Zahnradsymbol ⚙.

2 Klicken Sie ganz unten in der Leiste mit den Einstellungen auf *Alle Outlook-Einstellungen anzeigen.*

3 Entscheiden Sie sich nun unter *E-Mail* für den Eintrag *E-Mail synchronisieren.*

Wenn Sie mehrere E-Mail-Konten verwenden und diese nicht einzeln prüfen möchten, bietet sich ein Import in Outlook.com an. Dies gelingt mit IMAP-Konten und erleichtert die E-Mail-Verwaltung wirklich ungemein. Wie es funktioniert, lesen und sehen Sie auf dieser Doppelseite.

WISSEN

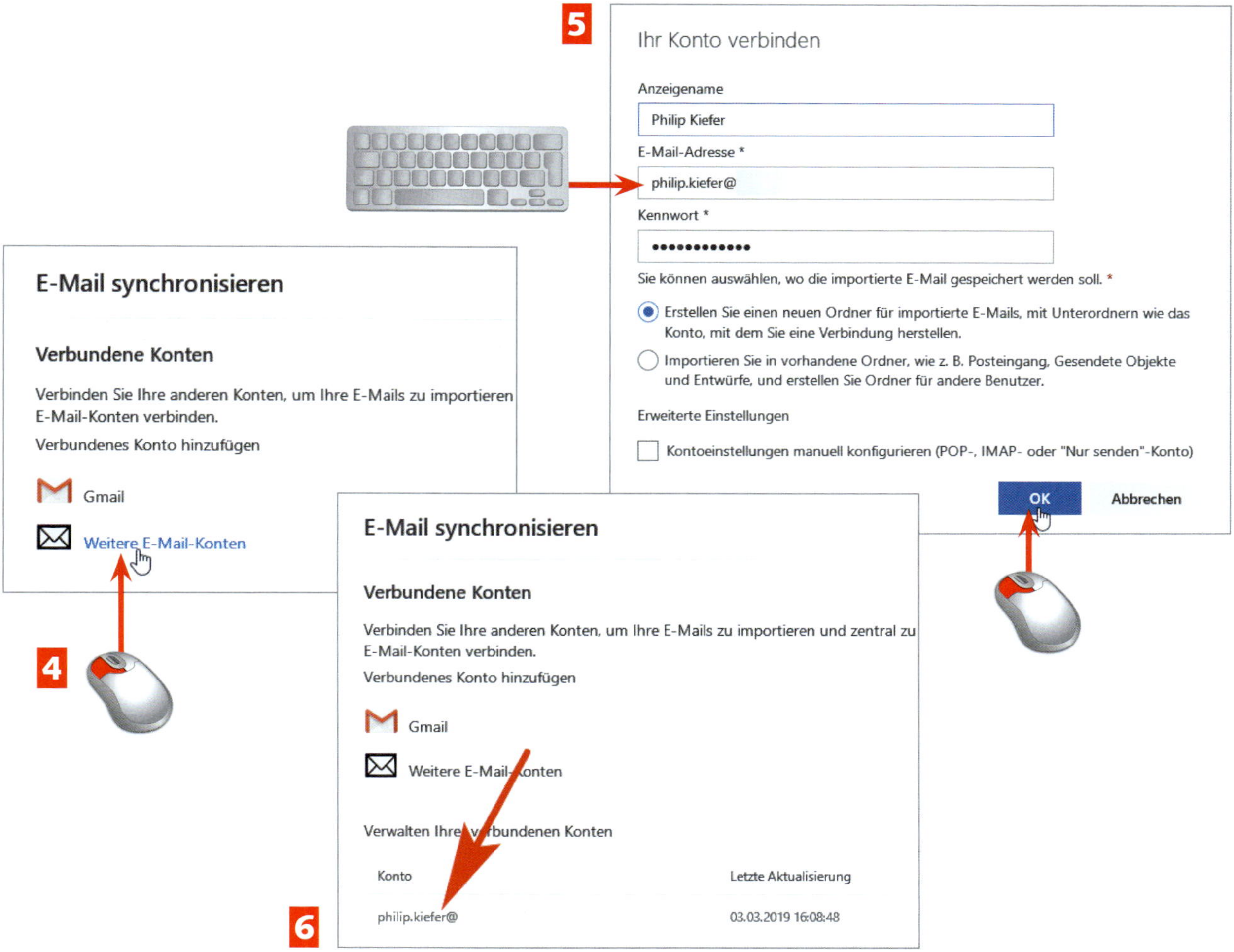

4 In diesem Fall wähle ich die Option *Weitere E-Mail-Konten*.

5 Machen Sie Ihre Angaben zum E-Mail-Konto und bestätigen Sie mit *OK*.

6 Das E-Mail-Konto wird prompt hinzugefügt. Wiederholen Sie die Schritte gegebenenfalls zum Importieren weiterer E-Mail-Konten.

Ende

Bewegen Sie im Fenster aus Schritt 6 den Mauszeiger auf ein importiertes E-Mail-Konto, werden Optionen zum Bearbeiten, Löschen und Aktualisieren eingeblendet.

TIPP

Sichere und blockierte Absender definieren, Regeln zum Sortieren festlegen, eine Signatur anlegen und noch viele weitere Einstellungen tätigen Sie ebenfalls in den Outlook.com-Einstellungen.

HINWEIS

Start

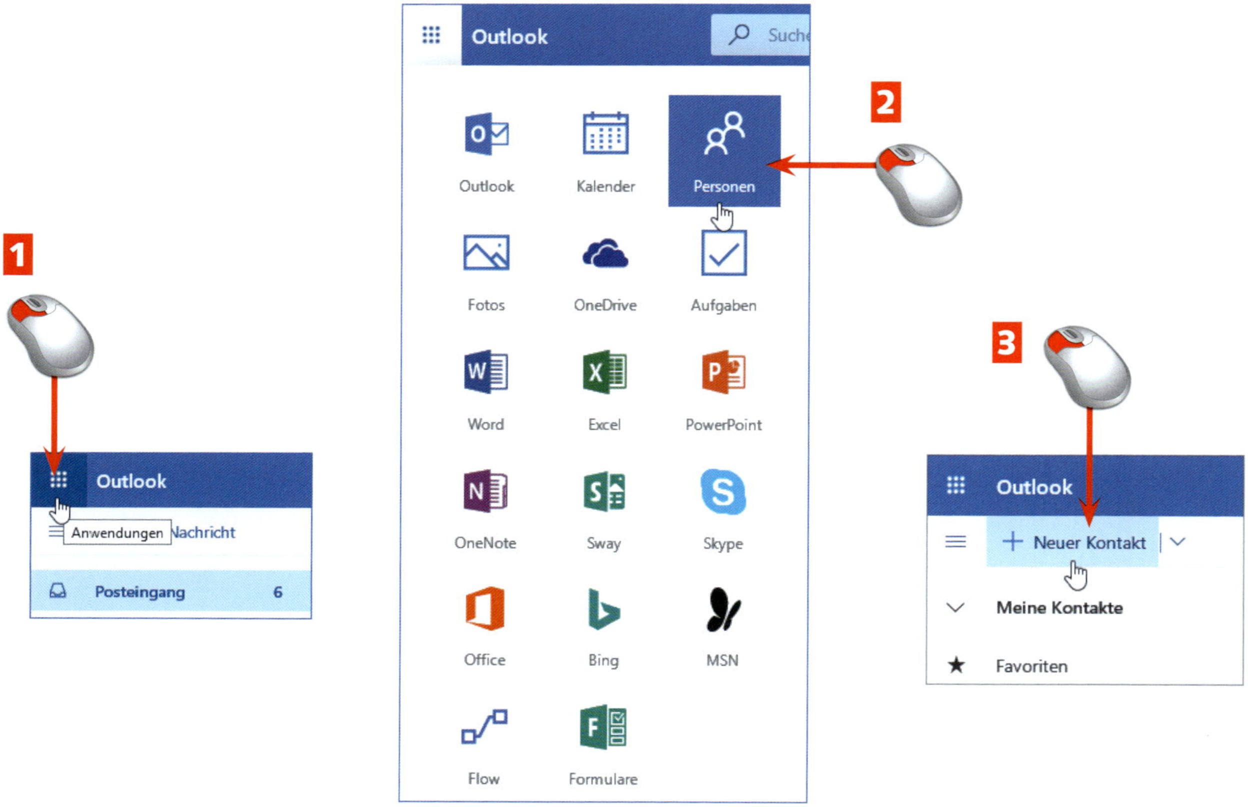

1 Klicken Sie links oben auf der Outlook.com-Seite auf das App-Symbol ⁝⁝⁝.

2 Entscheiden Sie sich im folgenden Menü für *Personen*.

3 Um einen neuen Kontakt zu erstellen, klicken Sie nun in der Leiste oben auf *Neuer Kontakt*.

Auf Ihre Kontakte greifen Sie dank Outlook.com jederzeit auch online zu. Wenn Sie Ihr Outlook.com-Konto in Outlook 2019 einrichten, halten Sie Ihre Daten gleichzeitig immer synchron. Auf dieser Doppelseite zeige ich Ihnen, wie einfach Sie Ihre Kontakte online erstellen oder importieren.

WISSEN

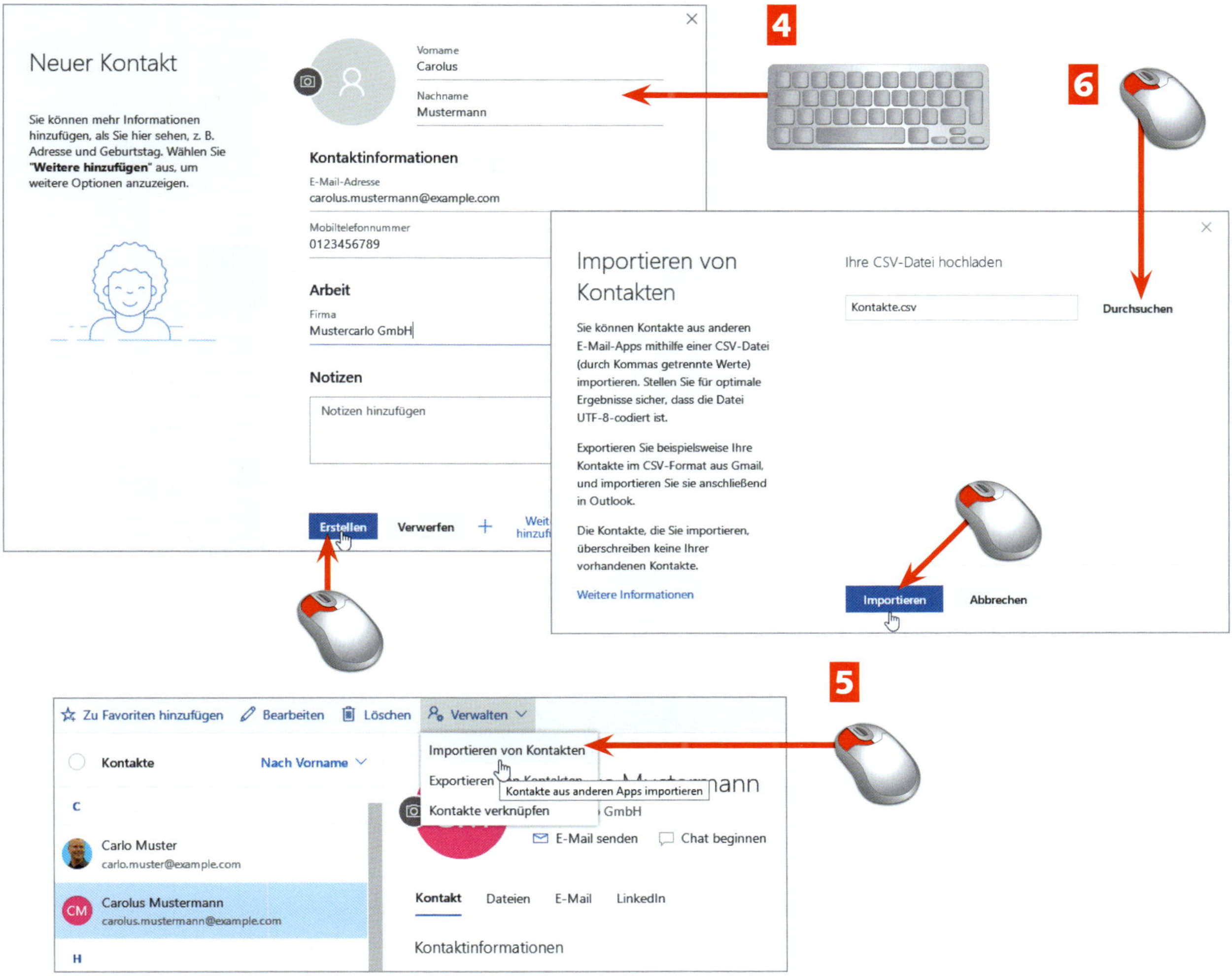

4 Machen Sie in den einzelnen Eingabefeldern Ihre Angaben zum neuen Kontakt und bestätigen Sie zum Schluss mit *Erstellen*.

5 Alternativ lassen sich bestehende Kontakte aus einer anderen Anwendung im CSV-Format importieren. Klicken Sie dazu in der Kontakte-App auf *Verwalten/Importieren von Kontakten*.

6 Wählen Sie mit *Durchsuchen* die CSV-Datei aus und starten Sie den Import mit einem Mausklick auf *Importieren*.

Ende

Sie wollen statt eines neuen Kontaktes eine neue Kontaktgruppe erstellen? Klicken Sie auf den zur Schaltfläche *Neuer Kontakt* gehörenden Pfeil ⌄ und wählen Sie im Menü *Neue Kontaktliste*.

HINWEIS

Kontakte für die Nutzung in anderen Anwendungen ins CSV-Format exportieren: Diese Funktion finden Sie ebenfalls unter *Verwalten*.

HINWEIS

Start

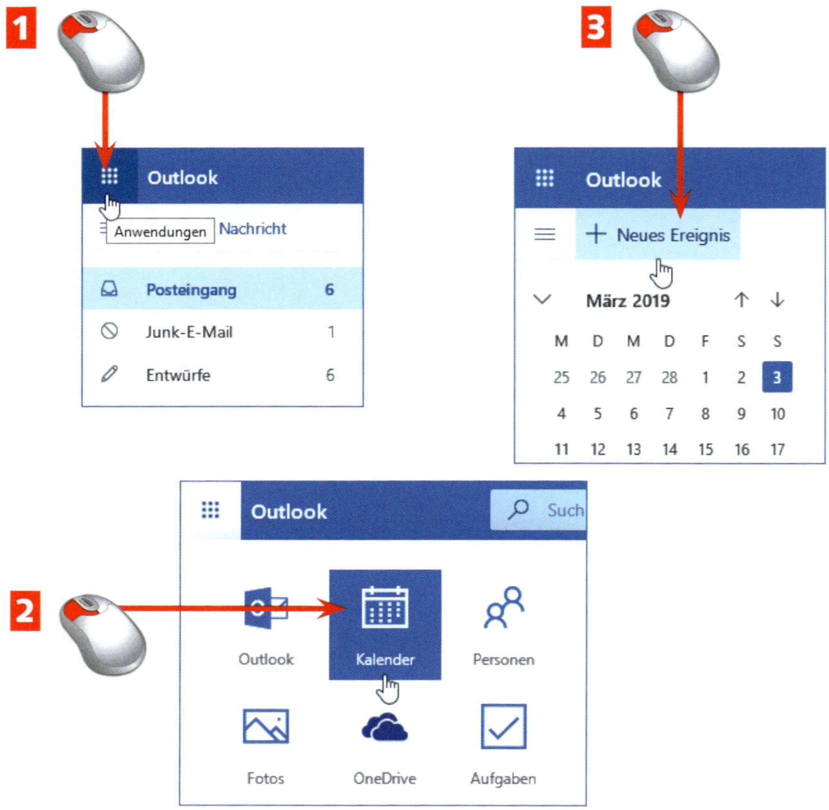

1 Klicken Sie wieder auf das App-Symbol links oben auf der Outlook.com-Seite.

2 Entscheiden Sie sich im nächsten Schritt für *Kalender*.

3 Um einen neuen Termin zu erstellen, klicken Sie auf die Schaltfläche *Neues Ereignis*.

Im zu Outlook.com gehörenden Kalender verwalten Sie sowohl Ihre Termine als auch Ihre Aufgaben online. Auch diese Daten lassen sich mit Outlook 2019 synchronisieren, wenn Sie dort Ihr Outlook.com-Konto einrichten.

WISSEN

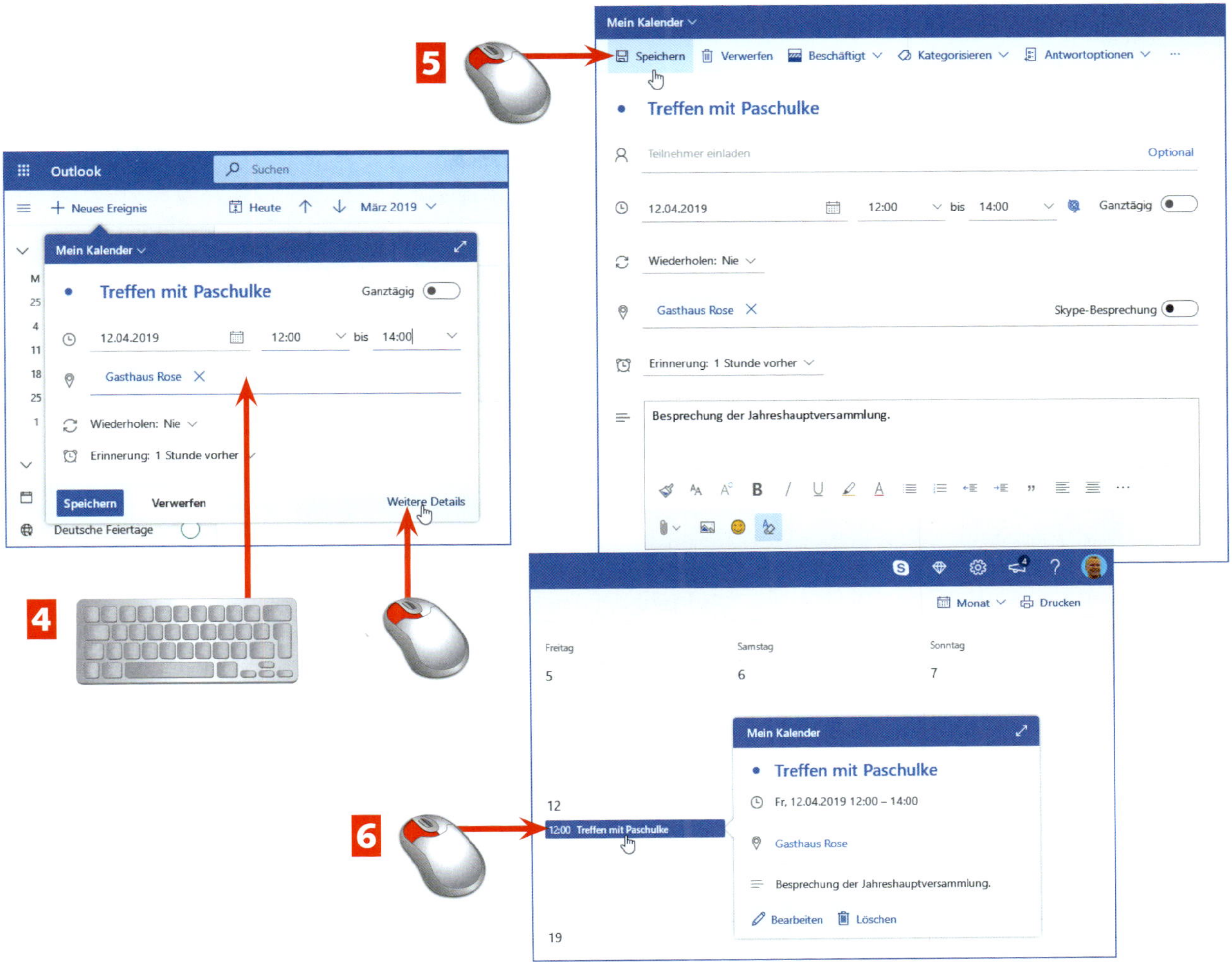

4 Machen Sie Ihre Angaben zum Termin. Für weitere Optionen klicken Sie auf *Weitere Details*.

5 Machen Sie gegebenenfalls noch weitere Angaben zum Termin und klicken Sie schließlich auf *Speichern*.

6 Der Termin wird nun im Kalender angezeigt. Per Mausklick darauf lassen Sie sich die Details zum Termin anzeigen.

Ende

Einen neuen Termin können Sie auch im Onlinekalender per Doppelklick auf ein Kalenderfeld erstellen.

TIPP

Klicken Sie rechts oben auf das Symbol ⚙, um Zeitzone, Datumsformat und Co. festzulegen.

HINWEIS

Mehrere Kalender werden automatisch überlagert dargestellt. Kalender lassen sich jedoch per Radio-Button in der Leiste links aus- bzw. einblenden.

TIPP

Start

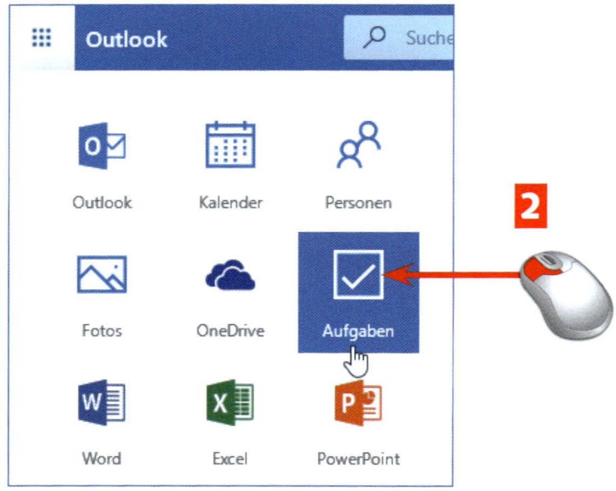

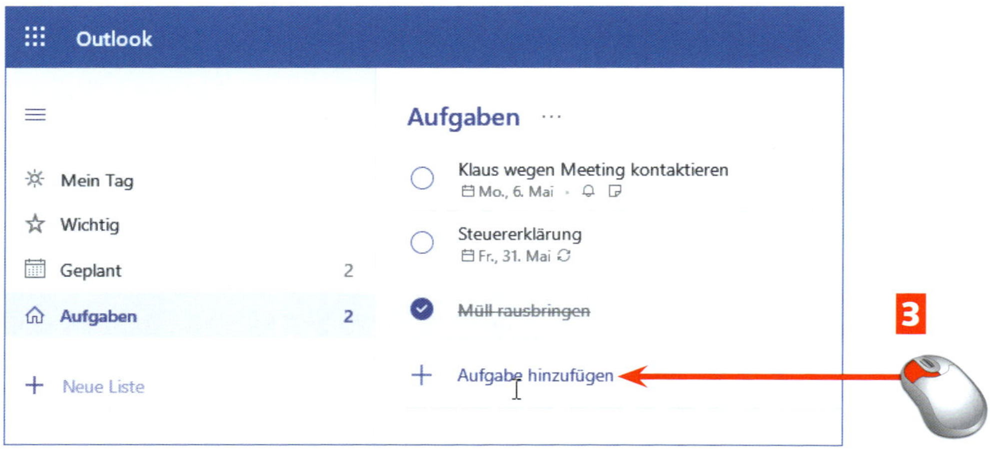

1 Klicken Sie auch in diesem Fall auf das App-Symbol links oben auf der Outlook.com-Seite.

2 Wählen Sie als Nächstes *Aufgaben*.

3 Klicken Sie zum Erstellen einer neuen Aufgabe in das Feld *Aufgabe hinzufügen*.

Auch Ihre Aufgaben können Sie dank Outlook.com online verwalten und clever mit Outlook 2019 synchronisieren, sofern Sie dort Ihr Outlook.com-Konto einrichten. Das Erstellen von Aufgaben auf Outlook.com stelle ich Ihnen auf dieser Doppelseite vor.

WISSEN

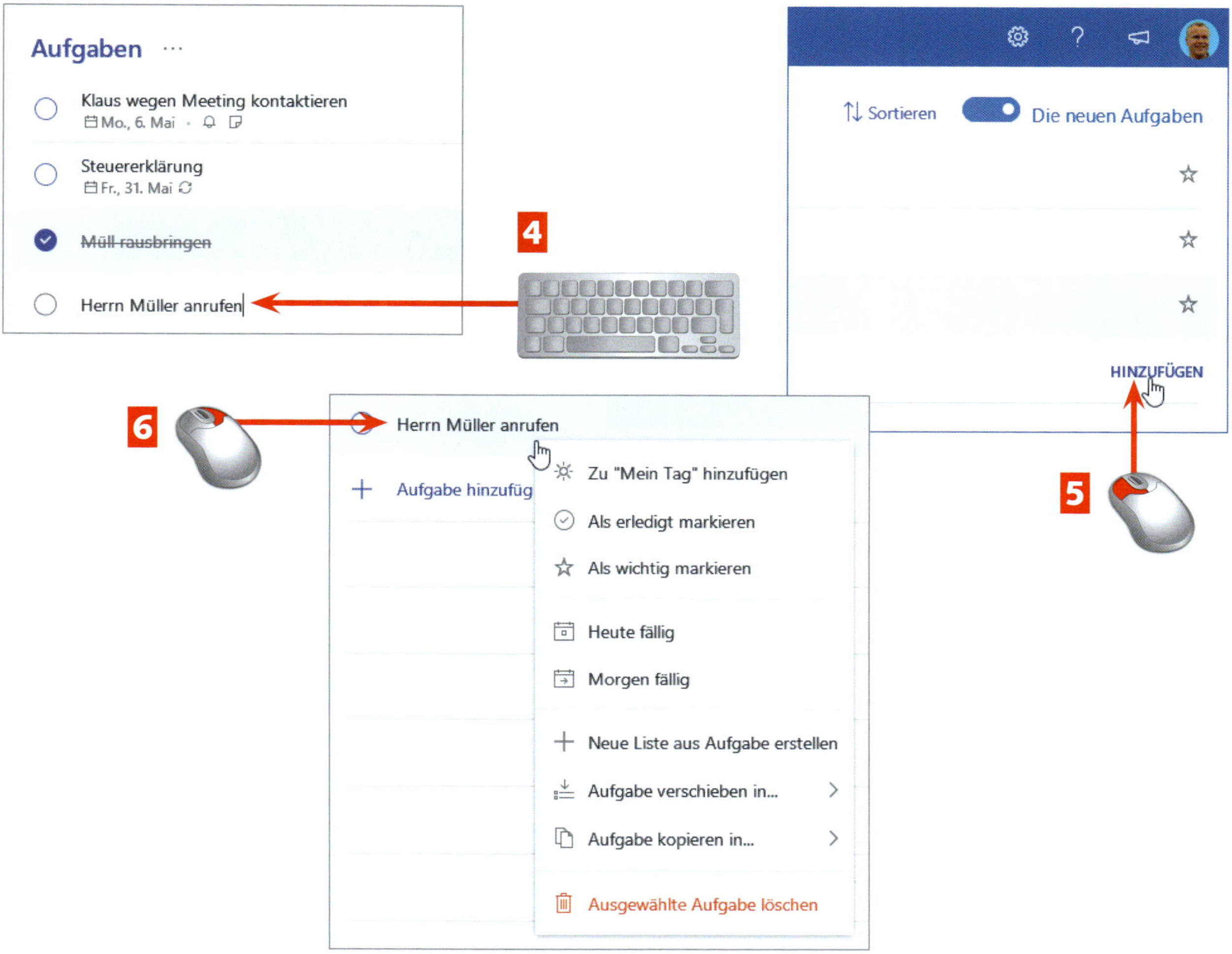

4 Tippen Sie die Aufgabe in das Feld ein.

5 Bestätigen Sie das Erstellen der Aufgabe mit *Hinzufügen* bzw. durch Drücken der [↵]-Taste.

6 Per Rechtsklick auf eine Aufgabe öffnen Sie ein Kontextmenü mit zugehörigen Optionen.

Ende

Links auf der Aufgabenseite finden Sie einige fertige Aufgabenlisten. Zum Erstellen weiterer Aufgabenlisten wählen Sie die Option *Neue Liste*.

TIPP

Bei Redaktionsschluss standen zwei Versionen der Aufgaben-App zur Verfügung; hier wird Ihnen die neue Version vorgestellt.

HINWEIS

Start

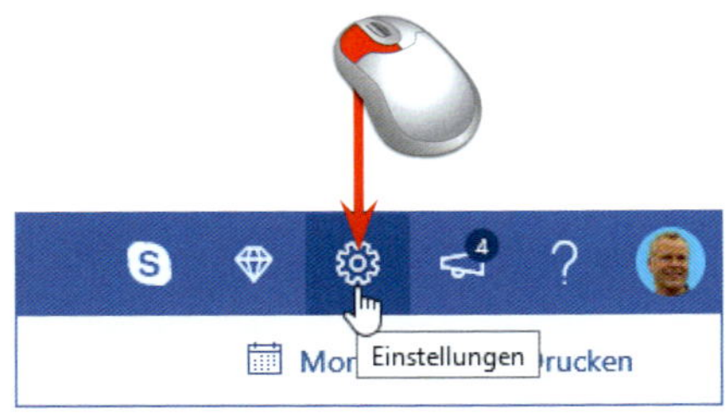

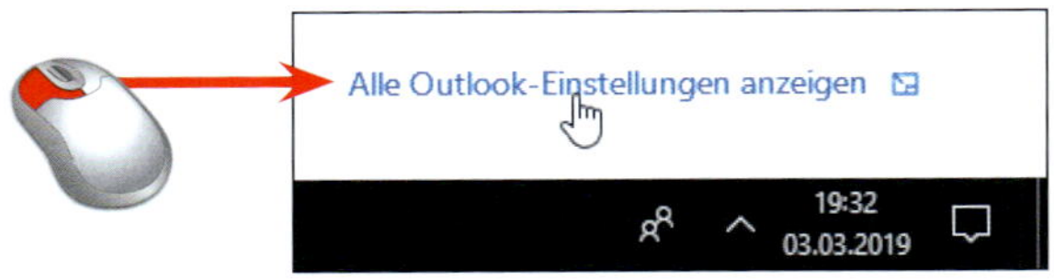

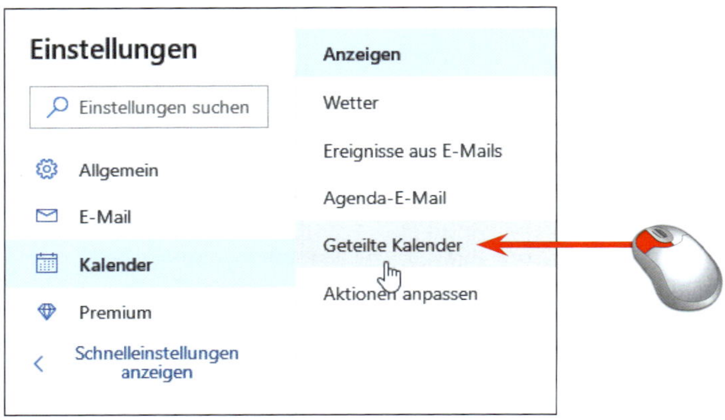

1 Klicken Sie rechts oberhalb des Outlook.com-Kalenders auf das Symbol ⚙, um die Einstellungen aufzurufen.

2 Klicken Sie unten im Fenster mit den Einstellungen auf *Alle Outlook-Einstellungen anzeigen*.

3 Entscheiden Sie sich unter *Kalender* für den Eintrag *Geteilte Kalender*.

Die Freigabe Ihres Onlinekalenders fällt naturgemäß noch leichter als die Freigabe eines auf dem PC befindlichen Kalenders. Auf dieser Doppelseite stelle ich dar, wie sich die Freigabe eines Onlinekalenders bewerkstelligen lässt.

WISSEN

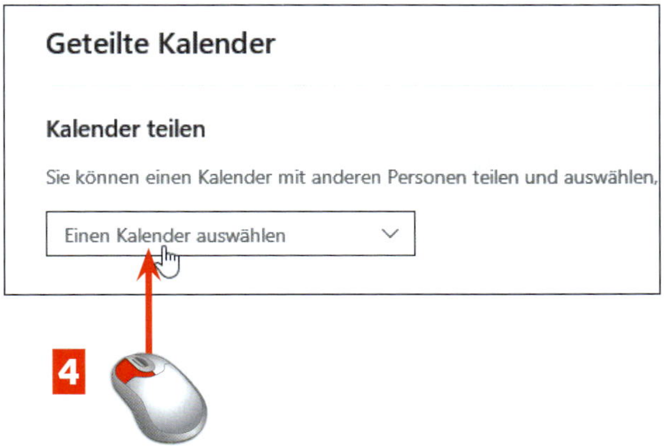

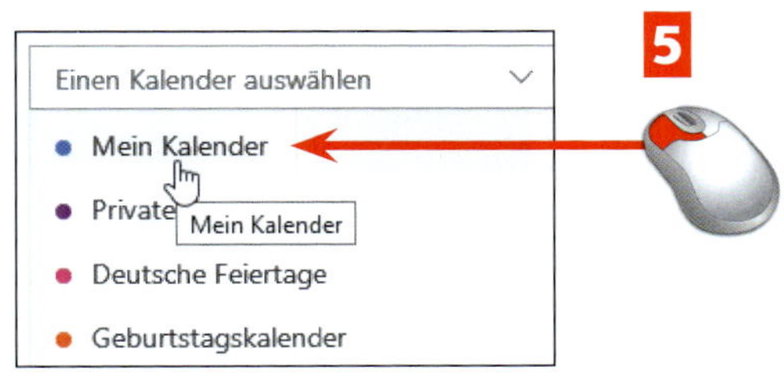

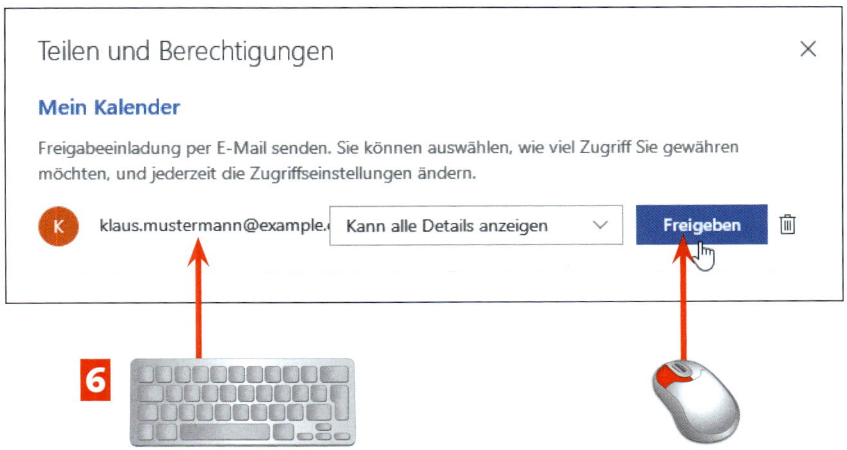

4 Öffnen Sie das Menü *Kalender teilen*.

5 Wählen Sie den Kalender, den Sie freigeben möchten, per Mausklick aus.

6 Geben Sie die E-Mail-Adresse der Person ein und bestätigen Sie mit der Schaltfläche *Freigeben*.

Ende

Um einen Kalender auf einer Webseite zu veröffentlichen, öffnen Sie in Schritt 4 das Menü *Einen Kalender veröffentlichen*.

TIPP

Standardmäßig erfolgt nur eine Anzeigefreigabe. Soll die Person den Kalender auch bearbeiten dürfen, bestimmen Sie dies per Berechtigungsmenü in Schritt 6.

HINWEIS

Start

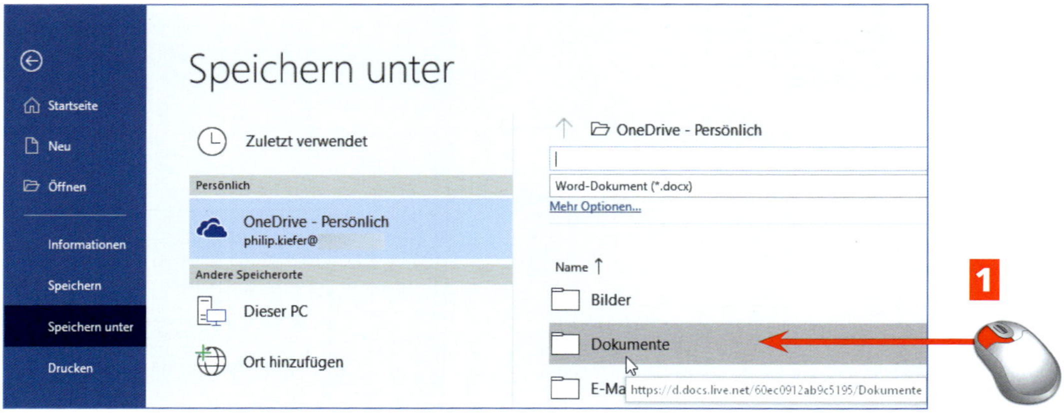

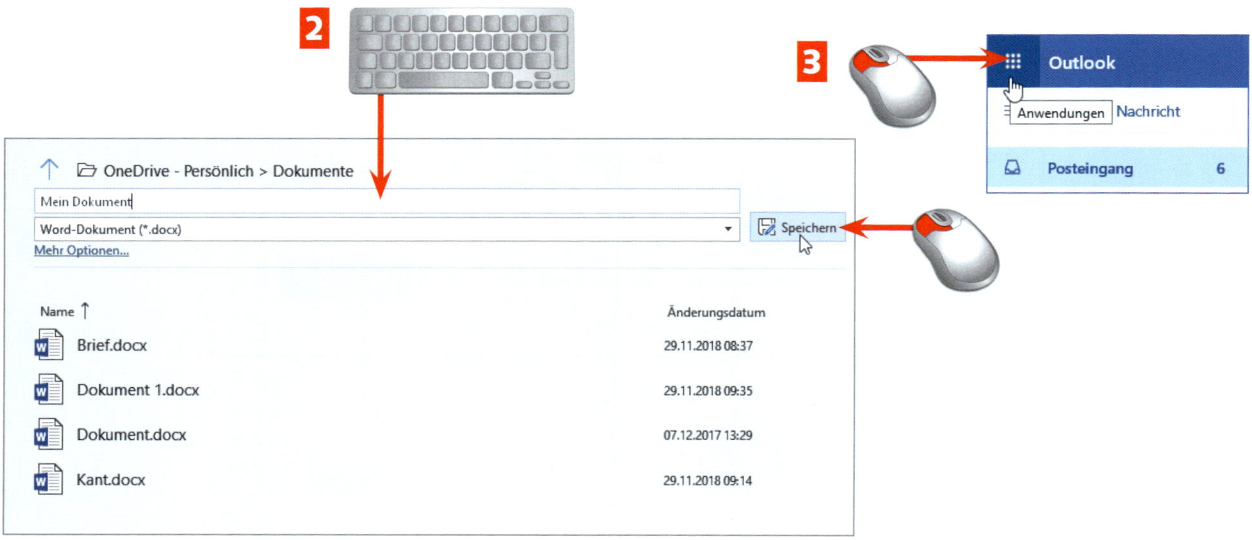

1 Damit Sie Ihre Office-Dateien bearbeiten können, müssen diese auf OneDrive gespeichert werden. Hier entscheide ich mich z. B. in Word für das Speichern im Unterordner *Dokumente* auf OneDrive.

2 Ich gebe dem Dokument im folgenden Fenster eine schlüssige Bezeichnung und bestätige mit *Speichern*.

3 Nun geht es in Outlook.com weiter. Klicken Sie links oben auf der Outlook.com-Seite auf das App-Symbol ⋮⋮⋮.

Mit Outlook.com bzw. einem Microsoft-Konto erhalten Sie auch die Möglichkeit, Dateien aus Word, Excel oder PowerPoint online zu öffnen und zu bearbeiten. Am Beispiel eines Word-Dokuments sehen Sie hier, wie das Ganze funktioniert.

WISSEN

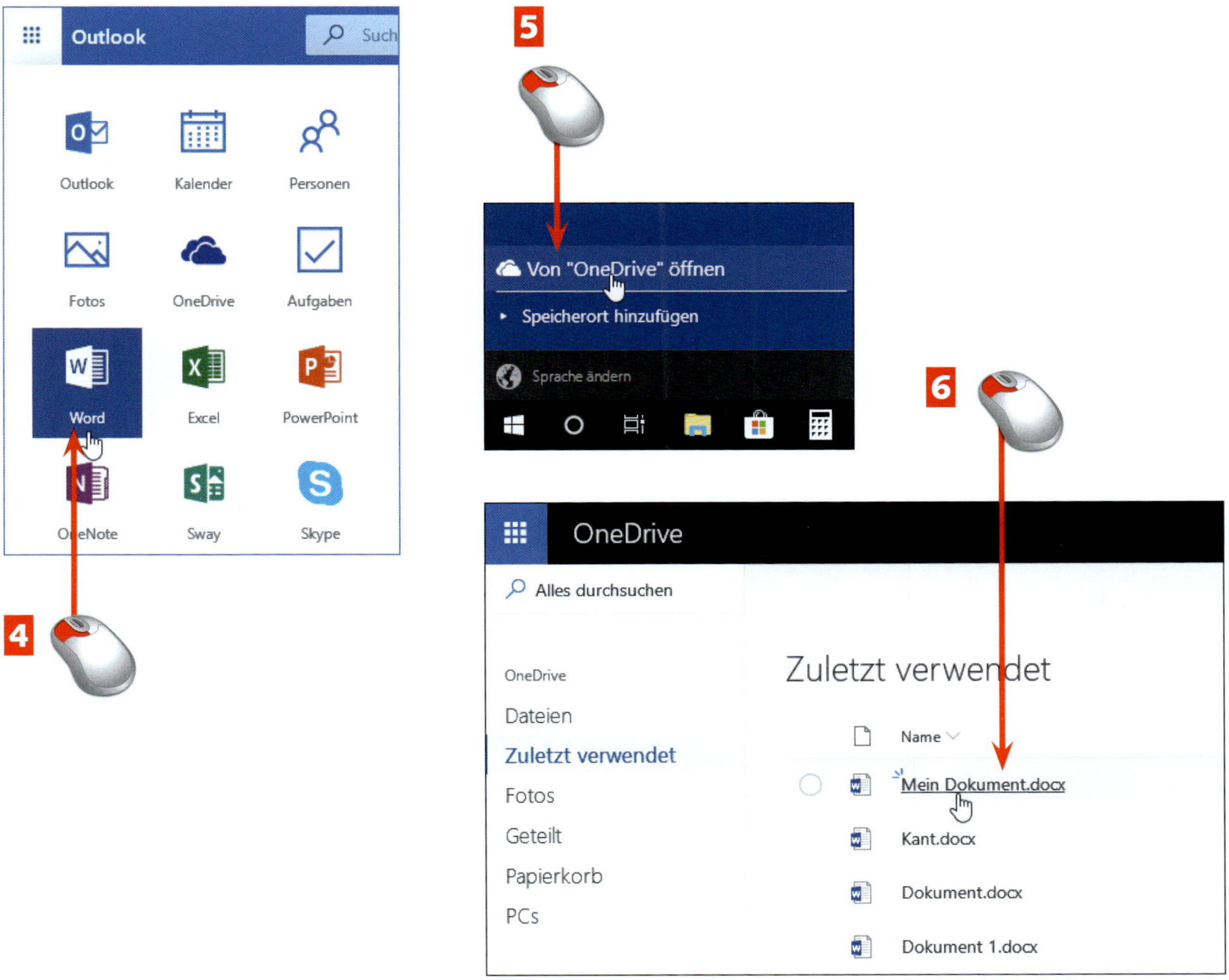

4 Entscheiden Sie sich für die gewünschte Web-App, hier wähle ich *Word*.

5 Sie können ein neues Dokument erstellen (auch auf der Basis einer Vorlage) oder auf ein in OneDrive gespeichertes Dokument zugreifen. Ich klicke links unten auf der Seite auf *Von "OneDrive" öffnen*.

6 Wählen Sie die zuvor hochgeladene Datei per Mausklick aus.

TIPP

Die Office-Web-Apps lassen sich alternativ auch unter der Webadresse *office.com* öffnen.

HINWEIS

Die Nutzung der Web-Apps ist übrigens kostenlos – auch dann, wenn kein Office-Paket erworben wurde.

TIPP

Dokumente lassen sich auch nachträglich auf OneDrive hochladen. Entscheiden Sie sich dazu in Schritt 4 für die App *OneDrive* und wählen Sie dort *Hochladen*.

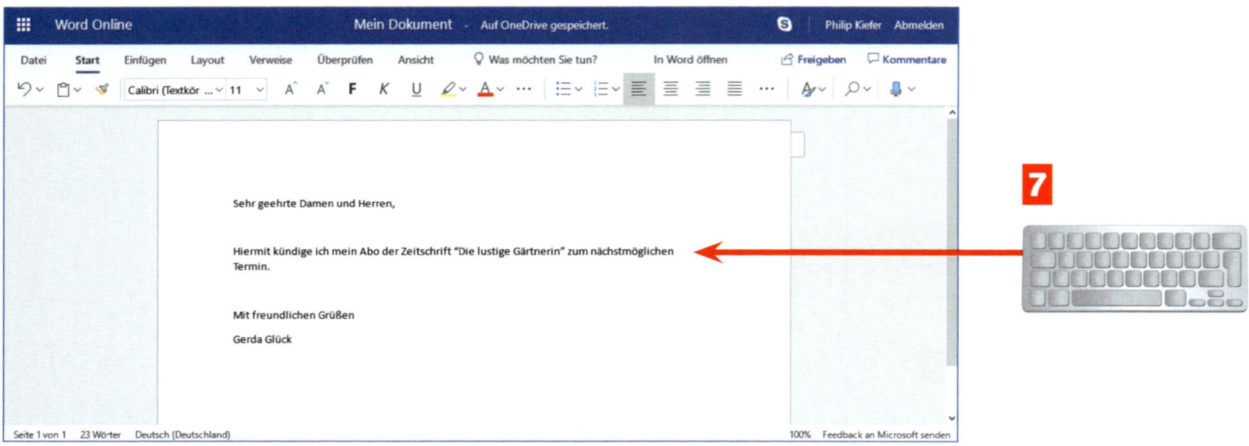

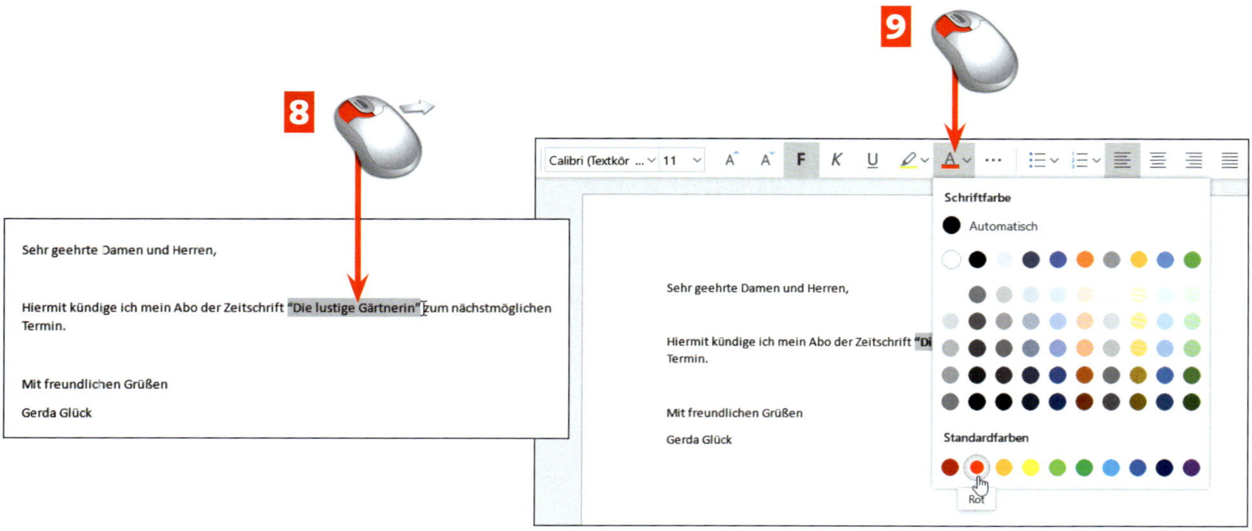

7 Schreiben Sie Ihren Text – wie bei einem lokalen Programm auf dem PC – in das Word-Dokument.

8 Um eine Formatierung vorzunehmen, markieren Sie den entsprechenden Text mit der Maus.

9 Wählen Sie in der Symbolleiste die gewünschten Formatieroptionen aus. Zwar sind nur die Basisfunktionen von Word verfügbar, aber diese sind für die normale Bearbeitung vollkommen ausreichend.

Auch innerhalb einer Web-App wie Word Online können Sie per App-Symbol jederzeit auf weitere Apps zugreifen.

WISSEN

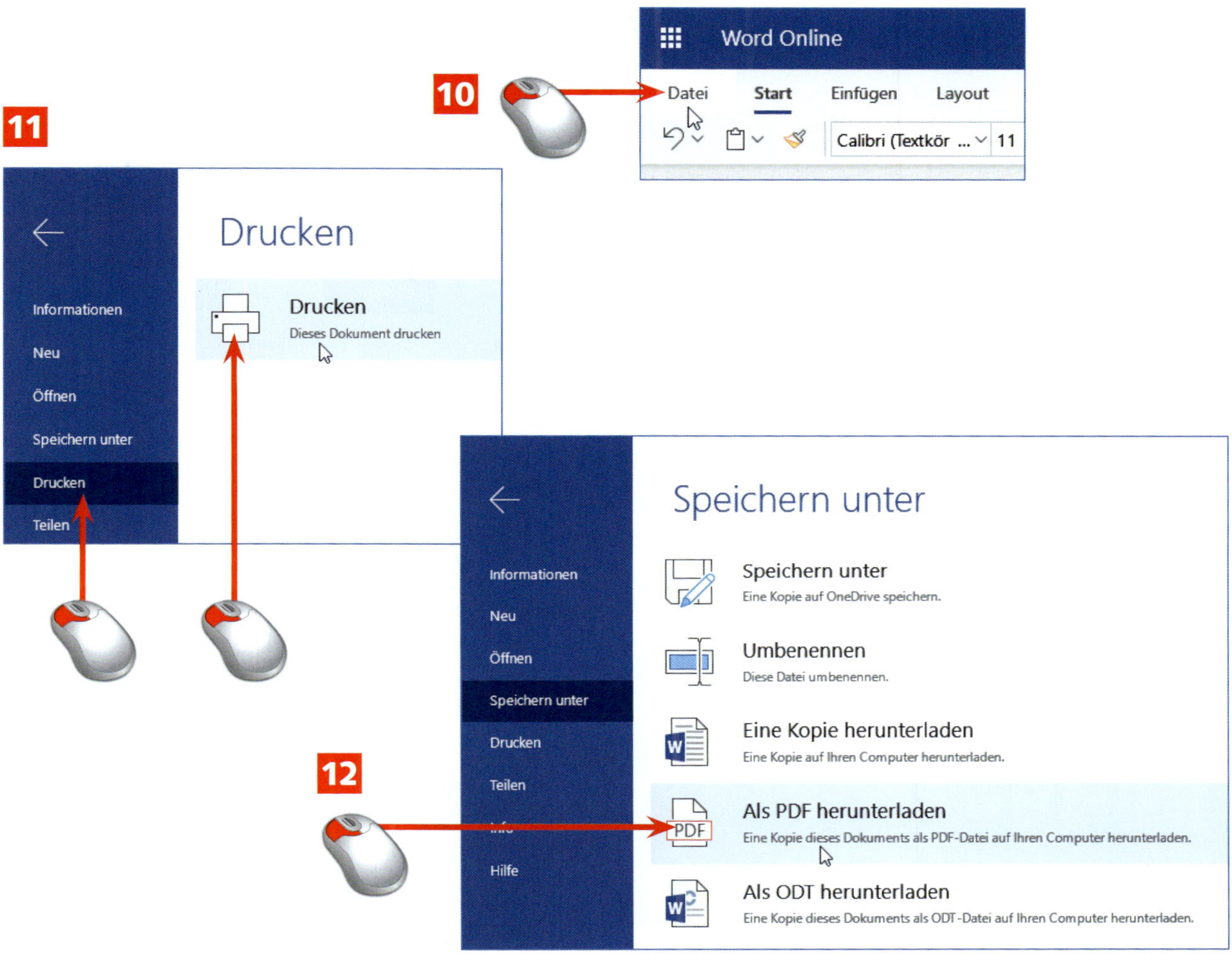

10 Das Dokument lässt sich direkt aus dem Webbrowser ausdrucken. Wählen Sie dazu *Datei*.

11 Nun entscheiden Sie sich für den Eintrag *Drucken* und bestätigen mit der *Drucken*-Schaltfläche.

12 Das Speichern erfolgt grundsätzlich automatisch. Um das Dokument auf den PC herunterzuladen, wählen Sie unter *Datei* den Eintrag *Speichern unter*. Hier klicken Sie auf *Als PDF herunterladen* für einen Download des Dokuments im PDF-Format.

Ende

HINWEIS

Die kostenlose Speicherkapazität von OneDrive betrug bei Redaktionsschluss übrigens 5 GByte.

TIPP

Sie möchten eine ältere Version eines Dokuments wiederherstellen? Wählen Sie dazu unter *Datei* den Eintrag *Informationen* und klicken Sie auf *Vorherige Versionen*.

TIPP

Eine gute Alternative zu OneDrive und Office Online sind Google Drive und Google Docs. Webadresse: *drive.google.com*.

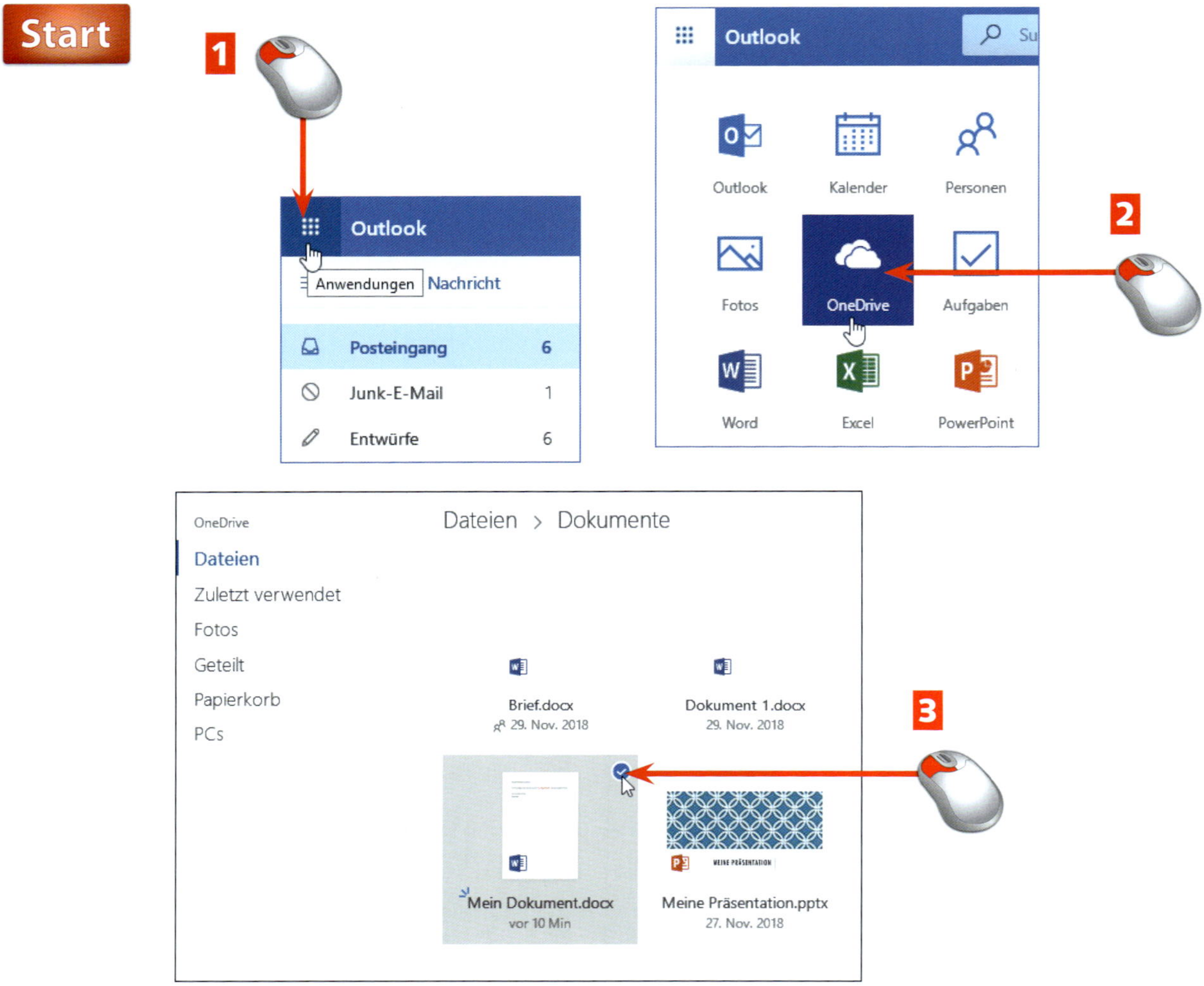

1 Um auf Ihr OneDrive zuzugreifen, klicken Sie links oben auf der Outlook.com-Seite auf das App-Symbol ▦.

2 Entscheiden Sie sich diesmal für die App *OneDrive*.

3 Aktivieren Sie bei einer oder mehreren Dateien, die Sie freigeben möchten, das zugehörige Kontrollkästchen. Das Kontrollkästchen erscheint, wenn Sie den Mauszeiger auf eine Datei bewegen.

Einer der wohl wichtigsten Vorzüge der Datenspeicherung im Internet ist die einfache Freigabe für andere Personen, d. h., andere Personen können ebenfalls auf eine Datei zugreifen, und Dokumente können gemeinsam bearbeitet werden. Dank OneDrive ist das eine Sache weniger Handgriffe.

WISSEN

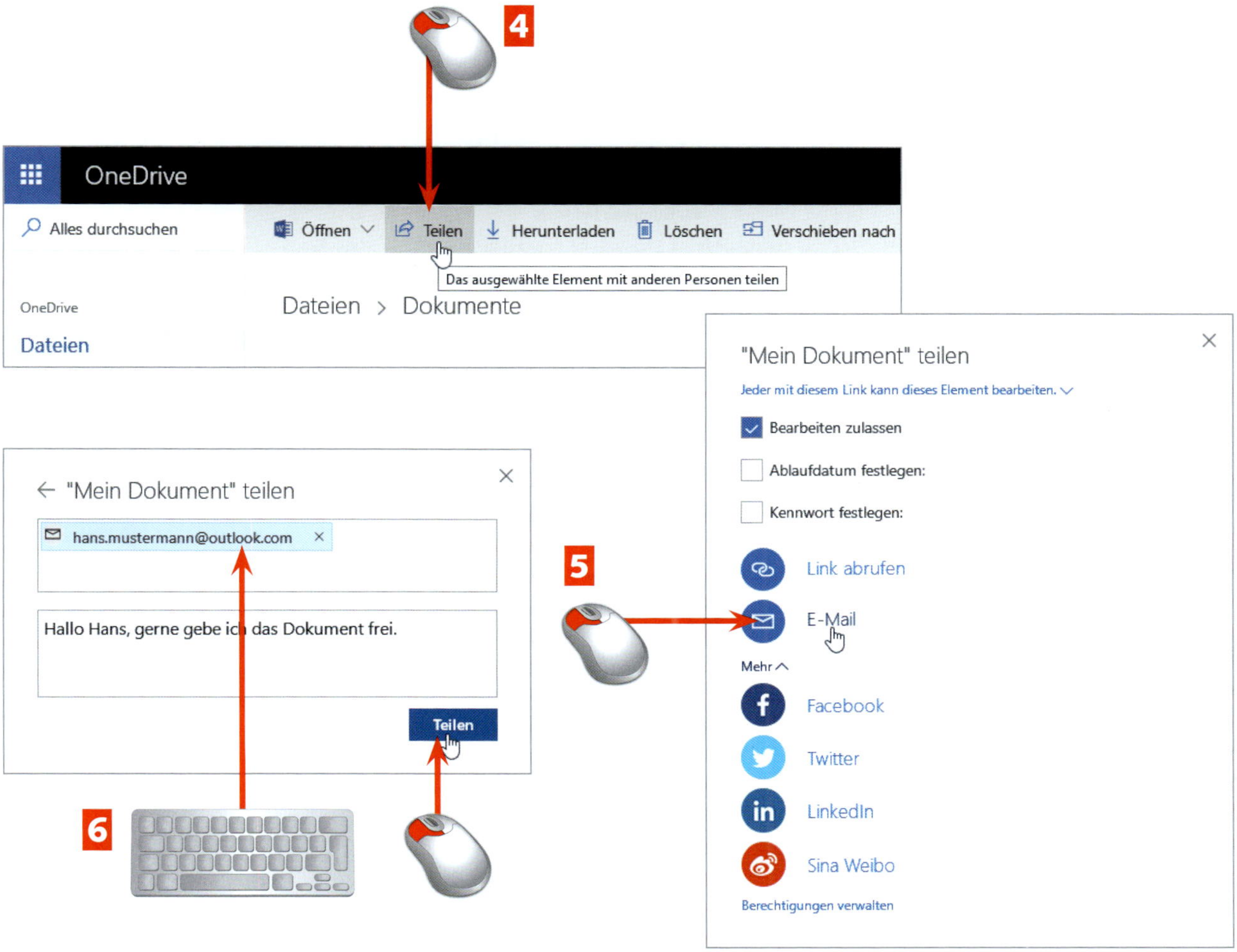

4 Klicken Sie nun in der Leiste oben auf *Teilen*.

5 Bestimmen Sie per Kontrollkästchen die Berechtigung für die Freigabe und entscheiden Sie sich für eine der Freigabe-Varianten. Hier wähle ich die Freigabe per *E-Mail*.

6 Geben Sie die Mailadresse der Person an und tippen Sie noch eine passende Nachricht ein. Bestätigen Sie die Freigabe mit *Teilen*.

Ende

Soll eine Freigabe an alle Mitglieder des Vereins erfolgen? Dann wählen Sie in Schritt 5 am besten *Link abrufen*, um den Link zur Datei an alle Mitglieder senden zu können.

TIPP

Tipp für Fotofreunde: Ihre Bilder können Sie auf OneDrive in Alben sortieren.

HINWEIS

Start

1

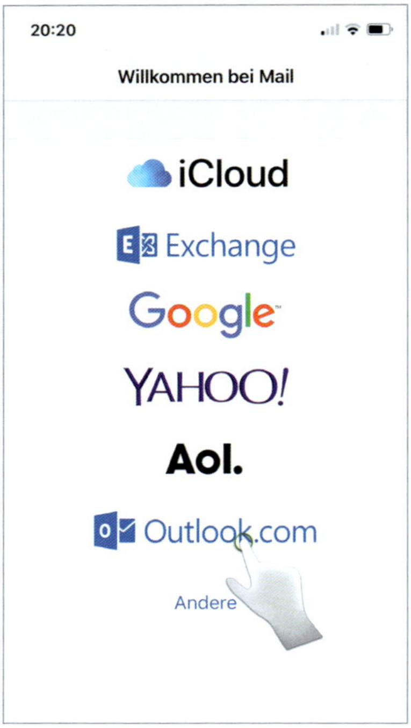

2

3

1 Entscheiden Sie sich auf Ihrem Smartphone für die jeweilige E-Mail-App. Auf dem iPhone ist dies die Standard-App *Mail*.

2 Wenn noch kein E-Mail-Konto eingerichtet wurde, werden Ihnen auf dem iPhone automatisch verschiedene Optionen angeboten. Wählen Sie *Outlook.com*.

3 Geben Sie Ihre Outlook.com-Zugangsdaten ein und bestätigen Sie mit *Weiter*.

Damit Sie Ihr Outlook.com-Konto auch unterwegs verfügbar haben, richten Sie dieses auf Ihrem Smartphone ein. Am Beispiel eines iPhones zeige ich Ihnen Schritt für Schritt, wie einfach das geht.

WISSEN

4

5

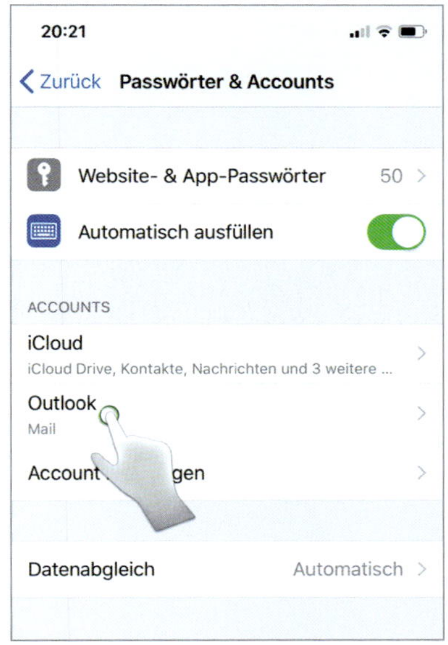

6

4 Wählen Sie, nachdem Sie der App den Zugriff auf Ihre Infos erlaubt haben, per Schalter aus, welche Daten synchronisiert werden sollen, und bestätigen Sie mit *Sichern*.

5 Ihnen wird prompt der Posteingang angezeigt. Um auf dem iPhone eine neue E-Mail zu verfassen, tippen Sie auf das Symbol .

6 Die Verwaltung des E-Mail-Kontos erfolgt auf dem iPhone in den *Einstellungen* unter *Passwörter & Accounts*.

Ende

HINWEIS

Wenn bereits ein E-Mail-Konto besteht, wählen Sie auf dem iPhone die *Einstellungen* und legen das neue Konto dann unter *Passwörter & Accounts* an.

HINWEIS

Sie können Outlook.com auch einfach im Webbrowser Ihres Smartphones aufrufen – es erscheint eine angepasste Bedienoberfläche.

TIPP

Outlook gibt es auch als App für Android und iOS – suchen Sie im integrierten Store danach.

Anhang

Nach dem Durcharbeiten der bisherigen Kapitel sind Sie bereits ein Fortgeschrittener in Sachen Outlook-Nutzung. Im letzten Kapitel dieses Buches habe ich noch eine Reihe nützlicher Informationen für Sie zusammengetragen: Verwenden Sie die verschiedensten Tastenkombinationen, um mit Outlook zukünftig noch schneller und effizienter zu arbeiten, und schlagen Sie in einem Outlook-Wörterbuch auf die Schnelle unbekannte Begriffe rund um das Programm nach. Haben Sie viel Freude bei der weiteren Outlook-Nutzung!

Tastenkombinationen (auch Shortcuts genannt) ermöglichen Ihnen eine alternative Bedienung von Outlook. Ich habe für Sie deshalb eine umfangreiche Sammlung von Tastenkombinationen zusammengestellt.

Natürlich können Sie diese nicht alle auf einmal auswendig lernen. Picken Sie stattdessen die für Sie nützlichsten heraus und wenden Sie diese im Outlook-Alltag an. Wenn Sie die Tastenkombinationen beherrschen, erlernen Sie weitere – im Lauf der Zeit werden Sie so zum Outlook-Shortcut-Profi!

Basis-Tastenkombinationen

Tastenkombination	Funktion
Strg+N	Je nach gewähltem Bereich neue E-Mail, neuen Termin, neuen Kontakt, neue Aufgabe oder neue Notiz erstellen
Strg+O	Ausgewähltes Element in neuem Fenster öffnen
Strg+S	E-Mail, Termin, Kontakt, Aufgabe oder Notiz speichern, wenn in Fenster geöffnet
Alt+S	Entspricht Mausklick auf die Schaltfläche *Speichern & schließen* beim Erstellen bzw. Bearbeiten von Terminen, Kontakten oder Aufgaben
F12	E-Mail, Termin, Kontakt, Aufgabe oder Notiz speichern unter (als Datei)
Esc	Ein geöffnetes Fenster schließen
Strg+Z	Letzte Aktion rückgängig machen
Strg–Y	Letzte Aktion wiederholen bzw. rückgängig gemachte Aktion wiederherstellen
Strg–P	Ausgewähltes Element drucken
Alt+F1	Ordnerleiste minimieren, minimierte Ordnerleiste ausblenden bzw. ausgeblendete Ordnerleiste wieder einblenden
Strg+1	Den Bereich *E-Mail* einblenden
Strg+2	Den Bereich *Kalender* einblenden
Strg+3	Den Bereich *Kontakte* einblenden
Strg+4	Den Bereich *Aufgaben* einblenden
Strg+5	Den Bereich *Notizen* einblenden
Strg+6	In einem Bereich die Ordnerliste einblenden
Strg+7	In einem Bereich die Verknüpfungen einblenden
Alt+↵	Eigenschaften eines ausgewählten Elements anzeigen

Tastenkombination	Funktion
F9	Alle Ordner synchronisieren (entspricht Mausklick auf die Schaltfläche *Alle Ordner senden/empfangen*)
⇧+F9	Nur den aktuell geöffneten Ordner synchronisieren (entspricht Mausklick auf die Schaltfläche *Ordner aktualisieren*)
F1	Outlook-Hilfe aufrufen

Ordner verwalten

Tastenkombination	Funktion
Strg+⇧+E	Neuen Ordner erstellen
Strg+⇧+P	Neuen Suchordner erstellen
F2	Ausgewählten Ordner umbenennen
Strg+Y	Im Ordnerbereich das Dialogfenster *Wechseln zu Ordner* aufrufen
Strg+⇧+Y	Dialogfenster *Elemente kopieren* aufrufen
Strg+⇧+V	Dialogfenster *Elemente verschieben* aufrufen
Strg+D	Ausgewähltes Element löschen bzw. in den Ordner *Gelöschte Elemente* verschieben

Navigieren

Tastenkombination	Funktion
⇆	Zwischen Navigationsbereich, Anzeigebereich, Aufgabenbereich und Suchfeld wechseln
⇧+⇆	Zwischen Navigationsbereich, Anzeigebereich, Aufgabenbereich und Suchfeld wechseln, und zwar in umgekehrter Reihenfolge
Strg+⇆	Im Bereich *E-Mail* zwischen Ordnerbereich, Nachrichtenliste und Nachricht wechseln
Alt+→	Zwischen den in Outlook zuletzt geöffneten Bereichen wechseln
Alt+←	Zwischen den in Outlook zuletzt geöffneten Bereichen wechseln, und zwar in umgekehrter Reihenfolge
Strg+⇧+W	Zur Infoleiste wechseln, sofern eingeblendet

Tastenkombination	Funktion
←	Cursor ein Zeichen nach links bewegen
→	Cursor ein Zeichen nach rechts bewegen
Strg+←	Cursor ein Wort nach links bewegen
Strg+→	Cursor ein Wort nach rechts bewegen
↑	Cursor eine Zeile nach oben bewegen
↓	Cursor eine Zeile nach unten bewegen
Strg+↑	Cursor einen Absatz nach oben bewegen
Strg+↓	Cursor einen Absatz nach unten bewegen
Bild ↑	Eine Seite nach oben scrollen
Bild ↓	Eine Seite nach unten scrollen
Pos 1	Zum Anfang einer Zeile springen
Ende	Zum Ende einer Zeile springen
Strg+Pos 1	Zur ersten Eingabe springen
Strg+Ende	Zur letzten Eingabe springen

Markieren

Tastenkombination	Funktion
Strg+A	Alles markieren
⇧+←	Zeichen links vom Cursor markieren
⇧+→	Zeichen rechts vom Cursor markieren
Strg+⇧+←	Wort links vom Cursor markieren
Strg+⇧+→	Wort rechts vom Cursor markieren
⇧+Pos 1	Vom Cursor bis zum Anfang der Zeile markieren
⇧+Ende	Vom Cursor bis zum Ende der Zeile markieren
⇧+↑	Zeile oberhalb des Cursors markieren
⇧+↓	Zeile unterhalb des Cursors markieren
Strg+⇧+↑	Absatz oberhalb des Cursors markieren

Tastenkombination	Funktion
Strg+⇧+↓	Absatz unterhalb des Cursors markieren
⇧+Bild↑	Vom Cursor eine Bildschirmseite nach oben markieren
⇧+Bild↓	Vom Cursor eine Bildschirmseite nach unten markieren
Strg+⇧+Pos1	Vom Cursor bis zur ersten Eingabe markieren
Strg+⇧+Ende	Vom Cursor bis zur letzten Eingabe markieren

Löschen

Tastenkombination	Funktion
⇐	Zeichen links vom Cursor löschen
Entf	Zeichen rechts vom Cursor löschen
Strg+⇐	Wort links vom Cursor löschen
Strg+Entf	Wort rechts vom Cursor löschen

Einfügen

Tastenkombination	Funktion
Strg+C	In die Zwischenablage kopieren
Strg+X	In die Zwischenablage ausschneiden
Strg+V	Aus der Zwischenablage einfügen
Strg+⇧+C	Formatierung kopieren
Strg+⇧+V	Formatierung zuweisen
Alt+⇧+D	Aktuelles Datum einfügen
Alt+⇧+T	Aktuelle Uhrzeit einfügen

Zeichen formatieren

Tastenkombination	Funktion
Strg+⇧+P	In einem Textfenster das Dialogfenster *Schriftart* aufrufen
Strg+⇧+S	Formatvorlage übernehmen

Tastenkombination	Funktion
Strg+⇧+F	Markierten Text fett formatieren
Strg+⇧+K	Markierten Text kursiv formatieren
Strg+U	Markierten Text unterstrichen formatieren
Strg++	Markierten Text hochgestellt formatieren
Strg+#	Markierten Text tiefgestellt formatieren
⇧+F3	Wechseln zwischen Formatierung des markierten Textes ausschließlich in Großbuchstaben, ausschließlich in Kleinbuchstaben sowie großem Anfangsbuchstaben und folgenden Kleinbuchstaben
Strg+<	Schriftgrad verringern
Strg+⇧+<	Schriftgrad erhöhen
Strg+Leer	Formatierungen aus markiertem Text entfernen
Strg+K	Link einfügen

Absätze formatieren

Tastenkombination	Funktion
Strg+⇧++	Absatzmarkierungen ein- bzw. ausblenden
Strg+L	Text links ausrichten
Strg+R	Text rechts ausrichten
Strg+E	Text zentrieren
Strg+⇧+J	Text im Blocksatz ausrichten
Strg+T	Einzug erhöhen
Strg+⇧+T	Einzug verringern
↹	Hängenden Einzug erstellen
⇧+↹	Hängenden Einzug verringern
Strg–⇧+L	Absatz als Aufzählung formatieren
Strg–Q	Absatzformatierungen entfernen

Suchen

Tastenkombination	Funktion
F3	Suchfeld aktivieren
Strg+Alt+Z	Unterordner in die Suche einbeziehen
Strg+Alt+K	Suche auf den aktuell geöffneten Ordner beschränken
Strg+Alt+Y	Fenster *Erweiterte Suche* öffnen
Strg+Alt+A	Alle Elemente des angezeigten Bereichs durchsuchen (E-Mails, Kalender, Kontakte, Aufgaben, Notizen)
F4	Innerhalb eines Fensters suchen
⇧+F4	Weitersuchen
F5	Gehe zu
F11	Unabhängig vom gerade angezeigten Bereich Kontakt suchen
Esc	Suche beenden

E-Mail

Tastenkombination	Funktion
Strg+⇧+M	Neue E-Mail unabhängig vom gerade angezeigten Bereich erstellen
Alt+S	E-Mail senden
Strg+.	Wenn E-Mail-Fenster geöffnet bzw. Lesebereich aktiviert ist, nach oben durch weitere E-Mails blättern
Strg+,	Wenn E-Mail-Fenster geöffnet bzw. Lesebereich aktiviert ist, nach unten durch weitere E-Mails blättern
Strg+⇧+I (wie Isidor)	Posteingang anzeigen
Strg+⇧+O	Postausgang anzeigen
Strg+R	E-Mail beantworten
Strg+⇧+R	Allen antworten
Strg+Alt+R	Mit Besprechungsanfrage antworten
Strg+F	E-Mail weiterleiten

Tastenkombination	Funktion
Strg+Alt+F	E-Mail als Dateianhang weiterleiten
Strg+⇧+S	Diskussionsbeitrag erstellen
Strg+Q	E-Mail als gelesen markieren
Strg+U	E-Mail als ungelesen markieren
←	E-Mail-Gruppe einklappen
→	E-Mail-Gruppe ausklappen

Kontakte

Tastenkombination	Funktion
Strg+⇧+C	Neuen Kontakt unabhängig vom gerade angezeigten Bereich erstellen
Strg+⇧+L	Kontaktgruppe erstellen
Strg+⇧+B	Unabhängig vom gerade angezeigten Bereich das Adressbuch öffnen
Alt+D	Wenn Kontaktfenster geöffnet ist, das Dialogfenster *Adresse überprüfen* aufrufen
Strg+.	Wenn Kontaktfenster geöffnet ist, nach oben durch weitere Kontakte blättern
Strg+,	Wenn Kontaktfenster geöffnet ist, nach unten durch weitere Kontakte blättern
⇧+A(–Z)	Zu Kontakten mit dem entsprechenden Anfangsbuchstaben springen
Strg+F	Kontakt als Dateianhang per E-Mail versenden

Kalender

Tastenkombination	Funktion
Strg+⇧+A	Neuen Termin unabhängig vom gerade angezeigten Bereich erstellen
Strg+⇧+Q	Neue Besprechung unabhängig vom gerade angezeigten Bereich erstellen
Strg+.	Wenn Terminfenster geöffnet ist, nach oben durch weitere Termine blättern
Strg+,	Wenn Terminfenster geöffnet ist, nach unten durch weitere Termine blättern
Strg+Alt+1	Im Kalender zur Tagesansicht wechseln
Strg+Alt+2	Im Kalender zur Arbeitswochenansicht wechseln

Tastenkombination	Funktion
Strg+Alt+3	Im Kalender zur Wochenansicht wechseln
Strg+Alt+4	Im Kalender zur Monatsansicht wechseln
Strg+Alt+5	Im Kalender zur Planungsansicht wechseln
Alt+1	Im Kalender einen Tag anzeigen
Alt+2	Im Kalender zwei Tage anzeigen
Alt+3	Im Kalender drei Tage anzeigen
Alt+4	Im Kalender vier Tage anzeigen
Alt+5	Im Kalender fünf Tage anzeigen
Alt+6	Im Kalender sechs Tage anzeigen
Alt+7	Im Kalender sieben Tage anzeigen
Alt+8	Im Kalender acht Tage anzeigen
Alt+9	Im Kalender neun Tage anzeigen
Alt+0	Im Kalender zehn Tage anzeigen
Alt+⇧+0	Im Kalender einen Monat anzeigen
↑, ↓, ←, →	In das nächste Kalenderfeld in der entsprechenden Richtung wechseln
Strg+←	Im Kalender einen Tag zurückblättern
Strg+→	Im Kalender einen Tag vorblättern
Alt+↑	Im Kalender eine Woche zurückblättern
Alt+↓	Im Kalender eine Woche vorblättern
Alt+Bild ↑	Im Kalender einen Monat zurückblättern
Alt+Bild ↓	Im Kalender einen Monat vorblättern
Pos 1	Im Kalender zum ersten Feld des Arbeitstages springen
Ende	Im Kalender zum letzten Feld des Arbeitstages springen
Bild ↑	In den Ansichten *Tagesansicht*, *Arbeitswoche* und *Woche* zu den Feldern vor Beginn des Arbeitstages springen, in der Ansicht *Monat* eine Woche zurückblättern
Bild ↓	In den Ansichten *Tagesansicht*, *Arbeitswoche* und *Woche* zu den Feldern nach Ende des Arbeitstages springen, in der Ansicht *Monat* eine Woche vorblättern

Tastenkombination	Funktion
Alt+Pos 1	Im Kalender zum ersten Tag der laufenden Woche springen
Alt+Ende	Im Kalender zum letzten Tag der laufenden Woche springen
Strg+G	Im Kalender zu einem bestimmten Tag springen, bei Erstellung oder Bearbeitung eines Termins Terminserie erstellen
⇧+↑	In den Ansichten *Tagesansicht*, *Arbeitswoche* und *Woche* ein Feld nach oben markieren, in der Ansicht *Monat* die vorige Woche markieren
⇧+↓	In den Ansichten *Tagesansicht*, *Arbeitswoche* und *Woche* ein Feld nach unten markieren, in der Ansicht *Monat* die nächste Woche markieren
⇧+←	In den Ansichten *Arbeitswoche* und *Woche* vorherige 24 Stunden markieren, in den Ansichten *Monat* und *Planungsansicht* ein Feld nach links markieren
⇧+→	In den Ansichten *Arbeitswoche* und *Woche* nächste 24 Stunden markieren, in den Ansichten *Monat* und *Planungsansicht* ein Feld nach rechts markieren
⇧+Pos 1	In den Ansichten *Tagesansicht*, *Arbeitswoche*, *Woche* und *Planungsansicht* vom aktuell ausgewählten Feld bis zum Beginn des Arbeitstages markieren, in der Ansicht *Monat* vom aktuell ausgewählten Feld bis zum Beginn der Woche markieren
⇧+Ende	In den Ansichten *Tagesansicht*, *Arbeitswoche*, *Woche* und *Planungsansicht* vom aktuell ausgewählten Feld bis zum Ende des Arbeitstages markieren
Strg+⇧+Pos 1	In den Ansichten *Tagesansicht*, *Arbeitswoche*, *Woche* und *Planungsansicht* vom aktuell ausgewählten Feld bis zum Beginn des Tages markieren
Strg+⇧+Ende	In den Ansichten *Tagesansicht*, *Arbeitswoche*, *Woche* und *Planungsansicht* vom aktuell ausgewählten Feld bis zum Ende des Tages markieren
↵	Aus den markierten Feldern einen Termin erstellen
Strg+.	Termine im Kalender durchblättern
Strg+,	Termine im Kalender durchblättern, und zwar in umgekehrter Reihenfolge
Strg+F	Termin als Dateianhang per E-Mail versenden

Aufgaben

Tastenkombination	Funktion
Strg+⇧+K	Neue Aufgabe unabhängig vom gerade angezeigten Bereich erstellen
Strg+Alt+⇧+U	Neue Aufgabe erstellen und senden

Tastenkombination	Funktion
Strg+.	Wenn Aufgabenfenster geöffnet ist, nach oben durch weitere Aufgaben blättern
Strg+,	Wenn Aufgabenfenster geöffnet ist, nach unten durch weitere Aufgaben blättern
Einfg	Ausgewähltes Element zur Nachverfolgung kennzeichnen und Aufgabe erstellen bzw. Aufgabe als erledigt kennzeichnen
Strg+⇧+G	Ausgewähltes Element zur Nachverfolgung kennzeichnen und benutzerdefinierte Aufgabe erstellen
Strg+F	Aufgabe als Dateianhang per E-Mail versenden

Notizen

Tastenkombination	Funktion
Strg+⇧+N	Neue Notiz unabhängig vom gerade angezeigten Bereich erstellen
Strg+F	Notiz als Dateianhang per E-Mail versenden

Überprüfen

Tastenkombination	Funktion
F7	In einem Fenster Rechtschreibprüfung starten
⇧+F7	In einem Fenster alternative Wörter vorschlagen (Option *Thesaurus*)
Alt+Klick	In einem Fenster Wort anklicken, um es nachzuschlagen (Option *Recherchieren*)

Sonstige Outlook-Tastenkürzel

Tastenkombination	Funktion
Strg+⇧+H	Dialogfenster *Neues Microsoft Office-Dokument* aufrufen, um Word-, Excel- oder PowerPoint-Datei zu erstellen
Strg+⇧+X	Fax senden, sofern Faxdienst verfügbar
Alt+F8	Dialogfenster *Makros* aufrufen
Alt+F11	Aufrufen des Fensters *Microsoft Visual Basic for Applications*

Outlook.com-Tastenkürzel

Tastenkombination	Funktion
O	E-Mail öffnen
Esc	E-Mail schließen
F9	Aktualisieren
N	Neue E-Mail erstellen
R	E-Mail beantworten
⇧+R	Antwort an alle
⇧+F	E-Mail weiterleiten
Strg+↵	E-Mail senden
Strg+S	E-Mail im Ordner *Entwürfe* speichern
E	E-Mail archivieren
J	Als Junk-E-Mail einstufen
C	E-Mail kategorisieren
Q	E-Mail als gelesen markieren
U	E-Mail als ungelesen markieren
Einfg	E-Mail kennzeichnen
Entf	E-Mail löschen
X	Unterhaltung erweitern bzw. reduzieren
Strg+⇧+1	E-Mail-Bereich anzeigen
Strg+⇧+2	Kontaktebereich anzeigen
Strg+⇧+3	Personenbereich anzeigen
Strg+⇧+4	Aufgabenbereich anzeigen

Zum schnellen Nachschlagen oder Wiederholen des bereits Gelernten. Informieren Sie sich auf den folgenden Seiten über wichtige Begriffe rund um das Programm Outlook und seine Funktionen.

Add-in

Als Add-in bezeichnet man ein Programm, das nicht eigenständig funktioniert, sondern als Teil eines anderen Programms, z. B. Outlook. In den Outlook-Optionen unter *Add-Ins* erhalten Sie einen Überblick über die installierten Add-ins

Backstage-Ansicht

So wird das Menü bezeichnet, das Sie in Outlook unter dem Reiter *Datei* aufrufen. In der Backstage-Ansicht geht es vornehmlich um den Umgang mit Dateien statt um die Bearbeitung innerhalb der Dateien. Beispiele für Funktionen, die Sie in der Backstage-Ansicht finden, sind das Speichern oder Ausdrucken von Dateien, aber auch das Aufrufen der Outlook-Optionen.

Bcc

Diese Abkürzung steht für **B**lind **C**arbon **C**opy, also die Blindkopie einer E-Mail. Der oder die Empfänger der E-Mail sehen dabei nicht, dass zusätzlich noch eine Blindkopie versandt wurde.

Besprechung

Die Besprechung ist in Outlook ein Termin, zu dem Sie noch eine oder mehrere andere Personen einladen. Besprechungsanfragen werden per E-Mail an die betreffenden Personen verschickt.

Betreff

In der Betreffzeile machen Sie eine sehr kurze Inhaltsangabe zu einer E-Mail, damit der Empfänger gleich eine Idee hat, was ihn beim Öffnen der E-Mail erwartet. Auch ein Termin wird mit einem Betreff versehen, der dann direkt im Kalender zu lesen ist.

Cc

Bei der **C**arbon **C**opy handelt es sich wie bei der Bcc um die Kopie einer E-Mail. Im Gegensatz zur Bcc sieht der Empfänger der E-Mail dabei, dass zusätzlich noch eine Kopie versandt wurde.

Dateianhang

Beim Dateianhang handelt es sich um eine oder mehrere Dateien, die an eine E-Mail angehängt werden. Der Empfänger kann die entsprechenden Dateien dann bei sich auf dem Computer als Dateien speichern. Da die E-Mail-Größe bei den meisten Anbietern auf 20–25 MByte pro E-Mail begrenzt ist, können allerdings keine sehr großen Dateien per Mail verschickt werden. Manchmal wird für den Dateianhang auch das englische Wort Attachment verwendet.

Datendatei

Als Datendatei bezeichnet man Dateien, in denen Informationen aus Outlook auf dem Computer gespeichert werden. Neben der herkömmlichen Datendatei (PST-Datei) steht auch die Offline-Datendatei (OST-Datei) zur Verfügung.

E-Mail

Das Wort E-Mail steht für **E**lectronic **M**ail, also »elektronische Post«. E-Mails werden über das Internet verschickt. Voraussetzung für die Nutzung ist eine E-Mail-Adresse.

E-Mail-Adresse

Die E-Mail-Adresse setzt sich aus einem Namensteil (z. B. *klaus.mustermann*) und einem Domainteil (z. B. *example.com*) zusammen. Die beiden Teile werden durch das @-Zeichen getrennt. Dies ist ein Beispiel für eine vollständige E-Mail-Adresse: *klaus.mustermann@example.com*.

Exchange ActiveSync

Hierbei handelt es sich um ein von Microsoft entwickeltes Protokoll, das der Synchronisierung verschiedener Daten zwischen Server und PC dient, insbesondere der Synchronisierung von E-Mails, aber auch von Kontakten, Terminen, Aufgaben, Notizen sowie noch weiterer Daten.

HTML-Format

Die Abkürzung HTML steht für **H**yper**t**ext **M**arkup **L**anguage. Es handelt sich um eine sogenannte Auszeichnungssprache, die insbesondere zur Gestaltung von Webseiten dient. Aber auch die mit Outlook erstellten E-Mails werden standardmäßig im HTML-Format erstellt.

iCalendar

Gängiges Format zum Austausch von Kalenderinformationen. Auch Outlook-Kalender lassen sich ins iCalendar-Format (Dateityp *.ics.*) exportieren. Aus anderen Programmen exportierte bzw. im Internet freigegebene Kalender in diesem Format lassen sich in Outlook importieren.

IMAP

Das **I**nternet **M**essage **A**ccess **P**rotocol ist ein Protokoll, das dem Zugriff auf E-Mails dient, die sich auf einem E-Mail-Server befinden. Die Verwaltung der E-Mails erfolgt in diesem Fall auf dem Server, auf den via Internet zugegriffen wird.

Junk-E-Mail

Junk ist das englische Wort für Schrott. Als Junk-E-Mails werden entsprechend E-Mails bezeichnet, die Sie nicht im Posteingang haben möchten. Viele Junk-E-Mails werden automatisch ausgefiltert und in einen dafür vorgesehenen Ordner verschoben, damit Sie sie nicht extra öffnen müssen. Eine andere Bezeichnung für Junk-E-Mails lautet Spam.

Lesebestätigung

Wer eine E-Mail versendet, kann eine Lesebestätigung anfordern, um mehr Sicherheit zu haben, dass die E-Mail auch tatsächlich beim Empfänger angekommen ist. Der Empfänger kann die Lesebestätigung zurücksenden, er muss dies aber nicht zwingend tun.

Menüband

Im Menüband bleiben, im Gegensatz zu einem herkömmlichen Menü, die Befehle der jeweils gewählten Kategorie jederzeit eingeblendet. Die Befehle werden im Menüband insbesondere über Drop-down-Menüs, Schaltflächen und Symbole aufgerufen. Nachteil des Menübands ist lediglich ein erhöhter Platzbedarf. Das Menüband lässt sich jedoch, wie im ersten Kapitel dieses Buches beschrieben, auch minimieren bzw. ausblenden.

Microsoft Exchange Server

Der Microsoft Exchange Server ist eine Software, die in erster Linie in größeren Unternehmen zum Einsatz kommt, um E-Mails und Co. auf einem eigenen Server selbst zu verwalten. Microsoft hat auch eine Abo-Lösung namens Exchange Online im Angebot.

Microsoft-Konto

Das Microsoft-Konto dient zur Anmeldung bei verschiedenen Produkten von Microsoft und erlaubt gleichzeitig das Verknüpfen anderer Konten mit dem Konto. Wenn Sie ein Outlook.com-Mailkonto anlegen, erstellen Sie damit gleichzeitig ein Microsoft-Konto. Ein Microsoft-Konto kann auch mit einer bereits bestehenden E-Mail-Adresse erstellt werden, und zwar unter der Webadresse *login.live.com*.

Microsoft Office

Das erste Office-Paket von Microsoft gab es bereits im Jahr 1989. Die Standardprogramme Word (Textverarbeitung), Excel (Tabellenkalkulation) und PowerPoint (Präsentationen) sind dabei in allen Versionen des Programmpakets enthalten, Outlook und weitere Programme hingegen nicht.

Nur-Text-Format

Neben dem HTML-Format und dem Rich-Text-Format ist das Nur-Text-Format das dritte Format, in dem E-Mails verschickt werden können. Die E-Mails werden dabei in reinem Text, also ohne Formatierungen versendet. Bei den heute für den E-Mail-Versand genutzten Geräten (PCs, Smartphones etc.) besteht für das Nur-Text-Format eigentlich kein Bedarf mehr. Manche E-Mail-Nutzer betrachten allerdings das Nur-Text-Format als sicherer und empfangen E-Mails deshalb in diesem Format.

OST-Datei

OST steht für **O**ffline **St**ore. Die OST-Datei ist eine Datendatei, die zum Einsatz kommt, wenn Sie mit Outlook offline – also ohne Serververbindung – arbeiten.

Outlook.com

Dieser E-Mail-Dienst trat 2013 die Nachfolge von Microsofts vorherigem E-Mail-Dienst Hotmail an. Outlook.com steht in über 100 Sprachen zur Verfügung, natürlich auch auf Deutsch. Außer der E-Mail-Funktion sind unter anderem auch Funktionen zur Nutzung von Microsoft Office und des Onlinespeicherdienstes OneDrive integriert.

POP

Die Abkürzung POP steht für **P**ost **O**ffice **P**rotocol. Die aktuelle, bereits seit 1996 gültige Version ist POP3. Es handelt sich um ein Protokoll zum Abrufen von E-Mails vom E-Mail-Server. Die E-Mails werden dabei vom Server auf den eigenen Computer heruntergeladen.

Postausgangsserver

So bezeichnet man den E-Mail-Server, der dem Versenden von E-Mails dient. E-Mails werden vom eigenen Computer auf den Postausgangsserver gesendet und von dort zum E-Mail-Empfänger weitergeleitet.

Posteingangsserver

Der Posteingangsserver dient dem Empfangen von E-Mails. Die E-Mails werden gewissermaßen wie in einem Postfach gelagert, bis sie vom eigenen Computer abgerufen werden.

PST-Datei

PST steht für **P**ersonal **St**ore. Die PST-Datei ist diejenige Datei, in der Ihre Outlook-Daten – also E-Mails, Termine, Kontakte etc. – gespeichert werden. Mit Outlook lassen sich mehrere PST-Dateien gleichzeitig verwalten.

QuickSteps

QuickSteps wurden mit Office 2010 eingeführt. Sie ermöglichen es Ihnen, bestimmte Aufgaben per Mausklick auszuführen, z. B. das Verschieben einer E-Mail in den von Ihnen ausgewählten Ordner. Einige Standard-QuickSteps stehen bereits zur Verfügung, weitere QuickSteps können individuell erstellt werden.

Rich-Text-Format

Das Rich-Text-Format (RTF) kann als Alternative zum HTML-Format verwendet werden, um E-Mails mitsamt Formatierungen zu versenden. Es kann zu Abweichungen bei der Darstellung kommen. Microsoft selbst empfiehlt die Nutzung des HTML-Formates.

Schnellbausteine

Schnellbausteine sind Elemente, z. B. Textpassagen, die sich per Menüauswahl einfügen lassen. Die Schnellbausteine müssen hierzu aber zuvor erstellt werden.

Signatur

Als Signatur bezeichnet man Text, der an eine E-Mail angehängt wird. Meist beinhaltet Sie den Namen und die Adressdaten des E-Mail-Senders, gegebenenfalls auch unternehmensspezifische Angaben.

SMTP

Diese Abkürzung steht für **S**imple **M**ail **T**ransfer **P**rotocol. Es handelt sich um ein Protokoll zum Versenden von E-Mails über den E-Mail-Server.

VCF-Datei

Die VCF-Datei ist eine »Visitenkarte«, die die Kontaktinformationen einer einzelnen Person enthält. Eine VCF-Datei, die Sie beispielsweise per E-Mail erhalten, lässt sich in Outlook öffnen und speichern.

Zwischenablage

Die Zwischenablage dient dem Speichern von Inhalten, die Sie kopieren oder ausschneiden, um diese anschließend andernorts einzufügen. In Outlook erhalten Sie Zugriff auf die Zwischenablage, indem Sie in einem Textfenster unter *Text formatieren* in der Gruppe *Zwischenablage* auf das zugehörige Symbol klicken.

C

D

E

F

G

H

I

J

K

V

W

Z